La lengua española

GRAMÁTICA Y CULTURA

Tercera Edición

THE SCRIBNER SPANISH SERIES

General Editor, CARLOS A. SOLÉ

The University of Texas at Austin

La lengua española

GRAMÁTICA Y CULTURA

Tercera Edición

Matilde Olivella de Castells

Harold E. Lionetti

California State University, Los Angeles

CHARLES SCRIBNER'S SONS ~ NEW YORK

ACKNOWLEDGMENTS

The authors wish to thank the following persons and companies for permission to reprint material appearing in this book:

Doris Dana for "El himno cotidiano" by Gabriela Mistral. From *Poesías completas,* edición de Margaret Bates, 3a. edición (Madrid: Aguilar S.A. de Ediciones, 1966). Reprinted by permission of Doris Dana. Copyright 1924 by Gabriela Mistral.

Editorial Losada, S.A., for selections from "Poema 20" by Pablo Neruda. From *Veinte poemas de amor y una canción desesperada* (1924) by Pablo Neruda, reprinted in *Antología esencial* (Buenos Aires: Editorial Losada, S.A.) © Editorial Losada, S.A., Buenos Aires, 1971.

Text and cover design by Patricia Smythe
Line art by Jackie Aher
Maps by Felix Cooper

Cover Illustration: Mixtec Codex (Codex Zouche-Nuttall). Detail. Oaxaca, Mexico. c. 1400. Size of page 7½ × 10 in. The British Museum, London.

Library of Congress Cataloging in Publication Data

Castells, Matilde Olivella de.
    La lengua española.

    English and Spanish.
    Includes index.
    1. Spanish language—Grammar—1950–
I. Lionetti, Harold E.   II. Title.
PC4112.C28   1983   468.2'421   82–24996
ISBN 0–684–17670–X

1 3 5 7 9 11 13 15 17 19 Q/C 20 18 16 14 12 10 8 6 4 2

PRINTED IN THE UNITED STATES OF AMERICA.

ᔕ Preface

In keeping with current trends in language acquisition, the third edition of *La lengua española: gramática y cultura,* a text for first-year college Spanish, has been thoroughly revised to incorporate much new material on communication. Beginning in the first lesson, students are encouraged to communicate through many exercises, questions, and situations designed to stimulate creative use of the language. A new section at the end of each lesson, *Conversación en la clase,* offers students further opportunities to use the language for communication. All of this new material has been tested in the classroom and has been successful in encouraging students to express themselves in Spanish. Other new features or changes in this edition include varied chapter-opening material, rearrangement and simplification of some grammar explanations, and active vocabulary lists at the end of each chapter. These and other changes reflect the valuable comments and suggestions of professors across the country who used the second edition.

The textbook consists of a preliminary lesson, 30 short grammar lessons, and 12 *Recapitulación y ampliación* chapters, which are optional. The balance of materials in the book is as follows:

	pages
Preliminary lesson	12
Dialogs and other introductory text, grammar, and exercises	258
Self-testing in grammar lessons, worked at home	45
Photographs in the grammar lessons	70
Optional chapters of supplement and review	110

The preliminary lesson discusses pronunciation, syllabication and use of written accent marks, and presents the alphabet, greetings, minidialogs, and some useful classroom expressions.

Each of the 30 grammar lessons begins with a list of the grammar points and the communication objectives for the lesson. This is followed by a short text (dialog, article, recipe, letter, interview, poem, ads, proverbs), which introduces a topic reflecting aspects of the culture of the Hispanic world. An English translation appears at the side of the dialogs up to lesson 20, while subsequent dialogs have only new words glossed. The articles, ads, and other texts have new words glossed throughout the book. Questions to check the comprehension of these texts, a section of *Oraciones y palabras* to increase vocabulary, and a section of *Preguntas generales* to elicit free responses from the students follow.

The grammar in each lesson is divided into two or three parts and several sections. The number of grammatical points presented in the lessons are those normally covered in a first-year course. Instructors who wish to leave some of these grammatical points for a second-level course may easily do so by omitting some parts or sections; students will be able to move forward without difficulty, provided they control the active vocabulary introduced at the start of the lesson. Great care has been taken to make grammar explanations clear and rapidly understandable. The numerous examples illustrating the grammar principles are printed side-by-side with English translations to facilitate the students' understanding. A variety of exercises follow. The first exercises are pattern drills to practice the grammatical point just presented; normally, the answers for the first of these exercises are provided to facilitate study at home. The remaining exercises emphasize communication and require the student to be creative while applying the grammatical point being practiced. The self-testing sections presented after the exercises allow the students to determine their comprehension and control of the grammar section at home, before class, or before an exam. The last section of each grammar lesson, *Conversación en la clase,* provides numerous situations and activities which give the students additional opportunity to communicate in Spanish in a meaningful context. Finally, a vocabulary grouped by word type includes all the active words and expressions presented in the lesson.

The *Recapitulación and ampliación* chapters, as stated before, are optional. Any or all of these chapters may be incorporated into the regular course of instruction or be used as resource material to encourage individual students to explore areas of Hispanic culture of particular interest to themselves. These chapters begin with *lecturas* that the students can easily understand, but which are mature in attitude and concerned with different aspects of the culture in various Hispanic countries. New words introduced in the readings are glossed in the margin; none ever appears in a subsequent grammar lesson without first being introduced as active vocabulary in the opening text or in the *Oraciones y palabras,* or presented in detail in the grammar explanations. A series of questions about the *lectura* allow students to check their comprehension of the passage. This is followed by a reading and writing supplement, which helps students to expand their vocabulary, improve their reading comprehension, and develop their writing skills. Additional sections on pronunciation appear in the first six *Recapitulación y ampliación* chapters and round up the presentation of the fundamentals of the Spanish sound system begun in the *Lección preliminar.* A self-testing section at the end of the chapter reviews all the grammar points presented in the preceding two or three grammar lessons.

The book ends with an appendix of verb tables, a Spanish-English vocabulary including all the words used in the textbook, and a shorter English-Spanish vocabulary including the active vocabulary of the grammar lessons.

The *Cuaderno de ejercicios* is a combination workbook/laboratory manual containing self-testing exercises and puzzles to test the vocabulary of each grammar lesson, writing exercises which range from structured writing practice to self-expression, and listening-comprehension passages, keyed to the tapes, followed by questions and dictations.

A complete laboratory tape program, in both reel-to-reel and cassette formats, is available for purchase or for free duplication upon adoption.

The *Instructor's Manual* accompanying *La lengua española* explains the components of the program in detail. It also contains sample tests, lesson plans, and classroom activities to be used in connection with the textbook.

A new set of 40 classroom posters accompanies the third edition of *La lengua española.* These visual aids, thematically linked to each lesson, can be used to illustrate grammar concepts, to practice vocabulary, and to stimulate classroom conversation. Sets of posters are free upon adoption.

The author wishes to thank the many instructors who responded to the questionnaire and whose comments and suggestions were very helpful in the preparation of this edition; Professor Hildebrando Villarreal of California State University at Los Angeles for his thorough review of the manuscript; the editorial staff of Charles Scribner's Sons for their valuable assistance; Ms. Angeles de la Rosa who reviewed the vocabulary and typed part of the manuscript; and a special acknowledgment in memory of Elvira Trápaga, who typed part of the manuscript. In particular, my thanks and appreciation to the students at California State University, Los Angeles, who participated in pilot courses using these materials for their interest, contribution, and encouragement.

M.O.C.

ஓ Contents

Lección Preliminar

THE SPANISH SOUND SYSTEM

Languages are made up of sounds which carry meaning. Because of the correlation between meaning and sequences of sound, people can communicate with each other. The human voice is capable of producing all the sounds of every language. Nevertheless, anyone learning a foreign language will have some difficulty producing certain sounds of that language. We are used to hearing and producing the sounds of our own language, and these sounds either do not exist at all in the foreign language or they are somewhat different.

This lesson will introduce a few basic Spanish sounds and patterns of intonation. A brief explanation will show how these sounds are produced and how they differ from English. Other important sounds and patterns will be covered in the course of the year. Try to imitate as closely as possible all the sounds of the words, useful expressions, and dialogs presented. Mimicry is an effective way of acquiring a native-like command of a foreign language.

Spanish is pronounced with slight differences in various parts of the Hispanic world, just as English is spoken with different accents in Great Britain, the United States, Canada, Australia, and elsewhere. The Spanish chosen for this text is standard Spanish-American. This differs slightly from the Castilian Spanish used by most people in Spain, but speakers of both areas communicate as easily with each other as the British, Canadians, Australians, and Americans communicate in English.

Spanish uses five simple vowel sounds, represented in writing by the letters a, e, i or y, o, and u. These sounds, for all practical purposes, are constant and do not vary in length when pronounced in a stressed or unstressed syllable. Speakers of English shorten unstressed vowels. This

1

practice must not be carried over into Spanish because the resultant sounds do not exist in the Spanish system. Listen to the pronunciation of these two words and note their differences.

SPANISH	ENGLISH
Panamá[1]	*Panama*

The first and second **a** in **Panamá,** although unstressed, sound like the third **a,** which is stressed. In the English word, in contrast, the first *a* is stressed and has a different sound from the second and third *a*'s, which are unstressed. In Spanish all three syllables have practically the same length, whereas in English the stressed syllable is longer than the unstressed ones.

Another difference in the pronunciation of stressed vowels in the two languages is that the English speaker moves his tongue, lips, and jaw while pronouncing these vowels and a glide sound results. The Spanish speaker, in contrast, keeps his tongue, lips, and jaw in a constant position and a simple vowel sound is produced.

/a/[2] represented by the letter a

The pronunciation of Spanish /a/ is similar to the English *o* in the word *hot* as pronounced by most Americans, but it is tenser and shorter.

EXERCISE 1

Listen carefully and then repeat. Imitate the Spanish pronunciation as closely as possible. Avoid lengthening the stressed syllables and shortening the unstressed ones.

[a][3]

a	letter **a**	fama	*fame*
fa	musical note	mamá	*mama, mom*
Ana	woman's name	nana	*nanny*

/e/ represented by the letter e

Spanish /e/ is pronounced similarly to the English *e* in the word *net* or to the *a* in the word *ate,* without the glide sound.

EXERCISE 2

[e]

e	letter **e**	ese	*that*
sé	*I know*	nene	*infant, baby*
fe	*faith*	este	*this*

/i/ represented by the letters i and y

Spanish /i/ is pronounced similarly to the English letter *i* in the word *machine,* without the glide sound. It is never pronounced like the English *i* in *sit.*

---

[1]Stressed vowels sometimes carry a written accent mark. The rules of accentuation will be presented on pages 10–12.
[2]A letter or symbol between slanted lines stands for the sound units or basic sounds of a language.
[3]A letter or symbol enclosed in brackets stands for the pronunciation of a sound unit. It is also used to indicate the variants of the sound units if there are any. In Spanish, the sound unit /a/ is always pronounced [a].

i	letter **i**	ni	*neither, nor*
y	*and*	Mimi	woman's nickname
sí	*yes*	Fifi	woman's nickname

/o/ represented by the letter **o**

Spanish /o/ is very similar to the English *o* in *no,* without the glide sound.

EXERCISE 4

[o]

o	letter **o**	mono	*monkey*
no	*no*	bono	*bond*
yo	*I*	somos	*we are*

/u/ represented by the letter **u**

The pronunciation of Spanish /u/ is similar to the pronunciation of the English *oo* in *food,* without the glide sound.

EXERCISE 5

[u]

u	letter **u**	mucho	*much*
su	*your, his, her, their*	fumó	*he smoked*
uno	*one*	suma	*addition*

Consonants

Some consonant sounds are so similar in Spanish and English that they cause no difficulty to the student. For example, /ch/ represented by letters **ch** is practically the same in both languages. However, other consonant sounds are completely different while still others differ only slightly.

The first consonant sounds discussed are the stops, which are so named because in pronouncing them the stream of air is stopped and then released.

/p/ represented by letter **p**

In Spanish and English, /p/ is produced by bringing the two lips together. Hence, it is called a bilabial stop. English /p/ is aspirated, that is, accompanied by a puff of air when found at the beginning of a word or in a stressed syllable. Spanish /p/, in contrast, is never aspirated. Listen to the pronunciation of these two words and note their differences.

SPANISH	ENGLISH
papá	*papa*

EXERCISE 6

[p]

pan	*bread*	Pepe	nickname for José
pena	*sorrow*	opina	*he, she thinks*
pino	*pine tree*	puma	*cougar*

/t/ represented by the letter t

Spanish /t/ is produced by placing the tip of the tongue against the upper teeth; it is uttered without aspiration. English /t/, in contrast, is produced by placing the tip of the tongue against the upper alveolar ridge (the gum ridge behind the upper front teeth); also, it is aspirated at the beginning of a word or when found in a stressed syllable. In both languages /t/ is a stop.

EXERCISE 7

[t]

té	*tea*	taza	*cup*
tono	*tone*	tomate	*tomato*
toma	*he, she takes or drinks*	patio	*patio*

/k/ represented by the letter c before a, o, or u, and by the letter combination qu before e or i

In Spanish and English, /k/ is velar. This means that the back of the tongue presses against the velum (the back part of the roof of the mouth). English /k/ is aspirated at the beginning of a word or in a stressed syllable, while Spanish /k/ is unaspirated.

EXERCISE 8

[k]

cómo	*how*	química	*chemistry*
café	*coffee*	Paco	nickname for Francisco
qué	*what*	típico	*typical*

Rhythm

The length of syllables in Spanish and English is noticeably different. In spoken Spanish, stressed and unstressed syllables have practically the same length, whereas in English stressed syllables are longer than unstressed ones. Spanish appears to have a rapid-fire delivery. This impression is created by the even pacing of the syllables resulting from the constant length of the vowels.

Listen to these words and pay special attention to the even pacing of the Spanish syllables.

SPANISH	ENGLISH
Panamá	*Panama*
laboratorio	*laboratory*

Linking

Words seldom appear in isolation. They are combined with other words in phrases, clauses, and sentences. In spoken Spanish, words are linked together. English generally separates words by a slight break.

EXERCISE 9

Listen to the following sentences and repeat them. Pronounce each sentence as if it were one long word.

Pepe toma café.	(Pe-pe-to-ma-ca-fé.)	*Pepe drinks coffee.*
Ana toma té.	(A-na-to-ma-té.)	*Ana drinks tea.*

Linking also occurs when a word ends in a consonant and the next word begins with a vowel. In speech the consonant forms a syllable with the vowel.

Comen aquí.	(Co-me-na-quí.)	*They eat here.*
Pan y café.	(Pa-ny-ca-fé.)	*Bread and coffee.*

If a word ends in a vowel and the next word begins with the same vowel, the two vowel sounds blend in rapid speech and are pronounced as one vowel.

Pepe está aquí.	(Pe-pes-tá-quí.)	*Pepe is here.*

If a word ends in a strong vowel (**a, e, o**) and the next word begins with a different strong vowel, the two successive vowels are linked in speech but form two separate syllables.

Ana está enferma.	(A-na-es-tá-en-fer-ma.)	*Ana is sick.*

However, if the two successive vowels are a combination of a strong vowel (**a, e,** or **o**) and a weak vowel (**i,**[4] **u**) or two weak vowels, they are linked and form a diphthong which is pronounced as one syllable.

Mimi o Paco.	(Mi-mio-Pa-co.)	*Mimi or Paco.*
Café y pan.	(Ca-féy-pan.)	*Coffee and bread.*
Juan y usted.	(Jua-nyus-ted.)	*Juan and you.*

Intonation

Another difference between the two languages is in intonation. In normal statements, speakers of English tend to raise the pitch of their voices on the last stressed syllable, then lower it and finally allow it to fade out. Spanish speakers do not raise the pitch—they lower it. The Spanish intonation for normal statements is very similar to the English intonation used in commands.

Listen to the following sentences. Do you detect the difference in intonation?

SPANISH	ENGLISH
Pepe toma café.	*Pepe drinks coffee.*
Ana toma té.	*Ana drinks tea.*

---

[4]The letter **y** is pronounced as **i** when it stands alone or ends a word.

MINIDIÁLOGO UNO

MINIDIALOG ONE

PACO CANO	¿Cómo está usted, don[5] Antonio[6]?
DON ANTONIO	Bien, gracias, ¿y usted[7]?
PACO CANO	Bien, gracias.

PC:	*How are you, Don Antonio?*
DA:	*Fine, thanks, and you?*
PC:	*Fine, thank you.*

ORACIONES Y PALABRAS[8]

Buenos días, Ana.	*Good morning, Ana.*
Buenas tardes, Paco.	*Good afternoon, Paco.*
Buenas noches[9], Pepe.	*Good evening, Pepe.*
Adiós.	*Good-bye.*

Consonants (continued)

/b/ represented by the letters **b** or **v**

In Spanish and English, /b/ is a bilabial. In English, the pronunciation of /b/ remains quite consistent whatever its position in a word or sentence. In Spanish, whenever /b/ introduces a sentence or occurs after an **n** or an **m,** it is a stop similar to English /b/. In all other positions, /b/ is a fricative, that is, the breath is allowed to continue between the lips. This sound does not exist in English.

EXERCISE 10

The letters **b** and **v** in these exercises have the same pronunciation: that is, they both are a stop in the first exercise and a fricative in the second exercise.

[b]		[b]	
bien	*good, well*	Cuba	*Cuba*
bonito	*pretty*	nube	*cloud*
bastante	*rather, enough*	sabe	*he, she knows*
vaca	*cow*	Eva	woman's name
vino	*wine*	uva	*grape*
Vicente	man's name	pavo	*turkey*

---

[5]**Don** is a title of respect used with the first name of a man. It never precedes just the last name, although it can be used preceding both the first and the last name together: **don Antonio, don Antonio Cano. Doña** is the feminine form of **don.**

[6]Notice that Spanish uses an inverted question mark at the beginning of a question.

[7]The inverted question mark is placed where the question actually begins, which may not be (as in this case) the beginning of the sentence.

[8]*Sentences and words.*

[9]**Buenas noches** means *good night* as well as *good evening.*

EXERCISE 11

Notice how the position of /b/ in the right column will modify its sound from the /b/ in the words in the left column.

[b]	[ƀ]
Vicente	Paco y Vicente
vino	pan y vino

/r/ represented by the letter r

In Spanish, the letter **r** is pronounced [r] whenever it occurs between vowels. To pronounce it, place the tip of the tongue on the upper alveolar (gum) ridge and tap it lightly. English-speaking people have a similar sound. It closely resembles the *r* in *very* as pronounced by a Britisher, and, curiously enough, it resembles the *d, dd, t, tt* in words such as *matter, ladder, water,* and *butter* when pronounced rapidly by an American.

EXERCISE 12

Remember to pronounce all Spanish intervocalic r's as if they were English intervocalic *d*'s or *t*'s as indicated above.

		[r]	
pero	*but*	mira	*look*
toro	*bull*	barato	*inexpensive*
dinero	*money*	morena	*brunette*

After a consonant, **r** is pronounced as if it were in intervocalic position.

EXERCISE 13

		[r]	
tres	*three*	probamos	*we try*
otro	*other*	pronto	*soon*
postre	*dessert*	crema	*cream*

/rr/ represented by the letter r at the beginning of a word, by rr, and by r after l, n, or s

No sound in American English is similar to this trilled Spanish sound. To produce it, place the tip of the tongue on the upper alveolar (gum) ridge, tap it in rapid succession, and at the same time force the airstream over the top of the tongue.

EXERCISE 14

		[rr]	
rico	*rich*	cerro	*hill*
Ramón	*man's name*	alrededor	*around*
carro	*car*	Enrique	*man's name*
perro	*dog*	Israel[10]	*Israel*

---

[10]Many speakers do not pronounce the **s** before /rr/. Others aspirate it.

EXERCISE 15

Pronounce **r** as a single tap and **rr** as a trill.

[r]		[rr]	
pero	*but*	perro	*dog*
caro	*expensive*	carro	*car*
cero	*zero*	cerro	*hill*

/r/ represented by the letter **r** before a consonant and in final position

When **r** is the final letter of a word, its position in the sentence will be either intervocalic or before a consonant. When its position is intervocalic, the letter can only be pronounced as [r].

Mirar a Paco.   (Mi-ra-ra-Pa-co.)   *To look at Paco.*

When the letter **r** is before a consonant or when it occurs at the end of an utterance, it is pronounced as if it were in intervocalic position, but some speakers may pronounce it as [rr], especially if they are being emphatic.

EXERCISE 16

[r]			
arte	*art*	caminar mucho	*to walk a lot*
árbol	*tree*	norte	*North*
caminar	*to walk*	favor	*favor*

MINIDIÁLOGO DOS

MINIDIALOG TWO

VICENTE	¿Cómo está el[11] señor Parra?	V:	*How is Mr. Parra?*
PEPE	Bastante bien, gracias.	P:	*Rather well, thank you.*
VICENTE	Y ¿cómo está doña María?	V:	*And how is doña María?*
PEPE	Muy bien, gracias.	P:	*Very well, thank you.*

ORACIONES Y PALABRAS

La señora Parra[12] está bien.	*Mrs. Parra is fine.*
La señorita Parra	*Miss Parra*
Por favor.	*Please.*
Hasta más tarde.	*Until later.*
Hasta la vista.	*So long.*
Hasta luego.	*So long.*

---

[11]With titles of respect such as **señor**, the definite article is used if the person is not addressed directly. If Vicente in the minidialog were addressing Mr. Parra directly instead of asking Pepe about him, he would ask: ¿**Cómo está usted, señor Parra?** With the titles of respect **don** and **doña**, the article is not used.

[12]**La señora de Parra** can also be used instead of **la señora Parra**.

THE SPANISH WRITING SYSTEM

The Alphabet

el alfabeto

letra[13]	nombre[14]	letra	nombre	letra	nombre
a	a	j	jota	r	ere
b	be	k	ka	rr	erre
c	ce	l	ele	s	ese
ch	che	ll	elle	t	te
d	de	m	eme	u	u
e	e	n	ene	v	ve
f	efe	ñ	eñe	w	doble v
g	ge	o	o	x	equis
h	hache	p	pe	y	i griega
i	i	q	cu	z	zeta

1. **Ch** is considered one letter in Spanish. Words that begin with **ch** are listed separately in Spanish dictionaries and vocabularies. They follow the last words beginning with a **c** and precede the first words beginning with a **d**.[15]
2. The letter **h** is always silent in Spanish.
3. **K** occurs only in words of foreign origin: **Kansas.**
4. **Ll** is considered one letter in Spanish. Words that begin with **ll** are listed separately in Spanish dictionaries and vocabularies. They follow the last listing for **l** and precede the entries for **m**.[15]
5. The letter **ñ** is pronounced as the *ni* in *onion* or the *ny* in *canyon.* In alphabetical listings **ñ** falls between **n** and **o**.[15]
6. Some Spanish grammars do not include **rr** in the alphabet. It was listed above to introduce the sound in a logical sequence. Words containing an **rr** are alphabetized as in English.
7. Letter **v** is also called **uve.**
8. Letter **w** is also called **uve doble.** It appears only in words of foreign origin: **Washington.**

Syllabication

Spanish has developed a simple system of syllabication and accentuation. A word is divided into as many syllables as it has vowel sounds. These sounds may be a simple vowel, a diphthong (see page 5), or a triphthong. The **io** in **patio** (pa-tio) and the **ue** in **bueno** (bue-no) are diphthongs, and therefore the words each have two syllables.

---

[13]*Letter.*
[14]*Name.*
[15]Even when they occur in the middle of a word, the Spanish letters **ch, ll,** and **ñ** affect alphabetization. Thus, **lucha** is found after **lucro,** not before it; **fallo** after **falto;** and **caña** after **canto.**

A triphthong is composed of three vowels (weak+strong+weak) pronounced as one syllable. This combination is found primarily in a few verbal endings.

(vosotros) **apreciáis** °	(a-pre-ciáis)	*you appreciate*
(vosotros) **continuáis**	(con-ti-nuáis)	*you continue*

Placement of Consonants in Syllabication

1. A single consonant between two vowels goes with the following vowel. **Ch, 11,** and **rr** function as a single consonant and are never separated.

Pa-na-má		**pe-rro**	*dog*
se-ño-ra		**mu-cha-cha**	*girl*
ma-no	*hand*	**po-llo**	*chicken*

2. A consonant plus an **l** or **r** (except **sl** or **sr**) between two vowels is indivisible; it goes with the next vowel.

ha-blar	*to speak*	But:		
o-tro	*other*		**is-la**	*island*
pa-la-bra	*word*		**Is-ra-el**	

3. Any other two consonants occurring between vowels are divided. The first consonant clings to the preceding vowel and the second consonant goes with the following vowel.

can-tar	*to sing*
lec-ción	*lesson*

4. Three consonants occurring between vowels also are divided. If the last two are one of the clusters mentioned in point 2 above, they go with the following vowel. If they are not a cluster, only the last consonant goes with the following vowel.

ins-tan-te	*instant*	**com-pren-der**	*to understand*
en-con-trar	*to find*	**em-ple-a-do**	*employee*

5. Four consonants divide in the middle.

ins-truc-tor
cons-truc-ción

EXERCISE 17

Divide the following words into syllables.

mamá	noche	hablar	burro
tomate	instante	café	postre
Antonio	bastante	gracias	instrucción

Accentuation

Once you have learned to divide words into syllables, it is necessary to know which syllable receives the stress.

1. Words which have no written accent mark are stressed as follows:

   a. If the word ends in a vowel, **n**, or **s**, the next-to-last syllable is stressed. These words are called **palabras llanas** in Spanish.

v<u>i</u>no	*wine*
gr<u>a</u>cias	*thanks*
ex<u>a</u>men	*examination*

   b. If the word ends in a consonant other than **n** or **s**, the last syllable is stressed. These words are called **palabras agudas.**

ust<u>ed</u>	*you*
cam<u>i</u>n<u>ar</u>	*to walk*
ciu<u>dad</u>	*city*

2. Words stressed on the last or next to the last syllable which do not conform to rule l.a. or l.b. must have a written accent mark to indicate the stressed syllable.

PALABRAS LLANAS		PALABRAS AGUDAS	
<u>á</u>rbol	*tree*	ma<u>má</u>	*mom*
<u>lá</u>piz	*pencil*	Ra<u>món</u>	*man's name*
<u>fá</u>cil	*easy*	fran<u>cés</u>	*French*

3. Words which stress the third syllable from the last are called **palabras esdrújulas** and must bear a written accent mark.

n<u>ú</u>mero	*number*
t<u>í</u>pico[16]	*typical*
qu<u>í</u>mica	*chemistry*

4. A written accent mark is also used to distinguish a few words which have the same spelling but different meanings.

de	*of*	dé	*give*
el	*the*	él	*he, it*
si	*if*	sí	*yes*
se	*oneself*	sé	*I know*

5. The combination of a strong vowel and a stressed weak vowel does not form a diphthong. The vowels form two separate syllables. A written accent mark is required over the weak vowel.

país	*country*	baúl	*trunk*
cafetería	*cafeteria*	mío	*mine*

6. An accent is always written over the stressed syllable of question words. An accent is added to such words even if the question is only implied.

¿**Cómo** está Pepe?	*How is Pepe?*
No sé **cómo** está.	*I don't know how he is.*

---

[16]Note that the dot over the **i** is eliminated when the written accent mark is used: i→í.

EXERCISE 18

Read the following words aloud, stressing the correct syllable.

fama	café	mío	hablar
Panamá	tomate	Vicente	dinero
mucho	química	número	Ramón
caminar	usted	lápiz	instante

USEFUL EXPRESSIONS

The following commands are frequently used in class and among students. Knowing them will be very helpful.

SINGULAR[17]	PLURAL[18]	
escriba	escriban	*write*
lea	lean	*read*
repita	repitan	*repeat*
siga	sigan	*continue*
traduzca	traduzcan	*translate*
escuche	escuchen	*listen*
conteste	contesten	*answer*
cambie	cambien	*change*

Here are some other useful expressions.

Abran los libros.	*Open your books.*
Cierren los libros.	*Close your books.*
A la pizarra.	*To the blackboard.*
Para mañana.	*For tomorrow.*
La oración.	*The sentence.*
¿En qué página?	*On what page?*
En la página tres.	*On page three.*
Su nombre, por favor.	*Your name, please.*
¿Cómo se llama usted?	*What's your name?*[19]
Me llamo . . .	*My name is. . . .*[20]
¿Tienen alguna pregunta?	*Do you have any questions?*
¿Cómo se dice *two* en español?	*How does one say "two" in Spanish?*
Se dice "dos".	*One says* **dos.**

---

[17]That is, when you address your command to just one person.
[18]Used when you address two or more people.
[19]Literally, *how do you call yourself?*
[20]Literally, *I call myself.*

Una de las muchas librerías que quedan cerca de la Universidad de Madrid.

One of the many bookstores near the University of Madrid.

Lección 1

Subject pronouns • Infinitives
Present tense of first-conjugation regular verbs
Use of the present tense and subject pronouns
The negative • Noun gender • Noun plurals
Definite article *(the)* • Indefinite article *(a, an)*

Communication Objectives

Vocabulary: You will learn words related to the
university, the names of languages, and common
polite expressions.

Conversation: You will be able to say what languages
you speak or study, what you do in class, and to ask
the location of buildings and places on campus.

DIÁLOGO ∽ En la universidad

Dialog   At the university

SUSANA	Perdóneme. ¿Habla usted español[1]?
ANTONIO	Sí, yo[2] hablo español.
SUSANA	¡Qué bueno! Necesito comprar un libro y unos cuadernos. ¿Dónde queda la librería?
ANTONIO	Yo trabajo en la librería. Queda allí, en ese edificio.
SUSANA	Gracias.
ANTONIO	De nada.

S:	*Excuse me. Do you speak Spanish?*
A:	*Yes, I do.* [3]
S:	*Oh, good!* [4] *I have* [5] *to buy a book and some notebooks. Where is the bookstore (located)?*
A:	*I work in the bookstore. It's there, in that building.*
S:	*Thank you.*
A:	*You're welcome.*

PREGUNTAS SOBRE EL DIÁLOGO[6]

Answer the following questions about the dialog.

1. ¿Habla Susana español?
2. Y Antonio, ¿habla español?
3. ¿Necesita Susana comprar un libro y unos cuadernos?
4. ¿Dónde queda la librería?
5. ¿Dónde trabaja Antonio?
6. ¿Trabaja Antonio en la universidad?

ORACIONES Y PALABRAS[7]

¿Habla usted **español**?	*Do you speak Spanish?*
inglés, alemán, italiano, francés, portugués, chino, japonés, ruso	*English, German, Italian, French, Portuguese, Chinese, Japanese, Russian*
Necesito **un libro**.	*I need a book.*
un lápiz, una pluma, una grabadora, una cinta	*pencil, pen, tape recorder, tape*
Necesito **practicar** inglés.	*I have to practice English.*
estudiar, escuchar	*study, listen to*

---

[1]To ask a question, the subject is typically placed after the verb (**¿habla usted?**). No helping verb (like *do* in *do you speak?*) is required. Notice that names of languages are not capitalized.

[2]Subject pronouns are used for emphasis or clarification. When omitted, the verb ending indicates the subject of the sentence: **hablo** (subject **yo**).

[3]Literally, *Yes, I speak Spanish.*

[4]Literally, *What good!*

[5]Literally, *I need.*

[6]*Questions about the dialog.*

[7]*Sentences and words.*

¿Dónde queda **la librería**?	*Where is the bookstore?*
la oficina, la biblioteca,	*office, library,*
la cafetería, la clase,	*cafeteria, classroom,*
el laboratorio, el estadio	*laboratory, stadium*
El **chico** trabaja allí.	*The boy works there.*
profesor, doctor, señor,	*professor,* [8] *doctor, gentleman,*
estudiante, padre	*student, father*

PREGUNTAS GENERALES

Draw upon your knowledge of Spanish and improvise suitable answers.

1. ¿Habla usted inglés?
2. ¿Habla usted español?
3. Y yo, ¿qué hablo?
4. ¿Necesita usted practicar español?
5. Y usted, ¿necesita estudiar español?
6. ¿Necesita usted comprar un libro?
7. ¿Qué necesita usted en la clase?
8. ¿Dónde trabaja usted?

GRAMMAR, EXERCISES, AND TESTING

∽ PART ONE

I. SUBJECT PRONOUNS

	SINGULAR			PLURAL
FIRST PERSON	**yo**	*I*	**nosotros**	*we* (masculine or mixed)
			nosotras	*we* (feminine only)
SECOND PERSON	**tú**	*you* (familiar)	**vosotros**	*you* (familiar; masculine or mixed)
			vosotras	*you* (familiar; feminine only)
	usted	*you* (formal)	**ustedes**	*you* (general)
THIRD PERSON	**él**	*he*	**ellos**	*they* (masculine or mixed)
	ella	*she*	**ellas**	*they* (feminine only)

In the use of subject pronouns, Spanish differs from English in the following ways:
1. Since verbal endings indicate the subject, subject pronouns are generally omitted.
2. Except **ustedes,** the plural pronouns vary their endings. If a group is composed only of females, the **-as** ending is used: **nosotras, vosotras, ellas.** If the reference is to a mixed group, or one composed solely of males, the **-os** ending is used: **nosotros, vosotros, ellos.**

---

[8]**Profesor** applies to high-school teachers as well as to university professors.

3. Spanish has familiar and formal equivalents for English *you*. They are not interchangeable.
   a. **Usted** is the universal respectful form of address in all Spanish-speaking countries when addressing someone as **Señor, Señora, Señorita, Doctor,** etc. *(Mr., Mrs., Miss, Dr.).* It is the form that should be used unless one is invited to do otherwise, becomes intimate friends with adults and persons approximately one's own age, or is addressing children. The plural form of **usted** is **ustedes.**
   b. **Tú** is the familiar form of address. It applies generally to the following relationships: near and close relatives, close friends of the same age group, and small children. It is used by persons who customarily address each other by their first names. **Usted** may also be used even on a first-name basis, especially when addressing friends who are much older.
   c. In Spain, the plural of **tú** is **vosotros** (**-as**). In other Spanish-speaking countries the plural of **tú** is **ustedes.** Thus, **ustedes** can be either familiar or formal.

II. INFINITIVES

The infinitive is the form listed in dictionaries as the main entry for the verb. Its equivalent in English is the verb form preceded by *to: to speak, to eat,* etc.

CONJUGATION	INFINITIVE		STEM	THEME VOWEL SLOT	ENDING
FIRST	hablar	*to speak*	habl	a	r
SECOND	comer	*to eat*	com	e	r
THIRD	vivir	*to live*	viv	i	r

1. Spanish infinitives have a stem, a theme vowel, and a final **r.** They are always pronounced with stress on the last syllable.
2. Spanish verbs are classified in three conjugations, depending on whether the theme vowel of the infinitive is **a, e,** or **i.**

III. PRESENT TENSE OF FIRST-CONJUGATION REGULAR VERBS

hablar

SUBJECT PRONOUN	VERB FORMS[9]	STEM	THEME VOWEL SLOT	PERSON MARKER
yo	hablo	habl	o	—
tú	hablas	habl	a	s
usted, él, ella	habla	habl	a	—
nosotros (-as)	hablamos	habl	a	mos
vosotros (-as)	habláis	habl	á	is
ustedes, ellos (-as)	hablan	habl	a	n

[9]Stressed syllable shown in boldface letters.

1. Although **usted** and **ustedes** are second person in meaning, they require a third-person verb form.
2. All the verb forms maintain the theme vowel **a**, except the first-person singular which uses **o**.
3. The second-person singular and all plural verb forms have person markers.[10]
4. The **yo** verb form has no indicated person marker.
5. The **usted, él, ella** verb form also has no indicated person marker.
6. The stress falls on the stem of all persons except the first and second persons plural.
7. Other first-conjugation verbs are: **comprar, escuchar, estudiar, necesitar, practicar,** and **trabajar.**

IV. USE OF THE PRESENT TENSE AND SUBJECT PRONOUNS

Hablo español.	*I speak Spanish.*
Tú necesitas ese libro.	*You do need that book.* (emphatic)
Él trabaja allí.	*He is working there.*

1. The Spanish present tense corresponds to several different verbal constructions in English.
2. Subject pronouns are used for emphasis, clearness, or to make a contrast. Because the third-person singular and plural verb forms may refer to different subjects (**él, ella, usted; ellos, ellas, ustedes**), pronouns are often included to identify the subject.

Yo trabajo en la oficina y **ella** trabaja en la librería.　　　*I work in the office and she works in the bookstore.*

3. The **nosotros** form of the verb is used whenever the plural subject includes the word **yo.**

Felipe y yo **estudiamos** alemán.　　　*Felipe and I study German.*

Exercises

Throughout this book, grammar explanations are followed by exercises. The first exercises drill the grammatical points just presented. The other exercises become progressively more flexible, and invite the students to use the structures to express thoughts of their own. Answers to some exercises are provided so that study at home can be done more effectively.

A. Person-number substitution

Repeat the sentence after your instructor. Listen to the cue and repeat the sentence again making the necessary changes. If there is no subject pronoun in the original sentence, do not include one in your answer.

---

[10]The person markers **-mos** and **-n** occur in every tense. The person markers for the second-person singular and plural (**-s, -is**) appear in every tense but two.

Model: Yo estudio español.
       Ustedes

Yo estudio español.
Ustedes estudian español[11].

1. Yo hablo español.

Ella	Ella habla español.
Nosotros	Nosotros hablamos español.
Ellos	Ellos hablan español.
Tú	Tú hablas español.
Ustedes	Ustedes hablan español.

2. Él practica en el estadio.
Yo, Antonio y ella, Ustedes, Tú, Él y yo

3. Tú necesitas comprar un libro.
Yo, Susana, Ellas, Antonio y yo, Ustedes, Ese chico

4. Trabajan en ese edificio.
(ella, nosotros, usted, tú, ustedes, ella y yo)

B. Guided responses

One of your classmates is telling you that some of your friends speak other languages. Agree with your classmate by saying **sí** followed by the appropriate pronoun and verb form of **estudiar.**

Model: Estudiante 1: Antonio habla japonés.
          Estudiante 2: **Sí, él estudia japonés.**

1. Alicia habla ruso.
2. Ese chico habla francés.
3. Susana y María hablan italiano.
4. Antonio y Susana hablan portugués.
5. María y yo hablamos alemán.
6. El señor y Susana hablan chino.

C. Questions

Answer the following questions using the correct form of the given verb. Vary your answers.

Model: Yo necesito un libro. ¿Y ella?
       Ella necesita un cuaderno (*or* **un lápiz, una pluma,** etc.)

1. Ustedes hablan italiano. ¿Y él?
2. Susana estudia chino. ¿Y ellos?
3. Nosotros practicamos en el laboratorio. ¿Y usted?
4. Antonio trabaja en la librería. ¿Y ellas?
5. Nosotros estudiamos en la biblioteca. ¿Y tú?
6. Yo necesito comprar una cinta. ¿Y ustedes?

Respond to the following questions with a complete answer. Use your imagination and vary your responses as much as you can.

1. ¿Hablan ustedes español? ¿Y yo?
2. ¿Dónde estudia usted español? ¿Y ella?
3. ¿Estudian ustedes en la biblioteca? ¿Y ellos?
4. ¿Dónde practican ustedes español? ¿Y usted?
5. ¿Qué escucha usted en el laboratorio? ¿Y él?
6. ¿Qué compran ustedes en la librería? ¿Y nosotros?
7. ¿Dónde queda la librería? ¿Y la biblioteca?
8. ¿Dónde trabaja usted? ¿Y yo?

---

[11]In the models for exercises, the words in boldface type represent the student answer. Some exercises require a fixed answer; others allow several possibilities.

Estudiantes frente a una librería de Madrid donde pueden vender y comprar libros.

Students in front of a bookstore in Madrid where they can buy and sell books.

TESTING ∽ subject pronouns; present indicative, regular **-ar** verbs

The testing sections in this book are meant to help you review the material just presented and to show you how well you have mastered it. To test yourself effectively, don't write the correct answers in the blanks—you may want to test yourself again later as a further review. Instead, cover the column of answers on the right with a strip of paper. As you finish each item, lower the paper to reveal the correct answer.

1. The Spanish equivalents for *you* (singular) are _____ and _____.

—tú, usted

2. When addressing someone as **Doctor**, one uses the pronoun _____.

—usted

3. When addressing a very close friend, one uses the pronoun _____.

—tú

4. The masculine and feminine subject pronouns corresponding to the verb form **hablamos** are _____ and _____.

—nosotros, nosotras

5. If the verb form ends in **-a,** one could use the subject pronouns _____, _____, or _____.

—él, ella, usted

6. The subject pronouns that correspond to the person marker **n** are _____, _____, or _____.

—ellos, ellas, ustedes

7. A Spanish equivalent for *Antonio works there* is _____ _____ _____.

—Antonio trabaja allí.

8. In the Spanish-American countries, an equivalent for YOU[12] (familiar plural) *need a notebook* is _____ _____ _____ _____.

—Ustedes necesitan un cuaderno.

ᕓ PART TWO

V. *THE NEGATIVE*

Pedro habla español.	*Pedro speaks Spanish.*
Pedro **no** habla español.	*Pedro does not speak Spanish.*
¿Habla usted francés?	*Do you speak French?*
¿**No** habla usted francés?	*Don't you speak French?*
¿Habla usted inglés? **No**, (yo) **no** hablo inglés.	*Do you speak English? No, I don't speak English.*

1. A sentence can be made negative by placing the word **no** before the verb.
2. The word **no** has two meanings: *no* and *not.* Whenever the answer to a question is a negative statement, the word **no** appears twice: the first instance meaning *no,* as in English; the second, the equivalent of *not.*
3. Spanish does not require a helping verb to form the negative.

D. Affirmative → negative

Change the following sentences to the negative.

Model: Ellos hablan francés.
        Ellos no hablan francés.

1. Yo trabajo allí.
2. La oficina queda en ese edificio.
3. Estudiamos francés en la universidad.
4. Susana practica en el estadio.
5. Necesito comprar unos cuadernos.
6. Ellos escuchan una cinta.

E. Negative answer + free response

Give a negative answer to each of the following questions. Follow the negative answer with a corrected affirmative response. Vary your answers and use as many different Spanish words as you can.

---

[12]Subject pronouns in Spanish are omitted more often than they are used. In these testing sections, when a subject pronoun is expected in the Spanish answer, the English pronoun will appear in small capitals: YOU. If the English pronoun appears in the usual italic letters (*you*), omit the subject pronoun in your Spanish response.

Model: ¿Habla usted chino?

No, no hablo chino, hablo inglés.

1. ¿Trabaja usted en la librería?
2. ¿Hablas ruso?
3. ¿Necesitas practicar inglés?

4. ¿Estudian ustedes italiano en la universidad? ·
5. ¿Trabajan ustedes en la cafetería?
6. ¿Compras los cuadernos en la biblioteca?

TESTING ∾ the negative

Give a Spanish equivalent.

1. *no, not*

—no

Give a negative form.

2. Nosotros estudiamos allí.
3. ¿Practicas francés?

—Nosotros no estudiamos allí.
—¿No practicas francés?

Give a Spanish equivalent.

4. *Susana doesn't speak Italian.*
5. *No, I don't need that book.*
6. THEY (masculine) *speak and* SHE *doesn't listen.*

—Susana no habla italiano.
—No, no necesito ese libro.
—Ellos hablan y ella no escucha.

∾ PART THREE

VI. NOUN GENDER

1. All nouns in Spanish are classified as masculine or feminine.
2. Most nouns that end in **-o** in the singular are masculine; most that end in **-a** are feminine.

MASCULINE	FEMININE
libro	**librería**
edificio	**oficina**
Antonio	**Susana**

3. Nouns that end in **-dad**, **-tad**, **-ción** and **-sión** are feminine.

universidad		**lección**	
libertad	*liberty*	**pasión**	*passion*

4. The great majority of nouns ending in **-e**, **-l**, **-r**, **-s**, and **-n** (except **-ción** and **-sión**) are masculine.

chocolate	**color**	*color*
español	**pan**	*bread*
inglés		

5. Nouns ending in other consonants may be either masculine or feminine.

MASCULINE	FEMININE	
lápiz	paz	*peace*

6. The names of the letters of the alphabet are feminine.
7. Nouns referring to animate beings retain the gender that nature assigned them. If the masculine form ends in -o, the corresponding feminine form replaces the -o with an -a. If the masculine singular form ends in a consonant, the feminine form adds an -a.

MASCULINE	FEMININE
chico	chica
doctor	doctora
profesor	profesora

8. Sometimes different words are used to distinguish the male from the female: **padre** *father,* **madre** *mother.* At other times, the same word is used to refer to the masculine and the feminine: **estudiante** *student.*

VII. NOUN PLURALS

1. Nouns ending in a vowel form their plural by adding -s.

SINGULAR	PLURAL
laboratorio	laboratorios
pluma	plumas

2. Nouns ending in a consonant form their plural by adding -es.

SINGULAR	PLURAL
universidad	universidades
lección	lecciones

When the final consonant is -z, it changes to c before adding -es: lápiz → lápices.

3. The plural of some masculine nouns can also refer to a mixed group in addition to its regular meaning.

padres   *fathers, parents*

VIII. DEFINITE ARTICLE (*the*)

	MASCULINE	FEMININE
SINGULAR	el	la
PLURAL	los	las

1. The masculine definite articles are **el** (singular) and **los** (plural).

el libro   los libros
el doctor   los doctores

2. The feminine definite articles are **la** (singular) and **las** (plural).

la oficina	**las** oficinas
la señora	**las** señoras

3. The definite article agrees in number and gender with the noun it modifies.[13]

IX. INDEFINITE ARTICLE (*a, an*)

	MASCULINE	FEMININE
SINGULAR	**un**	**una**
PLURAL	**unos**	**unas**

1. The masculine indefinite articles are **un** (singular) and **unos**[14] (plural).

un libro	**unos** libros
un señor	**unos** señores

2. The feminine indefinite articles are **una** (singular) and **unas**[14] (plural).

una oficina	**unas** oficinas
una señora	**unas** señoras

3. The indefinite article agrees in number and gender with the noun it modifies.

F. Masculine → feminine

Give the feminine counterpart for each of the following expressions.

Model: el profesor
la profesora

1. el chico	3. el padre	5. el estudiante
2. los señores	4. los doctores	6. los profesores

G. Definite article → indefinite article

Replace the definite article by its corresponding indefinite article.

Model: el edificio
un edificio

1. el libro	3. la librería	5. las bibliotecas
2. la pluma	4. los laboratorios	6. el estadio

---

[13]An excellent way to learn the gender of nouns is to study the words along with the correct article el or la.
[14]The English equivalent to this plural form is *some* or *any*.

H. Reading exercise

Read the following sentences using the appropriate definite article.

1. Nosotros escuchamos _____ cintas y practicamos _____ lecciones en _____ laboratorio y en _____ clase.
2. _____ señores trabajan en _____ oficinas; ellos no trabajan en _____ biblioteca.

Read the following sentences using the appropriate indefinite article.

1. Susana necesita comprar _____ pluma, _____ lápiz y _____ cuadernos.
2. _____ profesores y _____ estudiantes practican allí.

TESTING ∾ noun gender and number; definite and indefinite articles

Give the corresponding form of the opposite sex.

1. un amigo
2. el padre
3. el doctor
4. The plural of **el cuaderno** is _____ _____.
5. The plural of **una grabadora** is _____

   _____.

6. The plural of **el lápiz** is _____ _____.

—una amiga
—la madre
—la doctora
—los cuadernos

—unas grabadoras
—los lápices

Give a Spanish equivalent.

7. *the lesson*
8. *the book*
9. *some universities*
10. *some students* (masculine)
11. *some students* (feminine)
12. *Do you* (**tú**-form) *need any notebooks?*

—la lección
—el libro
—unas universidades
—unos estudiantes
—unas estudiantes
—¿Necesitas unos cuadernos?

CONVERSACIÓN EN LA CLASE

The activities in this section provide you with additional opportunities to communicate with your classmates in meaningful situations. Feel free to use your imagination and draw on your experience to express your ideas in Spanish.

Mis compañeros y yo (*My classmates and I*)

Give your name and use the following questions as a guideline so that your classmates will get to know you better.

¿Qué estudias?   ¿Dónde estudias?   ¿Qué lenguas hablas?   ¿Dónde trabajas?

Lugares y actividades *(Places and activities)*

Use your imagination and tell the class what you do in the places mentioned below. Then, ask one of your classmates what (s)he does.

Model: en el laboratorio
Yo escucho las cintas en el laboratorio. ¿Y tú?
Yo practico francés y español.

en la universidad   en la librería   en la clase   en la biblioteca   en la oficina

Situaciones *(Situations)*

Playact the following sketches. You are a new student on campus and you want to break the ice. Begin a conversation by telling the class something about yourself. Follow this by asking a classmate to respond.

1. Tell them that you are studying Spanish and that you speak it. Now ask a classmate whether (s)he speaks Spanish.
2. Tell them where you study and ask one of them where (s)he studies.
3. Tell them where you work and ask a student where (s)he works.
4. Tell one of your classmates that you need to buy some things (e.g., pens, pencils). Ask one of your classmates what things (s)he needs and where the bookstore is.

La Biblioteca Nacional en Madrid es un notable ejemplo de la arquitectura neoclásica en el siglo XIX.

The National Library in Madrid is a striking example of 19th-century neoclassical architecture.

Vocabulario

The vocabulary list that appears at the end of each **lección** includes all the active words introduced in the **diálogo** or **oraciones y palabras** or presented in detail in the grammar section. Words like **diálogo, preguntas,** and the like that appear in the headings, and are repeated in subsequent lessons, are also included in this first vocabulary.

A few simple abbreviations are used to clarify the gender and number of certain words: *(m)* masculine; *(f)* feminine, *(pl)* plural.

Nouns

in the class

la cinta	*tape*
el cuaderno	*notebook*
el diálogo	*dialog*
la grabadora	*tape recorder*
el lápiz	*pencil*
la lección	*lesson*
el libro	*book*
la oración	*sentence*
la palabra	*word*
la pluma	*pen*
la pregunta	*question*

languages [15]

el alemán	*German*
el chino	*Chinese*
el español	*Spanish*
el francés	*French*
el inglés	*English*
el italiano	*Italian*
el japonés	*Japanese*
el portugués	*Portuguese*
el ruso	*Russian*

people

la chica	*girl*
el chico	*boy*
el doctor	*doctor*
el/la estudiante	*student*
la madre	*mother*
el padre	*father; (pl) parents, fathers*
el profesor	*professor, teacher*

el señor	*mister, gentleman*
la señora	*Mrs., lady*

places

la biblioteca	*library*
la cafetería	*cafeteria*
la clase	*classroom*
el edificio	*building*
el estadio	*stadium*
el laboratorio	*laboratory*
la librería	*bookstore*
la oficina	*office*
la universidad	*university*

Subject pronouns

él	*he*
ella	*she*
ellos(-as)	*they*
nosotros(-as)	*we*
vosotros(-as)	*you*
tú	*you*
usted(-es)	*you*
yo	*I*

Verbs

comprar	*to buy*
escuchar	*to listen (to)*
estudiar	*to study*
hablar	*to speak*
necesitar	*to need*
practicar	*to practice*
quedar	*to be (located)*
trabajar	*to work*

---

[15] All languages are masculine.

Adverbs

allí	*there*
no	*no, not*
sí	*yes*

Articles

el	*the*
la(-s)	*the*
los	*the*
un(-a)	*a, an*
unos(-as)	*some, any*

Connectors[16]

en	*in, at*
sobre	*on, about*
y	*and*

Demonstratives

ese	*that*

Question words

dónde	*where*
qué	*what*

Expressions

de nada	*you're welcome*
gracias	*thanks, thank you*
perdóneme	*excuse me*
¡qué bueno!	*oh good!*

---

[16]Words that serve to connect other words or sentences or to introduce new sentences are included under this heading.

Un profesor y dos estudiantes de leyes en Bogotá, Colombia.

A law school professor and students in Bogota, Colombia.

Lección 2

Present tense of the verb **estar** *(to be)* • Some uses of **estar**
Question words • Word-order patterns and intonation
Cardinal numbers 0–29 • Cardinal numbers 30–99
The function of **un, una** and **uno**
Hay *(there is, there are)* • **Hay** versus **está** and **están**
The preposition **de** *(of, from)*

Communication Objectives

Vocabulary: You will learn words related to the
classroom, the names of academic subjects, the numbers
from 0 to 99, and words related to health.

Conversation: You will be able to ask questions, to talk
about the courses that you are taking, to count,
and to discuss your health.

DIÁLOGO ∽ Una conversación entre dos alumnos y un profesor

A conversation between two students and a professor

Felipe y Silvia hablan de un compañero de clase con el profesor Suárez[1].

Felipe and Silvia talk about a classmate with Professor Suárez.

FELIPE	¡Qué raro! Pepe no está aquí hoy.	F:	*How odd! Pepe is not here today.*
PROFESOR SUÁREZ	Está en el laboratorio, ¿no?	Prof. S:	*He is in the lab. Isn't he?*
SILVIA	No, Pepe está enfermo. Está en la clínica[2].	S:	*No, Pepe is sick. He's in the hospital.*
FELIPE	¿De veras? ¿Y cómo está?	F:	*Really? And how is he?*
SILVIA	Está muy mal. El doctor opina que necesita descansar.	S:	*He's very sick. The doctor thinks that he needs to rest.*
PROFESOR SUÁREZ	¿Cuánto tiempo necesita estar en la clínica?	Prof. S:	*How long[5] does he need to be in the hospital?*
SILVIA	Unos cinco o seis días[3].	S:	*Some five or six days.*
FELIPE	Pero hay un examen de biología mañana.	F:	*But there is a biology test tomorrow.*
SILVIA	Y las clases terminan la semana próxima.	S:	*And the classes end next week.*
PROFESOR SUÁREZ	No importa. Sólo necesitamos una nota[4] del doctor.	Prof. S:	*It doesn't matter. We only need a doctor's note.*

PREGUNTAS SOBRE EL DIÁLOGO

1. ¿Está Pepe en el laboratorio?
2. ¿Cómo está Pepe?
3. ¿Dónde está Pepe?
4. ¿Qué opina el doctor?
5. ¿Cuánto tiempo necesita descansar Pepe?
6. ¿Terminan las clases mañana?
7. ¿Qué examen hay mañana?
8. ¿Qué necesitan los profesores?

---

[1]Note the use of the definite article with titles of respect when the person is not addressed directly.

[2]A **clínica** in the Hispanic world is privately run and charges fees. A **hospital** is operated by the government or a religious or charitable organization, and usually provides care at no charge. This distinction is not made in English (e.g., Good Samaritan Hospital, Mayo Clinic).

[3]**El día,** masculine.

[4]**Nota** is also used to mean grade in school work.

[5]Literally, *how much time.*

ORACIONES Y PALABRAS

Hablan de **un compañero.**
    un amigo, un curso, un ejercicio,
    una tarea,
    una respuesta

Pepe está **enfermo.**
    regular, así así, bien

Está en el **laboratorio** ¿verdad?
    hospital, pasillo, patio,
    dormitorio[7]

Hay un examen de **biología** mañana.
    filosofía, economía,
    geografía, física,
    química, matemáticas,
    historia

They talk about a classmate.
    friend, course, exercise,
    assignment (homework),
    answer

Pepe is sick.
    so-so, so-so, fine

He is in the lab, isn't he?[6]
    hospital, hallway, patio,
    dormitory

There is a biology test tomorrow.
    philosophy, economics,
    geography, physics,
    chemistry, mathematics,
    history

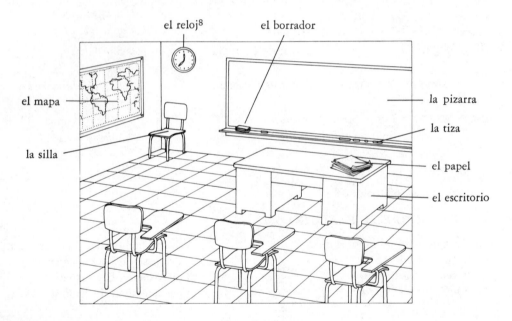

el reloj[8]   el borrador

el mapa

la silla

la pizarra

la tiza

el papel

el escritorio

PREGUNTAS GENERALES

1. ¿Dónde está el profesor?
2. Y ella, ¿dónde está?
3. ¿Cómo está él?
4. ¿Necesita él descansar?

5. ¿Estudia usted historia?
6. Y usted, ¿qué cursos estudia?
7. ¿Necesita usted practicar español? ¿Y ella?
8. ¿Qué opina usted?

---

[6]Literally, *truth.*

[7]Few Spanish-American or Spanish universities have dormitories. Students usually live in private homes or guest houses.

[8]The final j in **reloj** is normally silent, but in the plural **relojes** the j is pronounced. **Reloj** means *watch* as well as *clock.*

GRAMMAR, EXERCISES, AND TESTING

ᕫ PART ONE

I. PRESENT TENSE OF THE VERB ESTAR (*to be*)

SUBJECT PRONOUN	VERB FORMS	STEM	THEME VOWEL SLOT	PERSON MARKER
yo	estoy	est	oy	—
tú	estás	est	á	s
usted, él, ella	está	est	á	—
nosotros (-as)	estamos	est	a	mos
vosotros (-as)	estáis	est	á	is
ustedes, ellos (-as)	están	est	á	n

1. The first-person singular ends in **-oy**, not **-o** as in regular verbs.
2. The stress of the first-person singular is on the last syllable: estoy.
3. The stress falls on the theme vowel **a** in the remaining forms.

II. SOME USES OF THE VERB ESTAR

Felipe **está** muy bien.   *Felipe is very well.*
Ellos **están** en el pasillo.   *They are in the hall.*

La librería { **está** / **queda** } en ese edificio.   *The bookstore is in that building.*

1. The verb **estar** is used:
   a. to express the state of one's health.
   b. to indicate the location of a person or a place.
2. Although **quedar** and **estar** both mean *to be* and indicate location, **quedar** can be used only when referring to the location of a place.

A. Person-number substitution[9]

1. Yo estoy muy mal.

Él	Él está muy mal.
Tú	Tú estás muy mal.
Felipe y yo	Felipe y yo estamos muy mal.
Ellos	Ellos están muy mal.
Pepe	Pepe está muy mal.
Ustedes	Ustedes están muy mal.

2. ¿Cómo está usted?
   los alumnos, Susana, tú, ustedes, el doctor, ellas

3. Están en el estadio.
   (nosotros, usted, ellos, tú, él, ustedes)

---

[9]Substitution exercises were introduced on page 17. Only when an exercise represents a new type will further instructions be given.

B. Negative answer + free response

Model: ¿Está Pepe en la biblioteca?
   No, no está en la biblioteca, está en la oficina.

1. ¿Está usted en la oficina?
2. ¿Están Felipe y Susana en la clase?
3. ¿Están ustedes en la librería?
4. ¿Está Pepe enfermo?
5. ¿Estás en la clínica?
6. ¿Está ella en la cafetería?

C. Guided dialog

Use the words below and indicate *where* these persons are. Then one of your classmates will ask you *how* they are. Use your imagination and give an appropriate answer.

Model: profesor / clase
   Estudiante 1: **El profesor Soto está en la clase.**
   Estudiante 2: **¿Cómo está el profesor Soto?**
   Estudiante 1: **Está muy bien.**

Pepe / hospital	alumnos / pasillo	señor Suárez / clínica
doctoras / oficina	Silvia / laboratorio	señor Cano / patio

TESTING ✿ estar, present indicative

Give the present-tense form of **estar** that is appropriate to the subject shown.

1. tú
2. Antonio
3. Antonio y Susana
4. Antonio y yo

—estás
—está
—están
—estamos

Give a Spanish equivalent.

5. *I am in the lab.*
6. *Pepe is ill.*
7. *The office is there* (give two equivalents).

8. *She is not in the hallway.*

—Estoy en el laboratorio.
—Pepe está enfermo.
—La oficina está allí. La oficina queda allí.
—No está en el pasillo.

✿ PART TWO

III. QUESTION WORDS

Seven basic words are used to introduce a question in Spanish: **cómo, cuál, cuándo, cuánto, dónde, quién, qué.** Each has a written accent when it introduces a question.

ADVERB

cómo	*how*
cuándo	*when*
cuánto	*how much*
dónde	*where*

¿**Cómo** está usted? ¿**Cómo** están ustedes?

¿**Cuándo** estudia María? ¿**Cuándo** estudian Felipe y Juan?

¿**Cuánto** trabaja él? ¿**Cuánto** trabajan ellos?

¿**Dónde** está el mapa? ¿**Dónde** están los mapas?

These words function as adverbs and are invariable.

ADJECTIVE / PRONOUN

qué	*what*	(invariable)
cuál	*which*	(singular: masculine or feminine)
cuáles	*which*	(plural: masculine, feminine, or mixed)
cuánto	*how much*	(masculine singular)
cuánta	*how much*	(feminine singular)
cuántos	*how many*	(masculine and mixed plural)
cuántas	*how many*	(feminine plural)
quién	*who* (singular: masculine or feminine)	
quiénes	*who* (plural: masculine, feminine, or mixed)	

1. **Qué** is invariable.

   ¿**Qué** [libro] compras?   ¿**Qué** [libros] compras?

   ¿**Qué** [lección] estudias?   ¿**Qué** [lecciones] estudias?

2. **Cuál** and its plural **cuáles** are used with either gender. In some Spanish-speaking countries **cuál** and **cuáles** are used in place of **qué** before a noun.[10]

   ¿**Cuál** / ¿**Qué** } [libro] compras?   ¿**Cuáles** / ¿**Qué** } [libros] compras?

   ¿**Cuál** / ¿**Qué** } [lección] estudias?   ¿**Cuáles** / ¿**Qué** } [lecciones] estudias?

3. **Cuánto** has four forms to designate gender and number.

   ¿**Cuánto** [tiempo] necesita usted?   ¿**Cuántos** [alumnos] estudian español?

   ¿**Cuánta** [crema] necesita usted?   ¿**Cuántas** [alumnas] estudian español?

4. **Quién** is like **cuál**; it has a plural (**quiénes**) but no separate feminine forms, and refers to either gender.

5. All these question words, except **quién** and **quiénes**, function as adjectives and pronouns. When they precede a noun—the word in brackets—they function as adjectives. With no nouns following, they function as pronouns.

---

[10]In this book, **que** and not **cuál** (**es**) is used before a noun.

6. The equivalent of *why* is **por qué** (two words and a written accent mark indicating that **qué** is stressed). The equivalent of *because* is **porque** (one word, no written accent mark indicating that **por** is stressed).

¿Por qué no está Pepe aquí?	*Why isn't Pepe here?*
Porque está enfermo.	*Because he is sick.*

IV. WORD-ORDER PATTERNS AND INTONATION

STATEMENT

Pepe está enfermo.	*Pepe is sick.*
Trabajo en la librería.	*I work in the bookstore.*

English and Spanish use basically the same word order to formulate a statement:
(subject) + verb + remainder[11]

YES/NO QUESTION

¿Está usted enfermo?	*Are you ill?*
¿Trabajas en la librería?	*Do you work in the bookstore?*

1. For questions that can be answered affirmatively or negatively, Spanish uses the following word-order pattern:

¿verb (+ subject) + remainder?

2. In Spanish and English the voice pitch rises at the end of questions which require a yes or no answer.

QUESTION WITH QUESTION WORD

¿Dónde está la biblioteca?	*Where is the library?*
¿Cuándo estudias español?	*When do you study Spanish?*
¿Quién habla japonés aquí?	*Who speaks Japanese here?*

1. For questions beginning with a question word, Spanish uses the same word-order pattern of the yes-no questions.

¿question word + verb (+ subject) + remainder?[12]

2. Both languages normally lower the pitch at the end of such questions.

---

[11]The subject appears in parentheses because in some cases, as in the second sentence, the subject is implicit in the verb ending.

[12]In the third sentence, the question word is the subject.

QUESTION BY INTONATION

¿Usted habla portugués?	*You speak Portuguese?*

Both languages can use a statement as a question merely by raising the pitch level at the end of the sentence.

QUESTION WITH INTERROGATIVE TAG

Usted habla portugués, ¿verdad?	*You speak Portuguese, don't you?*
Él está enfermo, ¿no?	*He is sick, isn't he?*

1. Both languages may use an interrogative tag after a declarative statement to formulate a question.
2. In Spanish, only the tag word or phrase is enclosed by the question marks.

SUMMARY: SPANISH WORD-ORDER PATTERNS

STATEMENT	(subject)	+ verb	+ remainder
	Pepe	**está**	**enfermo**
QUESTION			
yes-no	¿verb	(+ subject)	+ remainder?
	¿Está	**(usted)**	**enfermo?**
question word	¿question word	+ verb (+ subject)	+ remainder?
	¿Cuándo	**estudia (él)**	**español?**
intonation	¿(subject)	+ verb	+ remainder?
	¿(Usted)	**habla**	**portugués?**
tag	(subject)	+ verb	+ remainder + ¿tag?
	(Usted)	**habla**	**portugués, ¿verdad?**

D. Statement → question

Change the following statements to questions, first by intonation only, then by word order and intonation.

Model: Ella estudia español.
      ¿Ella estudia español?
      ¿Estudia ella español?

1. Julio está muy enfermo.
2. Silvia necesita el borrador.
3. El doctor trabaja en la clínica.

4. Pepe necesita una nota del doctor.
5. Las clases terminan hoy.
6. Usted compra cintas en la librería.

E. Questions

After listening to each one of the following sentences, try to find out the pertinent amount or number by asking questions using the appropriate form of **cuánto.**

Model: Ellos practican unas semanas.
   ¿Cuántas semanas practican?

1. Él estudia los diálogos.
2. Las alumnas escuchan las cintas.
3. Yo necesito unas plumas.
4. Hay tiempo.
5. Silvia compra unos libros.
6. Ellas necesitan unas sillas.

F. Questions and answers

The instructor will say a sentence taken from the dialog. Next, one student will ask questions about the sentence and another will respond using short answers.

Model: Pepe está en la clínica.
   Estudiante 1: **¿Quién está en la clínica?**
   Estudiante 2: **Pepe.**
   Estudiante 1: **¿Dónde está Pepe?**
   Estudiante 2: **En la clínica.**

1. Pepe está muy enfermo.
2. Hay un examen de biología mañana.
3. Las clases terminan la semana próxima.
4. Pepe necesita estar en la clínica cinco o seis días.
5. El doctor opina que Pepe necesita descansar.
6. Los profesores necesitan una nota del doctor.

TESTING ✺ question words

Give a Spanish equivalent.

1. *who?* (two forms)
2. *how much homework?*
3. *How many books?*
4. *How many classes?*

5. A Spanish equivalent of *what?* is _____.

Give Spanish equivalents.

6. *which?* (two forms)
7. *where? when? why?*
8. Formulate two questions that would elicit the answer **Pepe está aquí.**

9. The plural form of **¿Qué universidad?** is _____ _____.

10. The plural form of **¿Cuál compran?** is _____ _____.

—quién, quiénes
—¿Cuánta tarea?
—¿Cuántos libros?
—¿Cuántas clases?

—qué

—cuál, cuáles
—dónde, cuándo, por qué

—¿Quién está aquí? ¿Dónde está Pepe?

—¿Qué universidades?

—¿Cuáles compran?

PART THREE

V. CARDINAL NUMBERS 0–29

0 cero	6 seis	12 doce	18 dieciocho	24 veinticuatro
1 uno	7 siete	13 trece	19 diecinueve	25 veinticinco
2 dos	8 ocho	14 catorce	20 veinte	26 veintiséis
3 tres	9 nueve	15 quince	21 veintiuno	27 veintisiete
4 cuatro	10 diez	16 dieciséis	22 veintidós	28 veintiocho
5 cinco	11 once	17 diecisiete	23 veintitrés	29 veintinueve

1. Numbers 16 through 19 may be spelled another way.

  16 diez y seis
  17 diez y siete
  18 diez y ocho
  19 diez y nueve

2. Numbers 21 through 29 may be spelled another way.

  21 veinte y uno
  22 veinte y dos
  23 veinte y tres, etc.

3. Because **dieciséis, veintidós, veintitrés,** and **veintiséis** (16, 22, 23, and 26) end in **-s** and the stress falls on the last syllable, a written accent mark is required.

VI. CARDINAL NUMBERS 30–99

		uno
treinta		dos
cuarenta		tres
cincuenta		cuatro
sesenta	y	cinco
setenta		seis
ochenta		siete
noventa		ocho
		nueve

The numbers from 31 through 99 do not have alternate spellings.

VII. THE FUNCTION OF UN, UNA, AND UNO

1. In counting, **uno** is invariable and means *one.*

   uno, dos tres   *one, two, three*

2. Before a masculine noun, **uno** is shortened to **un.**

   un alumno   *one student*
   veintiún[13] alumnos   *twenty-one students*
   treinta y un alumnos   *thirty-one students*

3. Before a feminine noun, **uno** becomes **una.**

   una oficina   *one office*
   veintiuna oficinas   *twenty-one offices*
   treinta y una oficinas   *thirty-one offices*

4. The words **un** and **una** function as numbers and as indefinite articles.

   un alumno $\begin{cases} \textit{a student} \\ \textit{one student} \end{cases}$

   una oficina $\begin{cases} \textit{an office} \\ \textit{one office} \end{cases}$

5. The forms **uno** and **una** also function as pronouns. The pronoun keeps the gender of the noun it replaces.

   ¿Hay tres **alumnos** en el pasillo? No, hay **uno.** $\Big]$ *Are there three students in the*
   ¿Hay tres **alumnas** en el pasillo? No, hay **una.** $\Big\}$ *hall? No, there is one.*

VIII. HAY *(there is, there are)*

¿Cuántos alumnos **hay** en la oficina?	*How many students are there in the office?*
Hay un alumno en la oficina.	*There is one student in the office.*
Hay diez alumnos en la oficina.	*There are ten students in the office.*

1. The word **hay** is an irregular form of the verb **haber.**[14]
2. **Hay** is invariable: its spelling doesn't change, and a singular or plural word may be used with it.

---

[13]Because this word, when shortened, ends in **-n** and the stress falls on the last syllable, a written accent mark must be added.
[14]**Haber** is the equivalent of *to have* when used as a helping verb in compound tenses. A fuller treatment of **haber** is presented beginning with Lesson 23.

IX. HAY *VERSUS* ESTÁ *AND* ESTÁN

¿Hay $\left\{\begin{array}{l}\text{un señor}\\\text{(unos) libros}\\\text{tres libros}\end{array}\right\}$ en la oficina?   Sí, hay $\left\{\begin{array}{l}\text{un señor}\\\text{(unos) libros}\\\text{tres libros}\end{array}\right\}$ allí.

¿Está el profesor en la oficina?   Sí, el profesor está allí.

¿Están $\left\{\begin{array}{l}\text{los}\\\text{los tres}\end{array}\right\}$ libros en la oficina?   Sí, $\left\{\begin{array}{l}\text{los}\\\text{los tres}\end{array}\right\}$ libros están allí.

1. **Hay, está,** and **están** are used to indicate location.
   a. **Hay** stresses the existence of people or things.
   b. **Está** and **están** stress the location of people or things.
2. **Hay** is followed by an indefinite article, a number or a noun.
3. **Está** and **están** are used with a definite article.

X. THE PREPOSITION DE *(of, from)*

DE + NOUN

The combination **de** + noun is a common pattern in Spanish. It follows a noun and is used to indicate:

possession or ownership	el libro **de** Ana	*Ana's book*
source or origin	el profesor **de** Nevada	*the professor from Nevada*

DE + DEFINITE ARTICLE

1. **De** + **el** contracts to **del.**
   la oficina **del** profesor
2. **De** + **la(s)** or **los** do not contract.

la oficina **de** $\left\{\begin{array}{l}\text{la profesora}\\\text{las profesoras}\\\text{los profesores}\end{array}\right.$

G. Counting exercise

Cuente[15] de uno a diez.

Cuente de diez a veinte.

Cuente de veinte a treinta.

Cuente de treinta a cuarenta.

Cuente de cuarenta y cinco a cincuenta y cinco.

Cuente de sesenta a setenta.

Cuente de setenta y cinco a ochenta y cinco.

Cuente de noventa a noventa y nueve.

---

[15]*Count.*

H. Reading exercise

Read the following expressions aloud.

1 amigo	2 mapas	20 preguntas	44 doctores	66 oficinas
1 amiga	6 relojes	21 sillas	48 días	93 dormitorios
1 pizarra	10 estadios	21 exámenes	55 escritorios	89 edificios
1 ejercicio	15 respuestas	37 profesores	59 estudiantes	74 padres

I. Guided dialog

Inquire about the number and location of the following persons or things by asking your classmates questions. They should try to vary their answers as much as possible.

Model: estudiantes

Estudiante 1: **¿Cuántos estudiantes hay?**
Estudiante 2: **Hay diez.**
Estudiante 1: **¿Dónde están (los estudiantes)?**
Estudiante 2: **Están en el patio.**

chicos   dormitorios   doctoras   ejercicios   preguntas

J. Reading exercise

Read the following sentences filling the blanks with **hay, está** or **están.**

1. Los alumnos _____ en el patio.
2. _____ unas profesoras en la oficina.
3. ¿_____ los libros en la clase?
4. ¿_____ unos libros en la clase?
5. Mañana _____ un examen de español.
6. El doctor _____ en el hospital.
7. ¿_____ los padres con los profesores?
8. ¿_____ una grabadora en la oficina?

K. Questions

1. ¿Cuántos estudiantes hay en la clase de español?
2. ¿Cuántas sillas hay aquí? ¿Y cuántos escritorios?
3. ¿Cuántos alumnos hay en la clase de economía?
4. ¿Cuántos días hay en una semana?
5. ¿Cuántos profesores de español hay aquí?
6. ¿Cuántos exámenes hay la semana próxima?
7. ¿Cuántas grabadoras hay en el laboratorio?
8. ¿Cuántas cintas necesitas escuchar?

TESTING ∽ numbers; hay, está, están; the preposition de

Give a Spanish equivalent.

1. *seven* — siete
2. *fifteen* — quince
3. *sixteen* (give two spellings) — dieciséis, diez y seis
4. *thirty-three* — treinta y tres
5. *eighty-nine* — ochenta y nueve
6. *zero* — cero
7. *The forty-one tapes are there.* — Las cuarenta y una cintas están allí.
8. *There is a biology exam in the lab.* — Hay un examen de biología en el laboratorio.
9. *There are sixty-one books in the office.* — Hay sesenta y un libros en la oficina.
10. *I need to rest two days.* — Necesito descansar dos días.
11. *Silvia's father is sick.* — El padre de Silvia está enfermo.
12. *The professor from Colombia is in the library.* — El profesor (*or* La profesora) de Colombia está en la biblioteca.

La Facultad de Farmacia de la Universidad de Madrid, la universidad más grande e importante de España.

The School of Pharmacy at the University of Madrid, the largest and most important university in Spain.

CONVERSACIÓN EN LA CLASE

Problemas

Read aloud the following problems and ask your classmates to solve them.

1. En la clase de español hay 25 alumnos, pero hoy 8 alumnos están en el laboratorio. ¿Cuántos alumnos hay en la clase de español hoy?
2. En la oficina de la profesora hay 30 libros de español. Silvia necesita un libro y Julio necesita 3 libros. ¿Cuántos libros hay en la oficina de la profesora ahora *(now)?*
3. Los 40 alumnos de la clase de física están en la clase, en el patio, en el pasillo y en el laboratorio. Hay 3 alumnos en el patio, 2 en el pasillo y 4 en el laboratorio. ¿Cuántos alumnos hay en la clase?
4. El profesor necesita 30 libros. Hay 17 libros en la biblioteca. ¿Cuántos libros necesita comprar el profesor?

Make up a problem and ask one of your classmates to solve it.

Situaciones

1. You meet one of your classmates in the hall. Ask him/her how (s)he is today. After answering, your classmate will ask you the same question.
2. You are talking with some friends about your schoolwork. Tell them the subjects you are studying at the university. Then ask one of them what (s)he is studying.
3. You and a friend are talking about the number of students at the university. Tell him/her how many students there are in the Spanish class. Ask him/her how many students there are in other classes.
4. You were absent yesterday. Ask one of your classmates when there will be a Spanish exam.
5. Using an appropriate picture or poster, tell your classmates about the people or things in the poster. Ask one of your classmates about these people or things.

Vocabulario

Nouns

in the class

el borrador	blackboard eraser
la conversación	conversation
el curso	course
el ejercicio	exercise
el escritorio	desk
el examen	examination

el mapa *(m)*	map
la nota	note, grade
el papel	paper
la pizarra	blackboard
el reloj	watch, clock
la respuesta	answer
la silla	chair
la tarea	homework
la tiza	chalk

people

el alumno	*student*
el amigo	*friend*
el compañero (de clase)	*classmate*

places

la clínica	*clinic, hospital*
el dormitorio	*dormitory*
el hospital	*hospital*
el pasillo	*hallway*
el patio	*patio*

subjects

la biología	*biology*
la economía	*economics*
la filosofía	*philosophy*
la física	*physics*
la geografía	*geography*
la historia	*history*
las matemáticas	*mathematics*
la química	*chemistry*

Verbs

estar	*to be*
descansar	*to rest*
hay	*there is, there are*
opinar	*to think*
terminar	*to finish, to end*

Adverbs

aquí	*here*
muy	*very*
sólo	*only*

state of health

así así	*so-so*
bien	*well, fine*
enfermo	*ill, sick*
mal	*ill, sick*
regular	*so-so*

Connectors

con	*with*
de	*of, from*
del	*contraction of de + el) of the*
entre	*between, among*
o	*or*
pero	*but*
porque	*because*
que	*that*

Question words

cómo	*how*
cuál(-es)	*which, what, which one(s)*
cuándo	*when*
cuánto	*how much; (pl) how many*
por qué	*why*
quién(-es)	*who*

Expressions

¿de veras?	*really?*
no importa	*it doesn't matter*
¡qué raro!	*how odd!*
¿verdad?	*right?*

time expressions

el día	*day*
hoy	*today*
mañana	*tomorrow*
la semana	*week*
semana próxima	*next week*
el tiempo	*time*

Un restaurante típico de la ciudad de México.

A typical restaurant in Mexico City.

Lección 3

Present tense of second-conjugation regular verbs
Gender of adjectives • Number of adjectives
Noun-adjective agreement
Present tense of third-conjugation regular verbs

Communication Objectives

Vocabulary: You will learn words related to
restaurants, beverages and foods, and phrases
indicating where you live.

Conversation: You will be able to order a meal at a
restaurant, to talk about the kinds of food that you
eat, and to tell your friends where you live.

DIÁLOGO ⌒ A la hora del almuerzo [1]

At Lunch Time

Gonzalo, un estudiante de Chile, está con su amigo José en Valencia[2]. José vive en Valencia y hoy los dos chicos pasean por una de las calles principales de la ciudad a la hora del almuerzo.

Gonzalo, a student from Chile, is with his friend José in Valencia. José lives in Valencia and today the two boys are taking a walk through one of the main streets of the city at lunch time.

JOSÉ	En ese restaurante hacen una paella[3] deliciosa. ¿Por qué no entramos?
GONZALO	Sí, cómo no. [José abre la puerta y entran en el restaurante.]

* * * * *

	[En una mesa.]
JOSÉ	Gonzalo, ya que estás en Valencia debes probar platos típicos de la región.
GONZALO	Sí, pero creo que hoy debo comer algo ligero. [Lee el menú.]
CAMARERO	¿Qué desean los señores?
JOSÉ	Para mí, una paella y una ensalada de lechuga y tomate.
GONZALO	Sólo pollo asado con legumbres.
CAMARERO	[Escribe la orden.] ¿Y qué desean beber[4]?
GONZALO	Una cerveza bien[5] fría. ¿Y tú, José?
JOSÉ	Yo siempre bebo vino. [Habla con el camarero.] Una copa de vino blanco, por favor.

J: *They make a delicious paella in that restaurant. Why don't we go in?*

G: *Yes, of course.*
[*José opens the door and they go in the restaurant.*]

*

[*At a table.*]

J: *Gonzalo, since you are in Valencia, you ought to try dishes typical of the region.*

G: *Yes, but I think[6] I ought to eat something light today.* [*He reads the menu.*]

W: [*waiter*]: *What do you gentlemen wish?*

J: *For me, paella and a lettuce and tomato salad.*

G: *Just roast chicken with vegetables.*

C: [*He writes the order.*] *And what do you wish to drink?*

G: *A very cold beer. And you, José?*

J: *I always drink wine.* [*He talks to the waiter.*] *A glass[7] of white wine, please.*

---

[1] In some Hispanic countries, lunch is called **comida.** Regardless of the term used, the midday meal is more abundant and of greater importance than in the United States.
[2] This city on the east coast of Spain is the capital of the province of Valencia.
[3] Dish made of rice, seafood, and chicken seasoned with onions, garlic, and saffron.
[4] **Tomar** is used instead of **beber** in some countries.
[5] Before an adjective, **bien** means *very.*
[6] Literally, *I believe.*
[7] Literally, *a stemmed glass, a goblet.*

PREGUNTAS SOBRE EL DIÁLOGO

1. ¿En qué ciudad están José y Gonzalo?
2. ¿Por dónde pasean José y Gonzalo?
3. ¿Dónde entran los chicos?
4. ¿Qué plato delicioso hacen allí?
5. ¿Qué lee Gonzalo?
6. ¿Quién escribe la orden?
7. ¿Qué desea comer José?
8. ¿Qué desea comer Gonzalo?
9. ¿Qué desea beber Gonzalo?
10. ¿Quién bebe vino siempre?

ORACIONES Y PALABRAS

A la hora **del almuerzo.**
    del desayuno, de la comida[8],
    de la cena[8]
Hacen una paella **deliciosa.**
    excelente
Yo como **carne**[9].
    arroz, bisté, pescado,
    huevos, cereal, papas fritas,
    postre, pan
Debo tomar **sopa**[10].
    helado
Yo siempre bebo **leche**[9].
    agua[11], chocolate,
    té caliente, café,
    café con leche[12],
    vino tinto, jugo

At lunch time.
    breakfast, dinner,
    supper
They make a delicious paella.
    excellent
I eat meat.
    rice, beefsteak, fish,
    eggs, cereal, French fries,
    dessert, bread
I ought to eat soup.
    ice cream
I always drink milk.
    water, chocolate,
    (hot) tea, coffee,
    coffee with milk,
    red wine, juice

PREGUNTAS GENERALES

1. ¿Dónde come usted en la universidad?
2. ¿Come usted paella a la hora del almuerzo en la universidad?
3. ¿Qué come usted a la hora del almuerzo?
4. ¿Qué bebe usted en el almuerzo?
5. ¿Toma usted sopa en el almuerzo?
6. ¿Qué postre come usted?
7. ¿Qué bebe usted en el desayuno?
8. ¿Dónde queda la cafetería de la universidad?

---

[8]Some countries use the word **cena** instead of **comida**, especially if it is a late supper. **Comida** also means *food, meal.*
[9]**Carne, leche,** and the nouns ending in **-a, -as** are feminine; the other nouns listed are masculine.
[10]One cannot use **beber** in connection with soup or ice cream.
[11]Although **agua** is feminine, it uses **el** and not **la** in the singular whenever the article is required: **el agua.** In the plural, however, **las** is used: **las aguas.** This will be discussed further in Lesson 17.
[12]Strong coffee with hot milk.

GRAMMAR, EXERCISES, AND TESTING

ᐤ PART ONE

I. PRESENT TENSE OF SECOND-CONJUGATION REGULAR VERBS

comer

SUBJECT PRONOUN	VERB FORMS	STEM	THEME VOWEL SLOT	PERSON MARKER
yo	como	com	o	—
tú	comes	com	e	s
usted, él, ella	come	com	e	—
nosotros (-as)	comemos	com	e	mos
vosotros (-as)	coméis	com	é	is
ustedes, ellos (-as)	comen	com	e	n

1. All the verb forms maintain the theme vowel **e**, except the first-person singular which uses **o**.[13]
2. Other second conjugation verbs are: **beber, creer, deber,** and **leer.**

A. Person-number substitution

1. Nosotros siempre comemos en ese restaurante.

   Yo   Yo siempre como en ese restaurante.

   José   José siempre come en ese restaurante.

   Tú   Tú siempre comes en ese restaurante.

   Ustedes   Ustedes siempre comen en ese restaurante.

   Susana   Susana siempre come en ese restaurante.

2. Ellos leen el menú.
   Yo, Las chicas, El camarero, Nosotros, Tú, Ustedes

3. Sólo debes beber agua.
   (ellas, yo, usted, ellos, él, nosotros)

4. Yo creo que allí hacen paella.
   Ella, José y yo, El profesor, Los estudiantes, Tú, Usted

B. Negative answer + free response

Model: Yo como pan en el desayuno, ¿y tú?
   Yo no como pan, yo como huevos fritos.

1. Ellos comen carne en el almuerzo, ¿y ustedes?
2. Nosotros bebemos café en el desayuno, ¿y tú?
3. Él desea té, ¿y ellos?

4. Yo bebo cerveza, ¿y tú?
5. Ellos leen la lección en la clase, ¿y ella?
6. Yo creo que debemos escuchar la cinta, ¿y tú?

---

[13]In the present tense, the forms of regular **-ar** and **-er** verbs differ only in their theme vowels.

C. Questions

1. ¿Qué plato español hacen en los restaurantes aquí?
2. ¿Qué platos hacen en la cafetería de la universidad?
3. ¿Qué platos come usted allí?
4. ¿Qué bebe usted allí?
5. ¿Bebe usted vino en las comidas? Y ella, ¿qué bebe?
6. ¿Comen una comida ligera en España a la hora del almuerzo?
7. ¿Come usted algo ligero a la hora del almuerzo?
8. ¿Cuándo come usted algo ligero?

D. Oral narration

Based on the dialog of this lesson, tell the class in your own words where José and Gonzalo are and what they would like to eat.

TESTING ∽ present indicative, regular -er verbs

Give the indicated present-tense form of the verb shown.

1. **deber, yo**-form
2. **creer, nosotros**-form
3. **leer, tú**-form
4. **comer, usted**-form
5. In most countries, the Spanish equivalent of *to eat soup* is _____ .

Give a Spanish equivalent.

6. *They eat meat and potatoes.*
7. *I read the menu.*
8. SHE *should drink water.*

—debo
—creemos
—lees
—come

—tomar sopa

—Comen carne y papas.
—Leo el menú.
—Ella debe beber (*or* tomar) agua.

∽ PART TWO

II. GENDER OF ADJECTIVES

1. If an adjective ends in **-o** in the masculine singular, the **-o** will be replaced by an **-a** in the feminine singular.

MASCULINE		FEMININE
frío		fría
malo	*bad*	mala

2. If the adjective ends in **-e**, the same form is used for both masculine and feminine singular.

> **excelente**
> **caliente**

3. a. If the adjective ends in a consonant, the same form usually serves for both masculine and feminine singular.

> **azul**   *blue*
> **joven**   *young*

b. However, adjectives of nationality that end in a consonant add an **-a** to form the feminine. Note that adjectives of nationality are written in lower case.

MASCULINE	FEMININE
español	**española**
francés	**francesa**

III. NUMBER OF ADJECTIVES

1. Adjectives ending in a vowel form their plural by adding **s**.

SINGULAR	PLURAL
ligero	**ligeros**
francesa	**francesas**
excelente	**excelentes**

2. Adjectives ending in a consonant form their plural by adding **es**.

SINGULAR	PLURAL
azul	**azules**
francés	**franceses**

IV. NOUN-ADJECTIVE AGREEMENT

Hacen	un **postre** delicioso.		*a delicious dessert.*
	una **paella** deliciosa.	*They make*	*a delicious paella.*
	unos **platos** deliciosos.		*delicious dishes.*
	unas **ensaladas** deliciosas.		*delicious salads.*

1. Adjectives agree in gender and number with the noun they modify.
2. Descriptive adjectives usually follow the noun they modify.
3. The adjectives **bueno** and **malo** drop the final **o** when placed before a masculine noun.

> un **compañero** bueno   un **buen** compañero
> un **compañero** malo   un **mal** compañero

4. An adjective that modifies a masculine noun and a feminine noun at the same time uses the masculine plural form.

> Hacen una **paella** y   *They make a delicious*
> un **postre** deliciosos.   *paella and a (delicious) dessert.*

E. Substitution

1. Aquí hacen una paella deliciosa.
   helado — Aquí hacen un helado delicioso.
   postres — Aquí hacen unos postres deliciosos.
   papas — Aquí hacen unas papas deliciosas.
   sopa — Aquí hacen una sopa deliciosa.

2. Ellos comen papas fritas.
   pollo, carne, pescado, huevos, arroz

3. Compramos un helado muy bueno.
   postres, cereales, café, leche, chocolate

F. Singular → plural

Model: El señor ruso está aquí.
   Los señores rusos están aquí.

1. El chico francés estudia inglés.
2. El profesor español come aquí.
3. Siempre compra un buen vino.
4. Hacen una ensalada excelente.
5. La cerveza fría está allí.
6. Usted debe probar el plato típico.

G. Questions

1. ¿En qué restaurante comen ustedes?
2. ¿Dónde queda ese restaurante?
3. ¿Qué platos buenos hacen allí?
4. ¿Quiénes comen allí?
5. ¿Qué vino toman ellos?
6. Y ustedes, ¿beben vino blanco o vino tinto?
7. Y ella, ¿qué helado toma?

TESTING ∽ adjectives

Give the feminine form.

1. delicioso
2. caliente
3. japonés

—deliciosa
—caliente
—japonesa

Give the plural form.

4. buena
5. ligero
6. español
7. inglés

—buenas
—ligeros
—españoles
—ingleses

Give a Spanish equivalent.

8. *They eat fried chicken at lunch time.*

9. *The French girl speaks German.*

10. **Bueno** before a masculine noun becomes
    _____.

—Comen pollo frito a la hora del almuerzo.
—La chica francesa habla alemán.

—buen

Las "especialidades del día" en un restaurante de Bogotá, Colombia.

The "specials of the day" for a restaurant in Bogota, Colombia.

ᕬ PART THREE

V. PRESENT TENSE OF THIRD-CONJUGATION REGULAR VERBS

vivir

SUBJECT PRONOUN	VERB FORMS	STEM	THEME VOWEL SLOT	PERSON MARKER
yo	vivo	viv	o	—
tú	vives	viv	e	s
usted, él, ella	vive	viv	e	—
nosotros (-as)	vivimos	viv	i	mos
vosotros (-as)	vivís	viv	í	s
ustedes, ellos (-as)	viven	viv	e	n

1. The theme vowel **i** occurs only in the first-and-second persons plural.
2. The other verb forms have the theme vowel **e,** except the first-person singular which uses **o.**
3. The second and third conjugations have identical endings (theme vowel + person marker) except in the first and second persons plural.
4. Other third-conjugation verbs are: **abrir** and **escribir.**

H. Person-number substitution

1. El doctor vive en ese edificio.

Ustedes	Ustedes viven en ese edificio.
Tú	Tú vives en ese edificio.
Alicia y yo	Alicia y yo vivimos en ese edificio.
Las alumnas	Las alumnas viven en ese edificio.
Yo	Yo vivo en ese edificio.

2. Ellos escriben los ejercicios.
Tú, Juan, Tú y yo, Ella, Ustedes

3. Abren las puertas del restaurante.
(él, tú, ellas, nosotros, usted)

I. Negative answer + free response

Model: ¿Leen ustedes ejercicios en la clase?
No, no leemos ejercicios, leemos diálogos.
or
No, no leemos ejercicios, escribimos ejercicios.

1. ¿Vives en Valencia?
2. ¿Vives en la calle Misión?
3. ¿Comes en la cafetería?
4. ¿Escriben ustedes en francés en la clase?
5. ¿Estamos en la biblioteca?
6. ¿Abren ellos la oficina?
7. ¿Bebes jugo en el desayuno?
8. ¿Hay examen hoy?

J. Questions

1. ¿Dónde vive usted? ¿Y ustedes?
2. ¿Qué leen ustedes en un restaurante?
3. Y en la clase, ¿qué leen?
4. ¿Qué escriben ustedes en la clase?
5. ¿Quién escribe las órdenes en un restaurante?
6. ¿Quiénes abren los libros en la clase?

TESTING ∽ present indicative, regular -ir verbs

Give the indicated present-tense form.

1. **vivir, yo**-form
2. **abrir, ellos**-form
3. **abrir, nosotros**-form
4. **escribir, tú**-form
5. **escribir, nosotras**-form

—vivo
—abren
—abrimos
—escribes
—escribimos

Give a Spanish equivalent.

6. I *live in the city.*
7. HE *opens the door.*
8. *We read the dialog and we write the words.*

—Yo vivo en la ciudad.
—Él abre la puerta.
—Leemos el diálogo y escribimos las palabras.

CONVERSACIÓN EN LA CLASE

En un restaurante

Pretend the classroom is a restaurant. One student plays the role of a customer and another the waiter or waitress. Order breakfast. Change cast and order lunch and/or supper.

Situaciones

1. One of your classmates would like to lose some weight. Tell him/her what (s)he should eat and should not eat.
2. One of your classmates needs information about a well-balanced diet. Ask him/her what (s)he eats and then tell him/her what else (s)he should eat.
3. Pretend you are a host(ess). Ask some of your classmates what they would like to drink.
4. Tell your classmates what Spanish dishes they should try and the name of the restaurant where they make them.
5. You are a doctor. Tell your patient what (s)he should drink and eat and what else (s)he should do to get well.

Los cafés al aire libre, como este de la ciudad de México, son muy populares en el mundo hispano.

Outdoor cafés, such as this one in Mexico City, are very popular throughout the Hispanic world.

Vocabulario

Nouns

beverages

el agua (f)	water
el café	coffee
la cerveza	beer
el chocolate	chocolate
el jugo	juice
la leche	milk
el té	tea
el vino	wine
vino tinto	red wine

food

algo ligero	something light
el arroz	rice
el bisté	beefsteak
la carne	meat
el cereal	cereal
la ensalada	salad
el helado	ice cream
el huevo	egg
la lechuga	lettuce
la legumbre	vegetable
la paella	rice dish
el pan	bread
la papa	potato
papas fritas	French fries
el pescado	fish
el pollo	chicken
pollo asado	roast chicken
el postre	dessert
la sopa	soup
el tomate	tomato

in the restaurant

la copa	glass
el menú	menu
la mesa	table
la orden	order
el plato	dish
la puerta	door

meals

el almuerzo	lunch
la cena	supper
la comida	dinner, lunch, food
el desayuno	breakfast

people

el camarero	waiter
la camarera	waitress

places

la calle	street
la ciudad	city
la región	region
el restaurante	restaurant

Pronouns

mí	me

Verbs

abrir	to open
beber	to drink
comer	to eat
creer	to believe, to think
deber	should, ought to
desear	to wish, to want
entrar	to enter, to go in
escribir	to write
hacer	to make, to prepare
leer	to read
pasear	to take a walk
probar	to try
tomar	to take, to drink
vivir	to live

Adjectives

blanco	white
caliente	hot
delicioso	delicious
excelente	excellent
frío	cold
bien frío	very cold

malo	bad
principal	main
típico	typical

possessives

| su | his |

Connectors

a	at
para	for
por	through

cómo no	of course
por favor	please
ya que	since

Expressions

time expressions

| la hora | time, hour |
| siempre | always |

Recapitulación y ampliación[1] I

LECTURA ∽ La educación en España y en Hispanoamérica

En España y en Hispanoamérica, los estudiantes que desean entrar en las universidades deben terminar primero los estudios secundarios o bachillerato. Los alumnos estudian el bachillerato en institutos o colegios[2]. Cuando ellos terminan el bachillerato, reciben el título de bachiller[3].

Las universidades están divididas en facultades: Medicina, Farmacia, Filosofía, Física, Veterinaria, Derecho, etc. En las universidades de España no hay facultades de Ingeniería yArquitectura. Los alumnos estudian en las escuelas de Ingeniería y Arquitectura de las Escuelas Técnicas Superiores. En Hispanoamérica, hay Facultades de Ingeniería y Arquitectura y los alumnos estudian en las universidades. En general, en las universidades de España y de Hispanoamérica no hay departamentos de música, drama, pintura o escultura. Hay escuelas especiales y los alumnos estudian allí.

lectura *reading*

primero *first*

reciben *receive*

facultades *schools, colleges*
derecho *law*

escuelas *schools*

pintura *painting*

PREGUNTAS

1. ¿Qué deben estudiar primero los alumnos que desean entrar en la universidad?
2. ¿Reciben los alumnos el título de bachiller en la universidad o en la escuela secundaria?
3. ¿Cómo están divididas las universidades en España y en Hispanoamérica?
4. ¿Hay Facultades de Ingeniería y Arquitectura en las universidades españolas?

---

[1] *Review and expansion.*
[2] **colegio:** equivalent to high school or secondary school, not college.
[3] **título de bachiller:** high school diploma, not a Bachelor's 'degree.

5. ¿Dónde estudian ingeniería y arquitectura los alumnos en España?
6. ¿Dónde estudian ingeniería y arquitectura los alumnos en Hispanoamérica?
7. En general, ¿hay departamentos de pintura, escultura o drama en las universidades de Hispanoamérica?
8. ¿Dónde estudian pintura o escultura los alumnos en España y en Hispanoamérica?

READING AND WRITING SUPPLEMENT

Cognates

An effective way to expand your Spanish vocabulary is to learn to recognize the countless cognates which exist in Spanish and English. Cognate words in the two languages are visually and audibly related. Many of them are identical in spelling and meaning: **doctor.** Others show spelling differences as a result of their conforming to different orthographic systems: **profesor** *professor.* A few have acquired new, though related, meanings in one language but not the other: **librería** *bookstore;* **biblioteca** *library.* The context will usually help you interpret such words, but if in doubt, consult the vocabulary at the back of the book or a dictionary.

The following words are typical of the abundance of cognates that are identical in spelling and meaning in both languages.

natural	director	general	chocolate
piano	central	horrible	radio
canal	formal	taxi	final
inspector	formidable	idea	hotel

La biblioteca de la Universidad Nacional Autónoma de México, fundada por decreto real en 1551. El mural de mosaicos es obra de Juan O'Gorman.

The library at the National Autonomous University of Mexico, founded by royal decree in 1551. The mosaic mural is the work of Juan O'Gorman.

Este patio de estilo colonial español de la Universidad del Rosario de Bogotá, Colombia, contrasta con los modernos edificios de oficinas al fondo.

This Spanish-style courtyard of the Universidad del Rosario in Bogota, Colombia, stands in contrast to the modern office buildings in the background.

Spelling differences between Spanish and English

Some of the differences between Spanish and English spelling become obvious when one examines a few cognates. In Spanish, double consonants are reduced to one, except for **ll, rr,** and **cc.**

recomendar	*to recommend*	**diferente**	*different*
oportunidad	*opportunity*	**atención**	*attention*
profesor	*professor*	**discusión**	*discussion*

Words which have *ph, th,* or a *y* between consonants in English have **f, t,** and **i,** respectively, in Spanish.

ortografía	*orthography*	**física**	*physics*
filosofía	*philosophy*	**típico**	*typical*
alfabeto	*alphabet*	**católico**	*Catholic*

The following Spanish words are spelled nearly the same in English. Can you give the English equivalents?

momento	accidente	teléfono	concierto
persona	aire	millón	oficial

PRONUNCIATION

Spanish /d/ represented by the letter *d*

The main difference in the pronunciation of the Spanish and English /d/ is the point of articulation. To produce an English /d/, the tip of the tongue presses against the upper alveolar ridge, whereas in Spanish, the tip of the tongue presses against the back of the upper teeth.

Spanish /d/ is pronounced two ways, depending upon its position in the word or sentence. Whenever /d/ introduces a sentence or occurs after a pause, an n, or an l, it is a stop. In all other positions, /d/ is similar to the English *th* in the word *father*. The airstream, rather than being interrupted, flows through the slit formed by the tongue and the ridge of the upper teeth.

A. Listen and repeat.

[d]	[đ]
don	queda
dos	edificio
donde	estudia
diálogo	usted
doctor	universidad
dormitorio	comida

B. Notice how the sound /d/ changes depending on its position in a word group. Listen and repeat.

[d]	[đ]
diálogo	ese diálogo
doctor	ese doctor
delicioso	plato delicioso

La Universidad de Salamanca en España, fundada en 1218 d.C., se convirtió en una de las universidades más importantes de Europa. En el patio está la estatua del profesor y poeta Fray Luis de León (1527–1591).

The University of Salamanca in Spain, founded in 1218 A.D., became one of the most important universities in Europe. In the courtyard is the statue of the teacher and poet Fray Luis de León (1527–1591).

A. Present tense of -ar verbs

Each item uses the same verb twice. Supply the missing present-tense form.

1. Nosotros hablamos español y tú _____ español y francés.   —hablas
2. Él trabaja en la biblioteca y ellos _____ en ese edificio.   —trabajan
3. Pepe y Silvia estudian en la biblioteca. ¿Dónde _____ tú?   —estudias
4. Tú necesitas estudiar ruso y yo _____ estudiar alemán.   —necesito
5. Susana practica español y nosotros _____ ruso.   —practicamos
6. Yo estudio japonés. Y usted, ¿qué _____?   —estudia

B. Provide the correct definite article.

1. _____ doctora Gómez trabaja en _____ hospital.   —La, el
2. _____ leche y _____ café están en _____ mesa.   —La, el, la
3. ¿Dónde están _____ legumbres y _____ huevos?   —las, los

C. Provide the correct indefinite article.

1. Hay _____ copas allí.   —unas
2. Hacen _____ café y _____ postres excelentes.   —un, unos
3. Necesito comprar _____ pluma y _____ cuadernos.   —una, unos

D. Present tense of estar

Provide the appropriate present-tense form of the verb estar.

1. Antonio no está aquí y yo no sé dónde _____.   —está
2. Ella está en la clase pero sus compañeros _____ aquí.   —están
3. Buenos días, Pepe. ¿Cómo _____?   —estás
4. Él está regular, pero nosotros _____ muy bien.   —estamos
5. Gonzalo está enfermo pero yo _____ bien.   —estoy

E. *Hay* versus *está* and *están*

Provide the appropriate word to complete the following sentences.

1. ¿Dónde _____ las cintas?   —están
2. _____ tres alumnos en el patio.   —Hay
3. Los tres alumnos _____ en el patio.   —están
4. El doctor _____ en la clínica.   —está
5. _____ treinta lecciones en el libro.   —Hay

F. Question words

Each item has a question and an answer. Provide a question word that will make the answer seem a logical one.

1. ¿_____ está Silvia? [*Answer*] Está muy bien.   —Cómo
2. ¿_____ trabajan ellos? En ese edificio.   —Dónde
3. ¿_____ están allí? Los profesores.   —Quiénes
4. ¿_____ de los dos libros necesita usted? Ese libro.   —Cuál
5. ¿_____ vino desean? Sólo una copa.   —Cuánto
6. ¿_____ oficinas hay en ese edficio? Unas veinte.   —Cuántas
7. ¿_____ estudia usted? Español y francés.   —Qué
8. ¿_____ profesores hay en la universidad? Hay unos noventa.   —Cuántos
9. ¿_____ está enfermo? Antonio.   —Quién
10. ¿_____ practican ellos? Hoy.   —Cuándo

G. Numbers

Provide the correct answers to the following problems.

1. Cinco y cuatro = _____.   —nueve
2. Veinte y diez = _____.   —treinta
3. Quince y veinticinco = _____.   —cuarenta
4. Doce y diez = _____.   —veintidós *or* veinte y dos
5. Treinta y dos y veintitrés = _____ _____ _____.   —cincuenta y cinco
6. Sesenta y dieciocho = _____ _____ _____.   —setenta y ocho

7. Cincuenta y treinta y tres = _____ _____
_____.

—ochenta y tres

8. Cuarenta y cincuenta = _____.

—noventa

H. Present tense of *-er* verbs

Provide the appropriate form of the verb **beber**.

MINIDIÁLOGO

JOSÉ	¿Qué _____ ustedes?	—beben
GONZALO	Yo _____ vino, pero Pepe siempre _____ cerveza.	—bebo bebe
JOSÉ	Y tú, Julio, ¿qué _____?	—bebes
JULIO	Hoy no estoy bien y el doctor opina que sólo debo _____ agua o té.	—beber

I. Present tense of *-ar* and *-er* verbs

Provide the correct form of **beber, tomar,** or **comer** as appropriate. In some cases **tomar** and **beber** are interchangeable—both possibilities appear in the answer column.

1. Ellos siempre _____ pescado.
2. Nosotros sólo _____ agua.
3. Yo _____ sopa en el almuerzo.
4. ¿Tú _____ pollo?
5. Él _____ arroz con pollo pero no _____ cerveza.
6. Pepe _____ helado en el patio.

—comen
—bebemos *or* tomamos
—tomo
—comes
—come, bebe *or* toma
—toma

J. Adjectives

Use the correct form of the adjectives in parentheses. Remember that an adjective has to agree in gender and number with the noun it modifies.

1. En ese restaurante hacen una paella (delicioso).
2. Ellos comen pollo (frito) pero no comen papas (frito).
3. Cuando no estoy bien, yo siempre como algo ligero y bebo té (caliente).
4. Aquí hacen unos platos (excelente).
5. Ellos siempre beben cerveza bien (frío).
6. La carne y las legumbres están (delicioso).

—deliciosa

—frito, fritas

—caliente
—excelentes
—fría
—deliciosas

MINIDIÁLOGO

JOSÉ   Aquí hay restaurantes muy (bueno). En ese restaurante hacen comida (japonés), y allí, en ese edificio (blanco), hay un restaurante que hace comida (español) y (francés). ¿Dónde comemos?

—buenos
japonesa
blanco
española, francesa

ANA   ¿No hacen comida (chino) en el restaurante (japonés)?

—china
japonés

JOSÉ   ¡Ay, Ana! Debes probar platos (español), (francés), (japonés), (italiano) . . . No debes comer siempre arroz (frito).

—españoles
franceses, japoneses,
italianos, frito

ANA   Está bien, está bien. Hoy comemos comida (japonés).

—japonesa

K. Present tense of *-ir* verbs

Provide the appropriate present-tense form of the verb **vivir**.

MINIDIÁLOGO

ANA   ¿_____ ustedes en Valencia?   —Viven

SOFÍA   Sí, _____ allí.   —vivimos

ANA   Y Pedro, ¿_____ con ustedes?   —vive

SOFÍA   No, Pedro _____ en México.   —vive

Each item uses the same verb twice. Supply the missing present-tense form.

1. Ellos viven en Valencia y nosotros _____ en Madrid.   —vivimos

2. María siempre escribe, pero yo no _____.   —escribo

3. Alicia escribe una nota y nosotros _____ unos diálogos.   —escribimos

4. Ellos no abren los libros en la clase del profesor Gómez, pero nosotros, en la clase del doctor Jiménez, siempre _____ los libros.   —abrimos

Vista de Toledo del Greco. Este pintor, quien era de origen griego, se estableció en Toledo en 1575 y permaneció allí hasta su muerte en 1614.

View of Toledo *by El Greco. This painter, who was of Greek origin, settled in Toledo in 1575 and remained there until his death in 1614.*

Lección 4

Present tense of the verb **ser** *(to be)* • Some uses of the verb **ser** • **Ser** and the time of day **Ser** or **estar** with adjectives

Communication Objectives

Vocabulary: You will learn words related to personal characteristics and nationalities, words describing various regions, and time expressions.

Conversation: You will be able to describe yourself, other people, and landscapes, and to tell time.

DIÁLOGO ∽ Una excursión a Toledo[1]

A Tour To Toledo

GONZALO José, ¿quién es el señor alto del traje azul[2]?

G: *José, who is the tall gentleman in the blue suit?*

JOSÉ Es el doctor Agustín Sánchez. Mi padre y él son muy buenos amigos.

J: *He's Doctor Agustín Sánchez. My father and he are very good friends.*

AMELIA ¿De dónde es él? ¿De Latinoamérica?

A: *Where's he from? Latin America?*

JOSÉ Sí, es de Venezuela. Ahora está aquí en Madrid de vacaciones[3] con su familia. Naturalmente, desean visitar Toledo[4].

J: *Yes, he's from Venezuela. Now he's here in Madrid on vacation with his family. Naturally, they want to visit Toledo.*

GONZALO Toledo es una ciudad maravillosa. Además, el viaje es corto y muy agradable.

G: *Toledo is a marvelous city. Besides, the trip is short and very pleasant.*

AMELIA Es cierto. El paisaje castellano es amarillo y seco, pero bonito. En Galicia y Asturias[5] es completamente diferente.

A: *That's right. The Castilian landscape is yellow and dry, but pretty. In Galicia and Asturias it's completely different.*

JOSÉ ¿Cómo es el paisaje allí?

J: *How's the landscape there?*

AMELIA Es muy verde y con muchos valles y montañas. Mira, el autobús ya está en la esquina. ¿Qué hora es?

A: *It's very green and with many valleys and mountains. Look, the bus is already at the corner. What time is it?*

JOSÉ Según ese reloj son las diez y veinte.

J: *According to that clock, it's ten-twenty.*

GONZALO ¿A qué hora debemos llegar a Toledo?

G: *At what time are we due to arrive in Toledo?*

JOSÉ Debemos llegar a las once y media. ¿Están listos?

J: *We are due to arrive at eleven-thirty. Are you ready?*

---

[1]Ancient city 47 miles south of Madrid. Capital of Spain until 1565, it was famous for the manufacture of swords.
[2]In expressions referring to clothing that someone is wearing, note the following:

SPANISH	ENGLISH
de + definite article + noun	in + the + noun
el señor del traje azul.	the man in the blue suit.

[3]The singular vacación is seldom used.
[4]Visitar a Toledo may also be used.
[5]Two mountainous regions on the northwest coast of Spain.

PREGUNTAS SOBRE EL DIÁLOGO

1. ¿Dónde están Gonzalo, José y Amelia?
2. ¿Quién es el señor alto del traje azul?
3. ¿Es el doctor Sánchez amigo de Gonzalo?
4. ¿De dónde es el doctor Sánchez? ¿Dónde está él?
5. ¿Qué desean visitar el doctor Sánchez y su familia?
6. ¿Cómo es Toledo?
7. ¿Cómo es el viaje a Toledo?
8. ¿Cómo es el paisaje castellano?
9. ¿Cómo es el paisaje en Galicia y Asturias?
10. ¿A qué hora debe llegar el autobús a Toledo?

ORACIONES Y PALABRAS

Soy de **México**[6].　　　　　　　　　　　　　　*I am from Mexico.*
　　la Argentina[7], los Estados Unidos,　　　　　*Argentina, the United States,*
　　España　　　　　　　　　　　　　　　　　　*Spain*

Él es **colombiano**.　　　　　　　　　　　　　*He is Colombian.*
　　mexicano, cubano, venezolano,　　　　　　　*Mexican, Cuban, Venezuelan,*
　　chileno, panameño, puertorriqueño,　　　　　*Chilean, Panamanian, Puerto Rican,*
　　argentino, norteamericano[8]　　　　　　　　*Argentine, American*

¿Quién es el señor **alto**?　　　　　　　　　　*Who is the tall gentleman?*
　　　　　　bajo[9], gordo　　　　　　　　　　　*short, fat*

¿Quién es la señora **rubia**?　　　　　　　　　*Who is the blond lady?*
　　　　　　morena, delgada, joven　　　　　　　*brunette, thin, young*

Es una ciudad **maravillosa**.　　　　　　　　　*It's a marvelous city.*
　　　　fea, interesante, vieja　　　　　　　　　*an ugly, an interesting, an old*

El viaje es **corto**.　　　　　　　　　　　　　*The trip is short.*
　　　　largo, aburrido, desagradable　　　　　　*long, boring, unpleasant*

El reloj es de **oro**.　　　　　　　　　　　　　*The watch*[10] *is made of gold.*
　　　　madera　　　　　　　　　　　　　　　　*wood*

PREGUNTAS GENERALES

1. ¿Quién es usted?
2. ¿De dónde es usted?
3. Y él, ¿quién es?
4. ¿De dónde es él?
5. ¿De dónde soy yo?
6. ¿Quién soy yo?
7. ¿Dónde está ella?
8. Y yo, ¿dónde estoy?

---

[6]Although most Mexicans continue to write the traditional x in the words **México, mexicano,** etc., people in other Hispanic countries use the modern j instead: **Méjico.** The words are everywhere pronounced with the sound of Spanish j, however they are written.

[7]The use of the definite article before the names of some countries is optional. **El Salvador** still conserves it.

[8]Although Canada and Mexico are part of North America, the expression **norteamericano** normally refers to the people of the United States. The expression **americano** is also used by some Spanish speakers.

[9]**Bajo** generally refers to height. **Corto** generally refers to length, distance, and duration.

[10]Here is a good example showing how the context sometimes suggests whether the best equivalent for **reloj** is *watch* or *clock: the watch is made of gold, the clock is made of wood.*

Interior de Santa María la Blanca en Toledo, que fue construida originalmente como sinagoga en el siglo XIII y reconstruida como iglesia en el siglo XIV.

Interior of Santa Maria la Blanca in Toledo, which was built originally as a synagogue in the 13th century and rebuilt as a church in the 14th century.

GRAMMAR, EXERCISES, AND TESTING

∽ PART ONE

I. PRESENT TENSE OF THE VERB SER (*to be*)

SUBJECT PRONOUN	VERB FORMS
yo	soy
tú	eres
usted, él, ella	es
nosotros (-as)	somos
vosotros (-as)	sois
ustedes, ellos (-as)	son

Ser is a highly irregular verb; its forms are not like the forms of regular **-er** verbs.

II. SOME USES OF THE VERB SER

Although **ser** and **estar** both partially correspond to the English verb *to be,* they are not interchangeable and they function independently of each other. In general, **ser** is used:

1. to identify people or things.

Ellos **son** amigos.	*They are friends.*
Ellos = amigos	
La paella **es** un plato típico.	*The paella is a typical dish.*
La paella = plato típico	

2. to indicate origin and nationality.

Son de Chile.	*They are from Chile.*
Es colombiano.	*He is Colombian.*

3. to show possession.

El cuaderno **es** de Agustín.	*The notebook is Agustín's.*
Las cintas **son** de los estudiantes.	*The tapes are the students'.*

to ask who the owner is, Spanish uses **de** + **quién(es)** + **ser**.

¿De quién es el cuaderno?	*Whose notebook is it?*
¿De quiénes son las cintas?	*Whose tapes are they?*

4. to show the material of which something is made.

El reloj **es** de oro.	*The watch is (made) of gold.*
La puerta **es** de madera.	*The door is (made) of wood.*

5. to express the time and place of an event.

El examen **es** a las diez.	*The test is at ten.*
El examen **es** en el laboratorio[11].	*The test is in the laboratory.*

A. Person-number substitution

1. ¿De dónde es él?

¿ellos?	¿De dónde son ellos?
¿tú?	¿De dónde eres tú?
¿usted?	¿De dónde es usted?
¿yo?	¿De dónde soy yo?
¿José y Silvia?	¿De dónde son José y Silvia?
¿nosotros?	¿De dónde somos nosotros?

2. El profesor es español.
   Yo, Nosotros, La doctora, Las estudiantes, Mi padre, Los platos

3. ¿Quién es el estudiante alto?
   señora, señores, profesor, chicas, doctor

---

[11]If the reference were to the test itself (the papers) and not the event, the verb would be **estar: El examen está en el laboratorio.**

B. Questions

Answer affirmatively using the corresponding adjective.

Model: ¿María es de Venezuela?
   Sí, es venezolana.

1. ¿El señor Suárez es de Colombia?
2. ¿Las profesoras son de Cuba?
3. ¿El doctor es de Panamá?
4. ¿Ustedes son de España?
5. ¿Ellas son de la Argentina?
6. ¿Tú eres de los Estados Unidos?
7. ¿Ellos son de México?
8. ¿Esa chica es de Puerto Rico?

Answer freely.

1. ¿Quién es ese estudiante?
2. ¿De dónde es él?
3. ¿Quién es su profesor(-a)?
4. ¿Quiénes son los compañeros de ese estudiante?
5. ¿De quién es ese cuaderno? ¿Y ese lápiz?
6. ¿De quiénes son los libros que están allí?
7. ¿Cuándo es el examen de español?
8. ¿Dónde es el examen de español?

El Museo del Greco en Toledo, donde se exhiben muchos de los cuadros de ese pintor.

The El Greco Museum in Toledo, where many of the painter's works are on display.

TESTING ~ ser, present indicative

Give the present tense form of **ser** that is appropriate to the subject shown.

1. yo	—soy
2. ella	—es
3. tú	—eres
4. nosotros	—somos
5. Pepe y David	—son

Give a Spanish equivalent.

6. *Who is* HE?	—¿Quién es él?
7. *They are from Mexico.*	—Son de México.
8. *The trip is today.*	—El viaje es hoy.
9. *The pen is made of gold.*	—La pluma es de oro.
10. *That book is Pepe's.*	—Ese libro es de Pepe.

~ PART TWO

III. SER *AND THE TIME OF DAY*

1. In expressions of time, **ser** is used, not **estar.** To inquire about the hour, the Spanish-speaker asks:

   ¿Qué hora **es**?[12]   *What time is it?*

2. Spanish uses the singular verb **es** + **la** with one o'clock and the plural **son** + **las** with the other hours.

   Es la una.   *It's one o'clock.*
   Son las dos.   *It's two o'clock.*

3. Minutes up to the half hour are reported by using **y.**

   Es la una **y** diez.   *It's one ten.*
   Son las dos **y** veinticinco.   *It's two twenty-five.*

4. To tell time beyond the half hour, minutes are subtracted from the following hour using the word **menos.**

   12:55—Es la una **menos** cinco[13].   *It's five minutes to one.*
    3:40—Son las cuatro **menos** veinte.   *It's twenty minutes to four.*

   Alternate expressions are also used, although less frequently.

   Son las doce y cincuenta y cinco.   *It's twelve fifty-five.*
   Son las tres y cuarenta.   *It's three forty.*

---

[12]In some countries, the expression **¿Qué horas son?** is also used, although less frequently. Other tenses of **ser** may be used in time expressions, but the choice of a singular or plural form remains the same.
[13]Literally, *minus five.*

5. The words **cuarto** and **media**, like English *quarter* and *half,* usually replace the words **quince** and **treinta** respectively.

> Son las cuatro menos **cuarto.**　　*It's a quarter to four.*
> Es la una y **media.**　　*It's half past one.*

6. The Spanish expressions equivalent to A.M. and P.M. are as follows:

ENGLISH	SPANISH		
A.M.	de la mañana	Son las ocho de la mañana.	*It's eight in the morning.*
P.M.	de la tarde	Son las tres y veinte de la tarde.	*It's three twenty in the afternoon.*
	de la noche	Son las once de la noche.	*It's eleven in the evening.*

7. One asks **¿A qué hora?** to find out when an event will take place.

> **¿A qué hora** llega el autobús?　　*At what time does the bus arrive?*

C. Telling time

Read the times shown in Spanish.

Models: 8:10

> **Son las ocho y diez.**
> 1:00 P.M.
> **Es la una de la tarde.**

1:10	2:30	10:25 P.M.
3:15	12:26	11:15 A.M.
8:23	6:00 A.M.	9:20 P.M.
9:05	3:05 P.M.	1:10 P.M.

D. Sentence formation

Create sentences choosing words from columns 1, 2, and 3. Say each sentence twice, using both the standard and alternate expressions to tell time.

Model: El examen　　terminar　　3:35

> **El examen termina a las cuatro menos veinticinco.**
> **El examen termina a las tres y treinta y cinco.**

1	2	3
Los alumnos	practicar	2:40
El autobús	llegar	1:48
La clase	terminar	4:45
Yo	abrir	8:55
Las camareras	entrar	10:50

E. Questions

1. ¿A qué hora llega usted a la universidad?
2. ¿A qué hora debemos llegar a la clase de español?
3. ¿A qué hora llega usted?
4. ¿Qué hora es ahora?
5. ¿A qué hora termina la clase?
6. ¿A qué hora comen ustedes por la noche?

TESTING ∾ time of day

1. In telling time, **quince** and **treinta (minu-tos)** are usually replaced by the words _____ and _____.

      —cuarto, media

Give a Spanish equivalent.

2. _It's one o'clock._
3. _It's three o'clock._
4. _At what time?_
5. _The exam is at ten o'clock._

      —Es la una.
      —Son las tres.
      —¿A qué hora?
      —El examen es a las diez.

Use alternate phrasing.

6. Son las seis y treinta.
7. Son las doce y cuarenta y cinco.
8. Son las cuatro y cuarenta.

      —Son las seis y media.
      —Es la una menos cuarto.
      —Son las cinco menos veinte.

∾ PART THREE

IV. SER _OR_ ESTAR _WITH ADJECTIVES_

Ser and **estar** are not used interchangeably (see pages 31, 67–68 and 69–70). In most contexts, just one verb occurs—never the other. Adjectives present the only exception: either verb may be used with them. But the sentence has a different meaning depending on which verb is used.

1. **Ser** is used to express a quality that is viewed as normal or characteristic of the person or thing being described.

    El paisaje castellano **es** seco.
           The Castilian landscape is dry. (Dryness is the normal characteristic of that landscape.)

    La manzana **es** verde.
           The apple is green. (The color green is a characteristic of that kind of apple; it will continue to be green when ripe.)

2. **Estar** is used to express a state, a condition, a change or deviation from what is normal for the person or thing being described.

    El valle **está** seco.
           The valley is dry. (Dryness is the condition of the valley now, not its normal characteristic.)

    La manzana **está** verde.
           The apple is green. (The apple is green now because it is not ripe.)

3. Sometimes English expresses the difference between **ser** and **estar** by using a different verb to translate **estar**.

María **es** bonita.	*Mary is pretty* (she really is).
María **está** bonita.	*Mary looks pretty* (right now, but she really isn't).
La paella **es** buena en ese restaurante.	*The paella is good in that restaurant.*
La paella **está** buena hoy.	*The paella tastes good today.*

4. Some adjectives acquire different meanings when used with **ser** or **estar**.

José **es** malo.	*José is bad* (evil).
José **está** malo.	*José is sick.*
Susana **es** lista.	*Susana is smart.*
Susana **está** lista.	*Susana is ready.*
El viaje **es** aburrido.	*The trip is boring.*
Pepe **está** aburrido.	*Pepe is bored.*

5. The adjective **contento** *happy, glad* is always used with **estar**.

Los chicos **están** contentos.   *The boys are happy.*

F. Negative response

Answer the following questions negatively using a different and appropriate adjective.

Model: ¿Es alta María[14]?
> **No, María es baja.**

1. ¿Es fea Susana?   No, Susana es bonita.
   ¿Es delgado el padre de Felipe?   No, el padre de Felipe es gordo.
   ¿Están secos los valles?   No, los valles están verdes.
   ¿Es morena la alumna francesa?   No, la alumna francesa es rubia.
   ¿Es verde el paisaje castellano?   No, el paisaje castellano es amarillo.

2. ¿Son feos los trajes?   3. ¿Es agradable el viaje?
   ¿Están calientes las legumbres?   ¿Son largos los exámenes?
   ¿Es viejo el profesor?   ¿Es bueno ese restaurante?

G. Reading exercise

Read the following paragraphs and provide the correct form of **ser** or **estar** for each blank.

Amelia _____ española, pero ahora _____ en los Estados Unidos. Ella _____ estudiante de una universidad de Filadelfia. Las clases de Amelia _____ por la mañana. Por la tarde, ella trabaja en una cafetería que _____ en la universidad.

---

[14]Notice the different word order in English and Spanish for this type of question using **ser**.

	SPANISH			ENGLISH	
verb	*adjective*	*subject*	*verb*	*subject*	*adjective*
¿Es	**alta**	**María?**	**Is**	**Mary**	**tall?**

Amelia _____ alta, morena y muy lista. Ella _____ contenta en Filadelfia y opina que _____ una ciudad muy interesante. Según unos amigos de Amelia, Nueva York _____ una ciudad maravillosa. Ellos creen que Amelia debe visitar Nueva York ya que el viaje _____ corto y ella _____ de vacaciones.

H. Questions

1. Use the correct form of **ser** or **estar,** as the case may be, in answering each question.

Model: ¿El señor? ¿Enfermo?
> **Sí, el señor está enfermo.**
> *or*
> **No, el señor no está enfermo.**

¿María? ¿En el autobús?

¿Susana y José? ¿Mexicanos?

¿Toledo? ¿En España?

¿El reloj? ¿De oro?

¿El examen? ¿En ese edificio?

¿Ella? ¿De Colombia?

¿Los estudiantes? ¿Contentos?

¿El libro? ¿De Gonzalo?

¿La excursión? ¿A las ocho?

¿El vino blanco? ¿Frío?

2. Answer the following questions by describing the subject. Use as many adjectives as possible.

Model: ¿Cómo es Amelia?
> **Amelia es alta, rubia y muy agradable.**

¿Cómo es el (la) profesor(-a) de español?

¿Cómo es usted?

¿Cómo son los estudiantes de la clase de español?

¿Cómo es la comida en la cafetería de la universidad?

¿Cómo es el paisaje en el estado de Arizona? ¿Y aquí?

¿Cómo es Toledo? ¿Y San Francisco?

Vista del campo cerca de Villaviciosa en Asturias, región de una vegetación exuberante en sus muchos valles y montañas.

The countryside near Villaviciosa in Asturias, a region with lush vegetation and many valleys and mountains.

TESTING ∿ the verbs **ser** and **estar**

Decide whether to use **ser** or **estar** and provide the correct present tense form according to the ideas expressed.

1. The climate in Arizona is dry. You describe it in Spanish by saying **La región _____ seca.**

   —es

   In some valleys, it rains often. Lately, it has not rained. You would say **Los valles _____ secos.**

   —están

2. You meet Dr. Sánchez, who is fat. You would describe him by saying **El doctor Sánchez _____ gordo.**

   —es

   Next time you see him, you notice he has lost a lot of weight. You would describe him by saying **El doctor Sánchez _____ delgado.**

   —está

3. You want to buy red apples. The clerk gives you green apples. You tell him you don't want them because **Las manzanas _____ verdes.**

   —son

   Then the clerk shows you green apples, but they are not ripe. You tell him you don't want them because **Las manzanas _____ verdes.**

   —están

4. Amelia is a pretty girl. To describe her you would say **Amelia _____ bonita.**

   —es

   Lately she has been ill, she is tired and doesn't look well. You see her and you think **Amelia _____ fea.**

   —está

Give a Spanish equivalent.

5. *It is green* (color). —Es verde.
6. *It is green* (not ripe). —Está verde.
7. *How is Silvia?* —¿Cómo está Silvia?
8. *What is SHE like?* —¿Cómo es ella?
9. *The girls are ready.* —Las chicas están listas.
10. *The girls are smart.* —Las chicas son listas.
11. *The trip is boring.* —El viaje es aburrido.
12. *I am bored.* —Estoy aburrido(-a).

CONVERSACIÓN EN LA CLASE

Descripciones

Think of your favorite movie or TV personality. Tell the class his/her name and describe him/her. Other members of the class should then describe their favorite movie or TV personality.

Situaciones

1. Pretend you are a travel agent. Your classmates will ask you what time it is in different countries and/or cities in the world.
2. Tell your classmates the different things you do at different hours of the day. Ask some of them what they do.
3. You are talking to a classmate about travel. You tell him/her some details about a city or country you visited. (S)he should ask questions trying to find out more about it.
4. You are at a party and you see a girl or boy you don't know. Ask one of your friends who (s)he is. Your friend should give you as much information as possible about him/her.

--- *Vocabulario* ---

Nouns

clothes

el traje	suit

countryside

la montaña	mountain
el paisaje	landscape
paisaje castellano	Castilian landscape
el valle	valley

events

la excursión	tour, excursion
las vacaciones	vacation
el viaje	trip

material

la madera	wood
el oro	gold

people

la familia	family

places

la esquina	corner

transportation

el autobús	bus

Verbs

llegar	to arrive
mirar	to look at
ser	to be
visitar	to visit

Adjectives

aburrido	boring, bored
agradable	pleasant
alto	tall
bajo	short
bonito	pretty
contento	happy, glad
corto	short
delgado	thin

dasagradable	unpleasant
diferente	different
feo	ugly
gordo	fat
interesante	interesting
joven	young
largo	long
listo	ready, smart
maravilloso	marvelous
morena	brunette
rubio	blonde
seco	dry
viejo	old

colors

amarillo	yellow
azul	blue
verde	green

nationalities

argentino	Argentine
chileno	Chilean
colombiano	Colombian
cubano	Cuban
mexicano	Mexican
norteamericano	American
panameño	Panamanian
puertorriqueño	Puerto Rican
venezolano	Venezuelan

possessives

mi	my

quantity

muchos	many

Adverbs

completamente	completely
naturalmente	naturally
ya	already

Connectors

a	to
además	besides
según	according to

Expressions

es cierto	that's right

time expressions

ahora	now
cuarto	quarter
la mañana	morning
media	half
menos	minus, to (in telling time)
la noche	evening, night
la tarde	afternoon

Anuncio del Ballet Nacional Español en una de las estaciones del metro de Madrid.

Advertisement for the Spanish National Ballet in one of the subway stations in Madrid.

Lección 5

Present tense of the verb **ir** • **Ir** + **a** + remainder
Some ways to express the future using the present
tense • Direct object pronouns • Verbs irregular
in the first-person singular, present tense • **Saber**
versus **conocer**

Communication Objectives

Vocabulary: You will learn words related to
entertainment, performances, and music.

Conversation: You will be able to talk about
amusements and pastimes, as well as events and places
that you go to.

DIÁLOGO ∽ Enfrente del teatro

In Front of the Theater

ALFREDO ¡Hola, Diego! ¿Vas a la función de esta noche?

A: *Hi, Diego. Are you going to tonight's[4] performance?*

DIEGO ¿Qué función?

D: *What performance?*

ALFREDO Pero, ¿no sabes que hoy es la última noche del Ballet Folklórico de México[1]?

A: *But don't you know that today is the last night of the Folkloric Ballet of Mexico?*

DIEGO ¿De veras? ¿Ustedes van a ir?

D: *Really? Are you going to go?*

MARÍA Cómo no. Y Pepe y Amelia van también.

M: *Of course. And Pepe and Amelia are also going.*

ALFREDO Diego, ¿por qué no hablas con Elvira y así vamos juntos?

A: *Diego, why don't you speak with Elvira so we can go together?*

DIEGO Magnífico. ¿Y qué van a hacer después de la función?

D: *Great. And what are you going to do after the performance?*

MARÍA Vamos a ir a casa de Luis Vélez, el chico que toca la guitarra. ¿Sabes quién es?

M: *We are going to Luis Vélez's house, the young fellow who plays[5] the guitar. Do you know who he is?*

DIEGO Sí, lo conozco[2] muy bien. Entonces yo voy a hablar con Elvira y después te llamo.

D: *Yes, I know him well. Then I'll speak with Elvira and I'll call you later.*

ALFREDO Yo creo que debes llamar a Elvira ahora. Hay una cola bastante larga frente a la taquilla y . . .

A: *I think you ought to call Elvira now. There's a rather long line[6] in front of the ticket office and . . .*

DIEGO Pues ahora mismo la llamo y después hago cola para comprar las entradas[3]. Los veo esta noche aquí.

D: *Well, I'll call her right now and then I'll stand in line to buy the tickets. I'll see you here tonight.*

ALFREDO Buena suerte.

A: *Good luck.*

DIEGO Gracias.

D: *Thanks.*

---

[1]Ballet Folklórico de México=Folkloric Ballet of Mexico. A Mexican theatrical group which has received world-wide acclaim since 1961 for its artistic performances of folkloric dances. The word **folklórico** may also be written **folclórico**.

[2]Two Spanish verbs mean *to know:* **saber** and **conocer**. Conocer means *to be acquainted with.* A fuller treatment of their usage will be presented in grammar section VI of this lesson.

[3]Some countries use **el boleto** instead of **la entrada**.

[4]Literally, *this night.*

[5]Literally, *to touch;* **tocar** + a musical instrument means to play that instrument.

[6]Literally, *tail, queue.*

Un duelo con machetes en una escena de "Bodas en Huasteca", durante una representación del Ballet Folklórico de México.

A duel with machetes in a scene from "Wedding in the Huasteca," performed by the Folkloric Ballet of Mexico.

PREGUNTAS SOBRE EL DIÁLOGO

1. ¿Cuándo es la función?
2. ¿Van a ir Alfredo y María a la función?
3. ¿Qué van a hacer después de la función?
4. ¿Quién es Luis Vélez?
5. ¿Desea Diego ir a la función?
6. ¿Con quién va a hablar Diego?
7. ¿Cuándo va a llamar Diego a Elvira?
8. ¿Qué va a comprar Diego después?
9. ¿Hay cola frente a la taquilla?
10. ¿Es corta o larga la cola?

ORACIONES Y PALABRAS

Están enfrente del **teatro**.
    parque, hotel,
    cine, café

¿**Vas a** la función?
    a la playa, a la fiesta,
    al baile, al concierto

¿Hay **entradas**?
    asientos, discos

Vamos a **comprar** unos boletos después.
    cambiar, buscar, sacar, vender

El muchacho toca **la guitarra**.
    el piano, el violín

¿Van a **bailar** más?
    cantar, aplaudir

They are in front of the theater.
    park, hotel,
    movie, café

Are you going to the performance?
    beach, party,
    dance, concert

Are there tickets?
    seats, records

We are going to buy some tickets later.
    exchange,[7] look for, get, sell

The boy plays the guitar.
    piano, violin

Are they going to dance more?
    sing, applaud

PREGUNTAS GENERALES

1. ¿Va usted a la playa esta tarde?
2. ¿Con quién va usted a la playa?
3. Y usted, ¿va al cine esta noche?
4. ¿A qué cine va usted?
5. ¿Qué necesita usted cuando va al teatro?
6. ¿Hace usted cola cuando va al teatro?
7. ¿Qué hacen ustedes cuando termina un concierto?
8. ¿Toca usted el piano?
9. Y usted, ¿qué toca?
10. ¿Tocan ustedes la guitarra?

---

[7]Also, *to change.*

GRAMMAR, EXERCISES, AND TESTING

∿ PART ONE

I. PRESENT TENSE OF THE VERB IR

SUBJECT PRONOUN	VERB FORMS
yo	**voy**
tú	**vas**
usted, él, ella	**va**
nosotros (-as)	**vamos**
vosotros (-as)	**vais**
ustedes, ellos (-as)	**van**

Ir is a highly irregular verb; its forms are not like the forms of regular **-ir** verbs.

II. IR + A + REMAINDER

Voy a la biblioteca.	*I'm going to the library.*
Alfredo debe **ir al** teatro.	*Alfredo should go to the theater.*
¿**Adónde vamos** esta noche?	*Where are we going tonight?*

1. The verb **ir** requires an **a** to introduce a noun.
2. Whenever **a** is followed by the definite article **el**, the contraction **al** occurs.
3. To ask and to answer a question about "direction where" with **ir** and **dónde**, **a** precedes the **dónde** and is attached to it in writing: **adónde**.

III. SOME WAYS TO EXPRESS THE FUTURE USING THE PRESENT TENSE

THE PRESENT TENSE OF IR + A + INFINITIVE

¿**Vas a** comprar las entradas?	*Are you going to buy the tickets?*
¿Cuándo **van a** cantar?	*When are they going to sing?*
Vamos a estudiar.	{ *We are going to study.* { *Let's study.*

1. The verb **ir** requires the word **a** to introduce an infinitive.
2. This construction in the present tense implies a future action.
3. The expression **vamos a** + infinitive can be used to describe future action and to express commands.[8]

---

[8]First-person plural commands will be discussed in Lesson 17.

THE PRESENT TENSE OF A VERB

¿Cuándo **vamos**?	*When*	*are we going?* / *shall we go?*	
Vamos { mañana. / después. / esta noche.	*We are going* / *We'll go*	{ *tomorrow.* / *later.* / *tonight.*	
¿**Abro** la ventana?	*Shall* / *Do*	{ *I open the window?*	

Spanish regularly uses the present tense to indicate an expressed or an implied future action. The context determines if the sentence refers to the present or to the future.

A. Person-number substitution

1. Yo voy al teatro esta noche.
   Tú   Tú vas al teatro esta noche.
   Ellos   Ellos van al teatro esta noche.
   Nosotros Nosotros vamos al teatro esta noche.
   Él   Él va al teatro esta noche.
   Ustedes Ustedes van al teatro esta noche.

2. ¿Adónde van ustedes?
   Carlos, Felipe y tú, nosotros, ellos, tú

3. Alfredo va a tocar el piano.
   Él, Nosotros, Tú, Usted, Ellos, Ella

B. *Ir* + *a* + infinitive → present tense of the main verb

Model: Van a sacar entradas esta noche.
   Sacan entradas esta noche.

1. Voy a comer después.
2. Ellos van a llegar a las once.
3. ¿Vas a ir a la taquilla?

4. Después van a hacer cola.
5. El muchacho va a bailar después.
6. ¿Quién va a cantar esta noche?

C. Questions

1. Make sentences with the following sets of words telling your classmates what you are going to do. Then ask some of them what they are going to do.

   Model: sacar las entradas
      Estudiante 1: **Yo voy a sacar las entradas. ¿Y ustedes?** (or **¿Y tú?** etc.)
      Estudiante 2: **Nosotros vamos a buscar a Diego.**

comprar discos	hacer la tarea	tocar el piano
cambiar los boletos	llamar a Roberto	estar frente al teatro

2. Use the following sets of questions as a guide and tell your classmates about your plans. Use the appropriate form of **ir** + **a** + infinitive in your answers.

 a. ¿Cuándo van ustedes a la función? ¿Dónde compran los boletos? ¿Quiénes van con ustedes? ¿Qué hacen después de la función?

 b. ¿En qué restaurante comes esta noche? ¿Con quién vas? ¿Qué comen allí? ¿Adónde van después?

TESTING ∽ ir, present indicative

Give a Spanish equivalent.

1. *I go*
2. SHE *goes*
3. *they go*
4. The **tú**-form of **ir**, present indicative, is
 _____.

5. When any form of **ir** is followed by an infinitive or an object, one uses the preposition _____.

—voy
—ella va
—van

—vas

—a

Give a Spanish equivalent.

6. *Where is Alfredo going?*
7. *Alfredo is going to the dance.*
8. *We are going to stand in line.*

—¿Adónde va Alfredo?
—Alfredo va al baile.
—Vamos a hacer cola.

Una función del Ballet Folklórico de México, grupo conocido mundialmente que se especializa en bailes folklóricos.

A performance by the Folkloric Ballet of Mexico, a world-renowned theatrical group that specializes in folkloric dances.

PART TWO

IV. DIRECT OBJECT PRONOUNS

SUBJECT PRONOUN	DIRECT OBJECT PRONOUN		A + PRONOUN	
yo	me	*me*	a mí	*me*
tú	te	*you*	a ti	*you*
él	lo	*him, it* (masculine)	a él	*him*
usted (masculine)	lo	*you*	a usted	*you*
ella	la	*her, it* (feminine)	a ella	*her*
usted (feminine)	la	*you*	a usted	*you*
nosotros (-as)	nos	*us*	a nosotros (-as)	*us*
vosotros (-as)	os	*you*	a vosotros (-as)	*you*
ellos	los	*them* (masculine)	a ellos	*them*
ustedes (masculine)	los	*you*	a ustedes	*you*
ellas	las	*them* (feminine)	a ellas	*them*
ustedes (feminine)	las	*you*	a ustedes	*you*

Unlike English, Spanish uses in addition to the object pronoun, a corresponding prepositional pronoun (a + pronoun) for emphasis or clarification when referring to a person.

OBJECT A THING

Yo leo el diálogo.	Yo **lo** leo.	*I read it.*
María toca la guitarra.	María **la** toca.	*María plays it.*
Las chicas sacan los boletos.	Las chicas **los** sacan.	*The girls get them.*
Alfredo estudia las lecciones.	Alfredo **las** estudia.	*Alfredo studies them.*

1. Each sentence in the left column is composed of three basic elements:
   a. the subject, which does what the verb says.

   yo   María   las chicas   Alfredo

   b. the verb, which indicates what the subject does.

   leo   toca   sacan   estudia

   c. the direct object noun, which identifies the thing that the subject is doing something to.

   el diálogo   la guitarra   los boletos   las lecciones

2. In the second column, the direct object noun is replaced by its corresponding pronoun.
   a. the direct object pronoun precedes the conjugated verb.
   b. the object pronoun is identical to the article which accompanies the noun, except in the first sentence where **lo** replaces **el**.

OBJECT A PERSON

Yo llamo { a Diego. / al profesor.		Yo lo llamo (a él).	*I call him.*
Yo llamo a la señora Suárez.		Yo la llamo (a ella).	*I call her.*
Yo llamo a los alumnos.		Yo los llamo (a ellos).	*I call them.*
Yo llamo a las chicas.		Yo las llamo (a ellas).	*I call them.*

María { lo / la } llama (a usted).		*María calls you.*
María { los / las } llama (a ustedes).		*María calls you.*
María me llama (a mí).		*María calls me.*
María te llama (a ti).		*María calls you.*
María nos llama (a nosotros).		*María calls us.*
María os llama (a vosotros).		*María calls you.*

1. When the direct object is a noun referring to a specific person or group of persons, or to a pet, the personal **a** must precede it.
2. Since the question word **quién(es)** refers to people, it is also preceded by the personal **a** when used as a direct object.
   ¿A quién llama usted?   *Whom are you calling?*
3. For third-persons singular and plural and for persons referred to as **usted(es)**, the direct object pronouns are the same as those used for things.[9]
4. For persons referred to as **yo, tú, nosotros (-as)** or **vosotros (-as)**, the direct object pronouns for both genders are **me, te, nos, os,** respectively.
5. In spoken English, direct object pronouns are emphasized by raising the pitch of the voice. In Spanish, emphasis or clarification is achieved by adding **a** + prepositional pronoun when referring to people.
6. The pronouns which follow **a** are identical to the subject pronouns, except for the first- and second-persons singular which are **mí** and **ti.**

POSITION

Lo voy a visitar (a él). / Voy a visitarlo (a él).	*I'm going to visit him.*
No me desea ver. / No desea verme.	*He doesn't wish to see me.*

1. A direct object pronoun can precede the conjugated verb form, or it can be attached to the dependent infinitive.
2. When the direct object pronoun comes before the conjugated verb, the negative **no** precedes the direct object pronoun.

---

[9]In Spain and in some local areas of the Hispanic world, **le(s)** is used in place of **lo(s)** to express *him, them,* and *you.*

D. Substitution

1. Yo busco el menú.

   Diego   Yo busco a Diego.
   respuestas   Yo busco las respuestas
   señores   Yo busco a los señores.
   discos   Yo busco los discos.
   guitarra   Yo busco la guitarra.
   Julia   Yo busco a Julia.

2. ¿A qué profesor mira él?
   ¿qué traje?, ¿quién?, ¿qué chicas?,
   ¿quiénes?, ¿qué baile?, ¿qué alumno?

3. ¿El libro? Sí, lo compro hoy.
   ¿Los trajes? ¿Las legumbres?
   ¿El pescado? ¿La cerveza?

E. Direct object noun → direct object pronoun

Model: Alfredo estudia la lección.
   Alfredo la estudia.

1. Ellos leen el menú.   Ellos lo leen.
   Ella escucha los discos.   Ella los escucha.
   José llama al camarero.   José lo llama.
   Felipe mira a las chicas.   Felipe las mira.

2. Ella escribe una nota.   3. Yo busco a su familia.
   Aplauden a los estudiantes.   Tocan el violín muy bien.
   Ellos sacan las entradas.   Necesitamos los asientos ahora.

F. Guided responses

1. Provide two affirmative answers to the following questions, using direct object pronouns. In your first answer, place the direct object pronoun before the conjugated verb. In your second answer, place the direct object pronoun after the infinitive.

   Model: ¿Vas a cambiar las entradas?
      Sí, las voy a cambiar.
      Sí, voy a cambiarlas.

   ¿Vas a cambiar los discos?   ¿Vas a visitar a la doctora?
   ¿Van ustedes a comprar la grabadora?   ¿Debe él llamar a Juan?
   ¿Desea usted probar la paella?   ¿Van ellos a visitar las clases?

2. Answer the following questions negatively using direct object pronouns.

   Model: ¿Escribe la chica las oraciones?
      No, la chica no las escribe.

   ¿Compras el traje?   ¿Van ellos a escuchar los discos?
   ¿Llamas a Amelia después?   ¿Van ustedes a cambiar los asientos?
   ¿Lee usted el menú?   ¿Van ellas a tomar el autobús?

G. Object pronoun → object pronoun + prepositional phrase

Repeat each sentence and stress the object pronoun by adding the appropriate prepositional phrase. When the object pronoun is ambiguous, give two possible clarifications.

Models: Te necesita.

Te necesita a ti.

Ellos lo llaman ahora.

Ellos lo llaman a él ahora. Ellos lo llaman a usted ahora.

1. Él me escucha.
2. Ellos la llaman.
3. Las miramos.

4. Te llama esta noche.
5. Siempre nos busca.
6. Lo necesitamos ahora.

H. Questions

You are going to a concert this afternoon. One of your classmates wants to find out about the concert and will ask you the following questions. Answer them using direct object pronouns.

1. ¿Cuándo vas a comprar las entradas?
2. ¿Dónde venden las entradas?
3. ¿Quién va a tocar la guitarra?

4. ¿Y quién va a tocar el piano?
5. ¿Vas a comprar el disco del concierto?
6. ¿Me llamas después del concierto?

I. Guided dialog

You are organizing a party and some of your classmates will ask you if you are going to call certain friends. Answer affirmatively. Then they will ask when you will call them. Answer using an appropriate time expression.

Model: Elvira

Estudiante 1: **¿Vas a llamar a Elvira?**

Estudiante 2: **Sí, la voy a llamar.**

Estudiante 1: **¿Cuándo vas a llamarla?**

Estudiante 2: **Voy a llamarla esta noche.**

| Alfredo | Amelia | los alumnos |
| las chicas | doctor Sánchez | señora Suárez |

TESTING ∽ direct object pronouns

Give equivalent Spanish direct object pronouns.

1. *her* or *it* (feminine)
2. *him* or *it* (masculine)
3. *them* (two possibilities)
4. *us*

Give emphatic prepositional phrases that correspond to the indicated direct object pronoun.

5. **te**
6. **lo** (two possibilities)
7. **me**

Give a Spanish equivalent.

8. *whom?* (singular)
9. *She calls him in the afternoon.*
10. *They always look for her.*

—la
—lo
—los *or* las
—nos

—a ti
—a él *or* a usted
—a mí

—¿a quién?
—Lo llama por *or* en la tarde.
—Siempre la buscan.

V. *VERBS IRREGULAR IN THE FIRST-PERSON SINGULAR, PRESENT TENSE*

The verbs presented in the following sections are irregular in the first-person singular of the present indicative; the other persons are regular.

PONER, SALIR, HACER, TRAER, DAR, VER, SABER

poner	*to put*	salir	*to go out, to leave*	hacer	*to do, to make*	traer	*to carry to bring*
pongo	ponemos	**salgo**	salimos	**hago**	hacemos	**traigo**	traemos
pones	ponéis	sales	salís	haces	hacéis	traes	traéis
pone	ponen	sale	salen	hace	hacen	trae	traen

dar	*to give*	ver	*to see*	saber	*to know*
doy	damos	**veo**	vemos	**sé**	sabemos
das	dais	ves	veis	sabes	sabéis
da	dan	ve	ven	sabe	saben

1. **Pongo** and **salgo** add a **g** between the stem and the final **o**.
2. **Hago** changes the **c** to a **g**.
3. **Traigo** adds **ig** between the stem and the final **o**.
4. **Doy** adds a **y** as previously seen in **estoy**, **soy** and **voy**.
5. **Veo** keeps the theme vowel **e** before the final **o**.
6. **Saber** has altered its form to **sé**.

PRESENT TENSE OF VERBS ENDING IN A VOWEL PLUS -CER OR -CIR

conocer		traducir	
conozco	conocemos	**traduzco**	traducimos
conoces	conocéis	traduces	traducís
conoce	conocen	traduce	traducen

1. Verbs ending in a vowel plus **-cer** or **-cir** add a **z** before the final **c** of the stem in the first-person singular.
2. Two more verbs which follow this pattern are: **parecer** *(to seem)* and **producir** *(to produce)*. [10]
3. Two notable exceptions are: **hacer** (**hago**) and **decir**[11] (**digo**) *(to say, to tell)*.

---

[10]Verbs of this kind will be identified in the vocabulary by a **zc** in parentheses after the infinitive: **conocer** (**zc**).
[11]The verb **decir** will be presented in Lesson 7.

VI. SABER *VERSUS* CONOCER

Sé que ella vive allí.	*I know that she lives there.*
Sabemos hablar español.	*We know how to speak Spanish.*
Lo **saben** de memoria.	*They know it by heart.*
Conozco ese hotel.	*I know that hotel.*
¿Conoces a ese señor?	*Do you know that man?*
Sé quién es, pero no lo **conozco.**	*I know who he is, but I don't know him.*

1. The basic meaning of **saber** is to know in the sense of having facts, data, or information regarding someone or something.
2. **Saber** + infinitive means *to know how* + infinitive. The word **cómo** is not normally used in this connection.
3. **Saber de memoria** means *to know by heart.*
4. **Conocer,** on the other hand, means to know in the sense of being acquainted with someone or something.
5. **Saber** can take either an infinitive, a noun, or a clause as its object. **Conocer** cannot be followed by an infinitive.

J. Person-number substitution

1. Ellos salen a las seis.

Alfredo	Alfredo sale a las seis.
Los señores García	Los señores García salen a las seis.
Tú	Tú sales a las seis.
José y yo	José y yo salimos a las seis.
Yo	Yo salgo a las seis.

2. ¿Qué hacemos con las entradas?
   (ellos, tú, usted, yo, ustedes, él)

3. Ellos conocen al doctor.
   Tú, Alfredo, Yo, Usted, Pepe y yo, Mi padre

K. Guided responses

Answer each question affirmatively. Begin your answers with **yo también**.

Model: Nosotros hacemos ejercicio. ¿Y tú?
   Yo también hago ejercicio.

1. Nosotros traemos unos discos. ¿Y tú?
2. Nosotros sabemos tocar la guitarra. ¿Y tú?
3. Nosotros conocemos el teatro. ¿Y usted?
4. Nosotros salimos a las tres. ¿Y tú?
5. Nosotros damos unas entradas. ¿Y tú?
6. Nosotros ponemos los boletos allí. ¿Y tú?
7. Nosotros vemos al profesor. ¿Y usted?
8. Nosotros traducimos las palabras después. ¿Y usted?

L. Questions

Answer the following questions using a direct object pronoun when appropriate.

1. ¿Trae usted el libro de español a la clase?
2. ¿Dónde pone usted el libro?
3. ¿Traducen ustedes oraciones en la clase de español?
4. ¿Cuántas oraciones traduce usted?
5. ¿Hace usted ejercicio después de la clase?
6. ¿A qué hora sale usted para hacer ejercicio?
7. ¿Ve usted a ese chico?
8. ¿Lo conoce usted?
9. ¿Sabe usted dónde está el Departamento de Español?
10. ¿Conoce usted a los profesores del Departamento de Español?

M. Sé or *conozco*

Tell one of your classmates what you know about a new student using **sé** or **conozco** and the expressions provided below.

Model: Amelia Suárez
Conozco a Amelia Suárez.
que está en la clase del profesor Gómez.
Sé que está en la clase del profesor Gómez.

Alfredo Vélez	su familia
que es de Colombia	que toca la guitarra
dónde vive	que estudia español y portugués

N. Reading exercise

Read the following dialogs and provide the correct form of **saber** or **conocer** for each blank.

SEÑOR MARTÍNEZ Yo no _____ al señor Smith, pero mi hermano lo _____ muy bien. Según mi hermano, el señor Smith es un camarero excelente que además _____ hablar español.

SEÑOR PÉREZ Yo también lo _____ y _____ que es muy bueno. Además, nosotros _____ que en esta área hay muchas personas que sólo hablan español. Yo creo que el señor Smith es la persona que necesitamos.

ANA Yo no _____ quién es ese muchacho, pero _____ que vive cerca de Alicia y ella lo _____.

JULIA Yo _____ que él va a estar en el baile de esta noche, y allí lo vas a _____.

Ruinas del teatro romano de Segóbriga en Cuenca, España, construido durante la dominación romana en el siglo III a.C.

Ruins of the Roman theater of Segobriga in Cuenca, Spain, built during the Roman domination of Spain in the 3rd century B.C.

TESTING ∿ verbs irregular in the first-person singular, present tense

Give the present-tense form indicated.

1. **dar, yo**-form
2. **poner, yo**-form
3. **hacemos,** singular
4. **vemos,** singular

—doy
—pongo
—hago
—veo

Give a Spanish equivalent.

5. I *don't translate sentences.*
6. I *know that boy.*

7. *They know doctor Martínez.*
8. I *know how to play the guitar.*
9. *I go out at six.*
10. *We go out at three.*

—Yo no traduzco oraciones.
—Yo conozco a ese chico *or* muchacho.
—Conocen al doctor Martínez.
—Yo sé tocar la guitarra.
—Salgo a las seis.
—Salimos a las tres.

CONVERSACIÓN EN LA CLASE

Diálogos

Use your imagination and create new dialogs by replacing the underlined words with appropriate words and making the necessary changes.

1. Estudiante 1: ¿Vas a comprar el traje?
   Estudiante 2: Sí, lo voy a comprar.
   Estudiante 1: ¿Cuándo lo vas a comprar?
   Estudiante 2: Lo voy a comprar ahora.

2. Estudiante 1: ¿Vas a llamar a Silvia?
   Estudiante 2: Sí, voy a llamarla.
   Estudiante 1: ¿A qué hora vas a llamarla?
   Estudiante 2: Voy a llamarla a las 12, después de la clase.
   Estudiante 1: ¿Y van a ir al teatro?
   Estudiante 2: No, vamos a ir a casa de Julia.

Situaciones

1. You and a friend are talking about your plans for tonight. Tell him/her where you are going, with whom, and what you are planning to do afterwards. Ask him/her what (s)he is going to do.
2. There is a new take-out restaurant in your neighborhood. You are talking about it with a friend who has been there. Ask him/her if they make certain dishes (e.g., **arroz frito**). Your friend should answer using direct object pronouns.
3. You and two of your classmates are organizing a party. Ask who is going to bring the different things you will need for the party (e.g., **¿Quién(es) va(n) a traer . . .?**). Your classmates should answer using direct object pronouns.
4. You are at a picnic with some friends. They will ask you if you know some of the boys and girls there. Answer using direct object pronouns.

--- *Vocabulario* ---

Nouns

events

el baile	dance
el concierto	concert
la fiesta	party
la función	performance

music

el disco	record
la guitarra	guitar
el piano	piano
el violín	violin

people

la muchacha	girl
el muchacho	boy

places

el café	café
la casa	house
el cine	movie theater
el hotel	hotel
el parque	park
la playa	beach
el teatro	theater

theater

el asiento	*seat*
el boleto	*ticket*
la entrada	*ticket*
la taquilla	*ticket office*

Pronouns

la	*her, you, it*
las	*them, you*
lo	*him, you, it*
los	*them, you*
me	*me*
mí	*me*
nos	*us*
os	*you*
te	*you*
ti	*you*

Verbs

aplaudir	*to applaud*
bailar	*to dance*
buscar	*to look for*
cambiar	*to change, to exchange*
cantar	*to sing*
conocer (zc)	*to know*
dar	*to give*
ir	*to go*
llamar	*to call*
poner	*to put*
saber	*to know*
sacar	*to get, to take out*
salir	*to go out, to leave*
tocar	*to play*
traducir (zc)	*to translate*

traer	*to carry, to bring*
vender	*to sell*
ver	*to see*

Adjectives

magnífico	*great*
último	*last*

Adverbs

así	*so*
bastante	*rather*
también	*also, too*

Connectors

al	(contraction of **a** + **el**) *to the, at the*
enfrente (de)	*in front (of)*
frente a	*in front of*
para	*to, in order to*
pues	*well*

Expressions

buena suerte	*good luck*
hacer cola	*to stand in line*
hola	*hi, hello*
ir juntos	*to go together*
saber de memoria	*to know by heart*

time expressions

ahora mismo	*right now*
después (de)	*after, later*
entonces	*then*
esta noche	*tonight*

Recapitulación y ampliación II

LECTURA 〜 Un panorama de España

España es un país de contrastes. Hay muchas montañas que dividen el país en regiones, y cada región, con sus bailes, trajes y platos típicos, es diferente de las otras regiones.

    En el centro de España está la meseta castellana. El paisaje de esta región es amarillo, seco y árido, pero bonito. Madrid, la capital de España, está en el centro de la meseta castellana. En Madrid está el Museo del Prado donde hay pinturas de los más famosos pintores españoles: Velázquez[1], el Greco[2], Goya[3] y Murillo[4]. Toledo, una ciudad medieval muy interesante, también está en la meseta castellana. En Toledo está la casa del Greco. En esta casa, que es ahora un museo, y en la Catedral de Toledo están muchas de las pinturas del Greco.

    La región de Andalucía queda en la parte sur de España. Allí están las ciudades de Córdoba, Sevilla y Granada, donde hay edificios árabes muy importantes. Un plato típico de la región de Andalucía es el gazpacho, una sopa fría que hacen con tomates, pepinos, pan y otros ingredientes.

    La ciudad de Valencia, en la costa del Mediterráneo, es la capital de la provincia de Valencia, una región muy fértil, donde cultivan, entre otras cosas, arroz y naranjas. La paella es el plato típico de Valencia.

país	*country*
cada	*each*
meseta	*plateau*
más	*most*
sur	*southern*
pepinos	*cucumbers*
cosas	*things*
naranjas	*oranges*

---

[1]Diego Rodríguez de Silva y Velázquez (1590–1660).
[2]Domingo Theotocopuli (1548?–1625).
[3]Francisco de Goya (1746–1828).
[4]Bartolomé Esteban Murillo (1617–1682).

MAR CANTÁBRICO

FRANCIA

GOLFO DE LEÓN

LA CORUÑA
Santiago
Lugo
Pontevedra
Vigo
Tuy
Orense
GALICIA
Oviedo Gijón
SANTANDER
ASTURIAS
Altamira
Bilbao
SAN SEBASTIAN
Guérnica
Irún
PAIS VASCO
CORDILLERA CANTABRICA
León
Vitoria
Pamplona
NAVARRA
Salardú
Andorra
ANDORRA
PIRINEOS
Viana do Castelo
Braga
OPORTO
PORTUGAL
SIERRA DA ESTRELA
Guarda
Douro
Miño
CORDILLERA
Burgos
Logroño
IBERICA
Huesca
Lérida
Gerona
Palencia
Valladolid
Duero
CASTILLA LA VIEJA
ZARAGOZA
ARAGÓN
CATALUÑA
BARCELONA
Tarragona
Tortosa
Salamanca
Segovia
Ciudad Rodrigo
SIERRA DE GATA
SIERRA DE GREDOS
Ávila
SIERRA DE GUADARRAMA
Escorial
MADRID
Guadalajara
SIERRA DE CUENCA
Coimbra
SIERRA DA
Castelo Branco
EXTREMADURA
Tejo
Toledo
Cuenca
CASTILLA LA NUEVA
Cáceres
Trujillo
Tajo
Portalegre
Mérida
Ciudad Real
LA MANCHA
Júcar
Turia
Castellón de la Plana
Sagunto
VALENCIA
Cullera
Alcira
VALENCIA
LISBOA
Badajoz
Guadiana
SIERRA MORENA
EXTREMADURA
Albacete
Játiba
Ibiza
ISLAS BALEARES
Menorca
Mallorca
Palma
Linares
SIERRA SAGRA
Elche
Alicante
CÓRDOBA
Guadalquivir
Jaén
Segura
MURCIA
Orihuela
MURCIA
Lorca
CARTAGENA
Escombreras
SEVILLA
Huelva
ANDALUCIA
CORDILLERA BÉTICA
GRANADA
SIERRA NEVADA
Almería
Jerez de la Frontera
Ronda
Marbella
MÁLAGA
Torremolinos
Cádiz
Algeciras
GIBRALTAR
Estrecho de Gibraltar
Ceuta
Tánger

OCÉANO ATLÁNTICO

MAR MEDITERRÁNEO

MARRUECOS

ARGELIA

LA PALMA
GOMERA
HIERRO
TENERIFE
GRAN CANARIA
Las Palmas
LANZAROTE
FUERTEVENTURA
ISLAS CANARIAS
SAHARA ESPAÑOL

ESPAÑA Y PORTUGAL

ESCALA EN KILÓMETROS
0   100   200

La sardana, el baile típico de Cataluña.

The Sardana, the typical folk dance of Catalonia.

En el noreste de España está Barcelona, una ciudad muy industrial. Barcelona está en Cataluña, una región donde hablan catalán además de español. El baile típico de Cataluña es la sardana. En los días de fiesta, muchas personas bailan la sardana en la Plaza de la Catedral de Barcelona y en otras plazas y lugares de Cataluña.

En el norte de España está el País Vasco y en el noroeste están Galicia y Asturias. En estas regiones llueve mucho y sus montañas y valles son muy verdes. En el País Vasco hablan vasco, una lengua que es completamente diferente de las otras lenguas europeas. Los vascos son pastores excelentes y muchos emigran a los Estados Unidos para trabajar en los estados de Nevada, Montana y California.

La sidra, la bebida típica de Asturias, es diferente de la sidra de los Estados Unidos. La sidra asturiana es un vino espumoso o champaña que los asturianos toman con las comidas o en las fiestas. Esta bebida es muy popular en España y en muchos países de Hispanoamérica.

En Galicia hablan gallego además de español. El paisaje gallego es muy bonito. El pescado y los mariscos de esta región son excelentes y famosos en España.

lugares *places*

llueve *it rains*
lengua *language*

pastores *shepherds*

sidra *cider*
espumoso *sparkling*
champaña *champagne*

mariscos *seafood*

PREGUNTAS

1. ¿Hay muchas montañas en España?
2. ¿Dónde está la meseta castellana?
3. ¿Cómo es el paisaje de la meseta?
4. ¿Dónde está Madrid?
5. ¿Qué hay en el Museo del Prado?
6. ¿Dónde queda Toledo?
7. ¿Está Andalucía en el norte o en el sur de España?
8. ¿Qué es el gazpacho?
9. ¿Dónde está la ciudad de Valencia?
10. ¿Cómo es la región de Valencia?
11. ¿Está Barcelona en la parte sur de España?
12. ¿Cuál es el baile típico de Cataluña?
13. ¿Qué lenguas hablan los catalanes?
14. ¿Dónde está el País Vasco?
15. ¿Dónde están Galicia y Asturias?
16. ¿Cómo es el paisaje allí?
17. ¿Qué lenguas hablan los vascos?
18. ¿En qué país trabajan muchos pastores vascos?
19. ¿Cuál es la bebida típica de Asturias?
20. ¿Qué lenguas hablan en Galicia?

CHARLAS[5]

Tell all you know about each of the following names.

Model: Toledo

Toledo es una ciudad española que está en la meseta castellana. La casa del Greco está en Toledo. Allí y en la Catedral de Toledo hay pinturas del Greco.

Andalucía	El Museo del Prado	El Greco
Asturias	El País Vasco	Cataluña

READING AND WRITING SUPPLEMENT

Cognates: Spanish *-dad* and *-tad,* English *-ty*

Another important group of cognates are Spanish words ending in *-dad* or *-tad* and the corresponding English words ending in **-ty**. All these words are feminine in Spanish. Typical examples are:

SPANISH	ENGLISH	SPANISH	ENGLISH
universidad	*university*	probabilidad	*probability*
personalidad	*personality*	generalidad	*generality*
dificultad	*difficulty*	identidad	*identity*

Can you tell what these words are in English?

actividad	maternidad	libertad
nacionalidad	necesidad	calamidad

---

[5]*Informal talks.*

PRONUNCIATION

Spanish /g/ represented by the letter *g* before *a, o,* or *u* and by the letters *gu* before *e* or *i*

In Spanish and English, /g/ is a velar consonant. There are two pronunciations in Spanish for /g/. Whenever /g/ occurs at the beginning of an utterance or after **n**, it is similar to English /g/. In all other positions, /g/ is a fricative. The airstream, rather than being interrupted, flows through the slit formed by the tongue and the velum.

A. Listen and repeat.

[g]	[g]
Gonzalo	amigo
Domingo	llegar
Galicia	agua
gordo	portugués
gracias	lechuga
guitarra	delgado

B. Notice how /g/ changes depending on its position in a word group. Listen and repeat.

[g]	[g]
Galicia	y Galicia
grabadora	esa grabadora
guitarra	la guitarra
Gonzalo	y Gonzalo

Spanish /h/ represented by the letter *j* before any vowel and by the letter *g* before *e* or *i*

The pronunciation of /h/ in Spanish varies; in the speech of many people it closely resembles English *h* in words like *hull* or *heel.* The variation depends mainly on the amount of friction produced by the airstream as it passes between the back of the tongue and the palate. Spanish /h/ usually occurs at the beginning of a syllable, seldom as a terminal sound.

C. Listen and repeat.

[h]	
Jiménez	región
Juárez	viaje
general	ligero
jugo	ejercicio

D. Repeat the following geographical names.

México	Costa Rica	Venezuela	Paraguay
Guatemala	Panamá	Colombia	Uruguay
Honduras	Cuba	el Ecuador	Chile
El Salvador	Puerto Rico	el Perú	la Argentina
Nicaragua	la República Dominicana	Bolivia	España

La Iglesia de la Sagrada Familia en Barcelona, una de las obras más sobresalientes del arquitecto catalán Antonio Gaudí (1852–1926).

The Church of the Sacred Family in Barcelona, one of the most outstanding works of the Catalan architect Antonio Gaudí (1852–1926).

A. Present tense of *ser*

Provide the appropriate form of the verb **ser**.

1. ¿Qué hora _____? —es
2. ¿Quiénes _____ ellos? —son
3. La fiesta _____ en casa de Luis. —es
4. Yo _____ de los Estados Unidos. —soy
5. José y yo _____ españoles. —somos
6. El reloj _____ de Julio, ¿verdad? —es
7. Tú _____ mexicano, ¿verdad? —eres
8. _____ las tres y media. —Son
9. _____ la una menos cuarto. —Es
10. Los escritorios _____ de madera. —son

B. *Ser* or *estar*

Provide the appropriate form of **ser** or **estar**.

1. El doctor Sánchez siempre _____ muy agradable. —es
2. María no _____ bonita, pero esta tarde _____ muy bonita. —es, está
3. La paella que hacen en ese restaurante _____ excelente. —es
4. José _____ muy contento porque va a salir con Elvira. —está
5. Deben comer pollo porque esta noche _____ muy bueno. —está
6. No deben ir en autobús. El viaje _____ largo y aburrido. —es

DIÁLOGO

FRANCISCO ¿Cómo _____ usted, doctor Gómez? —está
DR. GÓMEZ Muy bien, gracias. Y tú, Francisco, ¿cómo _____? —estás
FRANCISCO Muy bien, gracias. ¿Cómo _____ la familia? —está
DR. GÓMEZ Bien, gracias. Francisco, ¿quiénes _____ los dos chicos que _____ allí? _____ amigos de uno de mis alumnos. —son / están, Son

FRANCISCO	El chico alto y delgado _____ José González, pero no sé quién _____ el chico rubio. José _____ de Cuba y _____ aquí en la universidad. Creo que estudia arquitectura.	—es es es está
DR. GÓMEZ	Tú _____ cubano, ¿verdad, Francisco?	—eres
FRANCISCO	No, señor. Mi padre _____ cubano. Yo _____ americano. ¡Ay! _____ las diez y cinco y mi clase de historia _____ a las diez y diez.	—es soy, Son es
DR. GÓMEZ	Adiós, Francisco.	
FRANCISCO	Adiós, doctor Gómez.	

C. Present tense of *ir*

Provide the appropriate present-tense form of the verb **ir**.

MINIDIÁLOGO

SUSANA	Pedro y yo _____ al teatro esta noche. ¿Ustedes _____?	—vamos van
JULIO	Yo _____ pero Alicia no _____.	—voy, va
SUSANA	¿Por qué no _____, Alicia?	—vas
ALICIA	Mañana _____ a una excursión de la clase de geología y mi hermano y yo _____ a salir a las seis de la mañana. Tú sabes que la función termina a la una.	—voy vamos

D. Direct object pronouns

Supply the direct object pronoun that corresponds to the boldface word in each sentence.

1. ¿Los **libros?** Sí, _____ vamos a comprar.   —los
2. Ellos saben la **lección** pero yo no _____ sé.   —la
3. José vende **vino** y tú _____ compras.   —lo
4. Las **profesoras** trabajan en ese edificio. Yo _____ voy a ver ahora.   —las
5. **Ustedes** deben estar frente a la taquilla a las ocho y yo _____ veo allí.   —los *or* las
6. Juan sabe que **tú** vas a estar en la oficina y _____ va a llamar a las tres.   —te

Use a prepositional phrase to emphasize the direct object pronoun.

1. Él desea verte _____ _____.   —a ti
2. Alfredo me busca _____ _____.   —a mí
3. Nos van a llamar _____ _____.   —a nosotros *or* a nosotras
4. Enrique y José son muy agradables. Deben llamar-
   los _____ _____.   —a ellos

E. Verbs irregular in the first-person singular

Each item uses the same verb twice or more. Supply the missing present-tense forms.

1. Ellos salen a las tres y yo _____ a la una. ¿Cuándo   —salgo
   _____ tú?   sales
2. Ella sabe dónde viven y yo _____ qué autobús   —sé
   debemos tomar.
3. Yo pongo los platos aquí y tú _____ el vino allí.   —pones
4. María hace la ensalada y yo _____ el postre.   —hago
   ¿Quién va a _____ el arroz?   hacer
5. Tú das vino, pero ¿qué _____ yo?   —doy
6. Tú no ves a Juan esta tarde, pero yo _____ a sus   —veo
   padres.
7. ¿Por qué no pones los cuadernos donde yo _____   —pongo
   los libros?
8. Ellos traen la cerveza y yo _____ la carne.   —traigo

F. *Saber* versus *conocer*

Choose the present-tense form of **saber** or **conocer** suggested by the context and the subject of the sentence.

1. Yo _____ al señor González.   —conozco
2. Juan y yo _____ los diálogos de memoria.   —sabemos
3. Tú _____ México muy bien.   —conoces
4. Tú _____ que ese profesor es muy bueno.   —sabes
5. Los alumnos del profesor Pérez _____ hablar es-   —saben
   pañol muy bien.

Barcas de pescadores en San Sebastián, lugar de veraneo en la costa norte de España.

Fishing boats in San Sebastian, a summer resort town on the northern coast of Spain.

Lección 6

Present tense of stem-changing verbs (e→ie)
Present tense of the verbs **tener** and **venir**
Special expressions with **tener**
Present tense of stem-changing verbs (o→ue)

Communication Objectives

Vocabulary: You will learn words related to social activities and entertainment in the city and the country.

Conversation: You will be able to talk about the activities that you plan to do in the future and how you spend your time.

DIÁLOGO ∽ Planes para el fin de semana *Plans for the weekend*

JORGE   ¿Qué piensan[1] hacer este fin de semana?

J: *What are you planning to do this weekend?*

DULCE   Ignacio quiere[2] ir a la playa, pero yo prefiero hacer otra cosa.

D: *Ignacio wants to go to the beach, but I'd rather do something else.[5]*

CÉSAR   ¿Por qué no van a la finca de Carlos Álvarez? Él piensa invitarlos este fin de semana.

C: *Why don't you go to Carlos Alvarez's farm? He plans to invite you this weekend.*

DULCE   ¡Qué bueno! Yo tengo muchas ganas[3] de pasar un fin de semana en el campo.

D: *Oh, good! I really want to spend a weekend in the country.*

IGNACIO   Yo también.

I: *Me too.*

JORGE   Entonces, ¿por qué no vienen con nosotros?

J: *Then, why don't you come with us?*

IGNACIO   Si van a volver por la tarde, pueden contar con nosotros.

I: *If you are returning in the afternoon, you can count us in.*

DULCE   ¿Y qué piensan hacer en la finca?

D: *And what are you planning to do on the farm?*

CÉSAR   Bueno, yo pienso descansar y dormir mucho.

C: *Well, I plan to rest and sleep a lot.*

JORGE   César, yo no te entiendo. Podemos montar a caballo, ver el ganado, caminar . . .

J: *César, I don't understand you. We can go horseback riding, see the cattle, walk . . .*

IGNACIO   Jorge tiene razón. Si piensas dormir y descansar, vas a perder[4] el tiempo.

I: *Jorge is right. If you are going to sleep and rest, you'll be wasting your time.*

DULCE   No, yo estoy segura que César no va a descansar un minuto en la finca.

D: *No, I'm sure that César is not going to rest for a minute on the farm.*

JORGE   ¿Por qué no almorzamos juntos y hablamos del viaje?

J: *Why don't we have lunch and talk about the trip?*

IGNACIO   ¡Magnífico!

I: *Great!*

---

[1]**Pensar** means *to think.* When followed by an infinitive, **pensar** conveys the idea of planning or intending.

[2]**Querer** may also mean *to love:* **Quiero a mis padres.** I $\left\{ \begin{array}{l} love \\ want \end{array} \right\}$ my parents. The context determines the intended meaning.

[3]**Deseos** *(wishes, desires)* can be used instead of **ganas.** Special expressions with **tener** + noun are presented in grammar section III of this lesson.

[4]**Perder** may also mean *to lose.*

[5]Literally, *I prefer to do another thing.*

PREGUNTAS SOBRE EL DIÁLOGO

1. ¿Adónde quiere ir Ignacio este fin de semana?
2. ¿Qué quiere hacer Dulce?
3. Según César, ¿adónde pueden ir Ignacio y Dulce este fin de semana?
4. ¿De quién es la finca?
5. ¿Quiénes tienen muchas ganas de ir al campo?
6. ¿Van a ir Ignacio y Dulce con sus amigos a la finca?
7. ¿Qué pueden hacer los chicos en la finca?
8. ¿Qué piensa hacer César en la finca?
9. Según Dulce, ¿qué va a hacer César?
10. ¿Qué van a hacer los chicos ahora?

ORACIONES Y PALABRAS

¿Qué piensas hacer **esta tarde**?
    pasado mañana,
    el mes próximo,
    el año que viene[6]

What are you planning to do this afternoon?
    the day after tomorrow,
    next month,
    next year

Él quiere ir **a la playa**.
    a la reunión, a la discoteca,
    al lago, al río

He wants to go to the beach.
    meeting, discotheque,
    lake, river

Podemos ver **el ganado**.
    el juego, la película,
    la televisión[7]

We can see the cattle.
    game, film,
    television

Yo pienso escuchar **el radio**[8].
    el programa[9],
    el tocadiscos[10],
    la canción, la música

I'm planning to listen to the radio.
    program,
    record player,
    song, music

PREGUNTAS GENERALES

1. ¿Adónde va a ir usted esta noche? ¿Y ustedes?
2. ¿Va a ir usted a una finca este fin de semana?
3. ¿Qué piensa hacer usted esta tarde? ¿Y mañana?
4. ¿Adónde van a ir ellos el mes próximo?
5. ¿Qué van a estudiar ustedes el año próximo?
6. ¿Qué película piensa ver usted este fin de semana?
7. ¿Qué programa va a ver usted esta noche?
8. ¿Qué programas prefiere usted?
9. ¿Qué programas de radio escucha usted?
10. ¿Qué opina usted de los programas de televisión? ¿Y de las películas?

---

[6]Literally, *that is coming.* The clause **que viene** and the adjective **próximo** (-a) are interchangeable in expressions of time.
[7]Some countries use **mirar** instead of **ver** when referring to television.
[8]**La radio** may also be used.
[9]**El programa** and other words of Greek origin ending in -ma are masculine.
[10]Words of more than one syllable which end in an unstressed vowel + **s** use the same form for the singular and plural. The accompanying article changes: **el tocadiscos**   **los tocadiscos**.

GRAMMAR, EXERCISES, AND TESTING

✆ PART ONE

I. PRESENT TENSE OF STEM-CHANGING VERBS (e→ie)

-ar pensar		-er querer		-ir preferir	
pienso	pensamos	quiero	queremos	prefiero	preferimos
piensas	pensáis	quieres	queréis	prefieres	preferís
piensa	piensan	quiere	quieren	prefiere	prefieren

1. All three conjugations (-ar, -er, -ir) have some verbs whose stem vowel e becomes ie.[11]
2. The diphthong ie is formed whenever the stem vowel e is stressed; this ie occurs throughout the singular and in the third-person plural.
3. Because the stem vowel e is not stressed in the second and third persons plural, no diphthong is formed.
4. Other verbs whose stem vowel e changes to ie are: **entender** and **perder**.

II. PRESENT TENSE OF THE VERBS TENER AND VENIR

tener		venir	
tengo	tenemos	vengo	venimos
tienes	tenéis	vienes	venís
tiene	tienen	viene	vienen

1. In the present indicative, these verbs are like other e→ie verbs except in the first-person singular.
2. In the first-person singular, the stem vowel e does not change, even though it is stressed. Instead, a g intrudes between the stem and the person marker.
3. Compounds of **tener** and **venir** follow the same pattern: **mantener** (to maintain) and **intervenir** (to intervene).

---

[11]Verbs whose stem vowel e becomes the diphthong ie when stressed will be identified in the notes and vocabularies with an ie in parentheses after the infinitive: **pensar (ie).**

A. Person-number substitution

1. Ellos piensan ir a la reunión.
   Yo   Yo pienso ir a la reunión.
   Tú   Tú piensas ir a la reunión.
   Nosotros Nosotros pensamos ir a la reunión.
   Alicia Alicia piensa ir a la reunión.
   Los chicos Los chicos piensan ir a la reunión.
   Usted Usted piensa ir a la reunión.

2. Yo no quiero ese disco.
   Ellos, Nosotros, Tú, El señor, Las chicas

3. Él prefiere ver ese programa.
   Yo, Ustedes, Tú, Dulce y yo, Ignacio

B. Questions

Answer the following questions using the appropriate form of the stem-changing verb in the question. Vary your responses as much as possible.

Model: Nosotros pensamos ver el juego. ¿Y tú?
  Yo pienso ir al cine.

1. Nosotros preferimos tomar vino blanco. ¿Y tú?
2. Ellos quieren pescado. ¿Y ustedes?
3. Alicia piensa visitar Toledo. ¿Y tú?
4. Su padre viene a las dos. ¿Y ustedes?
5. Ellos tienen el tocadiscos. ¿Y tú?
6. Nosotros queremos conocer a ese chico. ¿Y tú?
7. Ignacio prefiere ir al lago. ¿Y ustedes?
8. Nosotros entendemos los programas en español. ¿Y tú?

Three of your classmates would like to know about you and your plans. Each one will ask one of the sets of questions below.

1. ¿Prefieres ver televisión o escuchar el radio? ¿Qué programas prefieres? ¿Qué programas quieres ver (o escuchar) esta noche?
2. En esta clase, ¿piensas en inglés o en español? ¿Entiendes las preguntas? ¿Pierdes el tiempo en esta clase?
3. ¿Piensas venir al concierto esta noche? ¿A qué hora vienes? ¿Con quién vienes? ¿Tienes los boletos?

C. Sentence formation

Create affirmative or negative sentences choosing words from columns 1, 2, and 3.

1	2	3
Yo	pensar	discos mexicanos
Su familia	querer	ir al campo
Las chicas listas	preferir	mucho tiempo
Nosotros	perder	ver una película española
Los estudiantes	tener	montar a caballo

El valle de Liébana, región montañosa de una vegetación exuberante cerca de la ciudad de Santander al norte de España.

The Valley of Liébana, a lush, mountainous region near the city of Santander in the northern part of Spain.

TESTING ∽ stem-changing verbs (e → ie)

Give the indicated present-tense form of the verb shown.

1. **pensar, yo**-form
2. **pensar, nosotros**-form
3. **tener, yo**-form
4. **querer, usted**-form
5. **perder, ellos**-form
6. **venir, ustedes**-form

Give a Spanish equivalent.

7. *I prefer that seat.*
8. *I have the tickets.*

—pienso
—pensamos
—tengo
—quiere
—pierden
—vienen

—Prefiero ese asiento.
—Tengo las entradas (*or* los boletos).

✑ PART TWO

III. SPECIAL EXPRESSIONS WITH TENER

Spanish uses the formula **tener** + noun in many cases where English uses *to be* + adjective. These expressions always refer to people or animals and never to things. The most useful and practical are:

tener			to be	
	hambre[12]			*hungry*
	sed[12]			*thirsty*
	sueño			*sleepy*
	miedo			*afraid*
	calor			*hot*
	frío			*cold*
	suerte[12]			*lucky*
	razón[12]			*right*
	cuidado			*careful*

Spanish uses the same formula to express haste, desire, and age.

tener		
	prisa	*to be in a hurry*
	ganas de + infinitive	*to feel like* + present participle, *to want* + infinitive
	XX años	*to be* XX *years old*

Yo tengo hambre.	*I'm hungry.*
Nosotros tenemos mucho sueño.	*We are very sleepy.*
César tiene mucha suerte.	*César is very lucky.*
María tiene ganas de cantar.	*María feels like singing.*
¿Cuántos años tiene él?	*How old is he?*
Él tiene veinte años.	*He is twenty years old.*

1. No article is used with the noun in the formula **tener** + **noun.**
2. **Mucho (-a, -os -as)** may be used to modify the noun.
3. **No tener suerte** and **no tener razón** are the equivalent of *to be unlucky* and *to be wrong,* respectively.

Pepe **no tiene suerte.**	*Pepe is unlucky.*
Su familia **no tiene razón.**	*His family is wrong.*

4. The question word **cuántos** or a numeral precede the word **años** when reference is made to age.

---

[12]These words are feminine.

Molinos de viento en La Mancha, región de extensos llanos en la meseta castellana.

Windmills in La Mancha, a region of far-reaching plains on the Castilian plateau.

D. Completion

Complete the following sentences using the appropriate form of **tener** + noun.

Model: Ese chico no come bien.   Él . . .
Él tiene hambre.

1. Los estudiantes deben dormir más. Ellos . . .
2. Si no bebes agua ahora, después vas a . . .
3. Él debe estar en la finca a las doce. Ya son las diez y él . . .
4. Ese disco es muy bueno. Cuando lo tocan en la discoteca, yo . . . bailar.
5. Si ustedes van a Alaska, van a . . .; pero si van a Panamá, van a . . .
6. Alfredo está enfermo y su padre opina que debe comer algo ligero. Yo creo que su padre . . .
7. Si no saben montar bien a caballo, ellos deben . . .
8. El ganado está enfermo, y yo creo que van a perder la finca. Ellos trabajan mucho pero no . . .

E. Guided responses

Give a negative answer to each of the following questions. Follow the negative answer with a corrected affirmative response.

Model: ¿Tienes calor?
No, no tengo calor, tengo frío.

1. ¿Tienes hambre?
2. ¿Ustedes tienen sed?
3. ¿Tienes frío?
4. ¿Tienen sueño los estudiantes?
5. ¿Tiene ella veinte años?
6. ¿Tienes ganas de ir a la discoteca?

F. Questions

1. ¿Tiene usted veinticinco años?
2. Y usted, ¿cuántos años tiene?
3. ¿Tienen ustedes mucha hambre?
4. ¿Tienen ustedes frío ahora?
5. ¿Qué hace usted cuando tiene sed?
6. ¿Qué hacen ustedes cuando tienen sueño?
7. ¿Qué debe hacer una persona cuando camina entre caballos o ganado?
8. ¿Tengo razón si creo que en Brasil hablan español?

TESTING ✺ special expressions with **tener**

Give a Spanish equivalent.

1. *to be thirsty*
2. *to be very sleepy*
3. *How old are you* (**tú**-form)?

4. The opposite of **tener frío** is _____
   _____.

—tener sed
—tener mucho sueño
—¿Cuántos años tienes?

—tener calor (*or* no tener frío)

Give a Spanish equivalent.

5. *She is right.*
6. *She is wrong.*
7. *I feel like eating.*

8. *We are in a great hurry.*
9. *They are very hungry.*
10. *You* (**tú**-form) *should be very careful.*

—Tiene razón.
—No tiene razón.
—Tengo ganas (*or* deseos) de comer.
—Tenemos mucha prisa.
—Tienen mucha hambre.
—Debes tener mucho cuidado.

Costa Brava, un centro turístico de mucha importancia en Cataluña.

Costa Brava, a very important tourist center in Catalonia.

IV. PRESENT TENSE OF STEM-CHANGING VERBS (o→ue)

-ar contar	-er poder	-ir dormir
cuento contamos	puedo podemos	duermo dormimos
cuentas contáis	puedes podéis	duermes dormís
cuenta cuentan	puede pueden	duerme duermen

1. All three conjugations (-ar, -er, -ir) have some verbs whose stem vowel o becomes ue.[13]
2. The diphthong ue is formed whenever the stem vowel o is stressed; this ue occurs throughout the singular and in the third-person plural.
3. Other verbs whose stem vowel o changes to ue are: almorzar, probar, and volver.

G. Person-number substitution

1. Su padre vuelve mañana.

Tú	Tú vuelves mañana.
Nosotros	Nosotros volvemos mañana.
Los alumnos	Los alumnos vuelven mañana.
La doctora	La doctora vuelve mañana.
Ustedes	Ustedes vuelven mañana.
Yo	Yo vuelvo mañana.

2. Siempre almuerzo en la universidad.
   (tú, ellas, él, nosotros, ustedes)

3. Sólo duermen seis horas.
   (yo, usted, nosotros, ellos, tú)

H. Questions

1. ¿Dónde almuerza usted?
2. ¿Dónde prefiere almorzar usted? ¿Y ustedes?
3. ¿A qué hora almuerza él? ¿Y ustedes?
4. ¿Prueba usted platos diferentes cuando va a un restaurante? ¿Y ustedes?
5. ¿Cuántas horas duerme usted por la noche? ¿Y él?
6. ¿Saben ustedes contar en español? ¿Y yo?
7. ¿Qué canciones puede cantar usted en español?
8. ¿Cuándo vuelve usted al hotel?

---

[13]This change occurs under the same conditions that e becomes ie.

TESTING ✺ stem-changing verbs (o → ue)

Give the indicated present-tense form of the verb shown.

1. **almorzar, tú**-form
2. **contar, nosotros**-form
3. **volver yo**-form
4. **dormir, ustedes**-form
5. **probar, él**-form

—almuerzas
—contamos
—vuelvo
—duermen
—prueba

Give a Spanish equivalent.

6. *We don't sleep in the afternoon.*

7. *They have lunch at one.*
8. SHE *is returning tomorrow.*

—No dormimos por (*or* en) la tarde.
—Almuerzan a la una.
—Ella vuelve mañana.

CONVERSACIÓN EN LA CLASE

Diálogo

Use your imagination and create new dialogs by replacing the underlined words with appropriate words and making the necessary changes.

Estudiante 1: ¿Qué podemos hacer este fin de semana?
Estudiante 2: Podemos ir al concierto o al cine.
Estudiante 1: Yo prefiero ir al concierto.
Estudiante 2: Muy bien. ¿Por qué no llamamos a Pedro?
Estudiante 1: Pedro no está aquí. Está en la finca.

Situaciones

1. A classmate and you are talking about the future. Tell him/her what you are planning to do after graduation (**después de la graduación**). Ask him/her about his/her plans.
2. You are planning a trip for your next vacation. Tell a friend where you want to go and what you are planning to do. Ask him/her what (s)he is planning to do.
3. You are talking to a friend who lives in the country. Tell him/her that you prefer to live in the city and the things you can do in a city. Your friend will tell you that (s)he prefers to live in the country and what can be done there.
4. A classmate and you are talking about a mutual friend who is coming this weekend. You will tell your classmate the things you are planning to do with your mutual friend. To every one of your suggestions, your classmate will give another (e.g., **Podemos ir al concierto. No, yo creo que deben ir a la playa**).

Vocabulario

Nouns

animals

el caballo	horse
el ganado	cattle

entertainment

la canción	song
el juego	game
la música	music
la película	movie
el plan	plan
el programa(m)	program
el/la radio	radio
la reunión	meeting, reunion
la televisión	television
el tocadiscos	record player

places

el campo	country
la discoteca	discotheque
la finca	farm
el lago	lake
el río	river

Verbs

almorzar (ue)	to have lunch
caminar	to walk
contar (ue)	to count, to tell
dormir (ue)	to sleep
entender (ie)	to understand
invitar	to invite
montar	to ride
pasar	to spend (time)
pensar (ie)	to think
perder (ie)	to lose, to waste
poder (ue)	to be able to, can
preferir (ie)	to prefer
querer (ie)	to want, to love
tener (g, ie)[14]	to have
venir (g, ie)	to come
volver (ue)	to return, to come back

Adverbs

si	if

Demonstratives

este	this

Quantity

mucho	much, a lot

Expressions

contar con	to count on
estar seguro	to be sure
hacer otra cosa	to do something else, to do another thing
pensar + inf.	to plan, to intend

time expressions

el año que viene	next year
el fin de semana	weekend
el mes	month
el minuto	minute
pasado mañana	day after tomorrow

[14]Expressions with **tener** are on page 109.

Una moderna oficina en San José, Costa Rica.
A modern office in San Jose, Costa Rica.

Lección 7

Present tense of stem-changing verbs (e→i)
Present tense of the verb **decir**
Indirect object pronouns • Indirect object nouns
Emphasizing or clarifying indirect object pronouns
with **a** + pronoun
Present tense of the verb **oír** • **Preguntar** versus
pedir

Communication Objectives

Vocabulary: You will learn words related to business
and professions, expressions used in telephone
conversations, and phrases of introduction.
Conversation: You will be able to have a telephone
conversation, to talk about your experience and
references regarding work, and to introduce people.

DIÁLOGO ∽ Una conversación por teléfono entre dos hombres de negocios

A telephone conversation between two businessmen

SEÑOR GÓMEZ	¡Aló[1]!	Mr. G: *Hello.*
SEÑOR MENA	José, te habla Pedro Mena[2].	Mr. M: *José, this is Pedro Mena.*
SEÑOR GÓMEZ	¿Qué tal[3], Pedro? ¿Cómo estás?	Mr. G: *Hi, Pedro, how are you?*
SEÑOR MENA	No te oigo bien, José. ¿Puedes hablar más alto?	Mr. M: *I can't hear you, José. Can you speak louder?*
SEÑOR GÓMEZ	¿Me oyes ahora?	Mr. G: *Do you hear me now?*
SEÑOR MENA	Sí, ahora sí[4] te oigo. Mira, José, te llamo porque necesito[5] un jefe de ventas. Entre las solicitudes de empleo hay una de Julián Montoya. ¿Lo conoces bien?	Mr. M: *Yes, now I hear you. Look, José, I'm calling you because I need a sales manager.[8] Among the job applications there is one from Julián Montoya. Do you know him well?*
SEÑOR GÓMEZ	Sí, cómo no. Sé que da mi nombre como referencia.	Mr. G: *Yes, of course. I know he is giving my name as a reference.*
SEÑOR MENA	Aquí, entre nosotros, ¿qué clase de persona es?	Mr. M: *Between us, what kind of a person is he?*
SEÑOR GÓMEZ	Pues, mira, Julián Montoya es inteligente y muy trabajador[6]. Además, tiene mucha experiencia en ventas. Yo creo que es un empleado excelente.	Mr. G: *Well, look, Julián Montoya is intelligent and hard working. Besides, he has a great deal of sales experience. I think he is an excellent employee.*
SEÑOR MENA	¿Y por qué quiere dejar[7] su puesto en la compañía Badel?	Mr. M: *Then why does he want to leave his position with the Badel Company?*
SEÑOR GÓMEZ	Él dice que le pagan un sueldo muy bajo y que necesita ganar más dinero.	Mr. G: *He says that they pay him a very low salary and he needs to earn[9] more money.*
SEÑOR MENA	Bueno, José, muchas gracias por la información.	Mr. M: *Well, José, thank you very much for your information.*
SEÑOR GÓMEZ	Con mucho gusto, Pedro.	Mr. G: *Don't mention it,[10] Pedro.*

---

[1]Other expressions used are ¡Diga!, ¡Bueno!, ¡Oigo!, ¿Qué hay?

[2]Placing the subject **Pedro Mena** at the end of the sentence emphasizes the subject.

[3]An informal greeting. The verb **estar** is frequently part of the expression: ¿**Qué tal estás?**

[4]**Sí** preceding a verbal expression emphasizes it.

[5]When a direct object noun refers to a nonspecific person, the personal **a** is not used.

[6]The feminine form of **trabajador** is **trabajadora**.

[7]**Dejar** means *to leave* something or some place. It is a transitive verb and as such always requires an object to complete its meaning. **Salir** means *to depart, to go out, to go out on a date*. It needs no other words to complete its meaning.

[8]Literally, *chief of sales*.

[9]Also, *to win*.

[10]Literally, *with much pleasure*.

PREGUNTAS SOBRE EL DIÁLOGO

1. ¿Quién llama al señor Gómez?
2. ¿Por qué no oye bien el señor Mena al señor Gómez?
3. ¿Qué necesita el señor Mena?
4. ¿De quién es la solicitud de empleo que tiene el señor Mena?
5. ¿Conoce el señor Gómez a Julián Montoya?
6. Según el señor Gómez, ¿cómo es Julián Montoya?
7. ¿En qué compañía trabaja Julián Montoya?
8. ¿Por qué quiere dejar su puesto el señor Montoya?

Surnames

Parents

Julián Montoya Samper   Ana Sánchez García

Children

Julián Montoya (y) Sánchez
Catalina Montoya (y) Sánchez

People in the Spanish-speaking countries have two surnames following their given name. The first surname is paternal; the second, maternal. In the above example, the children in this family will use the first paternal surname (*Montoya*) and the first maternal surname (*Sánchez*). Sometimes *y* is used between the two surnames. In everyday life, only the first surname is normally used.

In general, married women retain their maiden name. In the above example, Mrs. Montoya will be known as *señora Ana Sánchez de Montoya*.

ORACIONES Y PALABRAS

Necesito un **jefe de ventas**.   *I need a sales manager.*
          vendedor, abogado,   *salesman, lawyer,*
          secretario, médico   *secretary, doctor*
Él es muy **inteligente**.   *He is very intelligent.*
          honrado, responsable,   *honest, responsible,*
          simpático[11], independiente,   *charming, independent,*
          egoísta[12], perezoso   *selfish, lazy*

---

[11]**Simpático** is an all-inclusive word which connotes all or any combination of these English words: *charming, nice, pleasant, appealing, congenial*.

[12]**Egoísta** is used for the masculine and the feminine singular: **José es egoísta. Amelia es egoísta.**

Ella va a **llenar** la solicitud de trabajo.	*She is going to fill out the application.*
pedir, contestar, mostrar[13],	*ask for, answer, show,*
recibir, explicar	*receive, explain*
Quieren **despedir** a los empleados.	*They want to dismiss[14] the employees.*
servir, presentar[15]	*serve, introduce*

PREGUNTAS GENERALES

1. ¿Estudia o trabaja usted en la universidad?
2. Y usted, ¿dónde trabaja?
3. ¿Tiene usted experiencia en ventas?
4. ¿Qué referencias da usted cuando busca trabajo?
5. ¿Qué necesita llenar usted cuando busca trabajo?
6. ¿Qué compañías importantes hay en esta ciudad?

7. ¿Cómo debe ser un vendedor? ¿Y un abogado? ¿Y un médico?
8. ¿Ganan mucho dinero los vendedores? ¿Y los médicos?
9. ¿Qué expresiones puede decir usted cuando contesta el teléfono?
10. ¿Qué puede decir usted si no oye bien en clase?

GRAMMAR, EXERCISES, AND TESTING

ᕗ PART ONE

I. PRESENT TENSE OF STEM-CHANGING VERBS (e→i)

-ir pedir	
pido	pedimos
pides	pedís
pide	piden

1. The **-ir** conjugation includes some verbs whose stem vowel **e** becomes **i**. (The **-ar** and **-er** conjugations have no verbs of this type.)
2. The change to **i** occurs whenever the stem vowel **e** is stressed.[16]
3. Other verbs whose stem vowel **e** changes to **i** are: **servir** and **despedir**.

---

[13]**Mostrar (ue).**

[14]Also, *to say good-bye.*

[15]**Presentar** also means to present. When introducing a person to another one normally says: **Te presento a (mi amigo) Jorge García.** *I would like you to meet (my friend) Jorge García.* (Literally, *I present (my friend) Jorge García to you.*) **Mucho gusto** *(Pleased to meet you)* is the normal response to the introduction.

[16]Notice that this change occurs under the same conditions that **e** becomes **ie** and **o** becomes **ue**.

II. PRESENT TENSE OF THE VERB DECIR

> **decir** *to say, to tell*
>
> | | |
> |---|---|
> | digo | decimos |
> | dices | decís |
> | dice | dicen |

1. The stem vowel **e** of **decir** becomes **i** when it is stressed.
2. A distinctive feature of the verb is that in the first-person singular, a **g** replaces the **c**.
3. Compounds of **decir** follow the same pattern: **contradecir** *(to contradict)* and **predecir** *(to predict)*.

A. Person-number substitution

1. Los empleados piden más sueldo.

Tú	Tú pides más sueldo.
La secretaria	La secretaria pide más sueldo.
Nosotros	Nosotros pedimos más sueldo.
Yo	Yo pido más sueldo.
Ella y yo	Ella y yo pedimos más sueldo.

2. ¿Por qué sirven la comida a las ocho?
   (él, nosotros, ustedes, tú, ella, ellos)

3. Siempre dice la verdad.
   (tú, ellas, nosotros, usted, yo, ustedes)

B. Guided responses

Give a negative answer to the first question and an affirmative answer to the second question. Emphasize your affirmative answer by using **sí** twice.

Model: ¿Piden más sueldo las secretarias?
   No, las secretarias no piden más sueldo.
   ¿Y el jefe?
   Sí, el jefe sí pide más sueldo.

1. ¿Despide el abogado a los empleados? ¿Y el jefe?
2. ¿Dicen los vendedores que él es trabajador? ¿Y ella?
3. ¿Sirven bien los camareros? ¿Y ustedes?
4. ¿Pide referencias el señor Mena? ¿Y ellos?
5. ¿Dice Julián que el sueldo es bueno? ¿Y su familia?
6. ¿Sirven ellos la cena a las ocho? ¿Y usted?

C. Questions

1. ¿Qué platos sirven en la cafetería de la universidad?
2. ¿A qué hora sirven ustedes la cena?
3. ¿A qué hora sirven la cena en España?
4. ¿Dicen ustedes los diálogos en clase?
5. ¿Los dice usted en inglés o en español?
6. ¿Qué dice usted si no puede contestar una pregunta?
7. Si el profesor no es bueno, ¿puede usted despedirlo?
8. ¿Quién despide a los empleados donde usted trabaja?

TESTING ∿ stem-changing verbs (e → i)

1. The change of the stem vowel **e** to **i** is found only in verbs that end in _____.

    —-ir

Give the indicated present-tense form.

2. **pedir, tú**-form
3. **decir, yo**-form
4. **despedir, yo**-form

    —pides
    —digo
    —despido

5. A Spanish equivalent for *I serve* is _____.
6. A Spanish equivalent for *I prefer* is _____.
7. The infinitive for **piden** is _____.
8. The infinitive for **digo** is _____.

    —sirvo
    —prefiero
    —pedir
    —decir

Give a Spanish equivalent.

9. *I always tell the truth.*
10. *The waiter serves very well.*

    —Siempre digo la verdad.
    —El camarero sirve muy bien.

∿ PART TWO

III. INDIRECT OBJECT PRONOUNS

me	*(to) me*	nos	*(to) us*
te	*(to) you* (familiar)	os	*(to) you* (familiar)
le	*(to) him, her, it, you* (formal)	les	*(to) them, you*

The indirect object pronouns have the same form as the direct except in the third person: **le** and **les**.

SUBJECT	INDIRECT OBJECT		DIRECT OBJECT	
El profesor	**me**	explica	la lección.	*The professor explains the lesson to me.*
(Yo)	**le**	doy	los discos.	*I give him (her, you) the records.*

1. Note that in the above sentences there are three entities: subject, direct object, and indirect object.
2. The indirect object tells to whom or for whom an action is done.
3. In some cases, the direct object may not be stated, but implied.

    César **me** escribe (**una nota**).   *César writes me (a note).*

4. The indirect object pronoun can precede the conjugated verb form, or it can be attached to the dependent infinitive. In negative sentences, **no** precedes the indirect object pronoun when it comes before the conjugated verb.

Les van a mostrar el traje. ⎱
Van a mostrar**les** el traje. ⎰   *They are going to show them (you) the suit.*

No **les** van a mostrar el traje. ⎱
No **van** a mostrar**les** el traje. ⎰   *They are not going to show them (you) the suit.*

5. When used with **vender, comprar,** or certain other verbs, indirect object pronouns regularly express a meaning equivalent to English prepositional phrases with *for* or *from*. Sometimes more than one interpretation of the meaning of such pronouns is possible. Usually the context will suggest which interpretation is intended.

Pedro **me** compra helado.
{ *Pedro buys me ice cream.*
    Pedro buys ice cream { *for me.* / *from me.*

Ellos **me** venden el tocadiscos.   *They sell the record player* { *to me.* / *for me.*

IV. INDIRECT OBJECT NOUNS

Yo **le** muestro la casa **a María.**	*I am showing María the house.*
Pablo **les** da los libros **a los alumnos.**	*Pablo gives the books to the students.*
¿Quién **les** explica la lección **a las chicas?**	*Who explains the lesson to the girls?*
¿**Le** pongo más sal { **al arroz?** / **a la carne?**	*Shall I put more salt on the* { *rice?* / *meat?*

1. When the indirect object is a noun, the corresponding indirect object pronoun is normally used also.
2. The preposition **a** always precedes the indirect object noun.

V. EMPHASIZING OR CLARIFYING INDIRECT OBJECT PRONOUNS WITH A + PRONOUN

Me escribe una carta **a mí.**	*He writes* ME *a letter.*
Les doy el dinero **a** { **ellos.** / **ellas.** / **ustedes.**	*I give the money to* { THEM (masculine). / THEM (feminine). / YOU (plural).

To emphasize or clarify the reference of an indirect object pronoun, Spanish adds a prepositional phrase consisting of **a** plus the corresponding prepositional pronoun.

D. Substitution

1. María le escribe a él.

a mí	María me escribe a mí.
a sus amigos	María les escribe a sus amigos.
a nosotros	María nos escribe a nosotros.
a Diego	María le escribe a Diego.
a ti	María te escribe a ti.
a Susana	María le escribe a Susana.

2. Les va a dar la solicitud.

   (a José, a mí, a ellos, a ti, a nosotros, a ustedes)

3. Le va a comprar la grabadora.

   (a ti, a ustedes, a nosotros, a ella, a mí, a ellos)

E. Guided affirmative responses

Model: ¿Le van a dar ellos la tarea a la profesora?

   Sí, le van a dar la tarea *or* **Sí, van a darle la tarea.**

1. ¿Le van a dar ellos el dinero al vendedor?
2. ¿Le va a pedir él la solicitud a la secretaria?
3. ¿Les va a explicar usted el viaje a los estudiantes?
4. ¿Les va a mostrar usted los trajes típicos a ellos?
5. ¿Te van a dar ellos el boleto?
6. ¿Nos va a escribir el doctor una nota?

F. Questions and answers

The following sentences will be said aloud by different students. After listening to each sentence, another student should ask for clarification as to whom something is said, done, etc. The student who said the sentence will clarify it.

Model: Estudiante 1: El jefe de ventas le explica el trabajo.

   Estudiante 2: **¿A quién le explica el trabajo?**

   Estudiante 1: **Le explica el trabajo al vendedor** (*or* **a la secretaria,** etc.)

1. El empleado le muestra la oficina.
2. Ellos le pagan un sueldo bajo.
3. Él le contesta la pregunta.
4. La secretaria les da las solicitudes.
5. Yo les vendo los discos.
6. Pedro nos pide la guitarra.

G. Sentence formation

1. One student will play the part of a waiter and one or more students will play the part of client(s). Make sentences using the correct verb form of the expressions below and the appropriate indirect object pronoun according to the part played.

   Model: dar el menú

   Camarero: **Yo le doy el menú al señor** *or* **Yo les doy el menú a los señores.**

   Cliente(s): **El camarero me da el menú** *or* **El camarero nos da el menú.**

explicar el menú	pedir la cena
servir el vino	traer la cena
pedir agua	mostrar postres

2. Look at the following pictures and make statements using indirect object nouns and their corresponding indirect object pronouns.

Model:

El alumno le habla a la profesora.

H. Questions

1. ¿Quién les explica la lección a ustedes?
2. ¿Les explica la lección en inglés o en español?
3. ¿Le habla usted al profesor en inglés?
4. ¿Le contesta el profesor en inglés?
5. ¿Cuándo le da usted la tarea al profesor?
6. ¿Qué les puede mostrar usted a las personas que visitan la universidad?
7. ¿Quién le vende a usted los libros?
8. ¿Qué le dice usted cuando él (ella) le da los libros?

TESTING ∽ indirect object pronouns

Give the equivalent Spanish indirect object pronoun.

1. *(to) her*
2. *(to) him*
3. *(to) them, (to) you* (plural)
4. The prepositional phrase that emphasizes the indirect object pronoun **me** is _____ _____.
5. The three prepositional phrases involving a pronoun that may clarify the indirect object pronoun **le** are _____ _____, _____ _____, and _____ _____.

Give a Spanish equivalent.

6. *Claudio gives him the application.*
7. *I always write to you* (familiar).
8. *He reads us the lesson.*

—le
—le
—les

—a mí

—a usted, a él, a ella

—Claudio le da la solicitud.
—Yo siempre te escribo.
—Nos lee la lección.

∽ PART THREE

VI. PRESENT TENSE OF THE VERB OÍR

oír *to hear, to listen to*	
oigo	oímos
oyes	oís
oye	oyen

1. The first-person singular is irregular. **Oír** adds **ig** before the final **o**.
2. A **y** intrudes in the second and third persons singular and the third-person plural of **oír**.
3. The first and second persons plural of **oír** have a written accent mark over the **í** to indicate that **o** and **í** do not form a diphthong.

VII. PREGUNTAR *VERSUS* PEDIR

Yo le **pregunto** dónde vive.	*I am asking you where you live.*
Elena **pregunta por** mí.	*Elena is asking for me.*
Ella me **pregunta** cuál es la tarea.	*She is asking me what is the homework.*
	(asking a question)
Ella me **pide** la tarea.	*She is asking me for the homework.*
	(requesting it)
Susana **pide** ensalada de pollo.	*Susana orders chicken salad.*
Él le **pide** agua al camarero.	*He asks the waiter for water.*

1. **Preguntar** means to ask a question, or to inquire about something.
2. **Preguntar por** is used to inquire about someone.
3. **Pedir** is used to request something of someone.
4. **Pedir** uses the indirect object pronoun to identify the person addressed.
5. **Pedir** is also used to order food and drink in a restaurant.
6. Except in very rare instances, the preposition **por** is not used with **pedir**.

I. Person-number substitution

1. Nosotros no oímos bien.

El secretario	El secretario no oye bien.
Los chicos	Los chicos no oyen bien.
Julia	Julia no oye bien.
Tú	Tú no oyes bien.
Yo	Yo no oigo bien.
Usted	Usted no oye bien.

2. No oyes porque hablan bajo.
(usted, ellos, yo, él, nosotros)

3. Ellos oyen el disco después.
Tú, El vendedor, Ustedes, Pedro y yo, Usted

J. Reading exercise

Read the following dialogs and provide the correct form of **preguntar** or **pedir** for each blank.

JUANA   Siempre que veo a Julián, me _____ por ti.
BERTA   Si te _____ dónde vivo, por favor le dices que no lo sabes.
JUANA   Pero, Berta, él sabe que somos amigas.
BERTA   No importa.

ALICIA   Yo creo que voy a _____ arroz con pollo. Y tú, Susana, ¿qué vas a comer?
JULIA   No sé por qué tú le _____. Ella siempre _____ pescado.

K. Questions

1. ¿Oye usted las explicaciones del profesor?
2. ¿Las entiende usted?
3. Cuando usted habla por teléfono y no oye bien, ¿qué dice usted?
4. ¿Qué le pide usted al profesor?
5. ¿Qué le pregunta usted al profesor?
6. ¿Qué le pregunta ese alumno a usted?
7. ¿Qué le pregunta usted a ese alumno?
8. ¿Por quién pregunta usted?
9. ¿Qué piden ustedes cuando van a la cafetería?
10. ¿Y qué pide usted cuando va a un restaurante?

TESTING ∽ present tense of **oír**, and **preguntar** versus **pedir**

Give the present-tense verb forms suggested by the cues.

1. *we hear*
2. *I hear*
3. *he hears*

—oímos
—oigo
—oye

Give a Spanish equivalent.

4. THEY *don't hear well.*
5. *He asks for me.*
6. *They ask for coffee.*
7. YOU (plural, in Spanish America) *ask for the menu.*
8. *He is asking me where Julián is.*

—Ellos (or ellas) no oyen bien.
—Pregunta por mí.
—Piden café.

—Ustedes piden el menú.
—Me pregunta dónde está Julián.

CONVERSACIÓN EN LA CLASE

Conversaciones por teléfono

1. A friend is calling on the phone. You answer the phone and you can hardly hear your friend. Tell him/her so, and ask him/her to speak louder.
2. Call a friend and make plans for the weekend.
3. You are a businessman or businesswoman who has received several applications for an opening in your office. You would like some information about one of the applicants. Call his/her previous supervisor and ask the pertinent questions.

Presentaciones

Introduce two of your classmates to one another. After the normal greetings, tell them that you are going to have lunch in the cafeteria, and ask them if they want to come and have lunch together.

Situaciones

1. You are looking for a job. Tell the person who is interviewing you what you can do, your experience, and your references.
2. You are not happy in your job. Tell a friend why you would like to leave your job and what you would like to do.
3. A friend of yours has had a serious accident and has to stay in bed for a few days. Tell your classmates what you do to help and entertain your friend (e.g., cook, serve meals, read).

Vocabulario

Nouns

business

la clase	kind, type
la compañía	company
el dinero	money
el empleo	job
la experiencia	experience
la información	information
el nombre	name
el puesto	position
la referencia	reference
la solicitud	application
el sueldo	salary
el teléfono	telephone
el trabajo	job

people

el abogado	lawyer
el empleado	employee
el hombre	man
hombre de negocios	businessman
el jefe	chief, boss
jefe de ventas	sales manager
el médico	doctor
la persona	person
el secretario	secretary
el vendedor	salesman

Pronouns

le	(to) him, her, you, it
les	(to) them, you

Verbs

contestar	to answer
decir (i)	to say, to tell
dejar	to leave
despedir (i)	to dismiss, to fire, to say good-bye

explicar	to explain
ganar	to earn, to win
llenar	to fill (out)
mostrar (ue)	to show
oír	to hear, to listen to
pagar	to pay
pedir (i)	to ask for, to request
preguntar	to ask
presentar	to present, to introduce
recibir	to receive
servir (i)	to serve

Adjectives

bajo	low
egoísta	selfish
honrado	honest
independiente	independent
inteligente	intelligent
perezoso	lazy
responsable	responsible
simpático	charming
trabajador	hard-working

Adverbs

más	more

Connectors

como	as
por	for

Expressions

¡aló!	hello
con mucho gusto	don't mention it, my pleasure
hablar alto	to speak loud
mucho gusto	pleased to meet you
¿qué tal?	hi, how are you?

Recapitulación y ampliación III

LECTURA ∽ El trabajo y las diversiones en los países hispanos

Muchos de los intereses y actividades de la gente en los países hispanos son similares a los intereses y actividades de los norteamericanos. Pero también hay diferencias, pues algunas actividades que son populares en los países hispanos no existen o no son populares aquí. La cultura hispana y la cultura de este país tienen unos orígenes y una historia diferentes. Estas diferencias existen también en la sociedad moderna y hoy en día podemos verlas en la vida diaria de las personas.

Una diversión muy popular en las dos culturas es el cine. En los países hispanos, el público ve películas en español, especialmente argentinas, mexicanas y españolas, y también películas norteamericanas y europeas. En general, las películas norteamericanas atraen mucho público joven. Algunas de estas películas son dobladas; otras mantienen el inglés o el francés y hay subtítulos en español.

El teatro atrae también bastante público. Algunas ciudades como Madrid, México y Buenos Aires tienen muchos teatros donde el público puede ver comedias y dramas clásicos o contemporáneos de autores de diferentes países. Los jóvenes también van al teatro, pero el cine es mucho más popular entre ellos.

En las ciudades, las discotecas son centros de reunión, especialmente para los jóvenes que bailan los ritmos modernos, como la música "rock" y la salsa, un baile que está basado en la música del Caribe. En otros clubes nocturnos hay más público de diferentes edades y tocan música más típica. Esta música cambia de un país a

diversiones *entertainments*

gente *people*

algunas *some*

hoy en día *nowadays*
vida diaria *daily living*

atraen *attract*
dobladas *dubbed*

edades *ages*

129

Las películas norteamericanas, como esta versión española de *Outlander* con Sean Connery, son populares en el mundo hispano.

American films, such as this Spanish version of Outlander, *starring Sean Connery, are popular throughout the Hispanic world.*

otro, pero hay algunos ritmos que no cambian con los años y que son siempre populares entre jóvenes y viejos. Entre éstos podemos mencionar la cumbia de Colombia, que tiene mucha influencia de la música africana, y el pasodoble español.

Otro centro de reunión muy importante, especialmente en España, es el café. Allí van personas de **todas** las edades para hablar con los amigos, discutir de política, de teatro y de arte, hacer planes para salir, etc., **mientras** comen algo ligero o toman un café, una cerveza o una copa de vino.

Los **deportes** son también muy populares en los países hispanos. El fútbol es el deporte que atrae más público, excepto en la región del Caribe donde el béisbol es el deporte favorito. El fútbol en los países hispanos es el deporte que aquí llamamos *soccer* y no el fútbol americano.

Un espectáculo que no existe en este país y que sólo existe en algunos países hispanos es la **corrida de toros**[1]. Muchos nor-

todas *all*

mientras *while*

deportes *sports*

corrida de toros *bullfights*

---

[1]Bullfights take place in the following Spanish-speaking countries: Spain, Mexico, Venezuela, Colombia, Ecuador, and Peru.

Una función del Ballet Folklórico de México en el Parque de Chapultepec de la ciudad de México, donde el público puede asistir a espectáculos culturales, practicar deportes o disfrutar de unas horas de descanso.

A performance by the Folkloric Ballet of Mexico in Chapultepec Park in Mexico City, where people can attend cultural events, play sports, or enjoy a few hours of rest.

teamericanos piensan que las corridas de toros son un espectáculo bárbaro o un deporte cruel. Para los hispanos, el toreo no es un deporte, es un arte.

    toreo   *bullfighting*

    En la casa, la televisión es un pasatiempo muy popular. Muchos de los programas en serie que vemos en los Estados Unidos también existen en los países hispanos. Naturalmente, estos programas están doblados, y los televidentes no oyen la verdadera voz de los actores, sólo conocen la voz de la persona que hace el doblaje. Además de estas series dobladas, hay muchos programas cómicos, musicales y dramáticos. Entre los programas dramáticos, las telenovelas tienen mucho público. Argentina y México producen la mayoría de estos

televidentes *T.V. viewers*
voz *voice*
doblaje *dubbing*

telenovelas *soap operas*

programas que después muestran otros países hispanos y los canales
de televisión en español de los Estados Unidos.

En general, en los países hispanos hay menos oportunidades de
trabajo que en los Estados Unidos. Esto explica parcialmente la
emigración de hispanos a este país. En los Estados Unidos, muchos
jóvenes de la clase media, que estudian en la escuela secundaria o
en la universidad, trabajan parte del tiempo para ayudar a pagar sus
estudios, o para tener más dinero para sus diversiones. En los países
hispanos, esto no es común. Esos trabajos los tienen personas que de
veras necesitan el dinero para vivir.

Otra diferencia es la filosofía que tienen los hispanos sobre el
trabajo. Los hispanos son trabajadores, pero para ellos, el trabajo no
es el centro de la vida. Es sólo una parte de la vida. En pocas palabras,
ellos creen que debemos trabajar para vivir, no vivir para trabajar.

canales *channels*

ayudar *to help*

vida *life* **pocas** *few*

PREGUNTAS

1. ¿Qué películas ve la gente en los países hispanos?
2. ¿Qué películas dobladas hay en los Estados Unidos?
3. ¿En qué ciudades de los países hispanos hay muchos teatros? ¿Y en los Estados Unidos?
4. ¿Qué clase de música bailan los jóvenes en las discotecas hispanas?
5. ¿De qué países son típicos el pasodoble y la cumbia?
6. ¿Qué hace la gente en los cafés?
7. ¿Qué deporte es muy popular en el Caribe?
8. ¿Cuál es el deporte más popular en los países hispanos? ¿Y en los Estados Unidos?
9. ¿Qué opinan muchos norteamericanos de las corridas de toros?
10. Para los hispanos, ¿es el toreo un deporte?
11. ¿Qué programas de televisión son populares en los países hispanos?
12. ¿Cuál es la filosofía de los hispanos sobre el trabajo?

Hato Rey, el centro
comercial y financiero de
San Juan, Puerto Rico.

*Hato Rey, the commercial and
financial center of San Juan,
Puerto Rico.*

READING AND WRITING SUPPLEMENT

Cognates in *-ción* and *-sión*

Spanish words ending in **-ción** and **-sión** correspond to English words ending in *-tion* and *-sion,* respectively. These Spanish words are feminine and the stress falls on the suffix.

WORDS ENDING IN **-CIÓN**	WORDS ENDING IN **-SIÓN**
oración	pasión
evolución	discusión
dominación	excursión
conversación	televisión
información	división

Can you give the Spanish words that correspond to the following English words?

ration	*profession*	*mission*
erosion	*celebration*	*expression*

PRONUNCIATION

Spanish /s/ represented by *s* and *z,* and by *c* before *e* or *i*

Spanish /s/ is pronounced two ways, depending upon its position. At the beginning of an utterance, between vowels, or before a voiceless consonant,[2] /s/ is pronounced like the *s* or *c* in the English words *see, instant, ice,* and *boss.*

Whenever an /s/ precedes a voiced consonant,[3] most speakers of Spanish pronounce it like the *s* in English words *robes* and *rose.*

A. Listen and repeat. Remember that letters **s** and **z** before a voiceless consonant or between vowels, and **c** before **e** or **i** are pronounced [s].

[s]	
señora	presentar
cena	disco
zeta	almuerzo
cinco	azul
historia	visitar

---

[2]Whenever the vocal cords do not vibrate during the production of a sound, that sound is called voiceless. Thus, /p, t, k/ are examples of voiceless consonants.
[3]When vibration occurs in the vocal cords, the sound is called voiced. Thus, /b, d, g/ are examples of voiced consonants.

B. Listen and repeat. Remember that **s** and **z** before a voiced consonant are most often pronounced [z].

[z]

mismo	idealismo
los dos	después de
es bueno	es morena

/sión/ represented by *-ción* and *-sión*

This common Spanish suffix tends to be mispronounced by speakers of English because of the pronunciation of its English counterpart *-tion*. The pronunciation of Spanish **promoción**, for example, differs from the pronunciation of English *promotion*.

C. Listen and repeat.

[sión]

oración	lección
nación	conversación
pasión	pronunciación
excursión	función

Sounds represented by the letter *x*

The letter **x** before a consonant is pronounced in Spanish as [s] or [ks].

D. Listen and repeat.

[s] or [ks]

explicar	extensión	
explicación	texto	*text*
experiencia	sexto	*sixth*

The letter **x** between vowels is pronounced [ks] or [ɡs].[4] English-speakers must be careful not to transfer their English pronunciation of intervocalic *x* and pronounce Spanish **x** as [gz].

E. Listen and repeat.

[ks] or [ɡs]

examen	
existir	*to exist*
reflexión	*reflection*
sexual	
exagerar	*to exaggerate*

---

[4]In a few words such as **exacto** *exact* and **auxilio** *help,* intervocalic **x** is pronounced [s]. In some areas, the intervocalic **x** of the word **taxi** is pronounced [s] also.

TESTING

A. Stem-changing verbs ($e \rightarrow ie$)

Supply the missing present-tense form.

DIÁLOGOS

CAMARERO	(preferir) ¿Qué _____ ustedes, pollo o paella?	—prefieren
JULIO	(preferir) Nosotros _____ paella.	—preferimos
CAMARERO	(querer) ¿Y qué _____ beber?	—quieren
JULIO	(querer) Yo _____ vino tinto.	—quiero
ANDRÉS	(preferir) Yo _____ vino blanco.	—prefiero
ANA	(entender/querer/perder) Pedro no _____ las lecciones porque no estudia. Sólo _____ estar en el café y _____ mucho tiempo.	—entiende quiere, pierde
SUSANA	(querer) Sí, es perezoso y además muy egoísta. No _____ ayudar a los amigos.	—quiere
JOSÉ	(pensar) Tú _____ venir a la fiesta de esta noche, ¿verdad?	—piensas
PEDRO	(venir) ¡Cómo no¡ Yo _____ esta noche.	—vengo
JOSÉ	(venir) ¿Y sabes si Jorge _____?	—viene
PEDRO	(tener) No sé. Él _____ un examen mañana. Va a estudiar con Agustín.	—tiene
JOSÉ	(perder) ¡Agustín y Jorge juntos! Ellos no van a estudiar; ellos van a _____ el tiempo.	—perder

B. Expressions with *tener*

Complete each sentence with an appropriate expression from the list below. Give the correct verb form.

tener hambre	tener miedo
tener sed	tener prisa
tener sueño	

1. Juan no come mucho y siempre _____ _____.	—tiene hambre
2. Cuando yo tomo agua en el almuerzo no _____ _____ después.	—tengo sed
3. Ellos no duermen ocho horas y por las mañanas _____ _____.	—tienen sueño

4. Amelia está en la finca de Luis, pero no quiere montar a caballo porque _____ _____.

—tiene miedo

5. Los alumnos deben llegar a la clase a las once y ya son las once menos cinco. Ellos _____ _____.

—tienen prisa

6. Queremos dormir cuando _____ _____.

—tenemos sueño

C. Stem changing verbs ($o \rightarrow ue$)

Use the correct present-tense form of the verb in parentheses.

1. (volver) La secretaria _____ a las dos.

—vuelve

2. (probar) No sé por qué ellos no _____ los platos típicos.

—prueban

3. (contar) Tú _____ en inglés, pero nosotros _____ en español.

—cuentas
  contamos

4. (dormir) Él sólo _____ seis horas, pero nosotros _____ ocho.

—duerme
  dormimos

5. (poder) ¿Quién _____ traer una grabadora?

—puede

6. (mostrar) Esta tarde el profesor _____ una película sobre México.

—muestra

D. Stem-changing verbs ($e \rightarrow i$)

1. (pedir) Los empleados _____ más sueldo.

—piden

2. (servir) Mis amigos son japoneses y siempre _____ comida japonesa.

—sirven

3. (decir) Yo _____ que debemos hablar con el abogado.

—digo

4. (despedir) El jefe _____ a los empleados mañana.

—despide

5. (decir) El señor Mena _____ que necesita un jefe de ventas.

—dice

E. Indirect object pronouns

Use the indirect object pronoun that corresponds to the boldface words in each sentence.

1. **Yo** no sé por qué ella no _____ da el dinero.

—me

2. **¿A quién** _____ presento la solicitud?

—le

3. **Nosotros** queremos visitar la compañía. ¿Quién _____ puede mostrar las oficinas?

—nos

4. Ellos _____ hablan **a María,** pero no _____ ha-   —le, les
   blan **a Ana y a Sara.**
5. Él no _____ va a dar la información **a ti.**   —te
6. El médico _____ va a escribir **a ustedes.**   —les
7. **¿A quiénes** _____ van a mostrar la finca?   —les
8. **Yo** voy a dejar el puesto porque la compañía no
   _____ paga muy bien.   —me

F. Present tense of *oír*

CÉSAR   El profesor no habla alto y yo no lo
         _____. ¿Lo _____ tú?   —oigo, oyes
DULCE   Sí, yo lo _____. Y ustedes, ¿lo pueden   —oigo
         _____?   oír
JORGE   Sí, nosotros sí lo _____, pero ellos no lo   —oímos
         _____.   oyen

G. *Pedir* versus *preguntar*

Choose the present-tense form of **pedir** or **preguntar**
suggested by the context and the subject of the sentence.

1. Ellos le _____ dónde vive.   —preguntan
2. Ella les _____ más sueldo.   —pide
3. ¿Por qué no le _____ usted la hora?   —pregunta
4. Yo siempre _____ pescado en ese restaurante.   —pido
5. Yo le _____ cuándo viene.   —pregunto
6. Nosotros _____ por ellos.   —preguntamos
7. Tú lo conoces muy bien. ¿Por qué no le _____ su
   libro?   —pides
8. Él me _____ si voy a _____ vino.   —pregunta, pedir

El Paseo de la Reforma, una de las avenidas de más tráfico de la ciudad de México.

The Promenade of Reform, one of the most heavily traveled avenues in Mexico City.

Lección 8

Preterit tense of first-conjugation regular verbs
Preterit tense of first-conjugation regular verbs ending
in **-car, -gar, -zar**
Use of the preterit • The verb **gustar** •
Descriptive and limiting adjectives
Demonstrative adjectives • Demonstrative
pronouns

Communication Objectives

Vocabulary: You will learn words related to
transportation, traffic, and accidents, and words to
express your likes and dislikes.

Conversation: You will be able to discuss traffic
situations, to talk about your past activities, and to
state your likes and dislikes.

DIÁLOGO ✎ Un accidente

An accident

ROSA   ¿Qué pasó en esa esquina? Hay muchos policías[1] y el semáforo no funciona.

R: *What happened at that corner? There are many policemen and the traffic light is not working.* [5]

ARTURO   Un taxi no paró a pesar de la luz roja. Chocó con un autobús.

A: *A taxi ran a red light.* [6] *It crashed into a bus.*

ROSA   ¿Con cuál? ¿Con aquél?

R: *With which one? With that one over there?*

MIGUEL   Sí, y los pasajeros empezaron[2] a gritar. Por suerte sólo hay tres heridos.

M: *Yes, and the passengers began to scream. Lucky that only three persons were hurt.* [7]

ARTURO   Los llevaron al hospital. Parece que el chofer del taxi está muy grave.

A: *They took them to the hospital. It looks like the cab driver is seriously hurt.* [8]

ROSA   ¡Qué horror! A mí ya no me gusta manejar con este tráfico. Es muy peligroso.

R: *How horrible! I no longer like to drive with all this traffic. It's very dangerous.*

ARTURO   Es cierto. Ayer manejé de mi casa a la universidad y por poco[3] choco con un camión. Menos mal que frené a tiempo.

A: *That's right. Yesterday I drove from my house to the university and I almost hit a truck. Good thing that I stopped* [9] *in time.*

MIGUEL   Por eso no manejaste hoy, ¿verdad?

M: *That's why you didn't drive today, right?*

ARTURO   ¡No, hombre, no! Es que llevé el auto[4] al taller esta mañana.

A: *No, man! I took the car to the shop this morning.*

PREGUNTAS SOBRE EL DIÁLOGO

1. ¿Dónde pasó el accidente?
2. ¿Hay policías en la esquina?
3. ¿Por qué chocó el taxi con el autobús?
4. ¿Quiénes empezaron a gritar?
5. ¿Cuántos heridos hay?
6. ¿Adónde llevaron a los heridos?
7. ¿Quién está muy grave?
8. ¿Por qué no quiere manejar Rosa?

---

[1]**El policía** means the *policeman;* **la policía** means the *police force* and is normally used in the singular. **La mujer policía** is generally used for a policewoman.

[2]From **empezar (ie).**

[3]After the expression **por poco,** the present tense is used for a past event which was not completed.

[4]**El auto,** short form of **el automóvil.**

[5]Literally, *does not function.*

[6]Literally, *didn't stop in spite of the red light.*

[7]Literally, *by luck there are only three wounded.*

[8]Literally, *is very grave.*

[9]Literally, *braked.*

9. ¿Adónde manejó Arturo ayer?
10. ¿Qué le pasó a Arturo?
11. ¿Por qué no chocó Arturo?
12. ¿Por qué no manejó Arturo hoy?

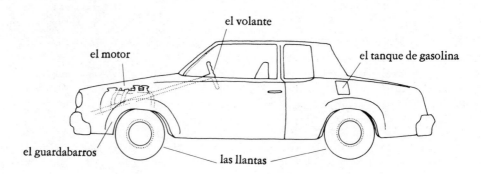

el volante
el motor
el tanque de gasolina
el guardabarros
las llantas

ORACIONES Y PALABRAS

El taxi no paró a pesar de la luz roja.
El carro, El coche, El tren, La ambulancia,
La bicicleta, La motocicleta[10]
Chocó con un bus[11] ayer.
       anoche,
       la semana pasada,
       anteayer,
       anteanoche[12]
El metro pasó muy rápido.
       despacio
El chofer está muy grave.
El niño, La mujer
Me gusta ese automóvil.
   encanta, interesa
Me gustan los coches grandes.
       pequeños,
       cómodos,
       caros,
       baratos

The taxi ran a red light.
   car, car, train, ambulance,
   bicycle, motorcycle
He collided with a bus yesterday.
       last night,
       last week,
       the day before yesterday,
       the night before last
The subway went by very fast.
       slow
The driver is seriously hurt.
   child, woman
I like that car.
   love,[13] am interested in
I like big cars.
       small,
       comfortable,
       expensive,
       inexpensive

---

[10]The abbreviated form la moto is also used.
[11]Bus, short form for autobús. In Mexico, the word camión is used for *bus;* in Cuba and Puerto Rico, guagua is used.
[12]The expression antenoche is also used.
[13]Literally, *enchants.*

PREGUNTAS GENERALES

1. ¿Hay mucho tráfico en esta ciudad?
2. ¿Hay muchos accidentes?
3. ¿Cuándo hay más accidentes?
4. ¿Qué hace usted cuando ve un accidente?
5. ¿Qué pasa cuando no funciona un semáforo?
6. ¿Qué hace usted cuando ve una luz roja?
7. ¿Debe usted pasar con la luz verde?
8. ¿Tiene usted un coche o una moto?
9. ¿Maneja usted despacio o rápido? ¿Por qué?
10. ¿Viene usted en bicicleta o en autobús a la universidad?
11. Cuando no funciona su coche, ¿qué hace usted para llegar a la universidad?
12. ¿Cómo llevan a los heridos al hospital cuando hay un accidente?

GRAMMAR, EXERCISES, AND TESTING

ᔉ PART ONE

I. PRETERIT TENSE OF FIRST-CONJUGATION REGULAR VERBS

VERB FORMS	STEM	THEME VOWEL SLOT[14]	PERSON MARKER
hablé	habl	é	—
hablaste	habl	aste	—
habló	habl	ó	—
hablamos	habl	a	mos
hablasteis	habl	aste	is
hablaron	habl	aro	n

1. The theme vowel **a** is not present in the first and third persons singular; instead **é** and **ó** are used respectively. A written accent mark is needed over these endings to show that they are stressed.[15]
2. The theme vowel **a** is maintained in the other persons. The **tú** and **vosotros** form use **aste** and the **ellos, ellas, ustedes** forms use **aro** in the theme vowel slot.
3. The person markers are maintained, except in the **tú** form which no longer uses **s** in contemporary Spanish.
4. Stem-changing verbs do not change their stem vowel to a diphthong in the preterit; the infinitive stem is used.

---

[14]Tense and mood are indicated by the vowel or syllables which fill the theme vowel slot.
[15]Note that the only difference between **habló** *(he, she, you spoke)* and **hablo** *(I speak)* is the stressed syllable.

II. PRETERIT TENSE OF FIRST-CONJUGATION REGULAR VERBS ENDING IN -CAR, -GAR, -ZAR

chocar	llegar	empezar
choqué	llegué	empecé
chocaste, etc.	llegaste, etc.	empezaste, etc.

1. Each first-person singular has an orthographic change.
2. C changes to **qu** before **é**.
3. G changes to **gu** before **é**.
4. These changes show that the sound of the consonant preceding the **-ar** infinitive ending is maintained in the first-person singular.
5. Z changes to c before e to conform with an established spelling tradition. A z before an e or i is not normally used in Spanish.
6. The following verbs show the same spelling changes in the first-person preterit:

> **car:** buscar, explicar, practicar, sacar
> **gar:** pagar
> **zar:** almorzar

III. USE OF THE PRETERIT

1. The preterit is a past tense which indicates that an action or state began or ended in the past.

La película empezó a las ocho.	*The picture started at eight.*
Yo cambié los boletos.	*I changed the tickets.*

2. The preterit is also used to indicate that
a. a series of actions was completed.

Antonio dejó el auto allí y llamó al policía.	*Antonio left the car there and called the policeman.*

b. a continuous event was completed within a definite period of time, regardless of its length of duration.

Ellos estudiaron en México dos años.	*They studied in Mexico for two years.*

3. The Spanish preterit tense corresponds to two verbal constructions in English: the simple preterit and the emphatic form with *did*.

Pero yo hablé con usted.	*But I did speak with you.* (emphatic)

A. Person-number substitution

1. Yo no paré a pesar de la luz roja.

El chofer	El chofer no paró a pesar de la luz roja.
Pedro y yo	Pedro y yo no paramos a pesar de la luz roja.
Tú	Tú no paraste a pesar de la luz roja.
Los autos	Los autos no pararon a pesar de la luz roja.
La ambulancia	La ambulancia no paró a pesar de la luz roja.

2. Los llevaron al hospital anoche.
   (yo, él, nosotros, ustedes, tú, ella)

3. Ayer choqué con un camión.
   (nosotros, tú, ellos, ella, ustedes, él)

B. Present → preterit

Model: El motor no funciona bien.
   El motor no funcionó bien.

1. Manejo el auto de Pedro.
   Hablan con los heridos.
   Almuerzas a la una.
   Pasamos con la luz verde.
   Los lleva en su coche.
   El chofer cambia las llantas.

2. Compro las entradas en la taquilla.
   ¿Qué pasa allí?
   ¿Cuándo empieza la película?
   El semáforo no funciona bien.
   Tú invitas a los chicos.
   El taxi para con la luz roja.

C. Guided responses

Answer the following questions negatively using the preterit and a different time expression.

Model: ¿Trabajó usted anteanoche?
   No, trabajé la semana pasada.

1. ¿Estudió usted anoche?
2. ¿Practicaron ustedes esta mañana?
3. Y ustedes, ¿escucharon las cintas ayer?
4. ¿Llegaron las solicitudes la semana pasada?
5. ¿Contestó el abogado anteayer?
6. ¿Pasó usted unos días en el campo el mes pasado?

One student will say what (s)he or other people normally do. A second student will answer by using **Sí, pero ayer** to show that the routine was changed.

Model: Estudiante 1: Yo siempre manejo a la universidad.
   Estudiante 2: **Sí, pero ayer no manejaste** (*or* Sí, pero ayer tomaste el autobús, etc.)

1. Antonio siempre lleva a Rosa en su auto.
2. Nosotros siempre montamos en bicicleta.
3. Los choferes siempre manejan muy rápido.
4. Yo siempre freno cuando veo la luz roja.
5. Las clases siempre empiezan a las ocho.
6. Usted siempre toma el tren de las cinco.

D. Questions and answers

You want to get some information about your classmates' activities. Address each set of questions to one of them. Use the **tú** form in your questions.

Model: Usted quiere saber (a) a qué hora llegó su compañero(-a) a la universidad, (b) si tomó el autobús o manejó.

Estudiante 1: ¿A qué hora llegaste a la universidad?
Estudiante 2: **Llegué a las ocho.**
Estudiante 1: ¿Manejaste o tomaste el autobús?
Estudiante 2: **Tomé el autobús.**

1. Usted quiere saber (a) si su compañero(-a) terminó la tarea anoche, (b) qué nota sacó en la clase de español.
2. Usted quiere saber (a) si su compañero(-a) llamó a María por teléfono, (b) cuándo la llamó, (c) si la invitó a la fiesta.
3. Usted quiere saber (a) cuándo visitó su compañero(-a) la finca de los Sánchez, (b) si montó a caballo, (c) a quiénes llevó en el auto.
4. Usted quiere saber(a) si su compañero(-a) montó en moto hoy, (b) con quién montó, (c) cuándo llevó la moto al taller.

TESTING ∽ preterit tense, -ar verbs

Give the preterit form suggested by the cue.

1. **manejar, ellos**-form   —manejaron
2. **manejar, yo**-form   —manejé
3. **empezar, tú**-form   —empezaste
4. **empezar, yo**-form   —empecé
5. **chocar, él**-form   —chocó
6. **chocar, yo**-form   —choqué

Give a Spanish equivalent.

7. *We stopped at the corner.*   —Paramos en la esquina.
8. I *arrived at eight, but* HE *arrived late.*   —Yo llegué a las ocho, pero él llegó tarde.

∽ PART TWO

IV. *THE VERB* GUSTAR

Me gusta la casa.	*I like the house.*
Me gustan las casas.	*I like the houses.*
¿Te gustó?	*Did you like it?*
¿Te gustaron mucho?	*Did you like them very much?*

1. Most Spanish verbs take the same sort of subjects and objects as the equivalent English verbs. However, **gustar** and several other important Spanish verbs do not follow this pattern.
2. **Gustar** functions like the verbs *to appeal to* or *to please*. Compare the following sentences:

INDIRECT OBJECT	SUBJECT	SUBJECT			DIRECT SUBJECT OBJECT
Me gusta **la casa.**		*The house*	appeals to / pleases	*me.*	*I like the house.*

Gustar, *to appeal to* and *to please* have the house as a subject. There wouldn't be any point in mentioning *to like* as an equivalent at all, except that *to like* is one of the most important English verbs, and the English speaker has to learn to use **gustar** in sentences where *to like* is used in English.

3. **Gustar** is normally used in the third person only, agreeing with its subject (what is pleasing).
4. When the subject is an infinitive, the third-person singular is used.
5. The normal word order for verbs like **gustar** is "indirect object, verb, subject."
6. To emphasize or clarify the indirect object pronoun, a prepositional phrase consisting of **a** + noun or pronoun may be added, normally at the beginning of the sentence.

A { **Pepe** / **él** } **no le gusta manejar.**   { *Pepe* / *He* } *doesn't like to drive.*

7. In negative sentences, **no** always precedes the indirect object pronoun.
8. Other verbs that follow the pattern of **gustar** are: **encantar, importar, interesar, quedar,** and **parecer.**

When preceded by an indirect object, **quedar** means *to have (something) left:* **Me quedan dos boletos.** *I have two tickets left.* An adjective usually follows the verb **parecer.** The subject may either precede the indirect object or follow the adjective: **La chica nos parece bonita. Nos parece bonita la chica.**

E. Substitution

1. Nos gusta mucho la paella.

los vinos	Nos gustan mucho los vinos.
la cerveza	Nos gusta mucho la cerveza.
los postres	Nos gustan mucho los postres.
el café	Nos gusta mucho el café.

2. Le encantan las fiestas.
   la película, los bailes, los conciertos, la música

3. Me interesa estudiar.
   el programa, los viajes, volver, el coche

F. Guided responses

Answer the following questions negatively, using the verb **gustar** instead of the verb in the question.

Model: ¿Por qué no escuchas la canción?
    No me gusta la canción.

1. ¿Por qué no manejas ese auto?
2. ¿Por qué no toman ellos la sopa?
3. ¿Por qué no compra Arturo la bicicleta?
4. ¿Por qué no ven ustedes los programas?
5. ¿Por qué no comes en la cafetería?
6. ¿Por qué no prueban ustedes los platos típicos?

G. Questions and answers

Ask questions using the following sets of words. Vary your questions and answers as suggested by the model.

Model: gustar / aquel coche / (a ti)

¿Te $\left\{ \begin{array}{l} \text{gusta} \\ \text{gustó} \end{array} \right\}$ aquel coche?

Sí, me $\left\{ \begin{array}{l} \text{gusta} \\ \text{gustó} \end{array} \right\}$ aquel coche. or No, no me $\left\{ \begin{array}{l} \text{gusta} \\ \text{gustó} \end{array} \right\}$ aquel coche.

1. gustar / practicar el piano / (a ti)
2. gustar / las motocicletas japonesas / (a él)
3. quedar / mucho dinero / (a ellos)
4. quedar / tres discos mexicanos / (a ella)
5. interesar / visitar Toledo / (a ustedes)
6. importar / ir en tren / (a usted)

H. Questions

1. ¿Le interesan a usted los bailes folklóricos? ¿Qué le parecen?
2. Y a usted, ¿qué bailes le interesan más?
3. ¿Qué clase de música les gusta a ustedes? ¿Y a usted?
4. ¿Qué discos le gusta escuchar a usted? ¿Y a ella?
5. ¿Le gustan a usted los autos grandes o los autos pequeños? ¿Por qué?
6. Y a usted, ¿le gusta manejar?
7. ¿Dónde le gusta manejar a usted, en la ciudad o en el campo? ¿Por qué?
8. ¿Qué le parecen a ustedes los coches de este año? ¿Y a usted?

TESTING ∽ gustar and similar verbs

1. To clarify the pronoun in **Le gusta la clase,** one may add **a** plus a noun or pronoun. The three possible pronoun phrases are _____ _____, _____ _____, and _____ _____.

   —a él, a ella, a usted

2. A Spanish equivalent for *Do you* (**tú**-form) *like the classes* is ¿_____ _____ _____ _____?

   —¿Te gustan las clases?

3. To emphasize the pronoun in the preceding sentence, one may add the prepositional phrase _____ _____.

   —a ti

Give a Spanish equivalent.

4. *I didn't like the movie.*
5. *Did they like the songs?*
6. *We loved the tour.*
7. SHE *is interested in the red car.*

8. *I have one bicycle left.*

   —No me gustó la película.
   —¿Les gustaron las canciones?
   —Nos encantó la excursión.
   —A ella le interesa el auto (*or* coche, *or* carro, *or* automóvil) rojo.
   —Me queda una bicicleta.

Un policía en el lugar de un accidente automovilístico en Mérida, México.

A policeman at the scene of a car accident in Merida, Mexico.

∾ PART THREE

V. DESCRIPTIVE AND LIMITING ADJECTIVES

Certain adjectives are called "descriptive" because they describe some characteristic of the noun they modify such as color, size, or nationality. Lesson 3 explained that descriptive adjectives usually follow the noun they modify.[16] Other adjectives called "limiting adjectives" refer to something which is not part of the noun, such as the quantity *(three, few, many)*, relative position *(this, that)*, or ownership *(my, his, our)*. Limiting adjectives—demonstratives, possessives, numerals, and indefinites—customarily precede the noun.

DESCRIPTIVE ADJECTIVE	LIMITING ADJECTIVE
Las bicicletas azules están allí.	Las dos bicicletas están allí.

---

[16]Special cases in which descriptive adjectives precede the noun they modify will be discussed in Lesson 23.

VI. DEMONSTRATIVE ADJECTIVES

Like all adjectives, the demonstratives agree in gender and number with the noun they modify. Whereas English has two sets of demonstratives *(this, these* and *that, those)*, Spanish has three sets. One set corresponds to English *this-these,* and the other two sets correspond to *that-those.*

	SINGULAR			PLURAL		
	this	*that*	*that* *(over there)*	*these*	*those*	*those* *(over there)*
MASCULINE	este	ese	aquel	estos	esos	aquellos
FEMININE	esta	esa	aquella	estas	esas	aquellas

1. The feminine forms have the usual **-a, -as** adjective endings.
2. The masculine plural forms have the usual **-os** ending.
3. In the masculine singular, **este** and **ese** end in **-e. Aquel** is a special form (compare **aquel, aquella** to **él, ella**).

Este señor y **esa** señora no trabajan aquí.	*This gentleman* (near the speaker) *and that lady* (near the person addressed) *do not work here.*
Aquellos chicos estudian filosofía.	*Those students* (distant from the speaker and the person addressed) *study philosophy.*

4. All forms of **este** refer to someone or something near the speaker.
5. All forms of **ese** refer to someone or something not far from the speaker or near the person addressed.
6. All forms of **aquel** refer to someone or something distant from the speaker and the person addressed.

VII. DEMONSTRATIVE PRONOUNS

	SINGULAR			PLURAL		
	this (one)	*that (one)*	*that (one)*	*these*	*those*	*those*
MASCULINE	éste	ése	aquél	éstos	ésos	aquéllos
FEMININE	ésta	ésa	aquélla	éstas	ésas	aquéllas
NEUTER	esto	eso	aquello			

1. Demonstrative pronouns have a neuter gender in the singular in addition to the two genders (masculine and feminine) also exhibited by nouns, adjectives, and other pronouns.

2. A written accent mark is placed on the stressed vowel to distinguish the masculine and feminine pronouns from the corresponding demonstrative adjectives. It does not affect their pronunciation.[17]

3. The neuter forms have no written accent mark, no corresponding demonstrative adjective, and no plural.

¿Qué libro quieres, **éste** o **aquél**?	*What book do you want, this one or that one?*
Compré ese coche. Compré **ése**.	*I bought that car. I bought that one.*
Quieren esas plumas. Quieren **ésas**.	*They want those pens. They want those.*

4. The three demonstrative pronouns convey the same spatial relationships as the three demonstrative adjectives (see p. 148).

5. The masculine and feminine demonstrative pronouns are used to replace a specific noun and its corresponding demonstrative adjective.

6. The neuter demonstrative pronouns refer to an idea or to something not yet identified.

¿Qué es **esto**?	*What's this?*
Es una pluma.	*It's a pen.*
Los alumnos estudian mucho.	*The students study a lot.*
Eso es bueno.	*That's good.*

I. Substitution

1. Debes comprar este traje.

libros	Debes comprar estos libros.
grabadora	Debes comprar esta grabadora.
plumas	Debes comprar estas plumas.
disco	Debes comprar este disco.
guitarra	Debes comprar esta guitarra.

2. Ellos visitan esa casa.
dormitorio, calle, ciudades, edificios, hospital

3. Aquel restaurante es excelente.
profesora, platos, reloj, camareros, clínica

J. Guided responses

Answer the following questions or statements in the way suggested by the models.

1. *Model:* ¿Qué libro terminó ella? ¿Éste?
      No, terminó ése.

¿Qué postre quieren ellos? ¿Éste?
¿Cuál de las ambulancias manejó usted? ¿Ésta?

¿Qué cintas prefieren ustedes? ¿Éstas?
¿Cuáles son los boletos? ¿Éstos?
¿Qué coche vas a comprar? ¿Éste?

---

[17]The pronouns **éste, ése, aquél** and their variants may be written without an accent when there is no risk of ambiguity. However, in this book accent marks will always be used.

2. *Model:* Esos camiones llegaron hoy.
      No, aquéllos llegaron hoy.

Esos choferes manejaron ayer.
Ese taxi necesita gasolina.
Ese auto pasó con la luz roja.

Esa librería abre a las diez.
Esas motocicletas frenan bien.
Ese autobús sale ahora.

3. *Model:* ¿Quieres estos boletos?
      No, quiero ésos.

¿Prefiere usted esta ensalada?
¿Van a cambiar estas entradas?
¿Compraron ustedes esta motocicleta?

¿Le gusta a usted este disco?
¿Habló usted con este policía?
¿Te interesan estos asientos?

K. Questions

The instructor will ask these questions while pointing to different persons or objects in the class. Answer using the appropriate demonstrative adjective or pronoun.

1. ¿Lee usted este libro?
2. Y usted, ¿lee ese libro?
3. ¿Aquellos alumnos estudian español? ¿Y estos alumnos?
4. ¿Esta mesa es de madera?
5. ¿Y ese reloj?
6. ¿Aquel edificio es la biblioteca?
7. ¿Esa chica es la profesora?
8. ¿Quién es este señor?

TESTING ∾ demonstrative adjectives and pronouns

Give both the masculine and the feminine Spanish equivalents.

1. *this*
2. *these*
3. *that one*
4. *that one over there*

5. The plural form of **aquél** is _____.

Give a Spanish equivalent.

6. *This bicycle and that one over there are expensive.*

7. *What's this?*
8. HE *bought this watch, not that one.*

—este, esta
—estos, estas
—ése, ésa
—aquél, aquélla

—aquéllos

—Esta bicicleta y aquélla son caras.
—¿Qué es esto?
—Él compró este reloj, no ése.

CONVERSACIÓN EN LA CLASE

Situaciones

1. You and your classmates are talking about the things you do at the university. Tell each other what you did yesterday.
2. You are going to buy a car. Tell the salesperson what you want, giving as many details as possible.
3. Your car is not working. You are at the shop telling an employee what is wrong with it. The employee will ask you questions and will give you an estimate (in **pesos**) of the work to be done.
4. You have witnessed an accident. Tell a friend what you saw and answer his/her questions.
5. You are telling a friend about a concert you attended last night (e.g., if you liked the music, who played). Your friend will ask additional questions about the concert (e.g., what songs they played, with whom you went).

Preferencias

Find out about your classmates' preferences. This can be done more easily if the class is divided into small groups, with one student in charge of keeping tab for the group. This student will ask several questions of each person in the group and report the results to the class (e.g., what they like to do on weekends, what they like or don't like to eat, which car they like the best).

Vocabulario

Nouns

people

el chofer	*driver*
la mujer	*woman*
el niño	*child*
el pasajero	*passenger*
el policía	*policeman*
la policía	*police force, policewoman*

places

el taller	*shop*

traffic

el accidente	*accident*
la luz	*light*
el semáforo	*traffic light*
el tráfico	*traffic*

transportation

la ambulancia	*ambulance*
el auto(móvil)	*car*
la bicicleta	*bicycle*
el bus	*bus*
el camión	*truck*
el carro	*car*
el coche	*car*
la gasolina	*gas*
el guardabarros	*fender*
la llanta	*tire*
el metro	*subway*
la moto(cicleta)	*motorcycle*
el motor	*motor*
el tanque	*tank*
el taxi	*taxi*
el tren	*train*
el volante	*steering wheel*

Verbs

chocar (qu)	*to collide*
empezar (ie)	*to begin, to start*
encantar	*to love, to enchant*
frenar	*to brake, to put on the brakes*
funcionar	*to work, to function*
gritar	*to scream*
gustar	*to like*
interesar	*to interest*
llevar	*to take*
manejar	*to drive*
parar	*to stop*
parecer	*to seem*
pasar	*to happen, to go by*
quedar	*to have (something) left*

Adjectives

barato	*inexpensive*
caro	*expensive*
cómodo	*comfortable*
grande	*big*
grave	*serious, grave, seriously hurt*
herido	*wounded, hurt*
peligroso	*dangerous*
pequeño	*small*
rojo	*red*

Adverbs

despacio	*slow, slowly*
rápido	*fast, rapidly*

Demonstratives

aquel	*that one (over there)*
aquello	*that*
eso	*that*
esto	*this*

Expressions

a pesar de	*in spite of*
menos mal	*good thing*
por eso	*that's why*
por poco	*almost*
por suerte	*luckily*
¡qué horror!	*how horrible*

time expressions

a tiempo	*in time, on time*
anoche	*last night*
ante(a)noche	*night before last*
anteayer	*day before yesterday*
ayer	*yesterday*
la semana pasada	*last week*

Un mostrador de pasajes en el aeropuerto internacional de la ciudad de México, donde se observan avisos en español, inglés y francés.

A ticket counter at Mexico City's international airport, where one can see signs in Spanish, English, and French.

Lección 9

Preterit tense of second- and third-conjugation regular verbs

Preterit tense of the verbs **dar, ir,** and **ser**

Preterit tense of verbs with a stem-vowel change (e → i), (o → u)

Preterit tense of **-er** and **-ir** verbs whose stem ends in a vowel (-ió → -yó, -ieron → -yeron)

Object pronoun combinations: sequence and usage

Communication Objectives

Vocabulary: You will learn words related to air travel, airports, luggage, and travel documents.

Conversation: You will be able to talk about your travel plans and experiences, and to inquire about arrivals and departures.

DIÁLOGO ∿ En el aeropuerto

At the airport

SEÑOR LLANO	¿Llegó el vuelo 84?		Mr. Ll:	*Did flight 84 arrive?*
EMPLEADO	Sí, ya llegó.		E:	*Yes, it did.*
SEÑOR LLANO	¿Qué puerta, por favor?		Mr. Ll:	*What gate, please?*
EMPLEADO	La puerta número 3.		E:	*Gate number 3.*
SEÑOR LLANO	Gracias.		Mr. Ll:	*Thank you.*
EMPLEADO	De nada.		E:	*You're welcome.*

* * * * *

SEÑOR LLANO ¿Lo ayudo con su equipaje[1]?

Mr. Ll: *May I help you with your luggage?*

SEÑOR QUESADA No, gracias. Ya se lo di a un maletero.

Mr. Q: *No, thank you. I already gave it to a skycap.*

SEÑOR LLANO ¿Y qué tal fue el vuelo?

Mr. Ll: *And how was the flight?*

SEÑOR QUESADA Fue magnífico, aunque salimos con media hora de atraso. De todos modos, el avión[2] aterrizó a su hora.

Mr. Q: *It was very good, although we left half an hour late. Anyhow, the plane landed on schedule.*

SEÑOR LLANO ¿Durmió usted durante el viaje?

Mr. Ll: *Did you sleep during the flight?*

SEÑOR QUESADA No, no dormí, pero leí algo. También vi la película y descansé bastante.

Mr. Q: *No, I didn't sleep, but I read a little. I also saw the picture and rested quite a bit.*

SEÑOR LLANO Yo no puedo dormir cuando viajo en avión. Debe ser el ruido. ¿Algún problema en la aduana?

Mr. Ll: *I can't sleep when I travel by plane. It must be the noise. Any problem with customs?*

SEÑOR QUESADA No, el inspector me pidió los recibos de mis compras. Yo se los di y fue muy amable. Eso sí, registraron el equipaje de todo el mundo con mucho cuidado.

Mr. Q: *No, the inspector asked me for the receipts of my purchases. I gave them to him and he was very nice. But they sure did search everybody's luggage very carefully.* [4]

SEÑOR LLANO Hacen esto por el tráfico de drogas. A veces usan perros entrenados especialmente. Por aquí, por favor. Construyeron otra salida y es mejor seguir[3] por este lado.

Mr. Ll: *They do this on account of the drug traffic. Sometimes they use specially trained dogs. This way, please. They built another exit and it's better to go along this way.* [5]

---

[1] **El equipaje,** masculine.
[2] In many parts of the Spanish-speaking world, a jet plane is called **un jet.** The j sound in this word approximates the *y* in the English word *yes.*
[3] **Seguir (i).**
[4] Literally, *with much care.*
[5] Literally, *to continue* or *to follow through this side.*

PREGUNTAS SOBRE EL DIÁLOGO

1. ¿Con quién habló el señor Llano cuando llegó al aeropuerto?
2. ¿En qué vuelo llegó el señor Quesada?
3. ¿A quién le dio su equipaje el señor Quesada?
4. ¿Qué tal fue el viaje del señor Quesada?
5. ¿Salió el avión a tiempo?
6. ¿Llegó el avión a tiempo?
7. ¿Durmió el señor Quesada en el avión?
8. ¿Por qué no puede dormir el señor Llano cuando viaja en avión?
9. ¿Qué le pidió el inspector de aduana al señor Quesada?
10. ¿Por qué registraron el equipaje de todo el mundo con mucho cuidado?
11. ¿Qué usan a veces para buscar las drogas?
12. ¿Qué construyeron en el aeropuerto?

ORACIONES Y PALABRAS

Están en **la aduana** ahora.
        la agencia de viajes,
        el país, el extranjero
¿Lo ayudo con su **equipaje**?
        maleta, maletín[6]
Salimos con media hora de **atraso**.
        adelanto
El **inspector** fue muy amable.
El piloto, El sobrecargo, El guía[7],
El turista[8], La azafata
Me pidió **el recibo**.
        el pasaporte,
        la tarjeta de turismo, la visa
Construyeron otra **salida**.
        entrada

They are in customs now.
        the travel agency,
        the country, abroad
May I help you with your luggage?
        suitcase, attaché case
We left a half hour late.
        early
The inspector was very nice.
        pilot, steward, guide,
        tourist, stewardess
He asked me for the receipt.
        passport,
        tourist card, visa
They built another exit.
        entrance

PREGUNTAS GENERALES

1. ¿Cuándo viaja usted en avión?
2. ¿Qué equipaje lleva usted?
3. ¿Le gustan a usted los vuelos largos o los vuelos cortos? ¿Por qué?
4. En general, ¿son amables las azafatas? ¿Y los inspectores de aduana?
5. ¿Qué necesita usted para ir al extranjero?
6. ¿Qué documentos necesita usted para entrar en este país después de un viaje?
7. ¿Por qué registran el equipaje de los pasajeros en la aduana?
8. ¿Por qué hay mucho ruido en los aeropuertos?
9. En general, ¿salen los aviones a tiempo?
10. ¿Qué prefiere usted, viajar en avión o viajar en tren? ¿Por qué?

---

[6] **El maletín**, masculine.
[7] A female guide is **la guía**.
[8] A female tourist is **la turista**.

GRAMMAR, EXERCISES, AND TESTING

ꙭ PART ONE

I. PRETERIT TENSE OF SECOND- AND THIRD-CONJUGATION REGULAR VERBS

VERB FORMS	STEM	THEME VOWEL SLOT	PERSON MARKER	VERB FORMS	STEM	THEME VOWEL SLOT	PERSON MARKER
comí	com	í		viví	viv	í	
comiste	com	iste		viviste	viv	iste	
comió	com	ió		vivió	viv	ió	
comimos	com	i	mos	vivimos	viv	i	mos
comisteis	com	iste	is	vivisteis	viv	iste	is
comieron	com	iero	n	vivieron	viv	iero	n

1. The endings for the second and third conjugation are identical in the preterit.
2. The theme vowel **e** of the second-conjugation verbs is changed to **i**. Both conjugations maintain this **i**.

   a. In the **él, ella, usted** forms the **i** joins **ó** forming the diphthong **-ió**.
   b. The **tú** and **vosotros** forms use **-iste**.
   c. The **ellos (-as), ustedes** forms use **-ieron**.

3. The first and third persons singular require a written accent mark over the final vowel, except in monosyllabic forms like **vio**.
4. The first-person plural of **-ir** verbs is identical in the preterit and present tense.
5. In the preterit, the person markers are the same in all three conjugations.
6. Stem-changing verbs do not change their stem vowel to a diphthong in the preterit; the infinitive stem is used.[9]

II. PRETERIT TENSE OF THE VERBS DAR, IR, AND SER

dar		ir, ser	
di	dimos	fui	fuimos
diste	disteis	fuiste	fuisteis
dio	dieron	fue	fueron

---

[9]Except **poder** and **querer**, all stem-changing verbs ending in **-er** are regular in the preterit. Stem-changing verbs ending in **-ir** are irregular in the preterit and will be discussed in Part Two of this lesson.

1. **Dar** uses the preterit endings of the regular second- and third-conjugation verbs.
2. The verbs **ir** and **ser** have identical forms in the preterit.
3. The third-person singular of **ser** and **ir** does not end in the customary **-ió**.
4. No written accent marks are required in the first and third persons singular of these verbs, as they are monosyllabic.

A. Person-number substitution

1. Yo salí con media hora de atraso.

El avión	El avión salió con media hora de atraso.
Tú	Tú saliste con media hora de atraso.
Los pasajeros	Los pasajeros salieron con media hora de atraso.
Tú y yo	Tú y yo salimos con media hora de atraso.
La señora	La señora salió con media hora de atraso.

2. Usted vio el accidente.
   Tú, Ustedes, El chofer, Yo, Los policías, Juan y yo

3. Fueron al aeropuerto a las seis.
   (yo, usted, ellos, nosotros, tú, ella)

4. Le dio los recibos al inspector.
   (ellos, yo, usted, tú, nosotros, él)

B. Present → preterit

1. Le escribo a Rosa después. *(escribí)*
   ¿Por qué aplauden los chicos? *(aplaudieron)*
   Comemos con el guía. *(comimos)*
   ¿Adónde va usted? *(fue)*
   Ellos le dan el equipaje. *(dio)*

2. Yo vuelvo a las tres. *(volví)*
   Todo el mundo lo entiende. *(entendió)*
   ¿Vendes la motocicleta? *(vendiste)*
   Da tu nombre como referencia. *(dio)*
   ¿Bebe usted cerveza? *(bebió)*

C. Guided responses

One student will ask if you or your classmates are going to do certain things. A second student will answer by using **No, ya** + preterit to show that they have been done already.

Model: Estudiante 1: ¿Vas a ver la película?
   Estudiante 2: **No, ya vi la película** (*or* **No, ya la vi**).

1. ¿Vas a beber café?
2. ¿Van a comer ustedes en la cafetería?
3. ¿Van a ir ellos al concierto?
4. ¿Vas a salir con el jefe?
5. ¿Van a recibir ellos la información?
6. ¿Van a vender ustedes el coche?

D. Questions and answers

You want to get some information about your classmates' activities. Address each set of questions to one of them. Use the **tú** form in your questions.

Model: Usted quiere saber (a) qué programa de televisión vio su compañero(-a) anoche, (b) qué le pareció.

    Estudiante 1: **¿Qué programa (de televisión) viste anoche?**
    Estudiante 2: **Vi el Ballet Folklórico.**
    Estudiante 1: **¿Qué te pareció?**
    Estudiante 2: **Me pareció magnífico.**

1. Usted quiere saber (a) a qué cine fue su compañero(-a) anoche, (b) qué película vio, (c) qué le pareció la película.
2. Usted quiere saber (a) adónde fue su compañero(-a) en las vacaciones, (b) qué ciudades visitó, (c) si fue en tren, auto, etc., (d) qué ciudad le gustó más.
3. Usted quiere saber (a) dónde trabajó su compañero(-a) durante las vacaciones, (b) cuántas semanas trabajó, (c) cuánto dinero ganó, (d) dónde vivió ese tiempo.
4. Usted quiere saber (a) en qué restaurante comió su compañero(-a) anoche, (b) qué comió, (c) qué bebió, (d) con quién fue.

TESTING ∽ preterit tense, -er and -ir verbs and the verb dar

1. The two preterit verb forms of **comer** that have a written accent mark are _____ and _____.

   —comí, comió

2. The only preterit form of **vivir** that is identical to a present tense form is _____.

   —vivimos

Give the verb forms suggested by the cues.

3. **comer,** preterit, **nosotros**-form   —comimos
4. *we eat*   —comemos
5. **volver,** preterit, **tú**-form   —volviste

Give a Spanish equivalent.

6. *they wrote*   —escribieron
7. *I gave*   —di
8. *they were* or *they went*   —fueron
9. *Who lost this watch?*   —¿Quién perdió este reloj?
10. *We gave them the receipts.*   —Les dimos los recibos.

III. PRETERIT TENSE OF VERBS WITH A STEM-VOWEL CHANGE (e→i), (o→u)

pedir		dormir	
pedí	pedimos	dormí	dormimos
pediste	pedisteis	dormiste	dormisteis
pidió	pidieron	durmió	durmieron

1. The preterit endings are the same as those used in the regular -ir conjugation.
2. All -ir verbs whose stem e vowel changes to ie or i in the present tense have an i stem in the third-person singular and plural of the preterit.
3. Additional verbs which follow the pattern of **pedir** are: **despedir, preferir, seguir,** and **servir.**
4. **Dormir** and **morir** *(to die),* whose stem o changes to ue in the present tense, have a u stem in the third-person singular and plural of the preterit.

IV. PRETERIT TENSE OF -ER AND -IR VERBS WHOSE STEM ENDS IN A VOWEL (-ió→-yó, -ieron→-yeron)[10]

construir		leer		oír	
construí	construimos	leí	leímos	oí	oímos
construiste	construisteis	leíste	leísteis	oíste	oísteis
construyó	construyeron	leyó	leyeron	oyó	oyeron

1. The third-person singular and plural of these verbs end in **-yó** and **-yeron** respectively, since in Spanish an unaccented i can never stand between vowels; it is replaced by a y. Compare these verb forms: **comió leyó; vivieron construyeron.**
2. Like all regular verbs, the first and third persons singular have a written accent mark showing that the last syllable is stressed.
3. For verbs ending in **-uir,** the first and third persons singular are the only forms which have a written accent mark.
4. For other verbs ending in a vowel plus **er** and **ir** the remaining verb forms have a written accent mark over the í to show that a diphthong is not formed.

---

[10]Not included in this group are verbs ending in **-guir** (e.g., **seguir**).

E. Person-number substitution

1. El maletero ya pidió el equipaje.

   Yo — Yo ya pedí el equipaje.

   Los turistas — Los turistas ya pidieron el equipaje.

   Tú — Tú ya pediste el equipaje.

   Usted — Usted ya pidió el equipaje.

   Luis y yo — Luis y yo ya pedimos el equipaje.

   El empleado — El empleado ya pidió el equipaje.

2. No dormí durante el viaje.
   (él, nosotros, usted, tú, ellos, ella)

3. No oímos el ruido anoche.
   (tú, usted, yo, ustedes, ella, tú y yo)

4. Tú seguiste a la azafata.
   Los pasajeros, Usted, La guía y yo, El inspector, Yo

F. Guided responses

One student will say what (s)he or other people do not do. A second student will answer by using **sí, pero anoche** to show that the routine was changed.

Model: Estudiante 1: **El guía no pide los pasaportes.**

Estudiante 2: **Sí, pero anoche pidió los pasaportes.**

1. Esos camareros no sirven bien.
2. La niña no duerme ocho horas.
3. Los inspectores no piden los recibos.
4. Nosotros no leemos los ejercicios.
5. El perro no sigue al policía.
6. Yo no oigo ese programa.
7. Nosotros no dormimos en el avión.
8. Yo no los despido en el aeropuerto.

G. Questions

In order to find out more about the following situations, some of your classmates will ask you the questions below.

1. You and your friend Silvia have just landed from a trip abroad.
   ¿Quiénes los despidieron en el aeropuerto? ¿A qué hora salieron? ¿Leíste durante el viaje? ¿Y Silvia? ¿Qué película vieron? ¿Les sirvieron cena en el vuelo?
2. You and your friend José went out for dinner to a Spanish restaurant.
   ¿A qué restaurante prefirió ir José? ¿Leíste el menú o lo leyó José? ¿Qué platos pediste? ¿Qué pidió José? ¿Les sirvieron bien?
3. You and your brother meet some friends for breakfast.
   ¿Dormiste bien? ¿Y él? ¿Cuántas horas durmieron? ¿Oyeron el programa de las 10? ¿Qué otro programa oyó él?

In order to find out more about the following situations, some of your classmates will ask you pertinent questions.

1. You went to a party last night.
2. You were a student in a program abroad.
3. You are leaving for a trip to Spain.

TESTING ✎ preterit tense, verbs with a stem-vowel change or an intervocalic y

Give the preterit form suggested by the cue.

1. **pedir, tú-**form
2. **pedir, ustedes-**form
3. **dormir, nosotros-**form
4. **dormir, él-**form
5. **leer, ella-**form
6. **construir, ellos-**form

—pediste
—pidieron
—dormimos
—durmió
—leyó
—construyeron

Give a Spanish equivalent.

7. *they served*
8. *we heard*
9. *They read the problem last night.*
10. *He served her a glass of wine.*

—sirvieron
—oímos
—Leyeron el problema anoche.
—Le sirvió una copa de vino.

Una pizarra de salidas y llegadas en el aeropuerto de Quito, Ecuador, donde se muestran los vuelos que llegan y salen hacia ciudades de la América del Sur, los Estados Unidos y Europa.

An arrival and departure board at the airport in Quito, Ecuador, showing flights to and from cities in South America, the United States, and Europe.

PART THREE

V. OBJECT PRONOUN COMBINATIONS: SEQUENCE AND USAGE

FIRST- OR SECOND-PERSON INDIRECT OBJECT PRONOUN PLUS A THIRD-PERSON DIRECT OBJECT PRONOUN

José me dio las maletas.	José me las dio.	*José gave them to me.*
Pepe no te pide el recibo a ti.	Pepe no te lo pide a ti. ⎫	
A ti Pepe no te pide el recibo.	A ti Pepe no te lo pide. ⎭	*Pepe is not asking you for it.*
Ellos ⎰ nos ⎱ explican	Ellos ⎰ nos ⎱ la explican.	*They explain it to* ⎰ *us.* ⎱
⎱ os ⎰ la lección.	⎱ os ⎰	*you.*

1. When a sentence has both an indirect and a direct object pronoun, the indirect object pronoun precedes the direct object pronoun.
2. In negative sentences, the **no** precedes both object pronouns.
3. A prepositional phrase consisting of **a** + pronoun may be added to emphasize the indirect object. The phrase may precede the subject or follow the verb.

THE INDIRECT OBJECT PRONOUN *LE* OR *LES* PLUS A THIRD-PERSON DIRECT OBJECT PRONOUN

José le da la maleta (a María).	José se la da (a María).
José les da las maletas (a ellas).	José se las da (a ellas).
José le da el disco (a usted).	José se lo da (a usted).
José les da los discos (a los chicos).	José se los da (a los chicos).

1. **Le** or **les** becomes **se** when used with a third-person direct object pronoun.
2. The prepositional phrase **a** + noun or pronoun is often used to clarify or emphasize the indirect object pronoun **se**.

INDIRECT AND DIRECT OBJECT PRONOUNS USED WITH A CONJUGATED VERB PLUS AN INFINITIVE

Él me va a dar la solicitud.	Él me la va a dar.
Él va a darme la solicitud.	Él va a dármela.
Él le va a pedir los discos.	Él se los va a pedir.
Él va a pedirle los discos.	Él va a pedírselos.

1. The indirect and direct object pronouns may either precede the conjugated verb and be written as two separate words, or they may combine and be attached to the infinitive.
2. To indicate that the same syllable of the infinitive continues to be stressed, a written accent mark is placed over the vowel of the infinitive ending when two object pronouns are attached to it.

H. Direct object noun → direct object pronoun

Replace the direct object noun by the corresponding direct object pronoun, and make the necessary changes.

Model: Te da la tarjeta.
Te la da.

1. Te escribió una nota.
   Me dieron los maletines.
   Nos van a mostrar el aeropuerto.
   Me explicó el problema.

   Te la escribió.
   Me los dieron.
   Nos lo van a mostrar.
   Me lo explicó.

2. Me dieron la visa.
   Nos venden ese coche.
   Te voy a servir la cerveza.
   Nos piden los recibos.

3. Nos presentaron al piloto.
   Te leen el programa.
   Me preguntó la hora.
   Te van a pagar el sueldo hoy.

I. Direct and indirect object nouns → direct and indirect object pronouns

Use the appropriate direct and indirect object pronouns to replace their corresponding noun objects, and make the necessary changes.

Model: Rosa le compró un disco a su hermano.
Rosa se lo compró.

1. Le llevé el café al piloto.
   Ana le trae las tarjetas al vendedor.
   El profesor les explica la
     lección a los alumnos.
   Le van a dar el maletín allí.

   Se lo llevé.
   Ana se las trae.
   El profesor se la explica.

   Se lo van a dar allí.

2. No les construyó la casa.
   Los inspectores le pidieron el pasaporte.
   Le dieron la información al jefe.
   Le voy a decir la verdad a usted.

3. No le presentó a su familia.
   Le van a traducir el libro.
   Les abren la puerta ahora.
   Les registraron el equipaje a los pasajeros.

J. Guided responses

Answer the first question of each set affirmatively and the second one negatively, changing the noun object to its corresponding pronoun. Make the necessary changes.

Model: ¿Te dio los recibos?
Sí, me los dio.
¿Y la tarjeta?
No, no me la dio.

1. ¿Te compraron la bicicleta? ¿Y el auto?
2. ¿Te pagaron el viaje? ¿Y las comidas?
3. ¿Me vendes los discos? ¿Y el tocadiscos?
4. ¿Me vas a explicar la lección? ¿Y los problemas?
5. ¿Nos presentan ustedes al piloto? ¿Y a las azafatas?
6. ¿Les registraron las maletas a ustedes? ¿Y el maletín?

K. Questions

Your teacher will point to different members of the class for these questions. Answer the questions according to the student(s) chosen, using both direct and indirect object pronouns.

1. ¿A quién le doy este libro?
2. ¿Quién me da esos cuadernos?
3. ¿A quién le doy la pluma?
4. ¿Quiénes me dan las tareas?
5. ¿A quiénes les explico la lección?
6. ¿Quién les explica la lección a ustedes?

Answer the questions related to the following situations, using both direct and indirect object pronouns. Do not give negative answers.

1. You are a secretary and another employee is asking you these questions.
   ¿Cuándo te dio el señor Llano la solicitud? ¿Le llevaste la solicitud al jefe de ventas? ¿Cuándo se la llevaste?
2. You are a flight attendant and your supervisor is asking you the following questions.
   ¿Les dio el menú a los pasajeros? ¿Les explicó dónde está la salida? ¿Le pidieron café? ¿Les sirvió café? ¿Les sirvió postre?
3. You are a guide and a travel agent is asking you these questions.
   ¿Cuándo les mostró la ciudad a los turistas? ¿Les explicó la historia de la ciudad? ¿Les contestó las preguntas? ¿Les llevó el equipaje al hotel?

CONVERSACIÓN EN LA CLASE

Situaciones

1. You came to the airport to meet a friend. Ask him/her questions about the trip.
2. You and a friend are talking about a trip to a summer resort. You want to go by train and your friend prefers to go by plane. Try to convince your friend to go your way.
3. Pretend you are a passenger talking to an airline employee at the airline counter. Tell him/her your seat preference and ask pertinent questions (e.g., departure time, gate).
4. Pretend you are a passenger on a flight. One of your classmates will play the part of the flight attendant. Ask pertinent questions (e.g., arrival time, what time will meals be served, what will they be serving, possibility of changing seats).

Preferencias

With the class divided into several groups, the student in charge of each group will ask about the kinds of movies you like. Rank the following kinds of pictures according to your preferences. The student in charge will report the results to the class.

_____ cómicas	_____ de aventuras
_____ dramáticas	_____ de detectives
_____ musicales	_____ de misterio
_____ románticas	_____ del oeste (western)

Vocabulario

Nouns

airport

la aduana	customs (house)
el aeropuerto	airport
el avión	plane
la entrada	entrance
la llegada	arrival
el número	number
la puerta	gate
el ruido	noise
la salida	exit, departure
el vuelo	flight

airport security

la droga	drug
el perro entrenado	trained dog
el problema (m)	problem

documents

el pasaporte	passport
el recibo de compras	sales receipt
la tarjeta de turismo	tourist card
la visa	visa

luggage

el equipaje	luggage
la maleta	suitcase
el maletín	attaché case

people

la azafata	stewardess
el/la guía	guide
el inspector	inspector
el maletero	skycap
el piloto	pilot
el sobrecargo	steward
el/la turista	tourist

places

la agencia de viajes	travel agency
el extranjero	abroad, foreign country
el país	country

Pronouns

se	(to) him, her, you, it, them

Verbs

aterrizar (c)	to land
ayudar	to help
construir (y)	to build
registrar	to search
seguir (i)	to continue, to follow
usar	to use
viajar	to travel

Adjectives

amable	nice, kind

Adverbs

bastante	enough, quite a bit
especialmente	especially

Connectors

aunque	although

Indefinites

algún	any

Expressions

con cuidado	carefully
de todos modos	anyhow, in any case
es mejor	it's better
por este lado	this way
todo el mundo	everybody

time expressions

a su hora	on time, on schedule
a veces	at times, sometimes
de adelanto	early
de atraso	late
durante	during

La entrada del Museo Nacional de Antropología de la ciudad de México, donde se encuentra una de las mejores colecciones arqueológicas del mundo.

The entrance to the National Museum of Anthropology in Mexico City, which holds one of the world's most magnificent archeological collections.

Lección 10

Irregular preterits involving a new stem
Possessive adjectives in unstressed position
Cardinal numbers 100–1.000

Communication Objectives

Vocabulary: You will learn words related to art and museums, and the numbers from 100 to 1000.

Conversation: You will be able to talk about the museums that you have visited and to describe works of art.

DIÁLOGO ✍ Una visita al museo

A visit to the museum

ROSA Supe que por fin fuiste al Museo de Antropología[1].

R: *I learned that you finally went to the Anthropological Museum.*

JOSEFINA Sí, estuve allí la semana pasada. ¡Es fantástico!

J: *Yes, I was there last week. It's out of this world!*

ROSA ¿Pudiste ver todas las exhibiciones?

R: *Did you get to see all the exhibits?*

JOSEFINA ¡Qué va! Mi amiga Luisa no pudo venir y yo fui sola, pero llegué tarde. Además, hay muchas cosas que ver y no tuve bastante tiempo.

J: *Of course not! My friend Luisa couldn't come so I went alone, but I arrived late. Besides, there are many things to see and I didn't have enough time.*

ROSA Entonces debes volver. Por cierto, mi hermano me dijo que ayer pusieron unas estatuas muy antiguas en exhibición. Mañana yo tengo el día libre. ¿Por qué no vamos a verlas?

R: *Then you should go again. By the way, my brother told me that they put some very old statues on exhibit yesterday. Tomorrow I have a day off.[2] Why don't we go to see them?*

JOSEFINA Por mí, encantada. ¿A qué hora quieres ir?

J: *I'd be delighted. At what time do you want to go?*

ROSA A mí me da igual, pero creo que es mejor ir temprano. Yo puedo recogerte a eso de las diez. ¿Te parece bien?

R: *It's all the same to me,[3] but I think it is better to go early. I can pick you up about ten. Is that O.K. with you?*

JOSEFINA Magnífico. Te espero abajo.

J: *Great. I'll wait for you downstairs.*

ROSA Bien. Hasta mañana entonces.

R: *Fine. See you tomorrow.[4]*

JOSEFINA Adiós.

J: *Good-bye.*

PREGUNTAS SOBRE EL DIÁLOGO

1. ¿Cuándo fue Josefina al Museo de Antropología?
2. ¿Qué le pareció este museo?
3. ¿Con quién fue al museo?
4. ¿Llegó temprano al museo?
5. ¿Por qué no vio todas las exhibiciones?
6. ¿Qué dijo el hermano de Rosa?
7. ¿Cuándo piensan ir al museo las dos amigas?
8. Según Rosa, ¿es mejor ir tarde o temprano?
9. ¿A qué hora va a recoger Rosa a Josefina?
10. ¿Dónde va a esperar Josefina?

---

[1]This magnificent museum, designed by Luis Ramírez Vázquez and located in Mexico City, was completed in 1964. On display are vast collections of prehistoric artifacts, excellent dioramas, and colorful mock-ups depicting village activities.
[2]Literally, *free day.*
[3]Literally, *it gives me equal.*
[4]Literally, *until tomorrow.*

ORACIONES Y PALABRAS

No pude ver todas **las exhibiciones.** *I couldn't see all the exhibits.*
        las colecciones, las salas,   *collections, rooms,*
        las pinturas, los dibujos   *paintings, drawings*
Hay muchas cosas que **ver.**   *There are many things to see.*
        pintar, dibujar,   *paint, draw,*
        preparar   *prepare*
Entonces debes **volver** pronto.   *Then you should go again soon.*
        regresar, cruzar, cerrar[5]   *return, cross, close*
¿Te parece bien estacionar **cerca** del museo?   *Is it O.K. with you to park near the museum?*
        lejos, detrás,   *far from, behind,*
        al lado   *next to*
Te espero **abajo.**   *I'll wait for you downstairs.*
        arriba, dentro, fuera   *upstairs, inside, outside*
Pusieron unas estatuas **antiguas** en exhibición.   *They put some old statues on exhibit.*
        modernas,   *modern,*
        importantes,   *important,*
        famosas   *famous*

PREGUNTAS GENERALES

1. ¿Qué cosas puede ver usted en un museo?
2. ¿Dónde queda el Museo de Antropología?
3. ¿Qué museos visitaron ustedes el año pasado? ¿Y usted?
4. ¿Debemos pagar o debe ser gratis la entrada a los museos? ¿Por qué?
5. ¿A qué hora abren los museos? ¿Y a qué hora los cierran?
6. ¿Cree usted que es bueno caminar? ¿Por qué?
7. ¿A quién le gusta pintar en esta clase? ¿Pinta bien?
8. ¿Es peligroso cruzar las calles cuando hay tráfico? ¿Por qué?
9. ¿Estamos dentro o fuera de este edificio ahora?
10. ¿Qué ve usted fuera del edificio?
11. ¿Estoy yo cerca de la pizarra? ¿Y él?
12. ¿Detrás de quién está usted? ¿Y al lado de quién?

---

[5]Cerrar (ie).

Serpiente de dos cabezas de la cultura mixteca, hecha de madera con incrustaciones de mosaicos de turquesa.

Serpent with two heads from the Mixtec culture, made of wood with inlays of turquoise mosaics.

GRAMMAR, EXERCISES, AND TESTING

∽ PART ONE

I. IRREGULAR PRETERITS INVOLVING A NEW STEM

INFINITIVE	NEW STEM	ENDINGS
tener	tuv	
estar	estuv	
poder	pud	
poner	pus	-e, -iste, -o, -imos, -isteis, -ieron
saber	sup	
querer	quis	
venir	vin	
hacer	hic	

1. Each preterit stem is different from the infinitive stem. This new stem is used in every person of the preterit, except for the orthographic change of c → z in **hizo**, third person singular of the verb **hacer.**
2. The first and third persons singular end in an unaccented **-e** and **-o,** respectively.
3. The endings for the other persons are identical to those of the regular **-er** and **-ir** preterits.
4. **Decir, traer,** and verbs ending in **-ducir** have a **j** in their new stem and use the ending **-eron** instead of **-ieron.**

> **decir:** dije, dijiste, dijo, dijimos, dijisteis, dijeron
> **traer:** traje, trajiste, trajo, trajimos, trajisteis, trajeron
> **traducir:** traduje, tradujiste, tradujo, tradujimos, tradujisteis, tradujeron

5. The preterit of some verbs acquire special meanings: **querer,** in the preterit, means *tried,* with failure implied; **saber** in the preterit means *to find out* or *to learn.*

A. Person-number substitution

1. Yo no tuve tiempo ayer.

Tú	Tú no tuviste tiempo ayer.
Ustedes	Ustedes no tuvieron tiempo ayer.
Nosotros	Nosotros no tuvimos tiempo ayer.
Ella	Ella no tuvo tiempo ayer.

2. Nosotros no dijimos eso.

El chofer	El chofer no dijo eso.
Tú	Tú no dijiste eso.
Los pasajeros	Los pasajeros no dijeron eso.
Yo	Yo no dije eso.
El policía	El policía no dijo eso.

3. Pudieron ver todas las exhibiciones.
   (yo, él, ustedes, nosotros, tú)

4. Los vendedores vinieron temprano.
   Tú, El piloto, Nosotros, Todo el mundo, Yo

5. Mi hermano trajo los dibujos.
   Yo, Pedro y José, Rosa, Tú, Ana y yo

6. ¿Dónde pusiste la maleta?
   (él, yo, ellos, nosotros, ustedes)

B. Present → preterit

1. Don Carlos está muy enfermo. *(estuvo)*
   Ellos tienen mucho dinero. *(tuvieron)*
   Ponen esas pinturas en exhibición. *(pusieron)*
   ¿Qué haces? *(hiciste)*
   Ellos traen las estatuas. *(tra-)*

   Don Carlos estuvo muy enfermo.
   Ellos tuvieron mucho dinero.
   Pusieron esas pinturas en exhibición.
   ¿Qué hiciste?
   Ellos trajeron las estatuas.

2. Ellos quieren preparar la comida. *(quisieron)*
   ¿Qué dicen ustedes? *(dijeron)*
   No tengo tiempo para ver la colección. *(tuve)*
   El empleado traduce el programa. *(tradujo)*
   Vengo a ver la exhibición. *(vino)*

3. Quiere vivir cerca de la playa. *(quiso)*
   Tú pones el maletín en la mesa. *(pusiste)*
   ¿Quién hace la paella? *(hizo)*
   Yo no puedo recoger a mi hermano. *(pude)*
   Sé que Pepe y María están en el museo. *(supe)*

C. Questions

You visited a museum. Your classmates want to know more about your visit and will ask you the following questions.

1. ¿Cuándo estuviste en el museo?
2. ¿Pudiste llegar temprano?
3. ¿Hiciste cola para entrar?
4. ¿Qué exhibiciones viste?
5. ¿Qué colecciones pusieron en exhibición?
6. ¿Qué te dijo el guía?
7. ¿Tuviste tiempo de ver todas las exhibiciones?
8. ¿Qué te pareció el museo?

You went to the airport to meet a friend. Your classmates will ask you the following questions.

1. ¿Cuándo estuviste en el aeropuerto?
2. ¿Por qué fuiste al aeropuerto?
3. ¿Cómo supiste que el avión no llegó a tiempo?
4. ¿Cuántas personas vinieron en ese vuelo?
5. ¿Quién trajo el equipaje?
6. ¿Quién puso el equipaje en el auto?

One of your classmates is trying to find out how students use their time during the weekend and will ask the class the following questions.

1. ¿Qué hiciste tú el fin de semana pasado? ¿Y ellos?
2. ¿Qué hicieron ustedes? ¿Y él?
3. ¿Quiénes hicieron la tarea?
4. ¿Quiénes tradujeron los ejercicios?
5. ¿Quiénes fueron a bailar?
6. ¿Quiénes fueron al cine?

TESTING ✦ irregular preterits involving a new stem

Give the preterit form suggested by the cue.

1. **tener, yo**-form
2. **estar, tú**-form
3. **saber, ellos**-form
4. **traducir, ustedes**-form
5. **decir, nosotros**-form
6. **querer, tú** form
7. **hacer, yo**-form
8. **hacer,** the only preterit form with a z

   —tuve
   —estuviste
   —supieron
   —tradujeron
   —dijimos
   —quisiste
   —hice
   —hizo

Give a Spanish equivalent.

9. *we had*
10. *We found out the truth.*
11. *They came early.*
12. *I brought the suit yesterday.*

   —tuvimos
   —Supimos la verdad.
   —Vinieron temprano.
   —Yo traje el traje ayer.

La piedra del sol o calendario azteca.

The stone of the sun or the Aztec calendar..

II. POSSESSIVE ADJECTIVES IN UNSTRESSED POSITION

mi, mis *my*	**nuestro (-a), nuestros (-as)** *our*
tu, tus *your* (familiar)	**vuestro (-a), vuestros (-as)** *your* (familiar)
su, sus *his, her, its, your* (formal), *their*	

Mi { hermano / hermana } estudia medicina.   My { *brother* / *sister* } *studies medicine.*

Mis { hermanos / hermanas } estudian medicina.   My { *brothers* / *sisters* } *study medicine.*

Nuestro boleto / **Nuestra** entrada } está allí.   *Our ticket is there.*

Nuestros boletos / **Nuestras** entradas } están allí.   *Our tickets are there.*

Su padre llegó ayer.   { *His* / *Her* / *Your* / *Their* } *father arrived yesterday.*

1. Unstressed possessive adjectives always precede the noun they modify.
2. Possessive adjectives agree with the noun they modify (the thing possessed), not with the possessor.
   a. The forms **mi, tu, su** and their plurals **mis, tus, sus** agree in number with the noun they modify and are used with both masculine and feminine nouns.
   b. **Nuestro** and **vuestro**, like other adjectives whose singular ends in -o, have the four endings **-o, -a, -os, -as** and agree in gender and number with the noun they modify.
3. Phrases formed by an unstressed possessive adjective plus a noun stress the thing possessed, not the possessor.

D. Person-number substitution

1. Ella estudia en su oficina.

   Nosotros — Nosotros estudiamos en nuestra oficina.

   Tú — Tú estudias en tu oficina.

   Ustedes — Ustedes estudian en su oficina.

   Yo — Yo estudio en mi oficina.

   Juan y Alfredo — Juan y Alfredo estudian en su oficina.

2. Diego y sus amigos comen en ese restaurante.

   Tú, Nosotras, María, Usted, Ellos

3. Él habla con su jefe pasado mañana.

   Ellos, Tú, Ustedes, Nosotras, Mi hermano

E. Transformation exercise

Make statements from the sentences given, using a possessive adjective in unstressed position.

Models: Yo tengo dos hermanos. Estudian español.
   Mis dos hermanos estudian español.
   El amigo de Juan vive en esa casa.
   Su amigo vive en esa casa.

1. Tienes un reloj. Es muy bonito.
2. La librería de ellos tiene libros excelentes.
3. Yo tengo dos entradas. Están allí.
4. El traje del doctor es azul.
5. Las pinturas de Juan están en esa sala.
6. Los padres de Rosa estacionaron detrás del museo.

F. Questions

Answer using possessive adjectives.

1. ¿Dónde está tu libro?
2. Y mis libros, ¿dónde están?
3. ¿Cuál es mi escritorio?
4. ¿Cuáles son sus cuadernos?
5. ¿Dónde pusiste tu maletín? ¿Y nuestras tareas?
6. Y ustedes, ¿dónde pusieron mi almuerzo?
7. ¿Es éste mi reloj?
8. ¿Cuál es su reloj?

TESTING ∽ possessive adjectives in unstressed position

Give all possible Spanish equivalents.

1. *my*
2. *our*

—mi, mis
—nuestro,   nuestra,   nuestros, nuestras

Give Spanish equivalents.

3. *her desk*
4. *his desk*
5. *their father*
6. *my brothers*
7. *my mother*
8. *Your* (**tú**-form) *book is behind the chair.*

—su escritorio
—su escritorio
—su padre
—mis hermanos
—mi madre
—Tu libro está detrás de la silla.

III. CARDINAL NUMBERS 100–1.000

100	cien(to)	600	seiscientos (-as)
101	ciento un(o), una	700	setecientos (-as)
200	doscientos (-as)	800	ochocientos (-as)
300	trescientos (-as)	900	novecientos (-as)
400	cuatrocientos (-as)	1.000	mil
500	quinientos (-as)		

1. In counting, the traditional word for 100 is **ciento**; however, many native speakers of Spanish use **cien**.
2. **Ciento** is shortened to **cien** when followed by a noun.

   100 estatuas   cien estatuas

3. The word y is not used between hundreds and units or between hundreds and tens.

   305   trescientos cinco
   320   trescientos veinte

4. In counting, 101 is **ciento uno.**
5. **Uno** becomes **un** before a masculine noun and **una** before a feminine noun.

   101 chicos   ciento un chicos
   101 chicas   ciento una chicas

6. Compounds of **ciento** are written as one word and agree in gender and number with the word they modify.

   200 chicos   doscientos chicos
   200 chicas   doscientas chicas

7. 500, 700, and 900 have special forms replacing the **cinco, siete,** and **nueve.**
8. **Uno** is not used before **cien, ciento,** or **mil.**
9. Counting by hundreds stops with **novecientos.**
10. With numbers, most Spanish-speaking countries use a period where English uses a comma, and use a comma where English uses a decimal point.

SPANISH	ENGLISH
1.000	1,000
0,6	0.6

G. Reading exercise

100 asientos	200 estatuas	760 bicicletas	420 caballos
101 señores	400 ciudades	505 trenes	550 funciones
101 señoras	230 muchachos	660 autobuses	970 aviones
150 pinturas	301 muchachas	840 oficinas	690 librerías
200 boletos	367 dibujos	715 perros	1.000 relojes

H. Problems

Ask questions using the following groups of numbers. One of your classmates will answer your question.

Model: 160 + 100

       Estudiante 1: **¿Cuánto es** (*or* **Cuántos son**) **ciento sesenta más cien?**
       Estudiante 2: **Son doscientos sesenta.**
       380 − 40
       Estudiante 1: **¿Cuánto es trescientos ochenta menos cuarenta?**
       Estudiante 2: **Son trescientos cuarenta.**

200 + 200	550 − 400
300 + 400	700 − 500
800 − 200	330 + 200
300 + 650	500 + 500

Un mural del conocido pintor mexicano Diego Rivera (1886–1957).

A mural by the renowned Mexican painter, Diego Rivera (1886–1957).

TESTING ∽ cardinal numbers 100–1.000

1. Before a noun, the word **ciento** is shortened to _____.
2. In counting, 101 is said as _____.
3. Before the noun **libros,** 101 is said as _____.
4. Before the word **casas,** 201 is said as _____.
5. The masculine form of 500 is _____.
6. The feminine form of 800 is _____.

—cien
—ciento uno

—ciento un
—doscientas una
—quinientos
—ochocientas

Give a Spanish equivalent.

7. *300 museums*
8. *620 paintings*
9. *700 drawings*
10. *1000 statues*

—trescientos museos
—seiscientas veinte pinturas
—setecientos dibujos
—mil estatuas

CONVERSACIÓN EN LA CLASE

Situaciones

1. You and some friends are talking about museums. Tell them about a museum you visited, where it is, what you saw, what you liked or disliked about it, etc.
2. You and a friend are talking about paintings. Describe a painting you like. Ask your friend about the painting (s)he likes the most.
3. You had a date with a friend, but you couldn't make it. Explain to him/her what happened.
4. Think of all your possessions and rank the five that are most important to you. Tell your classmates which ones they are and why they are important to you.

Actividades

Think about all the things you did yesterday. Try to write down as many activities as possible in three minutes. The student who writes more activities will be the **ganador(a)** *winner* [e.g., **salí con mi amigo Pedro, fui(mos) al cine**].

Nouns

museums

la colección	collection
el dibujo	drawing
la estatua	statue
la exhibición	exhibition
el museo	museum
la pintura	painting
la sala	room
la visita	visit

people

la hermana	sister
el hermano	brother

Verbs

cerrar (ie)	to close
cruzar (c)	to cross
dibujar	to draw
esperar	to wait for
estacionar	to park
pintar	to paint
preparar	to prepare
recoger	to pick up
regresar	to return

Adjectives

antiguo	old, ancient
encantado	delighted
famoso	famous
fantástico	fantastic, out of this world
importante	important
moderno	modern
solo	alone

Possessives

nuestro	our
tu	your
su	his, her, your, its, their
vuestro	your

Location

abajo	downstairs
al lado de	next to
arriba	upstairs
cerca (de)	near
dentro (de)	inside
detrás (de)	behind
fuera (de)	outside
lejos (de)	far (from)

Quantity

todo	all

Expressions

adiós	good-bye
hasta mañana	until tomorrow
me da igual	it's the same to me
por cierto	by the way
por fin	finally
¡qué va!	of course not

time expressions

a eso de	around
el día libre	day off
pronto	soon
tarde	late
temprano	early

---

[6]Numbers 100–1.000 are on page 174.

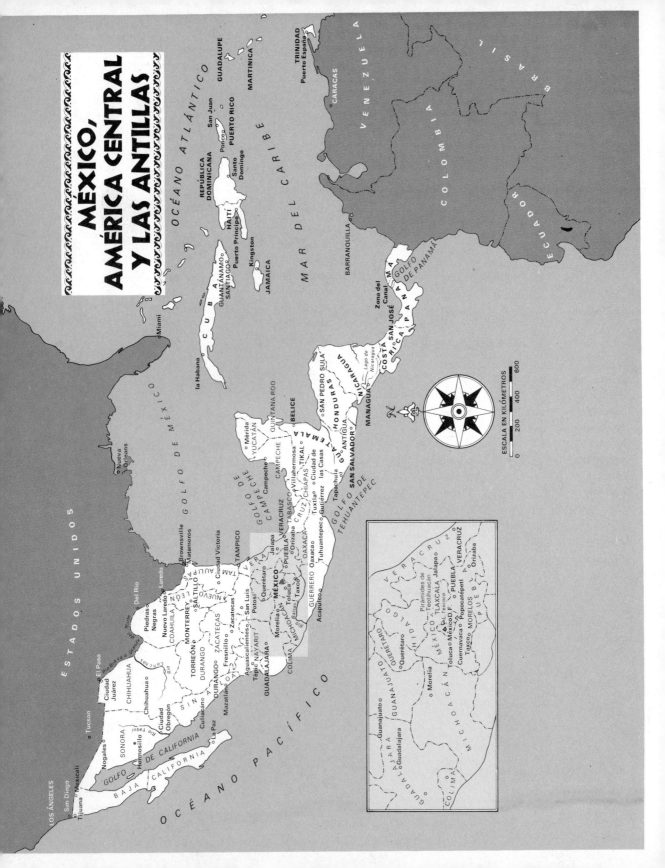

Recapitulación y ampliación IV

LECTURA ⌒ México: pasado, presente y futuro

Cuando los españoles llegaron a México encontraron en los mayas y los aztecas las civilizaciones indígenas más importantes y avanzadas.

Los mayas construyeron ciudades, templos y pirámides en la región de Yucatán[1] en México, y también en Guatemala, Honduras y El Salvador. Sus conocimientos de arquitectura, astronomía y matemáticas fueron extraordinarios. Usaron el cero antes que en Europa y construyeron observatorios para estudiar los movimientos de los astros. Como consecuencia de estos estudios, prepararon un calendario de 365 días, pero lo dividieron en 18 meses de 20 días y un período adicional de 5 días.

Los mayas usaron un sistema de puntos y rayas para representar los números. Durante muchos años, los historiadores y arqueólogos consideraron este sistema, que es más práctico que el sistema romano, una invención de los mayas. Esta opinión cambió en los últimos años cuando unos arqueólogos descubrieron el sistema de puntos y rayas en unas ruinas de los olmecas, una civilización anterior a los mayas.

[7] No sabemos por qué los mayas abandonaron muchas de sus ciudades. La vegetación cubrió estas ciudades, y cuando los españoles llegaron a México en 1519[2] sólo encontraron algunas de ellas. Unos 300 años después, un abogado de Nueva York, John Lloyd Ste-

encontraron *found*
indígenas *indigenous*

conocimientos *knowledge*
antes *before*

puntos y rayas *dots and lines*

descubrieron *discovered*

cubrió *covered*

---

[1]See map, p. 178.
[2]1519: mil quinientos diecinueve.

La piedra de Coyolxauhqui, un extraordinario descubrimiento arqueológico realizado por unos trabajadores en la ciudad de México en 1978.

The Coyolxauhqui Stone, a major archaeological discovery made by workmen in Mexico City in 1978.

phens, y un artista inglés, Frederick Catherwood, organizaron una expedición para explorar estas regiones. En tres años, Stephens y Catherwood descubrieron 44 ciudades mayas[3]. Después de estas expediciones, muchos exploradores y arqueólogos visitaron estas regiones y descubrieron más ciudades que demostraron la extraordinaria cultura de los mayas, a quienes muchos llaman "los griegos de América".

Los aztecas, la otra civilización importante que encontraron los españoles, vivieron al norte de México hasta que uno de sus dioses les ordenó abandonar esa región, buscar un águila con una serpiente en el pico y construir su ciudad allí. Después de muchos años de peregrinación encontraron el águila y la serpiente en una isla de un lago del interior de México. Los aztecas, según dice la leyenda, construyeron su ciudad allí.

dioses *gods*
águila *eagle*

isla *island*

---

[3]As a result of their expeditions, Stephens wrote two books illustrated by Catherwood: *Incidents of Travel in Central America, Chiapas and Yucatán* (1841) and *Incidents of Travel in Yucatán* (1843).

Cuando Cortés llegó a Yucatán tuvo algunos encuentros con los mayas, pero después éstos lo ayudaron. Los españoles y los mayas intercambiaron regalos para mostrar su amistad y cooperación. Uno de estos regalos fue Malinche, una india a quien los españoles llamaron Marina. Esta mujer fue intérprete y consejera de Cortés y lo acompañó constantemente durante la conquista de México.

Después de muchos trabajos, los españoles llegaron a Tenochtitlan[4], la capital de los aztecas, y quedaron asombrados cuando vieron esta ciudad. Bernal Díaz del Castillo, compañero de Cortés, relata la entrada de los españoles en Tenochtitlan en su libro *Historia verdadera de los sucesos de la conquista de la Nueva España.*

Durante la guerra con los aztecas, los españoles destruyeron la capital de los aztecas y, sobre sus ruinas, construyeron una nueva ciudad. Unos 450 años después, cuando empezaron las excavaciones para la construcción del metro en México, los arqueólogos encontraron ruinas y numerosos objetos de la cultura azteca. Sin embargo, el descubrimiento más importante ocurrió recientemente muy cerca del Zócalo o centro de la ciudad de México, cuando unos trabajadores de la compañía de electricidad encontraron un piedra tallada a unos 30 centímetros[5] de profundidad.

Los arqueólogos que examinaron la piedra quedaron asombrados, pues esta piedra representa a la diosa azteca de la Luna. Las excavaciones siguieron y los arqueólogos encontraron muchas estatuas aztecas y las ruinas del templo más importante de la ciudad de Tenochtitlan.

Otro descubrimiento muy importante de los últimos años, esta vez para la economía del país, es el petróleo. México es hoy uno de los pocos países que puede exportar petróleo en grandes cantidades. Sin embargo, el descubrimiento del petróleo también ha creado problemas muy graves en la economía nacional. Además, igual que en casi todos los países del mundo, el desempleo y la inflación son también problemas serios. A pesar de esto, la industria mexicana, la agricultura, las reservas de petróleo y la estabilidad política de los últimos sesenta años hacen de México uno de los países con más potencial en el mundo.

encuentros	*encounters*
regalos	*presents*
amistad	*friendship*
consejera	*advisor*
quedaron asombrados	*were astonished*
sucesos	*events*
guerra	*war*
nueva	*new*
sin embargo	*nevertheless*
piedra tallada	*carved stone*
profundidad	*deep*
luna	*moon*
vez	*time*
grandes	*great*
ha creado	*has created*
casi	*almost*
desempleo	*unemployment*

---

[4]Some people pronounce this word as "Tenochtitlán," with an accent on the last syllable. However, Mexican scholars and the Mexican people in general do not stress the last syllable.

[5]The metric system is used in the Hispanic world.

PREGUNTAS

1. ¿Qué civilizaciones importantes encontraron los españoles cuando llegaron a México?
2. ¿Dónde construyeron los mayas sus ciudades?
3. ¿Cómo dividieron los mayas su calendario?
4. ¿Qué sistema usaron para representar los números?
5. ¿Qué otra civilización usó un sistema similar?
6. ¿Qué otro nombre les dan a los mayas?
7. ¿Por qué abandonaron los mayas muchas de sus ciudades?
8. ¿Qué hicieron Stephens y Catherwood?
9. ¿Por qué abandonaron los aztecas el norte de México?
10. ¿Dónde construyeron su capital?
11. ¿Quién fue la intérprete y consejera de Cortés? Marina
12. ¿Qué libro relata la entrada de los españoles en Tenochtitlan?
13. ¿Qué pasó durante la guerra entre españoles y aztecas?
14. ¿Qué encontraron en la ciudad de México cuando construyeron el metro?
15. ¿Qué encontraron los arqueólogos recientemente cerca del Zócalo?
16. ¿Qué descubrieron en México en los últimos años que es muy importante para su economía?
17. ¿Puede exportar México petróleo?
18. ¿Por qué es México uno de los países con más potencial en el mundo?

Un centro de computadoras de la Universidad de Guadalajara en México, donde los estudiantes reciben entrenamiento en la tecnología moderna.

A computer center at the University of Guadalajara in Mexico, where students receive training in modern technology.

READING AND WRITING SUPPLEMENT

Cognates: Spanish -ar, English -ate

The following list of Spanish infinitives ending in -ar have English equivalents ending in -ate.

SPANISH	ENGLISH	SPANISH	ENGLISH
articular	*articulate*	facilitar	*facilitate*
celebrar	*celebrate*	investigar	*investigate*
cooperar	*cooperate*	narrar	*narrate*
decorar	*decorate*	participar	*participate*
eliminar	*eliminate*	regular	*regulate*

Can you give Spanish equivalents for the following English words?

delegate	*instigate*
dedicate	*inundate*
dominate	*legislate*

Can you think of words to add to this list? Be sure to check a dictionary for their precise meaning and spelling.

PRONUNCIATION

Spanish /l/ represented by *l*

Spanish /l/ at the beginning of a syllable is pronounced much like English /l/. However, when /l/ occurs at the end of a syllable, its pronunciation is very different. Mispronouncing this /l/ will not interfere with communication, but it will produce a heavy foreign accent.

The /l/ in final position is articulated with the tip of the tongue touching the alveolar ridge (the gum ridge behind the upper front teeth). The tongue must be held relatively flat, and not be curled backwards.

A. Listen and repeat.   B. Listen and repeat.

[l]   [l]

Lima	lejos	mil	hotel
lista	piloto	del	hospital
leche	vuelo	mal	especial

Spanish /m/ represented by the letters m and n

In Spanish and English /m/ is articulated in the same way. Thus it presents no problem to the student.

C. Listen and repeat.

[m]

malo	menú	minidiálogo
media	minuto	semana

Spanish /m/ is usually written **m**, but it is sometimes found represented another way. An **n** followed immediately by a **p**, **b**, **v**, or **m** is pronounced like an **m**.

D. Listen and repeat. Make sure that the letter **n** is pronounced /m/.

[m]

un museo	un bisté
un muchacho	un valle
un país	un boleto
un patio	un vendedor

Spanish /n/ represented by letter *n*

In Spanish and English /n/ is pronounced the same way.

E. Listen and repeat.

[n]

nota	nada	bonita
número	tenemos	conocer

When **n** precedes **ca, co, cu, qu, hue, g,** or **j** it is pronounced like *ng* in the English word *ring*. Phoneticians write this variant with the symbol ŋ in brackets: [ŋ].

F. Listen and repeat. Make sure to pronounce the **n** of the indefinite article as [ŋ].

[ŋ]

un café	un huevo
un colombiano	un guía
un curso	un gallego
un quilate *carat*	un japonés

Spanish /ñ/ represented by letter *ñ*

Spanish /ñ/ is similar to the pronunciation of *ni* in the English word *onion* or *ny* in *canyon*. Except for a few words that begin with /ñ/, this sound normally appears between vowels.

G. Listen and repeat.

[ñ]

España	señorita
niño	año
mañana	montaña
señora	pequeño

A. Preterit tense, regular -ar, -er, -ir verbs; ortho-graphic changing verbs; -ir stem-changing verbs (e → i), (o → u); verbs (-ió → -yó, -ieron → -yeron)

Use the preterit form of the infinitive given in parentheses.

1. (pasar) ¿Qué _____ allí?
2. (llevar) Ellos me _____ al hospital.
3. (chocar) ¿Quién _____ con Pedro?
4. (buscar) Yo sé que tú _____ ese teléfono y que yo no lo _____.
5. (llegar) Yo _____ temprano, pero Jorge _____ tarde.
6. (chocar) Yo _____ con un taxi anoche.
7. (pasar) Nosotros _____ con la luz verde.
8. (empezar) Pedro _____ ese trabajo, yo no lo _____.
9. (comer) Nosotros _____ en ese restaurante ayer.
10. (salir) ¿_____ ustedes temprano?
11. (dar) Señor Gómez, ¿le _____ usted el recibo a la secretaria?
12. (pedir) ¿Qué _____ ustedes?
13. (leer) Nosotros _____ las oraciones en clase.
14. (servir) Los camareros les _____ vino a los señores.
15. (oír) Juana _____ un ruido, pero yo no lo _____.
16. (leer) Tú _____ muy rápido y Pedro _____ muy despacio.
17. (dormir) ¿_____ bien anoche, señor Gómez?
18. (seguir) Los alumnos _____ por ese lado.

UNA CONVERSACIÓN

CARLOTA	(ir) ¿Adónde _____ ayer, Alicia?	
ALICIA	(ir/gustar) _____ al Museo de Antropología. Me _____ mucho.	
CARLOTA	(ver) ¿Qué _____?	
ALICIA	(ver/ir) _____ muchas estatuas mayas y aztecas. A la salida del museo _____ a Luis y los dos _____ a almorzar a un restaurante que queda cerca.	

—pasó
—llevaron
—chocó

—buscaste, busqué

—llegué, llegó
—choqué
—pasamos

—empezó, empecé
—comimos
—Salieron

—dio
—pidieron
—leímos

—sirvieron
—oyó, oí

—leíste, leyó
—Durmió
—siguieron

—fuiste
—Fui
gustó
—viste
—Vi
vi
fuimos

CARLOTA	(probar) ¿ _____ la comida típica mexicana?	—Probaste
ALICIA	(comer/llegar) No, _____ algo ligero. Yo sólo _____ anteayer.	—comí llegué
CARLOTA	(salir) ¿_____ anoche con Luis?	—Saliste
ALICIA	(salir/ir) No, no _____ con Luis. Unas amigas y yo _____ al cine.	—salí fuimos

B. *Gustar* and similar verbs

Supply the missing present-tense form.

1. (gustar) A mí no me _____ ese edificio.   —gusta
2. (quedar) ¿Te _____ algo?   —queda
3. (interesar) A Juan no le _____ los coches grandes.   —interesan
4. (gustar) Nos _____ mucho la paella.   —gusta
5. (parecer) ¿Te _____ buenas las comidas?   —parecen
6. (encantar) Me _____ los bailes folklóricos.   —encantan
7. (parecer) A él le _____ muy buena la película.   —parece
8. (gustar) A nosotros no nos _____ salir temprano.   —gusta

Use the indirect object pronoun that corresponds to the prepositional phrase and the correct preterit form of the verb in parentheses.

1. (gustar) A mí no _____ _____ esa pintura.   —me gustó
2. (interesar) Yo sé que al señor Mena no _____ _____ el programa.   —le interesó
3. (encantar) A María y a mí _____ _____ la exhibición.   —nos encantó
4. (gustar) A ellos _____ _____ más las estatuas antiguas.   —les gustaron
5. (quedar) ¿A ti _____ _____ entradas?   —te quedaron
6. (parecer) A Rosa y a Josefina _____ _____ fantástica la colección.   —les pareció

C. *Este, ese,* and *aquel*

Use the form of *este, ese,* or *aquel* suggested by the cues.

1. Ella compró _____ casa. (distant from the speaker and the person addressed)   —aquella

2. _____ discos son de Pedro. (near the speaker) —Estos

3. _____ reloj es excelente. (near the person addressed) —Ese

4. _____ señor llegó en el vuelo 80. (distant from the speaker and the person addressed) —Aquel

5. _____ tocadiscos es muy caro. (near the speaker) —Este

6. Ellos prefieren _____ pinturas. (near the person addressed) —esas

D. Demonstrative pronouns

Use the correct form of **éste.**

1. ¿Por qué paró en aquella esquina y no en _____? —ésta
2. _____ son sus dos autos. —Éstos
3. Yo compré dos trajes, _____ y aquél. —éste
4. Las alumnas que estudian español son _____. —éstas
5. ¿Qué es _____? (*something unidentified*) —esto

Use the correct form of **ése.**

1. ¿Juan compró este dibujo o _____? —ése
2. Los dos choferes que pasaron con la luz roja son _____. —ésos
3. ¿Cuáles son sus pinturas éstas o _____? —ésas
4. ¿Está en esta esquina o en _____? —ésa

Use the correct form of **aquél.**

1. ¿Cuál es tu coche, éste o _____? —aquél
2. No me gusta esta mesa, prefiero _____. —aquélla
3. ¿Quieres estos libros o _____? —aquéllos
4. ¿Cuáles son sus llantas, ésas o _____? —aquéllas

E. Sequence of object pronouns

Refer to the first sentence of each set, and then supply the missing indirect and direct object pronouns in the second sentence.

1. Él me da los discos. Él _____ _____ da. —me los
2. ¿Nos puede mostrar ese libro? ¿_____ _____ puede mostrar? —Nos lo
3. Le explica las preguntas a María. _____ _____ explica a María. —Se las

4. El señor Gómez le va a vender el edificio a don Carlos. El señor Gómez _____ _____ va a vender a don Carlos.   —se lo

5. ¿Por qué no me explicas los problemas? ¿Por qué no _____ _____ explicas?   —me los

6. Juan te dice la verdad. Juan _____ _____ dice.   —te la

7. El guía les muestra el museo. El guía _____ _____ muestra.   —se lo

8. ¿Cuándo les vas a dar las solicitudes? ¿Cuándo _____ _____ vas a dar?   —se las

F. Irregular preterits

Use the preterit form of the infinitive in parentheses.

1. (saber) Yo _____ la noticia ayer.   —supe
2. (estar) María, ¿dónde _____ esta mañana?   —estuviste
3. (poder) Mis amigos no _____ ver todas las exhibiciones.   —pudieron
4. (tener) Alicia y yo no _____ tiempo de ver las estatuas.   —tuvimos
5. (poner) El director del museo _____ otras pinturas en exhibición.   —puso
6. (hacer) ¿Qué _____ ustedes ayer?   —hicieron
7. (venir) Pepe, ¿por qué no _____ más temprano?   —viniste
8. (decir) Ellos me _____ el nombre del cine.   —dijeron
9. (traducir) Yo no _____ las oraciones.   —traduje
10. (traer) El chofer _____ las llantas esta mañana.   —trajo
11. (querer/poder) Yo _____ ir, pero no _____.   —quise, pude
12. (hacer/decir) Nosotros _____ el trabajo, pero no se lo _____.   —hicimos, dijimos

G. Possessive adjectives

Use the possessive adjective that corresponds to the boldface word in each sentence.

1. **Yo** pienso ir con _____ amigas.   —mis
2. ¿Por qué no viene **ella** con _____ hermana?   —su
3. **Nosotros** no tenemos _____ discos aquí.   —nuestros
4. **Ellos** trabajan con _____ padre.   —su

5. **Tú** debes cambiar _____ entradas hoy, y **ellas**
   deben comprar _____ entradas mañana.   —tus, sus
6. **Nosotros** los invitamos a _____ finca.   —nuestra
7. **Yo** sé dónde está tu libro, pero no sé dónde está
   _____ cuaderno.   —mi
8. **José** no quiere ayudar a _____ amigos.   —sus

H. Cardinal numbers 100–1.000

Give the correct answers for the following problems.
1. Doscientos cincuenta y doscientos cincuenta son
   _____.   —quinientos
2. Cuatrocientos y trescientos son _____.   —setecientos
3. Cuatrocientos y quinientos son _____.   —novecientos
4. Seiscientos menos cuatrocientos son _____.   —doscientos
5. Pedro ganó quinientos dólares el mes pasado y
   quinientos este mes. Pedro ganó en total _____
   dólares.   —mil
6. Juan tiene ochocientos pesos y le da doscientos a su
   amigo Gonzalo. Juan tiene ahora _____ pesos.   —seiscientos

NICARAGUA

MAR DEL CARIBE

COSTA RICA PANAMÁ

BARRANQUILLA
CARTAGENA
MARACAIBO
L. Maracaibo
LA GUAIRA
CARACAS
TRINIDAD

VENEZUELA

R. Cauca
R. Magdalena
R. Orinoco

MEDELLIN
ZIPAQUIRÁ
MANIZALES
BOGOTÁ
Cataratas del
Tequendama
CALI
SILVIA
POPAYAN

LA GUAYANA INGLESA
GEORGETOWN
PARAMARIBO
SURINAM
CAYENA
LA GUYANA FRANCESA

COLOMBIA

SIERRA PACARAIMA

R. Negro

ORITO
QUITO
Cotopaxi
Chimborazo
GUAYAQUIL

R. Amazonas

BELÉM

ECUADOR

IQUITOS

R. Marañón

MANAOS

FORTALEZA

SIERRA DEL ESTRUENDO
SIERRA DEL DESORDEN

CHICLAYO

B R A S I L

R. Madeira

RECIFE

TRUJILLO
Huascarán

SIERRA DE LOS PARECIS

R. São Francisco

CALLAO
LIMA
HUANCAYO
HUANCAVELICA
MACCHU PICHU
ICA
CUZCO

PERÚ

SALVADOR

L. Titicaca

BOLIVIA

Mato Grosso

Distrito Federal
BRASILIA

AREQUIPA
LA PAZ
COCHABAMBA

SUCRE

MINAS GERAIS

IQUIQUE

SIERRA DA MANTIQUIERA

BELO HORIZONTE

Chuquicamata
Desierto de Atacama

PARAGUAY

CONCEPCIÓN

RÍO DE JANEIRO
SÃO PAULO

ANTOFAGASTA
Volcán Llullaillaco

ASUNCIÓN
VILLARICA

Cataratas del Iguasú

TUCUMÁN

R. Paraná

CÓRDOBA
SANTA FE

RÍO GRANDE DEL SUR
PORTO ALEGRE

VIÑA DEL MAR
VALPARAÍSO
MENDOZA
SANTIAGO

ROSARIO

URUGUAY
SALTO

MONTEVIDEO
PUNTA DEL ESTE

BUENOS AIRES

Río de la Plata

CONCEPCIÓN
CHILLÁN

P a m p a s
BAHÍA BLANCA
R. Colorado

MAR DEL PLATA

VALDIVIA

R. Negro

PUERTO MONTT

ISLA DE CHILOÉ

COMODORO RIVADAVIA

Estrecho de Magallanes
Punta Arenas
Tierra del Fuego
Cabo de Hornos

ISLAS MALVINAS

OCÉANO PACÍFICO

OCÉANO ATLÁNTICO

CHILE
CORDILLERA
ANDES
Patagonia
ARGENTINA

N

AMÉRICA DEL SUR

ESCALA EN KILÓMETROS
0   500   1000

Vista aérea de Medellín, Colombia.
Aerial view of Medellin, Colombia.

Lección 11

The imperfect tense versus the preterit tense
Imperfect tense of first-conjugation verbs
Use of the imperfect • Cardinal numbers
1.000–2.000.000 • Ordinal numbers
Days of the week • Months of the year and dates

Communication Objectives

Vocabulary: You will learn words related to the family, celebrations, letter writing, days of the week, and months of the year.

Conversation: You will be able to express your thoughts about your family and the activities that you used to do when you were younger.

UNA CARTA ∿   *A letter*

Esta es una carta de Mercedes Jaramillo, una chica colombiana, a su amiga mexicana,
Ana Luisa Amescua. Mercedes vive en Medellín[1], donde también vivió la familia de
Ana Luisa cuando las chicas estaban en la escuela secundaria.

Medellín, 5 de agosto de 1982

Querida Ana Luisa,

Ayer recibí tu carta donde nos dabas el número del vuelo y la fecha de tu viaje. Me parece mentira que voy a verte de nuevo. Anoche, mientras cenábamos, la familia sólo hablaba de tu viaje.

Cuando ustedes regresaron a México, nosotras estábamos en el último año del bachillerato y ahora estamos en el tercer año de la carrera. ¡Cómo pasa el tiempo! ¿Recuerdas cuando estudiábamos juntas en el colegio y los buenos ratos que pasábamos durante las vacaciones?

Anteayer nació el primer hijo de mi hermana Amelia y yo voy a ser la madrina. Pensábamos celebrar el bautizo el 21, pero ahora va a ser el 28, durante tu visita.

Muchos recuerdos a tu familia, y para ti, un abrazo y besos de tu amiga

Mercedes

---

[1]The Colombian city of Medellin is capital of the department of Antioquia, northwest of Bogota. Founded in 1675, it has more than 1.5 million inhabitants and is a very important industrial city in Colombia. It is the center of a large textile industry and is also famous for its orchids and other tropical flowers. The climate is an eternal spring with an average temperature of 70° F.

Medellín, August 5, 1982

Dear Ana Luisa,

Yesterday I got your letter telling us the flight number and the date of your trip. I can't believe[2] that I am going to see you again. Last night, while we were having dinner, the whole family talked only about your trip.

When you returned to Mexico, we were seniors in high school and now we are juniors in college.[3] How time flies! Remember when we used to study together in school and the good times we had during vacation?

My sister Amelia had her first baby[4] the day before yesterday and I am going to be the godmother.[5] We were going to have[6] the christening on the 21st, but now it is going to be on the 28th, during your visit.

My regards to your family, and for you, love[7] and kisses from your friend

Mercedes

Mercedes Jaramillo
Calle Palace 510
Medellín, Colombia

COLOMBIA
aéreo $25

4ª BIENAL
DE ARTE
MEDELLIN
1981

Srta. Ana Luisa Amescua
Calle Encanto Nº 47
Colonia Florida
México D.F.

---

[2]Literally, *it seems to me a lie.*
[3]Literally, *third year of the career.*
[4]Literally, *the first son was born.*
[5]**Padrino** and **madrina** *(godfather* and *godmother)* are the sponsors of a *godchild* (**ahijado, -a**) in the baptismal ceremony. The parents of the child and the sponsors become **compadres** to each other; this relationship is generally very close.
[6]Literally, *to celebrate.*
[7]Literally, *an embrace.*

PREGUNTAS SOBRE LA CARTA

1. ¿Quién escribe esta carta?
2. ¿A quién se la escribe?
3. ¿Qué le parece mentira a Mercedes?
4. ¿De qué hablaba la familia mientras cenaba?
5. ¿En qué año del bachillerato estaban las chicas cuando Ana Luisa regresó a México?
6. ¿En qué año de la carrera están ahora?
7. ¿Quién tuvo su primer hijo?
8. ¿Quién va a ser la madrina?
9. ¿Cuándo pensaban celebrar el bautizo?
10. ¿Cuándo va a ser el bautizo ahora?

ORACIONES Y PALABRAS

Ayer recibí tu **carta.**
     regalo
Voy a verte **de nuevo.**
     otra vez
Pensábamos celebrar **el bautizo.**
     el cumpleaños,
     el santo[9],
     la boda
La familia lo va a **bautizar.**
     felicitar
Muchos recuerdos a tu **familia.**
     abuelo[10], tío,
     primo, ahijado,
     padrino, novio,
     esposo[11], cuñado,
     suegro, yerno,
     nuera, nieto

I received your letter yesterday.
     present
I am going to see you again.
     again [8]
We were planning to celebrate the christening.
     birthday,
     Saint's Day,
     wedding
The family is going to baptise him.
     congratulate
My regards to your family.
     grandfather, uncle,
     cousin, godchild,
     godfather, boyfriend (fiancé),
     husband, brother-in-law,
     father-in-law, son-in-law,
     daughter-in-law, grandson

PREGUNTAS GENERALES

1. ¿A quiénes les escribe usted cartas?
2. ¿Cuándo les escribe usted?
3. ¿Cómo celebra usted su cumpleaños?
4. ¿Qué hace usted cuando es el cumpleaños de un amigo o una amiga?
5. ¿Dónde celebran el día del santo?
6. ¿Qué fiestas celebra su familia?
7. ¿Cuántos hermanos tiene usted?
8. ¿Qué prefiere usted, una familia grande o una familia pequeña? ¿Por qué?
9. ¿Cuántos tíos y primos tiene usted?
10. ¿Cree usted que es importante la familia? ¿Por qué?

---

[8]Literally, *other time.*
[9]In Hispanic countries, a person's Saint's Day is celebrated as well as the birthday.
[10]The feminine form of this and the following words, except **padrino** and **yerno** *son-in-law,* ends in **-a.**
[11]The words **mujer** *wife* and **marido** *husband* are also used. **Señora** used with the meaning *wife* is rather formal. **Señor** is not used with the meaning *husband.*

GRAMMAR, EXERCISES, AND TESTING

✍ PART ONE

I. THE IMPERFECT TENSE VERSUS THE PRETERIT TENSE

The imperfect, like the preterit, is a past tense. The difference between the two tenses is not a difference of time but of ways of looking at past actions. The preterit reports what took place, what was terminated, completed. The imperfect, on the other hand, describes an event in its duration or progression, without any indication of its beginning or end. It is possible to express these differences in English, but it is not obligatory. On the other hand, in Spanish one must select either the preterit or the imperfect according to the way one looks at the past.

Yo **caminaba** mucho cuando **estaba** en la finca.

I used to walk (or *walked*) *a lot when I was at the farm.*

Ayer yo **caminé** mucho cuando **estuve** en la finca.

Yesterday I walked a lot when I was at the farm.

II. IMPERFECT TENSE OF FIRST-CONJUGATION VERBS

VERB FORMS	STEM	THEME VOWEL SLOT	PERSON MARKER
hablaba	habl	aba	—
hablabas	habl	aba	s
hablaba	habl	aba	—
hablábamos	habl	ába	mos
hablabais	habl	aba	is
hablaban	habl	aba	n

1. The combination **aba** is used in the theme vowel slot.
2. The first and third persons singular are identical. To avoid confusion, subject pronouns are often used with these forms.
3. The first-person plural is the only form which has a written accent.
4. Stem-changing verbs do not change stems in the imperfect; the infinitive stem is used.

III. USE OF THE IMPERFECT

Ana siempre nos **llamaba.** (habitual or repeated action)	*Ana always* $\left\{\begin{array}{l} used\ to \\ would \end{array}\right\}$ *call us.*
Ellos **hablaban** mientras **almorzaban.** (ongoing action)	*They were talking while they were having lunch.*
El valle **estaba** muy seco y no **quedaba** ganado allí. (description of conditions)	*The valley was very dry and there were no cattle left there.*

1. The imperfect is used to express ongoing past actions as well as habitual or repeated past actions. It is also used to describe qualities or conditions in the past.
2. Adverbs may be present or just implied.
   a. The imperfect generally occurs with adverbs that express indefinite duration or repetition: **siempre, a veces,** etc.
   b. The preterit generally occurs with adverbs that express a specific point in time or a repetition that is considered a completed action: **ayer, la semana pasada,** etc.
3. The Spanish imperfect corresponds to several different verbal constructions in English: past progressive, *used to* + verb or *would* + verb, and simple preterit, as shown in the examples above.
4. The imperfect and the preterit tenses may occur in the same sentence. The imperfect represents the ongoing action or state against which a completed action (the preterit) takes place.

Nosotros **hablábamos** cuando él **entró.**   *We were talking when he came in.*

A. Person-number substitution

1. Yo pasaba muy buenos ratos allí.

Mis compañeros	Mis compañeros pasaban muy buenos ratos allí.
La familia	La familia pasaba muy buenos ratos allí.
Tú	Tú pasabas muy buenos ratos allí.
Mi prima y yo	Mi prima y yo pasábamos muy buenos ratos allí.
Usted	Usted pasaba muy buenos ratos allí.

2. Celebraban el cumpleaños en la finca. (él, tú, nosotros, yo, ustedes)

3. Julio manejaba muy rápido. Tú, Ellas, Yo, Nosotros, Ellos

B. Present → imperfect

Use the appropriate forms of the imperfect for each verb in the present and read aloud.

Por la mañana yo tomo un autobús que pasa por la esquina de mi casa y me deja en la universidad. Yo llego temprano a la universidad y camino al edificio de Filosofía. A mí no me gusta llegar tarde. Durante el día, estudio, hablo con mis amigos, practico español en el laboratorio, escucho a los profesores en clase y almuerzo en la cafetería. Yo necesito trabajar para pagar mis estudios. Después de las clases, yo trabajo durante cuatro horas en una oficina. Allí contesto el teléfono y ayudo a otros empleados. A las seis termino mi trabajo y tomo otro autobús para mi casa. En mi casa hablo un rato con mis hermanos y descanso. A eso de las ocho cenamos todos juntos, y después de la cena, yo estudio, preparo mis tareas, hablo por teléfono y a veces miro televisión.

C. Sentence construction

Make sentences with the following sets of words. The first verb should express an ongoing action (imperfect), and the second verb should express a completed action (preterit). Join the phrases with the word **cuando**. Add words to make your sentences interesting.

Model: Ana María / hablar // yo / llegar

Ana María hablaba por teléfono con su novio cuando yo llegué a su casa.

1. Su hija / pasear // el autobús / chocar
2. Ustedes / almorzar // Pedro / salir
3. Su esposo / estar // el niño / nacer
4. Ellos / registrar // el policía / llegar
5. Nosotros / celebrar // mi primo / llamar
6. Tú / trabajar // la compañía / despedir

D. Questions

1. ¿Trabajaba usted cuando estaba en la escuela secundaria?
2. ¿Dónde trabajaba usted?
3. ¿Estudiaba usted español entonces?
4. ¿Qué cursos estudiaba usted?
5. ¿Miraba usted televisión por las noches?
6. ¿Qué programas miraba usted?
7. ¿Qué le gustaba hacer los fines de semana?

TESTING ∽ imperfect tense of -ar verbs

Give the imperfect-tense form suggested by the cue.

1. **hablar, yo**-form
2. **estudiar, nosotros**-form
3. **celebrar, ustedes**-form
4. **felicitar, tú**-form

—hablaba
—estudiábamos
—celebraban
—felicitabas

Give a Spanish equivalent.

5. I *used to paint landscapes.*
6. *We used to work together.*
7. *He was sick.* (description)
8. *He was sick.* (completed action)

—Yo pintaba paisajes.
—Trabajábamos juntos(-as).
—Estaba enfermo.
—Estuvo enfermo.

PART TWO

IV. CARDINAL NUMBERS 1.000–2.000.000

1.000	mil	100.000	cien mil
1.001	mil un(o), una	400.000	cuatrocientos (-as) mil
1.100	mil cien(to)	601.000	seiscientos (-as) un mil
2.000	dos mil	1.000.000	un millón (de)
5.000	cinco mil	2.000.000	dos millones (de)

1. **Mil** is generally used in the singular. The plural **miles** occurs in expressions such as **miles y miles** *thousands and thousands,* in which case it is followed by **de.**

  > Pierden **miles y miles de** horas. *They lose thousands and thousands of hours.*

2. Before **mil, cien** is invariable, but multiples of a hundred agree with the noun they modify.

  > 100.000 pesos[12]   cien mil pesos
  > 100.000 pesetas[13]   cien mil pesetas
  >
  > 300.000 pesos   trescientos mil pesos
  > 300.000 pesetas   trescientas mil pesetas

  Uno is not used before **mil.**

3. The **un** used in the expression 601.000 belongs to 601 and not to **mil** which follows. Hence its inclusion.

  > 601.000 pesos   seiscientos un mil pesos
  > 601.000 pesetas   seiscientas un mil pesetas

4. The number **un** is said before **millón.**
5. The plural of **millón** is **millones.** It is preceded by its qualifying number.
6. If a noun is used after **millón** or **millones,** the preposition **de** is required.

  > un millón **de** pesos   *one million pesos*
  > dos millones **de** dólares   *two million dollars*

7. If a number follows **millón** or **millones,** the preposition **de** is not required.

  > un millón trescientas mil pesetas
  > dos millones cincuenta mil dólares

---

[12]**El peso:** monetary unit of several Spanish-speaking countries including Mexico, Colombia, Argentina, and Cuba.
[13]**La peseta:** monetary unit of Spain.

V. ORDINAL NUMBERS

primer(o), (-a)	*first*	sexto (-a)	*sixth*
segundo (-a)	*second*	séptimo (-a) sétimo (-a)	*seventh*
tercer(o), (-a)	*third*	octavo (-a)	*eighth*
cuarto (-a)	*fourth*	noveno (-a)	*ninth*
quinto (-a)	*fifth*	décimo (-a)	*tenth*

Él va a comprar el **primer** libro. *He is going to buy the first book.*
Ella estudia la **primera** lección. *She's studying the first lesson.*
Los **primeros** autos llegan ahora. *The first cars are arriving now.*
Las **primeras** lecciones son muy largas. *The first lessons are very long.*
Estamos en el siglo **veinte**, no en el *We are in the twentieth century, not in the fifth*
siglo **quinto**. *century.*
Felipe **II** y Alfonso **XII** son reyes *Philip II and Alfonso XII are Spanish kings.*
españoles.

1. Ordinal numbers are adjectives and consequently agree in gender and number with the noun they modify.
2. **Primero** and **tercero** drop the o before a masculine singular word.
3. Ordinal numbers are seldom used after the tenth. Cardinals are used instead.

> el siglo V[14]   (quinto)
> el siglo XI   (once)
> el siglo XX   (veinte)

4. In saying the names of kings, queens, popes, and the like, Spanish, unlike English, does not use the definite article between the name and the number.

> Felipe II   (Felipe segundo)
> Isabel II   (Isabel segunda)
> Alfonso XII   (Alfonso doce)

E. Reading exercise

1. 1.000 relojes   230.000 inspectores
   1.300 cartas   320.000 motocicletas
   6.000 camiones   501.000 autos
   80.000 cubanos   1.000.000 pasajeros
   95.000 mexicanos   1.600.000 llantas
   100.000 maletas   2.000.000 años

---

[14]Roman numerals, not Arabic, are written with centuries, kings, etc.

2. Gana 2.000 dólares.
   Necesita 3.200 dólares.
   Tiene 50.000 pesos.
   Necesita 160.000 pesos.
   Tiene 400.000 pesos.

Tiene 400.000 pesetas.
Hay 250.000 hombres.
Hay 250.000 muchachas.
Necesitan $1.000.000.
Hay $1.300.000.

F. Questions

Model: ¿Cuántos son diez y diez?
   Diez y diez son veinte.

1. ¿Cuantos son quinientos y quinientos?
2. ¿Cuántos son mil y dos mil?
3. ¿Cuántos son doscientos y seis mil?
4. ¿Cuántos son trescientos y ochocientos?
5. ¿Cuántos son trescientos y novecientos?
6. ¿Cuántos son cien mil y doscientos mil?
7. ¿Cuántos son quinientos mil y quinientos mil?
8. ¿Cuántos son cuatrocientos mil y mil?

G. Guided responses

1. Answer each of the following questions in the negative, using the next lower ordinal number.

Model: ¿Estudia usted la segunda lección?
   No, estudio la primera lección.

¿Llegó el cuarto estudiante?
¿Es el segundo maletín?
¿Leen ustedes la octava lección?

¿Es la segunda función del Ballet Folklórico?
¿Es la cuarta puerta?
¿Es el séptimo día?

2. Answer each of the following questions in the negative, using the next higher ordinal number.

Model: ¿Estudia usted la segunda lección?
   No, estudio la tercera lección.

¿Es el cuarto asiento?
¿Viven ustedes en la segunda casa?
¿Es la tercera oficina?

¿Es el quinto escritorio?
¿Es su sexta película?
¿Llegaron en el primer vuelo?

H. Questions

1. ¿Quién está en el primer asiento?
2. ¿En qué asiento está usted?
3. Y ese(-a) alumno(-a), ¿en qué asiento está? ¿Y aquél(la)?
4. ¿Está usted en la clase de segundo año de español?
5. ¿En qué año está un alumno que terminó el tercer año?
6. ¿Cuántos alumnos hay en esta universidad?

TESTING ✺ cardinal numbers 1.000–2.000.000 and ordinal numbers

Give a Spanish equivalent.

1. *one thousand*
2. *one thousand and ten*
3. *one hundred thousand*
4. *one million*
5. *The company needs two million pesos.*

6. *one million nine hundred thousand dollars*

—mil
—mil diez
—cien mil
—un millón
—La compañía necesita dos millones de pesos.
—un millón novecientos mil dólares

Say in Spanish.

7. Enrique VIII
8. Alfonso XIII
9. el siglo XX
10. el siglo III

—Enrique octavo
—Alfonso trece
—el siglo veinte
—el siglo tercero

✺ PART THREE

VI. DAYS OF THE WEEK

lunes	Monday	viernes	Friday
martes	Tuesday	sábado	Saturday
miércoles	Wednesday	domingo	Sunday
jueves	Thursday		

Hoy es lunes.	*Today is Monday.*
Ella llegó el miércoles pasado.	*She arrived last Wednesday.*
Salió el jueves.	*He left on Thursday.*
Siempre la vemos los viernes.	*We always see her on Fridays.*
No trabajo los sábados.	*I don't work on Saturdays.*
La fiesta es el sábado, no el domingo.	*The party is on Saturday, not on Sunday.*

1. In Spanish-speaking countries, Monday is the first day of the week and Sunday the last.
2. Days of the week are not capitalized.
3. They are masculine and are invariable except for **sábado** and **domingo,** which add an **-s** to form the plural. The plural form of all the days is shown by the accompanying article, which changes from **el** to **los.**
4. The article preceding the day is equivalent for *on;* it must be used in Spanish. With the verb **ser,** however, it is omitted when the subject is the equivalent of the day of the week: **hoy = lunes → hoy es lunes.**

VII. MONTHS OF THE YEAR AND DATES

enero	*January*	julio	*July*
febrero	*February*	agosto	*August*
marzo	*March*	septiembre, setiembre	*September*
abril	*April*	octubre	*October*
mayo	*May*	noviembre	*November*
junio	*June*	diciembre	*December*

Empecé a trabajar el primero de octubre.	*I began to work on October the first.*
Septiembre tiene treinta días.	*September has thirty days.*
Llegaron el dieciséis de noviembre de mil novecientos ochenta y dos.	*They arrived the sixteenth of November, 1982.*
¿Cuál es la fecha? ¿Qué fecha es hoy? ¿A cuánto(s) estamos?	*What's the date?*
Hoy es el quince. Estamos a quince.	*Today's the fifteenth.*

1. Months of the year are masculine and are not capitalized in Spanish except when used at the beginning of a sentence.
2. There are two acceptable spellings for the ninth month, with or without the **p.**
3. Cardinal numbers are used with dates (**el dos, el tres,** etc.) except for the first day of the month, which is **el primero.**
4. The article **el** preceding the date is equivalent to *on* (the date or dates given).
5. The correct formula for expressing a date is:

ARTICLE	DATE	**DE**	MONTH	**DE**	YEAR
el	16	de	enero	de	1978

In dating letters or documents, the article **el** is omitted.

6. **Estar** may be used to say the date. The formula is **estamos + a +** the date.

I. Translation

Give the following dates in Spanish.

March 12, 1970	May 20, 1902	August 21, 1948	October 12, 1492
July 4, 1776	January 1, 1973	December 25, 1853	September 7, 1967
February 14, 1982	April 15, 1975	June 22, 1976	November 11, 1978

J. Questions

1. ¿Cuáles son los días de la semana?
2. ¿Cuál es el primer día de la semana en los Estados Unidos? ¿En Chile?
3. ¿Qué día es hoy? ¿Y mañana?
4. ¿Cuándo nació usted?
5. ¿Cuáles son los meses del año?
6. ¿Qué fecha es hoy?
7. ¿En qué mes terminan las clases?
8. ¿Qué día viene después del lunes?
9. ¿Qué mes viene después de mayo?
10. ¿A cuánto(s) estamos?
11. ¿Cuántas semanas hay en un año?
12. ¿Cuándo es su cumpleaños?

La familia presidencial del pintor colombiano Fernando Botero satiriza la estructura burocrática de la Hispanoamérica contemporánea.

The Presidential Family *by the Colombian painter Fernando Botero satirizes the power structure in contemporary Spanish America.*

TESTING ∽ days, months, and dates

1. In Spanish, the first day of the week is (el) _____.
2. The plural form of **el sábado** is __ __.
3. The plural form of **el jueves** is __ __.
4. The plural form of **el domingo** is __ __.
5. The second day of the week is (el) _____.
6. The day after **martes** is (el) _____.
7. The day before **sábado** is (el) _____.
8. The first month of the year is _____.
9. The last month of the year is _____.
10. The shortest month of the year is _____.

Give a Spanish equivalent.

11. *March 14th*
12. *November 1st*

—lunes
—los sábados
—los jueves
—los domingos
—martes
—miércoles
—viernes
—enero
—diciembre
—febrero

—el catorce de marzo
—el primero de noviembre

CONVERSACIÓN EN LA CLASE

Recuerdos (*Recollections*)

1. Think of all the things you used to do when you were in elementary school (escuela primaria) or high school and tell your classmates about them. Other students will then say what they used to do or didn't do at that time.
2. Think of the places you used to visit when you were a child and tell your classmates whether or not you liked them. Ask other students about the places they used to visit and whether or not they liked those places.
3. Think of special gatherings or parties your family used to have when you were very young and tell your classmates what the different members of the family used to do. Ask your classmates about the parties that their families used to have.

Imaginación

1. Think of a place and imagine what different people were doing at the time you walked in. Try to imagine as many activities as possible and tell the members of the class about these activities.
2. Think that you come from an ancient civilization (or even another planet!) and tell the members of the class what you and your people used to do.

Vocabulario

Nouns[15]

affection

el abrazo	*embrace*
el beso	*kiss*
los recuerdos	*regards*

celebrations

el bautizo	*christening, baptism*
la boda	*wedding*
el cumpleaños	*birthday*
el regalo	*present*
el santo	*Saint's day*

currency

el dólar	*dollar*
la peseta	*peseta*
el peso	*peso*

family

la abuela	*grandmother*
el abuelo	*grandfather*
la ahijada	*goddaughter*
el ahijado	*godson*
la cuñada	*sister-in-law*
el cuñado	*brother-in-law*
el esposo	*husband*
la esposa	*wife*
la hija	*daughter*
el hijo	*son*
la madrina	*godmother*
la nieta	*granddaughter*
el nieto	*grandson*
la novia	*fiancée*
el novio	*fiancé, boyfriend*
la nuera	*daughter-in-law*
el padrino	*godfather*
el primo	*cousin*
la suegra	*mother-in-law*
el suegro	*father-in-law*
la tía	*aunt*
el tío	*uncle*
el yerno	*son-in-law*

letters

la carta	*letter*
la dirección	*address*
la estampilla	*stamp*
la fecha	*date*
el sello	*stamp*
el sobre	*envelope*

studies

el bachillerato	*high school (curriculum)*
la escuela secundaria	*secondary school*
la carrera	*career, course of studies*
el colegio	*school*

Verbs

bautizar (c)	*to baptise*
celebrar	*to celebrate*
cenar	*to have dinner*
felicitar	*to congratulate*
nacer	*to be born*
recordar (ue)	*to remember*

Adjectives

querido	*dear*

Connectors

mientras	*while*

Expressions

de nuevo	*again*
otra vez	*again, another time*
parecer mentira	*to seem unbelievable, to seem impossible*
pasar un buen rato	*to have a good time*

---

[15]See pages 201–202 for days of the week and months of the year.

La Catedral de Sal de Zipaquirá, Colombia.
The Cathedral of Salt of Zipaquira, Colombia.

Lección 12

Imperfect tense of second- and third-conjugation
regular verbs • Imperfect tense of **tener** and **haber**
Imperfect tense of **ver, ser, ir**
Possessive adjectives in stressed position
Optional construction: a prepositional phrase (**de** +
pronoun) to replace **su** and **suyo**

Communication Objectives

Vocabulary: You will learn words related to
measurements, weights, and minerals.

Conversation: You will be able to talk about height,
weight, length, and distance, and to give information
about Muisca culture and the Salt Cathedral of
Colombia.

DIÁLOGO ∽ Una catedral de sal   *A cathedral of salt*

Esta magnífica catedral queda en Zipaquirá, a unos 55 kilómetros[1] de Bogotá, la capital de Colombia. La catedral está a unos 150 metros[2] de la superficie de la tierra y es necesario caminar por un túnel para visitarla.

superficie *surface*
tierra *earth*

La región de Zipaquirá era el centro de la cultura muisca cuando llegaron los españoles. Los muiscas, a quienes muchos llaman chibchas, hacían objetos de cerámica y de oro muy bellos. Hoy en día, muchos de estos objetos están en exhibición en el Museo del Oro de Bogotá.

era *was*

bellos *beautiful*
hoy en día *nowadays*

ROBERTO	¿Una catedral de sal dentro de una montaña? Tú no puedes hablar en serio.
JUAN	Claro que hablo en serio. Mira, la catedral está en las minas de sal, y las minas están en la montaña.
ROBERTO	Ahora sí entiendo. Los españoles explotaron las minas y construyeron la catedral, ¿no?
JUAN	No, las minas existían antes de la llegada de los españoles. Los chibchas extraían la sal y la cambiaban por oro.
ROBERTO	¿Y quién construyó la catedral?
JUAN	El Banco de la República[4]. Los mineros querían tener una iglesia allí y el Banco la construyó.
ROBERTO	¿Cuándo? ¿En este siglo?
JUAN	Sí, alrededor de 1950.
ROBERTO	Debe ser enorme, ¿verdad?
JUAN	Pues, sí. Mide[5] unos 120 metros de largo. Pero no es sólo el tamaño. Es que todo es de sal allí, las paredes, las columnas, el techo. Tienes que verlo para creerlo.

R: *A cathedral of salt inside a mountain? You can't be serious.*

J: *Of course[3] I'm serious. Look, the cathedral is in the salt mines and the mines are in the mountain.*

R: *Now I understand. The Spaniards exploited the mines and built the cathedral, no?*

J: *No, the mines existed before the arrival of the Spaniards. The Chibchas extracted the salt and exchanged it for gold.*

R: *And who built the cathedral?*

J: *The Bank of the Republic. The miners wanted to have a church there and the Bank built it.*

R: *When? In this century?*

J: *Yes, around 1950.*

R: *It must be huge, isn't it?*

J: *Well, yes. It's[6] about 400 feet long. But it's not only the size. It's that everything is made out of salt there, the walls, the columns, the ceiling. You have to see it to believe it.*

---

[1]About 35 miles. One kilometer equals 0.62 mile.
[2]Approximately 500 feet.
[3]Literally, *clear that.*
[4]**El Banco de la República** (Colombia's National Bank) is in charge of the mines.
[5]From **medir.**
[6]Literally, *it measures.* This verb is used in measuring persons as well as things.

PREGUNTAS SOBRE EL DIÁLOGO

1. ¿Dónde queda la catedral de sal?
2. ¿Cree Roberto que Juan le habla en serio?
3. ¿Quiénes extraían sal antes de la llegada de los españoles?
4. ¿Qué les daban a los chibchas por la sal?
5. ¿Quién construyó la catedral?
6. ¿Por qué la construyó?
7. ¿Cuándo la construyó?
8. ¿Cuánto mide de largo la catedral?
9. ¿Qué partes de la catedral son de sal?
10. ¿Qué es el Banco de la República?

ORACIONES Y PALABRAS

Claro que hablo en **serio**.   *Of course I'm serious*
       broma   *joking [7]*

Los indios extraían **sal**.   *The Indians extracted salt.*
       plata[8], cobre[9], hierro   *silver, copper, iron*

La iglesia está en **las minas**.   *The church is in the mines.*
       las afueras,   *the outskirts,*
       el centro   *downtown*

La catedral está a 50 **kilómetros** de aquí.   *The cathedral is 50 kilometers from here.*
       millas,   *miles,*
       yardas,   *yards,*
       pies   *feet*

Mide veinte pulgadas de **largo**.   *It measures twenty inches long.*
       ancho, alto   *wide, high or tall*

Pesan más de diez **toneladas**.   *They weigh more than ten tons.*
       libras, onzas, kilos   *pounds, ounces, kilos*

PREGUNTAS GENERALES

1. ¿Cuánto mide usted?
2. Y él, ¿cuánto mide?
3. ¿Cuánto mide la pizarra? ¿Y la puerta?
4. ¿Cuánto pesa usted?
5. ¿Cuántas onzas hay en una libra?
6. ¿Cuántas libras hay en un kilo?
7. ¿Cuántos metros hay en un kilómetro?
8. ¿Cuántas pulgadas hay en un pie?
9. ¿Qué clase de minas hay en este país? ¿Dónde están?
10. ¿Por qué construyen túneles en las minas?
11. ¿Por qué hay accidentes en las minas?
12. ¿Cómo es el trabajo de los mineros?

---

[7]Literally, *joke.*
[8]In some Spanish-speaking countries, **plata** also refers to money: **Gana mucha plata.** *He earns a lot of money.*
[9]**El cobre,** masculine.

GRAMMAR, EXERCISES, AND TESTING

∽ PART ONE

I. IMPERFECT TENSE OF SECOND- AND THIRD-CONJUGATION REGULAR VERBS

VERB FORMS	STEM	THEME VOWEL SLOT	PERSON MARKER	VERB FORMS	STEM	THEME VOWEL SLOT	PERSON MARKER
comía	com	ía	—	vivía	viv	ía	—
comías	com	ía	s	vivías	viv	ía	s
comía	com	ía	—	vivía	viv	ía	—
comíamos	com	ía	mos	vivíamos	viv	ía	mos
comíais	com	ía	is	vivíais	viv	ía	is
comían	com	ía	n	vivían	viv	ía	n

1. The endings for the second and third conjugations are identical in the imperfect.
2. The combination ía is used in the theme vowel slot.
3. The first and third persons singular are identical. To avoid confusion, subject pronouns are often used with these forms.
4. All forms require a written accent mark over the í of the endings.
5. Stem-changing verbs do not change their stems in the imperfect; the infinitive stem is used.

A. Person-number substitution

1. Mis padres vivían cerca de la catedral.
   Tú — Tú vivías cerca de la catedral.
   Pedro y yo — Pedro y yo vivíamos cerca de la catedral.
   Mi tío — Mi tío vivía cerca de la catedral.
   Ustedes — Ustedes vivían cerca de la catedral.

2. Los indios extraían mucho hierro de esa mina.
   La compañía, Tú, Nosotros, Los bancos, Yo

3. Medían el túnel en metros.
   (yo, nosotros, él, tú, ellos)

B. Guided responses

Answer the following questions using **ahora no, pero antes sí** + the imperfect form of the verb to show that things have changed.

Model: Los mineros extraen sal, ¿verdad?
   Ahora no, pero antes sí extraían sal (*or* **sí la extraían**).

1. Allí construyen autos, ¿verdad?
2. Los indios hacen objetos de oro, ¿verdad?
3. Pedro sale con Amelia, ¿verdad?
4. Ustedes viven en el centro, ¿verdad?
5. Tú le escribes a Ana María, ¿verdad?
6. Los empleados pierden el tiempo, ¿verdad?

C. Talks

Talk about the following topics using the information provided below. Use the imperfect tense and add any words or information you may deem necessary.

1. Los muiscas
   vivir en Zipaquirá / trabajar en las minas / extraer sal / cambiar sal por oro / hacer objetos de oro
2. Los fines de semana en la finca
   salir por la tarde / manejar dos horas / llegar a la finca / descansar un rato / montar a caballo / comer temprano / hablar con los amigos / dormir . . . horas / a la hora del desayuno comer y beber / ver el ganado / pasear por la finca / almorzar / volver a la ciudad

Talk about the following topics giving as much information as possible. Be ready to answer your classmates' questions.

1. Las excursiones que hacía su clase cuando usted estaba en la escuela secundaria.
2. Las fiestas que tenían ustedes cuando estaban en el último año del bachillerato.

TESTING ∽ imperfect tense of -er and -ir verbs

Give the imperfect-tense form suggested by the cue.

1. **comer, yo**-form and **ella**-form	—comía
2. **vivir, ellos**-form	—vivían
3. **decir, nosotros**-form	—decíamos
4. **escribir, usted**-form	—escribía
5. **querer, tú**-form	—querías

Give a Spanish equivalent.

6. *We were reading.*	—Leíamos.
7. *I used to go out with Roberto.*	—Yo salía con Roberto.
8. *She used to live downtown.*	—Vivía en el centro.
9. *They used to extract copper from that mine.*	—Extraían cobre de esa mina.
10. *He was measuring the tunnel.*	—Medía el túnel.

∽ PART TWO

II. IMPERFECT TENSE OF TENER AND HABER

Ella **tenía** dieciocho años cuando fueron a Colombia.	*She was eighteen years old when they went to Colombia.*
Había { un estudiante / dos estudiantes } en la oficina.	*There was a student in the office.* *There were two students in the office.*

1. The imperfect of **tener** is used to tell age in the past.
2. The impersonal **había**, like **hay**, is invariable.

III. IMPERFECT TENSE OF VER, SER, IR

ver	
veía	veíamos
veías	veíais
veía	veían

ser	
era	éramos
eras	erais
era	eran

ir	
iba	íbamos
ibas	ibais
iba	iban

Ver, ser, and ir are the only verbs which are irregular in the imperfect tense.

1. Ver maintains the theme vowel e before the combination ía, which requires a written accent mark over the í.
2. The first-person plural is the only instance in which the imperfect forms of ser or ir have written accent marks.
3. The imperfect of ser is used to express time in the past: Eran las cuatro cuando llegaron.

D. Person-number substitution

1. Él tenía veintiún años.
   - Tú — Tú tenías veintiún años.
   - Yo — Yo tenía veintiún años.
   - Ellos — Ellos tenían veintiún años.
   - Usted — Usted tenía veintiún años.
   - Nosotros — Nosotros teníamos veintiún años.

2. Él era un empleado excelente.
   Tú, Nosotros, Usted, Ellos, Yo

3. Cuando yo iba al trabajo, la veía.
   ustedes, Julián y yo, tú, él, ellos

E. Questions

1. ¿Dónde vivía usted cuando tenía diez años?
2. ¿Cuántos años tenía usted cuando terminó el bachillerato?
3. ¿Cuántos alumnos había en su escuela?
4. ¿Qué hacía usted durante las vacaciones cuando era pequeño?
5. ¿Iban ustedes mucho al cine cuando estaban de vacaciones? ¿Y él?
6. ¿Iban ustedes a pasar unos días al campo? ¿Y ellas?
7. ¿Ve usted este año los programas de televisión que veía el año pasado? ¿Qué programas de televisión veía entonces?
8. ¿A qué hora era su programa favorito?

Una calle del centro de Bogotá, la capital de Colombia, ciudad que cuenta con más de cuatro millones de habitantes.

A downtown street in Bogota, the capital of Colombia, a city of over four million people.

TESTING ∾ imperfect of **tener, haber, ver, ser,** and **ir**

Give the imperfect-tense form suggested by the cue.

1. **ir, tú-**form
2. **ir, nosotros-**form
3. **ser, yo-**form
4. **ver, usted-**form
5. **ver, nosotros-**form

—ibas
—íbamos
—era
—veía
—veíamos

Give a Spanish equivalent.

6. *She was thirty years old.*
7. *We were going to visit him.*
8. *There were many gold objects.*

—Tenía treinta años.
—Íbamos a visitarlo.
—Había muchos objetos de oro.

IV. POSSESSIVE ADJECTIVES IN STRESSED POSITION

mío (-a, -os, -as)	*my, (of) mine*	**nuestro** (-a, -os, -as)	*our, of ours*
tuyo (-a, -os, -as)	*your* (familiar), *(of) yours*	**vuestro** (-a, -os, -as)	*your* (familiar), *(of) yours*
suyo (-a, -os, -as)	*his, her, its, your* (formal), *their; (of) his, hers, its, yours* (formal), *theirs*		

El hermano **mío** es rubio.
La hermana **mía** es rubia.

My { brother / sister } is blond.

Los hermanos **míos** son rubios.
Las hermanas **mías** son rubias.

My { brothers / sisters } are blond.

Este disco es **tuyo**.

This record is yours.

1. **Nuestro** and **vuestro** are the only adjectives that occur in both stressed and unstressed position.
2. The forms equivalent to English *my, mine* all have a written accent mark: **mío, mía, míos, mías.**
3. All the possessive adjectives in stressed position have the four basic endings -o, -a, -os, -as. They agree in gender and number with the noun they modify (the thing possessed), not with the possessor.
4. Possessive adjectives in stressed position follow the noun they modify. In the phrase formed by the noun and possessive adjective, the possessor is stressed.
5. An article or a demonstrative usually precedes the noun.
6. After the verb **ser**, these possessives usually stand alone.

V. OPTIONAL CONSTRUCTION: A PREPOSITIONAL PHRASE (de + *pronoun*) TO REPLACE SU AND SUYO

su libro, el libro suyo = **el libro de**	él	*his book*	
	ella	*her book*	
	usted	*your* (singular) *book*	
	ustedes	*your* (plural) *book*	
	ellos	*their* (masculine) *book*	
	ellas	*their* (feminine) *book*	

1. The words **su** and **suyo** have a variety of possible meanings. When ambiguity is feared, Spanish-speakers make use of another construction: article + noun + **de** + **él, ella, usted, ustedes, ellos,** or **ellas.** Besides making the meaning clear, this construction also stresses the possessor (rather than the thing possessed).
2. In many parts of the Spanish world, **su** and **suyo** mainly refer to **usted(es).**

F. Possessives in unstressed position → Possessives in stressed position

Model: Mis amigos son colombianos.
Los amigos míos son colombianos.

1. Tu vuelo sale a las seis.
   Mi hermana dibuja muy bien.
   La reunión fue en nuestra casa.
   Nuestros amigos compraron los regalos.

   El vuelo tuyo sale a las seis.
   La hermana mía dibuja muy bien.
   La reunión fue en la casa nuestra.
   Los amigos nuestros compraron los regalos.

2. Debías traer tu dinero.
   No sé su dirección.
   Sus abuelos no recordaban la fecha.
   No recibieron mis cartas.

3. Su abogado era muy inteligente.
   Tus primas los ayudaron mucho.
   Mi cumpleaños es en diciembre.
   Nuestras empleadas tenían mucha experiencia.

G. *Suyo* → *de* + pronoun

Give all the possible meanings of the following phrases.

Model: El problema suyo.
El problema de él, el problema de ella, el problema de usted, el problema de ustedes, el problema de ellos, el problema de ellas

La hermana suya.
El traje suyo.

Los cuadernos suyos.
Las cartas suyas.

H. Guided responses

Answer affirmatively using the correct form of **suyo**.

Models: ¿Este reloj es de él?
Sí, este reloj es suyo.
¿Estos relojes son de ellas?
Sí, estos relojes son suyos.

1. ¿Esta plata es de Diego?
2. ¿Estos objetos de cerámica son de ellos?
3. ¿El taller es de tu cuñado?
4. ¿Las estampillas son de él?
5. ¿Estos regalos son de Mercedes?
6. ¿El tocadiscos es de Ana María?

I. Questions

Answer using possessive adjectives in stressed position.

1. ¿Este asiento es suyo o mío? ¿Y ése?
2. ¿Es mío este escritorio?
3. ¿De quién es ese dinero? ¿Y esta pluma?
4. ¿Quién es su amigo?
5. ¿Quiénes son mis alumnos?
6. ¿Cómo es su automóvil? ¿Y el automóvil de ella?
7. La reunión es en su casa, ¿verdad?
8. ¿Dónde queda su casa?

TESTING ✎ possessive adjectives in stressed position

1. The stressed equivalents of **tus** are _____ and _____.

—tuyos, tuyas

2. The stressed equivalents of **su** are _____ and _____.

—suyo, suya

3. Six possible clarifications of **suyo (-a, -os, -as)** are _____ _____, _____ _____, _____ _____, _____ _____, _____ _____, and _____ _____.

—de él, de ella, de usted, de ustedes, de ellos, de ellas

4. The stressed forms for **nuestro** and **vuestro** are _____ and _____.

—nuestro, vuestro

5. When emphasizing the possessor, **mis primos** becomes _____ _____ _____.

—los primos míos

Give Spanish equivalents.

6. *her desk* (2 possibilities)

—el escritorio suyo, el escritorio de ella

7. *her desk* (the least ambiguous, most exact possibility)

—el escritorio de ella

8. *that brother of mine*

—ese hermano mío

CONVERSACIÓN EN LA CLASE

Recuerdos

Think of yourself at a certain age and tell your classmates what you used to do at that age. Then ask one of your classmates what (s)he used to do when (s)he was the same age.

Antes y ahora

You and a classmate are talking about the things you used to do that you don't do now. Each one should try to mention as many things as possible. Then think of the things you do now that you didn't do before, and try to say as many as possible.

Comparación

Think of one object you own (e.g., tape recorder, bicycle). Describe it and compare it with a similar one that a friend of yours has. Use possessive adjectives when talking about these objects.

Culturas del mundo

Prepare a short presentation about an ancient culture. Tell your classmates where and when they lived and the things they used to do.

El centro o las afueras

You and a friend are talking about the advantages and disadvantages of living downtown or in the suburbs. Each one will try to defend his/her point of view.

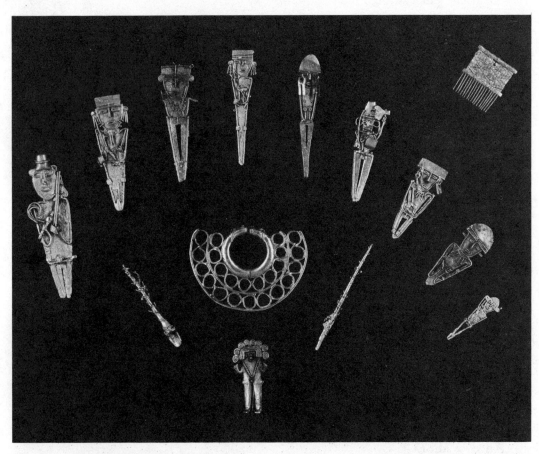

Piezas precolombinas de oro. Colombia es muy rica en minerales, especialmente en metales preciosos como el oro y el platino.

Gold pieces from the pre-Columbian period. Colombia is very rich in minerals, especially in precious metals such as gold and platinum.

Vocabulario

Nouns

art

la cerámica	*ceramics*
la cultura	*culture*
el objeto	*object*

earth

la superficie	*surface*
la tierra	*earth, soil*

institutions

el banco	*bank*
la república	*republic*

measurements

el kilómetro	*kilometer*
el metro	*meter*
la milla	*mile*
el pie	*foot*
la pulgada	*inch*
el tamaño	*size*
la yarda	*yard*

minerals

el cobre	*copper*
el hierro	*iron*
la plata	*silver*
la sal	*salt*

parts of buildings

la columna	*column*
la pared	*wall*
el techo	*ceiling*

people

el chibcha	*Indian of Colombia*
el indio	*Indian*
el minero	*miner*
el muisca	*Indian of Colombia*

places

las afueras	*outskirts, suburbs*
la capital	*capital*
la catedral	*cathedral*
el centro	*center, downtown*
la iglesia	*church*

la mina	*mine*
el túnel	*tunnel*

time

el siglo	*century*

weights

el kilo	*kilo*
la libra	*pound*
la onza	*ounce*
la tonelada	*ton*

Verbs

existir	*to exist*
explotar	*to exploit*
extraer	*to extract*
había	*there was, there were*
medir (i)	*to measure*

Adjectives

bello	*beautiful*
enorme	*enormous, huge*

Possessives

mío	*my, of mine*
nuestro	*our, ours*
suyo	*(of) his, her(s), its, your(s), their(s)*
tuyo	*your, (of) yours*
vuestro	*your, (of) yours*

Connectors

alrededor (de)	*around*
antes (de)	*before*

Expressions

claro	*of course*
de alto	*high, tall*
de ancho	*wide*
de largo	*long*
es necesario	*it's necessary*
hablar en broma	*to be joking*
hablar en serio	*to be serious*
hoy en día	*nowadays*

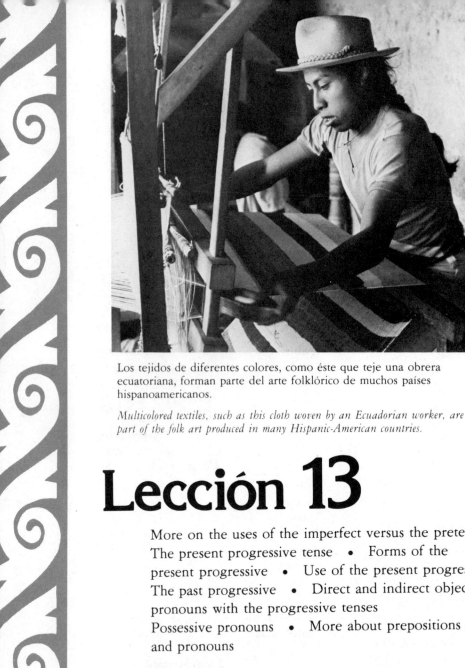

Los tejidos de diferentes colores, como éste que teje una obrera ecuatoriana, forman parte del arte folklórico de muchos países hispanoamericanos.

Multicolored textiles, such as this cloth woven by an Ecuadorian worker, are part of the folk art produced in many Hispanic-American countries.

Lección 13

More on the uses of the imperfect versus the preterit
The present progressive tense • Forms of the present progressive • Use of the present progressive
The past progressive • Direct and indirect object pronouns with the progressive tenses
Possessive pronouns • More about prepositions and pronouns

Communication Objectives

Vocabulary: You will learn words related to people's feelings and emotions, as well as to their culture and traditions.

Conversation: You will be able to express your feelings and emotions, and to talk about Spanish proverbs and poems.

DIÁLOGO ᔆ Proverbios y poemas populares

Proverbs and popular poems

BEATRIZ ¿Qué estás leyendo, Cristina?

CRISTINA Un libro de proverbios y poemas populares españolas. Lo encontré tan interesante que lo estuve leyendo hasta bien tarde anoche.

BEATRIZ ¿De veras? ¿Y dónde lo conseguiste?

CRISTINA Me lo prestó Alberto, un muchacho venezolano que conocí en la clase de historia.

BEATRIZ ¿Y son fáciles de entender?

CRISTINA Sí, en general son fáciles. Además, muestran muchas de las costumbres y tradiciones de los pueblos hispanos.

B: *What are you reading, Cristina?*

C: *A book of Spanish proverbs and popular poems. I found it so interesting that I kept reading it until very late last night.*

B: *Really? And where did you get it?*

C: *Alberto, a Venezuelan boy that I met in the history class, loaned it to me.*

B: *Are they easy to understand?*

C: *Yes, they are easy in general. Besides, they show many of the customs and traditions of the Hispanic people.*

ᔆ Proverbios

1. Estar en el pueblo y no ver las casas.
2. Mientras en mi casa estoy, rey soy.
3. Donde hay amor, hay dolor.
4. Entre dos amigos, un notario[1] y dos testigos[2].
5. Quien tiene dinero, tiene compañero.
6. Quien mucho duerme, poco aprende.

pueblo *town*
rey *king*
amor *love,* **dolor** *pain*

poco *little,* **aprender** *to learn*

ᔆ Poema Popular

Cuando tenía dinero
me llamaban don Tomás,
ahora que no lo tengo
me llaman Tomás no más.

---

[1]A **notario** in Hispanic countries is essentially a lawyer who draws up, records, attests, and legalizes contracts or similar private transactions.

[2]The word **testigo** (*witness*) can refer to males and females; the accompanying article agrees in gender and number with the person or persons referred to: **el testigo, la testigo; los testigos, las testigos.**

PREGUNTAS SOBRE EL DIÁLOGO, LOS PROVERBIOS Y EL POEMA

1. ¿Qué está leyendo Cristina?
2. ¿Por qué estuvo leyendo hasta muy tarde anoche?
3. ¿Dónde consiguió el libro?
4. Según Cristina, ¿qué muestran los proverbios y poemas populares?
5. ¿Existe un proverbio en inglés similar al primer proverbio? ¿Cuál es?
6. ¿Existe un proverbio en inglés similar al segundo proverbio? ¿Cuál es?
7. Los proverbios 4 y 5 no hablan muy bien de los amigos. ¿Cree usted que esto es cierto? ¿Por qué?
8. Entre estos proverbios, ¿cuál es el proverbio que usted prefiere? ¿Por qué?
9. Según el poema popular, ¿cuándo llamaban don Tomás a Tomás?
10. ¿Cómo lo llaman ahora? ¿Por qué?

ORACIONES Y PALABRAS

Donde hay amor hay **dolor.**
    alegría,
    felicidad,
    tristeza

El proverbio es **fácil.**
    difícil,
    sencillo,
    complicado

Cuando tenía dinero estaba **alegre**[3].
    feliz[4],
    triste

Where there is love there is pain.
    joy,
    happiness,
    sadness

The proverb is easy.
    difficult,
    simple,
    complex

When he had money he was happy (or glad).
    happy,
    sad

PREGUNTAS GENERALES

1. ¿Cree usted que el español es fácil? ¿Por qué?
2. Y el inglés, ¿cree usted que es fácil? ¿Por qué?
3. ¿Está usted triste cuando recibe una A en esta clase?
4. Y cuando recibe una F, ¿está usted contento(-a)?
5. ¿En qué otros momentos está usted alegre? ¿Y triste?
6. ¿Qué necesitan las personas para ser felices?
7. ¿Cree usted que el dinero es muy importante en la vida? ¿Por qué?
8. ¿En qué países hay muchas tradiciones?
9. ¿Cree usted que las tradiciones son importantes en la vida? ¿Por qué?
10. ¿Qué proverbios puede decir usted en español?

---

[3]Whereas the adjective **contento** can only be used with **estar,** the adjective **alegre** may be used with either **ser** or **estar.**
    Ella es alegre. (she is of a happy nature)
    Ella está alegre or **Ella está contenta.** (she is presently happy)
[4]The adjective **feliz** is most often used with the verb **ser;** nevertheless, when **feliz** expresses a state or condition, it is used with **estar.**

GRAMMAR, EXERCISES, AND TESTING

ꙮ PART ONE

I. MORE ON THE USES OF THE IMPERFECT VERSUS THE PRETERIT

The preterit and the imperfect have different functions (see page 195). In addition, some verbs acquire special meanings when they are used in the preterit which they do not have when they are used in the imperfect.

Conocí a María el año pasado.	*I met María last year.*
Conocía a María el año pasado.	*I knew María last year.*
Supieron la verdad.	*They learned the truth.*
Sabían la verdad.	*They knew the truth.*
Pudo terminar a tiempo.	*He managed to finish on time.*
Podía hablar japonés.	*He could (was able to) speak Japanese.*
Quisimos prepararlo, pero no **pudimos.**	*We tried to prepare it, but didn't succeed.*
Queríamos salir temprano.	*We wanted to leave early.*
No quisiste dármelo.	*You refused to give it to me.*
No querías dármelo.	*You didn't want to give it to me.*

1. **Conocer** in the preterit means *to meet* in the sense of being introduced to someone.
2. **Saber** in the preterit means *to learn* in the sense of finding out something.
3. **Poder** in the preterit means *to manage* to accomplish something.
4. **Poder** in the imperfect denotes the ability to do something with no indication as to its outcome.
5. **Querer** in the preterit means *to try* in the sense of wanting to, but failing to do so.
6. **Querer,** used negatively in the preterit, means *to refuse* in the sense of not wanting to do something and not doing it.

A. Questions

1. ¿Cuándo conoció usted a su profesor de español?
2. ¿Lo (La) conocía usted el año pasado?
3. ¿Cuándo supo usted que había una catedral de sal en Colombia?
4. Y usted, ¿sabía que había una catedral de sal allí?
5. ¿Pudieron ellos aprender de memoria los poemas? ¿Y usted?
6. ¿Podían ustedes leer los poemas en español?
7. ¿Por qué no quiso él ir al cine anoche?
8. ¿Cuándo quería ella ir al cine?
9. ¿Pudo hablar usted con el profesor ayer?
10. ¿Podía hablarle usted en español?

B. Reading exercise

Read the following sentences and complete the blanks using the imperfect or preterit according to the directions in parentheses.

1. (met for the first time) Mis hermanos _____ a Rosa el mes pasado.
2. (knew, was acquainted with) Yo ya la _____.
3. (learned about it for the first time) Ayer yo _____ que ella estaba en el hospital.
4. (knew it) Mis hermanos ya lo _____.
5. (refused) Ellos no _____ ir a verla al hospital.
6. (wanted to) Yo _____ ir, pero tenía un examen.
7. (managed to accomplish it) Por fin yo _____ terminar las lecciones y fui al hospital.
8. (was able to) Ella no _____ hablar mucho y yo estuve sólo unos minutos.

TESTING ∽ imperfect versus preterit

Give a Spanish equivalent.

1. *I met him yesterday.*
2. *I knew him.*
3. *He found out the truth.*
4. SHE *wanted to speak.*
5. *We refused to go.*
6. HE *tried to leave early.*
7. *They knew the poems.*
8. *You* (**tú**-form) *wanted to come.*

—Lo conocí ayer.
—Lo conocía.
—Supo la verdad.
—Ella quería hablar.
—No quisimos ir.
—Él quiso salir temprano.
—Sabían los poemas.
—Querías venir.

Diferentes artesanías mexicanas, entre las que se encuentran tejidos y cerámica pintada a mano.

A variety of Mexican crafts, including weavings and hand-painted pottery.

II. THE PRESENT PROGRESSIVE TENSE

Spanish and English have present progressive tenses which are similarly formed. Both languages use an auxiliary verb (**estar**, *to be*) and the present participle of the main verb. All present participles end in *-ing* in English; in Spanish, **-ando** is used for **-ar** verbs and **-iendo** for **-er** and **-ir** verbs.

III. FORMS OF THE PRESENT PROGRESSIVE

estar + present participle

	STEM		THEME VOWEL SLOT		ENDING
estoy					
estás					
está		habl	+	a	+	ndo
estamos	+	com	+	ie	+	ndo
estáis		viv	+	ie	+	ndo
están					

1. Present-tense forms of **estar** function as the auxiliary verb.
2. To form the present participle, add to the stem:
   a. the theme vowel a + **ndo** for **-ar** verbs.
   b. the combination ie + **ndo** for **-er** and **-ir** verbs.
3. The stem used is ordinarily the infinitive stem. But stem-changing **-ir** verbs whose stem vowel changes o → u or e → i in the third-person preterit will show the same change in their present participle.

   dormir → **durmió, durmiendo**
   pedir → **pidió, pidiendo**

4. When the stem of a verb ends in a vowel, the i of **iendo** becomes **y.**

   leer → leyendo

5. The two following verbs have special forms:

   poder   **pudiendo**
   ir   **yendo**[5]

   ---
   [5]Spanish has no words beginning with ie; therefore, the i becomes y.

IV. USE OF THE PRESENT PROGRESSIVE

Ellos **están descansando** ahora.	*They are resting now.*
Yo no **estoy durmiendo, estoy leyendo.**	*I'm not sleeping, I'm reading.*
Salen Van a salir } esta tarde.	*They are leaving this afternoon.*

1. The present progressive emphasizes the action currently in progress.
2. Contrary to English, Spanish does not use the present progressive to refer to future time.

V. THE PAST PROGRESSIVE

The past progressive is used to express a continuous action in the past, in much the same way that the present progressive expresses a continuous action in the present. Either the imperfect or the preterit of **estar** may be used as the auxiliary verb preceding the present participle of the main verb.

Estuvo hablando con nosotros. **Estaba hablando** con nosotros. } Hablaba con nosotros.	*He was talking with us.*

1. The preterit of **estar** + a present participle expresses a continuous action that ended in the past.
2. The imperfect of **estar** + a present participle expresses a continuous action in the past with no reference to its termination. It differs from the simple imperfect in that it emphasizes that the action was then actually in progress.

VI. DIRECT AND INDIRECT OBJECT PRONOUNS WITH THE PROGRESSIVE TENSES

Se lo está leyendo ahora. Está leyéndo**selo** ahora. }	*He is reading it to him now.*
La estuvieron buscando anoche. Estuvieron buscándo**la** anoche. }	*They were looking for her last night.*

1. Direct and indirect object pronouns may either precede the conjugated verb form of **estar** or be attached to the present participle.
2. An accent mark is required on the stressed vowel of the present participle when one or more pronouns are attached to it.

C. Present → present progressive

Model: Ella habla en serio.
      Ella está hablando en serio.

1. Estudia las costumbres del pueblo.
   Aprendo los proverbios en español.

   ¿Leemos unos poemas difíciles en la clase.

   Le piden más sueldo.

   Está estudiando las costumbres del pueblo.
   Estoy aprendiendo los proverbios en español.
   Estamos leyendo unos poemas difíciles en la clase.
   Le están pidiendo más sueldo.

2. Ellos *mantan* mantienen las tradiciones de la familia. *les estoy comprandoselo*
   Les compro el regalo ahora. *ahora*
   Los despide en el patio.
   Cantas unas canciones muy tristes.

3. Le ponemos gasolina al auto.
   Mis compañeros almuerzan en la cafetería.
   Duermo unas ocho horas.
   Se lo dan al notario.

D. Guided responses

Answer the following questions negatively using the preterit progressive + a time expression to show that the action was completed.

Model: ¿Vas a estudiar esta tarde?
      No, estuve estudiando esta mañana.

1. ¿Vas a hablar con el guía después?
2. ¿Van ustedes a visitar el pueblo?
3. ¿Va a escribir ella las cartas?
4. ¿Vas a oír los discos esta tarde?
5. ¿Él va a pedir más información?
6. ¿Ellos van a dormir ahora?

E. Sentence formation

There was a traffic accident at the corner and you are telling a friend what was going on at the time you arrived. Create sentences choosing words from the two columns below. Use your imagination and add as much information as you deem necessary.

El policía   funcionar
El semáforo   gritar
Los pasajeros   escuchar
El chofer   abrir
Los testigos   llevar
Los heridos   explicar
Los taxis   preguntar
El autobús   decir
                      oír
                      pasar

F. Guided responses

Answer the following questions affirmatively using object pronouns.

Model: ¿Estás escuchando el programa?

Sí, lo estoy escuchando (or **Sí, estoy escuchándolo**).

1. ¿Están ustedes recibiendo la información?
2. ¿Está usted llenando la solicitud?
3. ¿Estaba el camarero sirviendo el vino?
4. ¿Estaba la familia celebrando el bautizo?
5. ¿Les están registrando las maletas a ellos?
6. ¿Le estuviste explicando el problema?

G. Questions

1. ¿Qué está haciendo usted ahora? ¿Y él?
2. ¿Está ella durmiendo? ¿Y yo?
3. ¿Qué estuvo haciendo usted esta mañana? ¿Y ellos?
4. ¿Quién estuvo escribiendo en la pizarra?
5. ¿Quiénes estaban cantando en el patio?
6. ¿Qué estaban haciendo sus compañeros cuando usted llegó a la clase? ¿Y yo?
7. ¿Qué estaba haciendo ella cuando yo la llamé?
8. ¿Qué le estaba diciendo yo a ella?

TESTING ∽ present participle and the progressive tenses

Give the present participle corresponding to the infinitive shown.

1. recordar
2. comer
3. creer
4. escribir
5. ir

—recordando
—comiendo
—creyendo
—escribiendo
—yendo

Express in a slightly different way.

6. Lo está terminando.
7. Se lo estaba leyendo.

—Está terminándolo.
—Estaba leyéndoselo.

Give a Spanish equivalent using a progressive form.

8. *I am reading the poem.*
9. *She was looking for the notary* (implying she then stopped and did something else).
10. *She was looking for the notary* (no reference to the termination of the action).

—Estoy leyendo el poema.

—Estuvo buscando al notario.

—Estaba buscando al notario.

VII. POSSESSIVE PRONOUNS

	SINGULAR				PLURAL		
	MASCULINE	FEMININE			MASCULINE	FEMININE	
el	mío	mía	la	los	míos	mías	las
	tuyo	tuya			tuyos	tuyas	
	suyo	suya			suyos	suyas	
	nuestro	nuestra			nuestros	nuestras	
	vuestro	vuestra			vuestros	vuestras	
	suyo	suya			suyos	suyas	

Possessive pronouns in Spanish have the same forms as the stressed possessive adjectives.

El auto mío está allí. → **El mío** esta allí.   *Mine is there.*
¿Cuáles son los asientos nuestros? → ¿Cuáles son **los nuestros?**   *Which ones are ours?*
Yo tengo la entrada suya. → Yo tengo **la suya.**   *I have his (or hers,*
                     or yours, or theirs).

Esa solicitud es la suya. (his) → Esa solicitud es **la de él.**   *That application is his.*

1. The possessive pronouns are preceded by the definite article and agree in gender and number with the noun they replace or refer to.
2. The definite article agrees in gender and number with each form.
3. To avoid ambiguity and for added clarity, the following expressions may replace any corresponding form of **el suyo.**

el			él
la			ella
los	+ de +		usted
las			ellos
			ellas
			ustedes

VIII. MORE ABOUT PREPOSITIONS AND PRONOUNS

La carta es **para ti,** no **para mí.**	*The letter is for you, not for me.*
¿Estudian **contigo?**	*Do they study with you?*
Lo digo entre **tú y yo.**	*I say it between you and me.*
Ustedes no pueden salir **sin ellos.**	*You can't leave without them.*
Ella va al baile **conmigo.**	*She is going to the dance with me.*

1. With prepositions, the pronouns **yo** and **tú** become **mí** and **ti** respectively, except in the following cases:
   a. The preposition **con** combines with **mí** to form **conmigo** and with **ti** to form **contigo.**
   b. After the preposition **entre, yo** and **tú** are used.
2. For all other persons, subject pronouns are used.

H. Possessive adjective → possessive pronoun

Replace the possessive adjective and noun by the corresponding possessive pronoun.

Model: Mi auto está muy cerca.
   El mío está muy cerca.

1. Alberto me prestó su libro.   Alberto me prestó el suyo.
   Nuestra comida es muy ligera.   La nuestra es muy ligera.
   Nuestras guías trabajan mucho.   Las nuestras trabajan mucho.
   ¿Cuáles son tus sobres?   ¿Cuáles son los tuyos?

2. Pablo terminó sus lecciones.   3. Tu cumpleaños es mañana.
   ¿Sacaste tu boleto?   Mi colegio no queda lejos.
   Nuestro perro está muy triste.   Quieren ver sus recibos.

I. Guided responses

Answer the following questions affirmatively using the possessive pronouns.

Model: ¿Es aquél su coche?
   Sí, aquél es el mío (el suyo).

1. ¿Está tu guitarra en la sala?   Sí, la mía está en la sala.
   ¿Necesitas mi reloj?   Sí, necesito el tuyo (el suyo).
   ¿Tiene usted su boleto?   Sí, tengo el mío (el suyo).
   ¿Vamos en el coche de Pepe?   Sí, vamos en el suyo.

2. ¿Son aquéllos mis trajes?   3. ¿Entregaste tus recibos?
   ¿Trajiste mi maletín?   ¿Es ése nuestro vuelo?
   ¿Tiene la secretaria su carta?   ¿Le diste mi cuaderno?
   ¿Son ésas sus pinturas?   ¿Es aquélla su maleta?

J. Questions

Answer the questions related to the following situations using possessive pronouns or phrases with **de** + pronoun.

1. You and a friend are leaving on a trip.
   ¿Dónde está tu pasaporte? ¿Y el mío? ¿Tienes mi boleto?
   ¿Dónde están tus maletas? ¿Y las mías?
2. You are a tour guide answering questions asked by members of your group.
   ¿Cuál es nuestro autobús? ¿Y nuestro chofer? ¿Cuál es mi asiento? ¿Y el de la señora?
3. You are in a Spanish-speaking country serving as an interpreter for a friend who does not speak Spanish.
   ¿Cuál es su dirección? ¿Dónde está su tarjeta de turismo? ¿Y la de usted? ¿Cuáles son sus recibos?

K. Guided responses

Answer **no** and switch around the pronouns to show that you do not agree with the speaker.

Model: Yo voy con ella.
   No, ella va contigo (*or* con usted).

1. Ella habla de él.
2. Él pregunta por ti.
3. Ellos vienen con usted.
4. Tú vas con ella.
5. Yo le pregunto a él.
6. Ustedes hablan de ella.

L. Questions

1. ¿Es para mí esa carta?
2. ¿A quién le vas a dar los recibos, a él o a mí?
3. ¿Van a hacer el trabajo entre tú y ella?
4. ¿Lo van a hacer sin él?
5. ¿Comen con nosotros esta noche?
6. ¿Con quién vas a la finca, conmigo o con ella?
7. ¿Con quién va a ir él, con ella o con nosotros?
8. ¿Van a ir sin ellos?

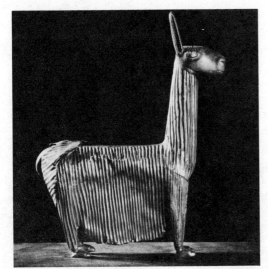

Alpaca inca de plata que data de 1450 a 1540, encontrada en la isla de Titicaca, en el lago del mismo nombre, entre Perú y Bolivia.

A silver Incan alpaca, dated 1450 to 1540 A.D., found on the island of Titicaca, in the lake of the same name, which borders Peru and Bolivia.

TESTING ~ possessive pronouns and preposition plus pronouns

Supply the possessive pronoun which can replace the noun in each expression.

1. mi casa
2. nuestras casas
3. tu motor
4. The expression **la suya** may be replaced by **la de** _____, _____, _____, _____, _____, and _____.

—la mía
—las nuestras
—el tuyo

—él, ella, usted, ellos, ellas, ustedes

Give a Spanish equivalent.

5. *Which is mine* (two possibilities)?

6. *Which are ours* (two possibilities)?

—¿Cuál es el mío? ¿Cuál es la mía?
—¿Cuáles son los nuestros? ¿Cuáles son las nuestras?

Supply the prepositional expressions suggested by the cues.

7. con (tú)
8. entre (él y yo)

—contigo
—entre él y yo *or* entre nosotros

Give a Spanish equivalent.

9. *They study with me.*
10. *He is coming without them.*

—Estudian conmigo.
—Viene sin ellos (*or* ellas).

CONVERSACIÓN EN LA CLASE

Situaciones

You are talking with a friend about your feelings and emotions. Tell him/her what makes you happy or sad (e.g., **Yo estoy contento(-a) cuando . . .**) (S)he will tell you about his/her feelings.

La felicidad

Think about little things that make you happy and tell your classmates (e.g., **La felicidad es descansar en una playa**).

Fácil o difícil

What is easy or difficult for a person may not be for another. Make a list of five things that you consider easy and another list of five things that you consider difficult. Compare your lists with those of your classmates.

Pantomimas

One student performs a pantomime of an activity (e.g., reading, walking). The others have to say what (s)he is doing.

Vocabulario

Nouns

culture

la costumbre	custom
el poema	poem
el proverbio	proverb
la tradición	tradition

emotions

la alegría	joy
el amor	love
el dolor	pain
la felicidad	happiness
la tristeza	sadness

people

el notario	notary
el pueblo	people
el rey	king
el testigo	witness

places

el pueblo	town

Pronouns

conmigo	with me
contigo	with you

Verbs

aprender	to learn
conseguir (i)	to get
encontrar (ue)	to find
prestar	to lend

Adjectives

alegre	glad, happy
complicado	complex
difícil	difficult
fácil	easy
feliz	happy
sencillo	simple
triste	sad

Quantity

poco	little

Connectors

hasta	until
sin	without

Expressions

en general	in general

Recapitulación y ampliación V

LECTURA ∿ Colombia

[1]Colombia es el único país de la América del Sur con costas en los dos océanos.[2]Como está muy cerca del ecuador, muchas de sus regiones son calurosas, pero como también está dividido por los Andes,[3]otras regiones son muy frías porque son muy altas. Estos contrastes de frío y calor y de paisajes diferentes son muy comunes en Colombia. Un buen ejemplo lo vemos al norte del país. La Sierra Nevada, siempre cubierta de nieve, está a sólo unos 35 kilómetros[1] de las costas del Mar Caribe, de la ciudad de Santa Marta y de sus famosas playas que atraen a colombianos y a turistas extranjeros durante todo el año.

[4]Los Andes atraviesan el país de norte a sur y forman tres cordilleras: la Occidental, la Central y la Oriental.[5]Bogotá, la capital de Colombia, está casi en el centro del país, en la Cordillera Oriental. Es una de las ciudades más altas de toda la América. Está a unos 2.660 metros[2] de altura.

La región que está al este de las cordilleras representa un 60 por ciento de la superficie del país. Sin embargo, allí sólo vive un 4 por ciento de la población total de Colombia y muchas de esas tierras están inexploradas.

[6]Antes de la llegada de los españoles, los muiscas dominaban la región de Colombia donde están hoy en día Bogotá y Zipaquirá.

único	*only*
ecuador	*equator*
calurosas	*hot*
cubierta	*covered*
atraviesan	*cross*
cordilleras	*ranges*

---

[1]Approximately 22 miles.
[2]That is, 8,600 feet.

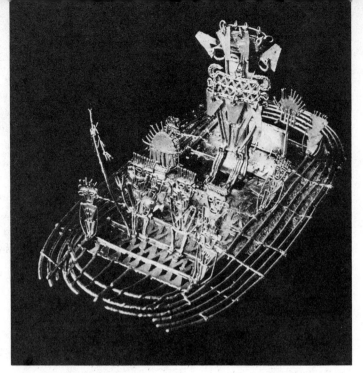

Balsa muisca o chibcha que representa la leyenda de El Dorado.

Muisca or Chibcha raft representing the legend of El Dorado.

los muiscas

Estos indígenas extraían sal de las minas de Zipaquirá y la cambiaban por oro con otras tribus. Además, ellos tenían una técnica muy avanzada para trabajar el oro y el cobre, y hacían objetos muy bellos con estos metales.

Según la famosa leyenda de "El Dorado", cuando los muiscas tenían un nuevo jefe, lo llevaban a la laguna de Guatavita y lo cubrían con polvo de oro. El nuevo jefe y varios remeros iban en una balsa con muchos objetos de oro y esmeraldas al centro de la laguna. Allí ellos arrojaban todos los objetos al agua como sacrificios a sus dioses.

En el Museo del Oro en Bogotá hay más de 25.000 objetos de oro que muestran la técnica y el arte de los habitantes de estas regiones. Entre estos objetos precolombinos hay una balsa con un jefe muisca en el centro y varios remeros a su alrededor. Según muchos expertos, esto prueba que la leyenda de "El Dorado", que llevó a muchos conquistadores a Colombia, era en realidad una ceremonia de los muiscas y no un mito.

De todos los países hispanos de la América del Sur, Colombia es el país que produce más oro. Es además el primer productor de esmeraldas del mundo, con más del 90 por ciento de la producción mundial.

polvo *dust,* **remeros** *rowers*
balsa *raft*
arrojaban *threw*

Antes de la llegada de los españoles, ya los indios extraían esmeraldas y las cambiaban por otros productos. Durante varios años, los españoles buscaron las minas de las esmeraldas hasta que finalmente las encontraron a unos 100 kilómetros[3] al norte de Bogotá. Poco después, los españoles empezaron a explotarlas y durante la segunda mitad del siglo XVI y la primera mitad del siglo XVII, exportaron grandes cantidades de esmeraldas a las cortes de los reyes y monarcas de Europa y del Asia.

Hoy en día, el Museo del Oro de Bogotá tiene una excelente colección de esmeraldas, algunas de ellas con un peso de más de 1.000 quilates. "Las lágrimas de la Luna", nombre que los indios les daban a las esmeraldas, son la admiración de las personas que visitan este maravilloso museo.

lágrimas *tears*

PREGUNTAS

1. ¿Qué países de la América del Sur tienen costas en los dos océanos?
2. ¿Por qué son calurosas algunas regiones de Colombia?
3. ¿Por qué son frías otras regiones?
4. ¿En qué parte de Colombia está la Sierra Nevada?
5. ¿Atraviesan los Andes el país de este a oeste?
6. ¿Dónde está Bogotá?
7. ¿Cómo es la región que está al este de las cordilleras?
8. ¿Quiénes dominaban la región de Bogotá antes de la llegada de los españoles?
9. ¿Qué hacían los muiscas con la sal de las minas de Zipaquirá?
10. ¿Qué hacían con el oro y el cobre que recibían?
11. ¿Qué es la leyenda de "El Dorado"?
12. ¿Qué es el Museo del Oro?
13. ¿Qué país del mundo es el primer productor de esmeraldas?
14. ¿Dónde encontraron los españoles las minas de esmeraldas?
15. ¿Qué nombre les daban los indios a las esmeraldas?
16. ¿Dónde hay una excelente colección de esmeraldas?

---

[3]Approximately 62 miles.

Una vista donde se observan los modernos edificios de Bogotá, Colombia.

A view of the modern buildings in Bogota, Colombia.

READING AND WRITING SUPPLEMENT

Abreviaturas[4]

Spanish, like English, has an extensive list of abbreviations which appear with great frequency. Among the most commonly used are:

D.	don	EE.UU.	Estados Unidos
Da.	doña	E.U.A.	Estados Unidos de América
Dr.	doctor	N.	Norte
Dra.	doctora	S.	Sur
Sr.	señor	E.	Este
Sra.	señora	O.	Oeste
Srta.	señorita	Km.	kilómetro
Ud., Uds. ⎱		Cía.	compañía
Vd., Vds. ⎰ usted, ustedes		Núm. ⎱ número	
V., VV. ⎰		No. ⎰	

---

[4]Abbreviations.

PRONUNCIATION

Spanish /y/ represented by *y, ll,* and *hie*

In Spanish, /y/ has two different pronunciations and most Spanish speakers use both in normal conversation. Whenever /y/ introduces a sentence or occurs after a pause, an **n,** or an **l,** the tongue touches the palate (roof of the mouth) and produces a sound similar to the English *j* in the word *joke.*

In all other positions, /y/ is pronounced somewhat like the English *y* in the word *yoke,* but with greater friction.[5]

A. Listen and repeat.

	[y] or [ŷ]	
yo	hierba	*grass*
llanta	inyección	*injection*
llegada	el yerno	

B. Listen and repeat.

		[y]		
calle	ayuda	pasillo	tuyo	
allí	construyo	paella	caballo	*horse*

Spanish /ch/ represented by the letter *ch*

In Spanish and English, /ch/ is articulated similarly, but Spanish gives it less aspiration. Spanish ch never signals the pronunciation [k].

C. Listen and repeat.

	[ch]	
chico	coche	chino
muchacho	chocolate	chileno

Spanish /f/ represented by the letter *f*

In Spanish and English /f/ is articulated similarly.

D. Listen and repeat.

	[f]	
física	café	familia
facultad	filosofía	chofer

---

[5]In Argentina, Uruguay, and Paraguay the letters y and ll are pronounced similar to the sound of s in the English words *measure* and *pleasure.* In some parts of Spain, the ll is pronounced as the *lli* in the English word *million.*

TESTING

A. The imperfect tense

Supply the missing imperfect form of the infinitive given in parentheses.

1. (quedar) La catedral_____muy lejos de mi casa.   —quedaba
2. (contestar) Yo siempre le _____ sus cartas.   —contestaba
3. (llegar) El tren siempre _____ a su hora.   —llegaba
4. (estar/visitar) Cuando yo _____ en Colombia, _____ mucho a mi familia.   —estaba, visitaba
5. (preparar/estudiar) Alicia _____ el almuerzo mientras yo _____ la lección.   —preparaba, estudiaba
6. (hablar/escuchar) Mientras tú _____, nosotros no te _____.   —hablabas, escuchábamos
7. (entender) Los alumnos no _____ al profesor.   —entendían
8. (dormir) Nosotros _____ hasta las diez todos los sábados.   —dormíamos
9. (decir) Yo les _____ esas cosas en broma.   —decía
10. (leer/hablar) Mientras yo _____, María _____ por teléfono.   —leía, hablaba
11. (vivir/salir) Cuando nosotros _____ en Bogotá, _____ todas las noches.   —vivíamos, salíamos
12. (extraer/recibir) Los indios _____ la sal y _____ oro por ella.   —extraían, recibían

B. Cardinal numbers 1.000–2.000.000

Give the correct answers for the following problems.

1. Pedro ganó quinientos dólares el mes pasado y quinientos este mes. Pedro ganó en total _____ dólares.   —mil
2. Cuarenta mil y cuarenta mil son _____ _____.   —ochenta mil
3. La compañía Badel pierde diez mil dólares cada mes. En un año la compañía pierde _____ _____ _____ dólares.   —ciento veinte mil
4. El hospital necesita doscientos mil dólares este mes y trescientos mil el mes próximo. En total, el hospital necesita _____ _____ dólares.   —quinientos mil
5. Quinientos mil y quinientos mil son _____ _____.   —un millón
6. Un millón doscientos mil y ochocientos mil son _____ _____.   —dos millones

C. Ordinal numbers

Provide the correct form of the ordinal number which corresponds to the number in parentheses.

1. (2) Yo prefiero el _____ proverbio.   —segundo
2. (3) La _____ oficina es la nuestra.   —tercera
3. (1) Es el _____ pueblo después de Zipaquirá.   —primer
4. (3) El _____ objeto es de cobre.   —tercer
5. (7) El domingo es el _____ día de la semana.   —séptimo *or* sétimo
6. (9) La semana pasada escribió su _____ canción.   —novena

D. Days of the week and dates

Complete each statement with the appropriate fact.

1. Si hoy es lunes, mañana es _____.   —martes
2. Si hoy es viernes, mañana es _____.   —sábado
3. Si hoy es jueves, ayer fue _____.   —miércoles
4. En la universidad no hay clases _____ _____.   —los domingos
5. El primer día del año es _____ _____ _____ _____.   —el primero de enero
6. El último día del año es _____ _____ _____ _____.   —el 31 de diciembre
7. El mes más corto del año es _____.   —febrero
8. La fecha de independencia de los Estados Unidos es _____ _____ _____ _____ _____ _____.   —el 4 de julio de 1776

E. Imperfect versus preterit

Supply the imperfect or preterit form of the infinitive shown in order to convey the meaning suggested by the English cue.

1. **saber**
   (found out) Yo _____ que llegó anoche.   —supe
   (knew) Ellos _____ que los mineros no ganaban mucho.   —sabían
2. **conocer**
   (met) Yo _____ al señor Sosa el mes pasado.   —conocí
   (knew) Nosotros _____ a sus suegros.   —conocíamos
3. **poder**
   (managed) Él _____ salir a tiempo.   —pudo
   (were able) Tú _____ visitarlos.   —podías

4. **querer**

    (refused) Las señoras no _____ ir en tren.   —quisieron

    (wanted) Ellas _____ ir en avión.   —querían

    (tried) Él _____ salir pero no pudo.   —quiso

    (didn't want) Ella no _____ salir con Juan.   —quería

F. The progressive tenses

Replace each verb form in boldface with its corresponding progressive tense.

1. Ella **trae** la comida en este momento.   —está trayendo
2. Los estudiantes **hablaron** con el abogado anoche.   —estuvieron hablando
3. Nosotros **comíamos** a esa hora.   —estábamos comiendo
4. Alfredo no **duerme** bien.   —está durmiendo
5. ¿**Caminaste** por la playa esta mañana?   —estuviste caminando
6. ¿**Van** a la universidad?   —están yendo
7. Nosotros les **pedimos** la dirección ahora.   —estamos pidiendo
8. **Pienso** ir a la finca mañana.   —estoy pensando
9. Los choferes **manejaban** rápido.   —estaban manejando
10. Él **dice** la verdad.   —está diciendo

G. Possessive adjectives in stressed position

Use the possessive adjective that corresponds to the boldface word in each sentence.

1. **Yo** sé dónde está tu libro, pero no sé dónde están los cuadernos_____.   —míos
2. Según ese **chico**, el dólar es _____.   —suyo *or* de él
3. Ahora **nosotros** no estamos trabajando en la oficina _____.   —nuestra
4. **Usted** dijo que la carta era de un primo _____.   —suyo *or* de usted
5. **Tú** sabes que queremos ver las pinturas _____.   —tuyas
6. **Yo** dije que esa bicicleta no era _____.   —mía

H. Possessive pronouns

Provide the correct form of **el mío.**

1. Tus padres hablan español, pero _____ _____ no.   —los míos
2. Tu libro es ése, pero ¿cuál es _____ _____ ?   —el mío
3. Su entrada y _____ _____ están en la taquilla.   —la mía
4. ¿Quiénes llegaron, tus alumnas o _____ _____?   —las mías

Provide the correct form of **el suyo.**

1. Aquí están nuestras referencias, ¿dónde están
   _____ _____?   —las suyas
2. Mi auto y _____ _____ frenaron a tiempo.   —el suyo
3. Nuestros profesores y _____ _____ van a tener
   una reunión mañana.   —los suyos
4. Yo compré esa finca y también _____ _____.   —la suya

Mariachis en un club nocturno de la ciudad de México.
Musical group with guitars in a nightclub in Mexico City.

Lección 14

Reflexive pronouns • Reflexive constructions
Changes in meaning when certain verbs are used
reflexively • Expressions of obligation and necessity
Comparisons of equality: adjectives, nouns, and
pronouns

Communication Objectives

Vocabulary: You will learn words related to parts of
the body, daily activities and routines.

Conversation: You will be able to describe your daily
activities, as well as those of your friends, and to
compare things and people that are alike.

DIÁLOGO ∿ Hora de levantarse[1]

Time to get up

MAMÁ	Manuel, es hora de levantarse.
MANUEL	¡Ay, qué sueño tengo!
MAMÁ	¿A qué hora te acostaste[2] anoche?
MANUEL	A eso de las dos. La fiesta estuvo magnífica.
MAMÁ	¿Había mucha gente[3]?
MANUEL	Sí, mucha. Había tanta gente como en la fiesta de Margarita. Nos divertimos[4] un horror.
MAMÁ	Me alegro. Bueno, Manuel, debes levantarte y vestirte. Son las once de la mañana.
MANUEL	Pero mamá, si estoy de vacaciones.
MAMÁ	Sí, pero tu papá invitó a un amigo a almorzar.
MANUEL	¿A quién?
MAMÁ	Tú no lo conoces. Se llama Ramiro Montalvo y está aquí en viaje de negocios.
MANUEL	¿Es tan puntual como papá?
MAMÁ	Sí, y puede llegar en cualquier momento.
MANUEL	No sé por qué te preocupas. Yo me baño y me visto en un minuto.
MAMÁ	Está bien, está bien. Y por favor, te afeitas y te vistes bien, ¿eh?
MANUEL	¡Ay, mamá! No estamos en tu época. (Tocan[5] a la puerta.)
MAMÁ	¿No te decía que podía llegar en cualquier momento?

MOM: *Manuel, it's time to get up.*
M: *Wow, am I sleepy!*
MOM: *What time did you go to bed last night?*
M: *About two. The party was great.*
MOM: *Were there many people?*
M: *Yes, many. There were as many people as at Margarita's party. We had a lot of fun.*
MOM: *I'm glad. Well, Manuel, you should get up and dress. It's eleven o'clock.*
M: *But Mom, I'm on vacation.*
MOM: *Yes, but your Dad invited a friend for lunch.*
M: *Who?*
MOM: *You don't know him. It's[6] Ramiro Montalvo and he's here on a business trip.*
M: *Is he as punctual as Dad?*
MOM: *Yes, and he may show up at any minute.*
M: *I don't know why you are worried. I'll take a bath[7] and get dressed in a jiffy.*
MOM: *OK, OK. And please shave and dress nicely, all right?*
M: *Oh, Mom! Times have changed. [Someone knocks at the door.]*
MOM: *Didn't I tell you he could arrive at any moment?*

---

[1]**Levantarse** equals **levantar** + **se** and literally means *to raise oneself.*
[2]From **acostarse (ue)** *to lie down.*
[3]**La gente,** feminine singular. **Gente** is used when referring to a group of people (e.g., **la gente en la fiesta**). When referring to people united by a common culture, **pueblo** is used (e.g., **el pueblo mexicano**).
[4]From **divertirse (ie, i)** *to enjoy oneself.*
[5]**Llaman** may also be used.
[6]Literally, *he calls himself.*
[7]Literally, *I'll bathe myself.*

PREGUNTAS SOBRE EL DIÁLOGO

1. ¿Adónde fue Manuel?
2. ¿A qué hora terminó la fiesta?
3. ¿Cómo estuvo la fiesta?
4. ¿Había mucha gente en la fiesta?
5. ¿Por qué no quiere levantarse Manuel?
6. ¿Quién va a almorzar con la familia hoy?
7. ¿Qué puede pasar en cualquier momento?
8. ¿Es puntual el señor Montalvo?
9. Según Manuel, ¿cuánto tiempo necesita él para bañarse y vestirse?
10. ¿Por qué se preocupa la madre de Manuel?
11. ¿Qué le contesta Manuel a su mamá cuando ella le dice que debe vestirse bien?
12. ¿Quién toca a la puerta?

ORACIONES Y PALABRAS

Yo me lavo **la cara**[8].   *I wash my face.*
     el pelo[9], las manos,   *hair, hands,*
     las orejas, los dientes[10]   *ears, teeth*
Tiene **patillas.**   *He has sideburns.*
     barba, bigote   *a beard, a mustache*
Puede **irse** en cualquier momento.   *He may leave at any time.*
     dormirse, despertarse[11],   *fall asleep, wake up,*
     morirse[12]   *die*
Él se **pone** los zapatos.   *He puts on his shoes.*
     quita   *takes off*
Me **baño** en un minuto.   *I'll take a bath in a jiffy.*
     peino   *comb my hair*

PREGUNTAS GENERALES

1. ¿Está usted de vacaciones ahora?
2. ¿En qué meses del año tiene usted vacaciones?
3. ¿A qué hora se levanta usted para venir a la universidad?
4. ¿A qué hora se levanta los fines de semana?
5. ¿En cuánto tiempo se viste usted?
6. ¿Cree usted que es importante ser puntual? ¿Por qué?
7. ¿Es usted puntual? ¿Y sus compañeros?
8. ¿Cómo son las fiestas que dan sus amigos?
9. ¿Va mucha gente a esas fiestas?
10. ¿Cómo prefiere usted el pelo, largo o corto? ¿Por qué?

---

[8]Notice the use of the definite article instead of the possessive adjective.
[9]The word **cabeza** *head* is also used in this context.
[10]The verb **limpiarse** *to clean oneself* is used in some areas when referring to brushing teeth. **Cepillarse** *to brush oneself* is seldom used in this sense.
[11]**Despertarse (ie).**
[12]The use of the reflexive pronoun adds a personal touch to the sentence. When the reflexive pronoun is omitted, the tone of the sentence becomes impersonal.

GRAMMAR, EXERCISES, AND TESTING

∽ PART ONE

I. REFLEXIVE PRONOUNS

me	*myself*	**nos**	*ourselves*	**se**	*himself, herself, itself,*
te	*yourself*	**os**	*yourselves*		*yourself, themselves, yourselves*

Reflexive pronouns are identical in form to the direct and indirect object pronouns except in the third person, where the form **se** is used.

II. REFLEXIVE CONSTRUCTIONS

A construction is considered reflexive when the subject and object of the verb refers to the same person. The reflexive pronoun corresponds to the subject of the sentence and shows that the subject receives the action or is involved in it. The pronoun **se** affixed to an infinitive is the conventional lexical listing for a reflexive verb: **lavar** *to wash,* **lavarse** *to wash oneself.*

NON-REFLEXIVE CONSTRUCTION	REFLEXIVE CONSTRUCTION
	receiver
Él lava los platos → Él los lava.	Él se lava.
He washes them.	*He washes himself.*
	involved person
Yo le lavo la cara (al niño).	Yo me lavo la cara.
I wash his face.	*I wash my face.*
Ella le pone los zapatos (al niño).	Ella se pone los zapatos.
She puts on his shoes.	*She puts on her shoes.*

1. The definite article rather than a possessive adjective is used with nouns referring to the body or wearing apparel. In such cases, the reflexive pronoun identifies the possessor.
2. The word referring to the wearing apparel or part of the body is singular unless it involves more than one per individual.

Nos lavamos **la cara.**
  (one per individual)
We wash our faces.

Se están quitando **los zapatos.**
  (two per individual)
They are taking off their shoes.

3. When a direct object pronoun is used instead of the direct object noun, it always follows the reflexive pronoun.

            direct object.
Se están poniendo los zapatos.
      They are putting on their shoes.
Se los están poniendo.
      They are putting them on.
Están poniéndo**selos.**

VERBS USING REFLEXIVE PRONOUNS AS RECIPROCAL PRONOUNS

Ellos **se** escriben.	*They write each other.*
Nos llamamos los fines de semana.	*We call each other on weekends.*
Se miraron un momento.	{ *They looked at each other for a moment.* { *They looked at themselves for a moment.*

1. The plural reflexive pronouns (**nos, os, se**) can be used as reciprocal pronouns.
2. This reciprocal meaning is generally made clear by context, but in some cases (as in the third model sentence) two interpretations of the reflexive pronoun may be possible.

III. CHANGES IN MEANING WHEN CERTAIN VERBS ARE USED REFLEXIVELY

Lavo el coche.	*I wash the car.*
Me lavo la cara.	*I wash my face.*
La biblioteca **queda** muy cerca.	*The library is very near.*
José **se quedó** dos horas.	*José stayed two hours.*
Los niños **durmieron** bien anoche.	*The children slept well last night.*
Se durmieron bastante tarde.	*They fell asleep rather late.*

1. Most verbs maintain the same meaning in non-reflexive and reflexive constructions: **lavar, lavarse.**
2. Some verbs change meaning in reflexive constructions.
3. Additional examples of verbs changing meaning in reflexive constructions are:

acostar	*to put to bed*	acostarse	*to go to bed, to lie down*
ir	*to go*	irse	*to go away, to leave*
levantar	*to raise*	levantarse	*to get up*
llamar	*to call*	llamarse	*to be called*

A. Person-number substitution

1. Los estudiantes se acostaron muy tarde.

Mi padrino	Mi padrino se acostó muy tarde.
Yo	Yo me acosté muy tarde.
Tú	Tú te acostaste muy tarde.
Ustedes	Ustedes se acostaron muy tarde.
Nosotros	Nosotros nos acostamos muy tarde.

2. Alicia se divierte mucho en la finca.
   Yo, Mis hermanos, Usted, Tú, José y yo

3. Siempre te dormías temprano.
   (ellas, yo, él, nosotros, ustedes)

B. Non-reflexive verb → reflexive verb

Change the meaning of each sentence by using a reflexive pronoun referring back to the subject of the sentence.

Model: Ella le lava las manos en el río.
Ella se lava las manos en el río.

1. Yo baño al perro más tarde.
2. ¿Por qué acostaste tú al niño tan temprano?
3. Ellas visten a los niños para salir.
4. Nosotros lo vamos a despertar a las diez.
5. Yo voy a lavarle el pelo esta tarde.
6. La mamá está peinando a la niña.

C. Transformation exercise

Combine both sentences using the reflexive construction to show a reciprocal action.

Model: Mi hermano me ayuda. Yo lo ayudo también.
Mi hermano y yo nos ayudamos.

1. Juan me escribe. Yo le escribo también.
   El chico mira a Elena. Ella lo mira también.
   Manuel me quiere. Yo lo quiero también.

   Juan y yo nos escribimos.
   El chico y Elena se miran.
   Manuel y yo nos queremos.

2. Tú hablabas con María. María te hablaba también.
   Julio le contaba muchas cosas a Pepe. Pepe también le contaba.
   Ellos me buscaban a mí. Yo los buscaba a ellos.

3. Yo los llamaba por la mañana. Ellos me llamaban también.
   Alicia me conoce. Yo la conozco también.
   Manuel entiende a María. María entiende a Manuel.

D. Questions and answers

You are trying to find out how people employ their time.

1. Use the sets of words below to find out the time when your classmates performed the actions mentioned.

   Model: tú / levantarse
   ¿A qué hora te levantaste ayer (*or* esta mañana)?
   Me levanté a las siete.

tú / dormirse	ellos / levantarse	él / afeitarse
tú / bañarse	ella / acostarse	ustedes / despertarse

2. Use the sets of words below to find out how much time your classmates usually take in doing the actions mentioned.

   Model: tú / peinarse
   ¿Cuánto tiempo necesitas para peinarte?
   Necesito cinco minutos para peinarme.

ellas / lavarse los dientes	tú / vestirse	ustedes / bañarse
ella / lavarse el pelo	ustedes / peinarse	ellos / afeitarse

E. Guided responses

Answer the following questions affirmatively showing a reciprocal action.

Model: ¿Le escribe usted a su novio(-a)?
   Sí, nosotros nos escribimos.

1. ¿Quiere usted mucho a su familia?
2. ¿Ustedes hablan por teléfono con sus compañeros?
3. ¿Elena conoce bien a esos chicos?
4. ¿Entiende ella a sus suegros?
5. ¿Ayuda usted a sus hermanos?
6. ¿Le cuenta usted sus problemas a sus amigos?

F. Questions

1. ¿Cómo se llama usted? ¿Y el (la) estudiante que está al lado suyo?
2. ¿Cómo se llama ella? ¿Y el (la) estudiante que está detrás?
3. ¿Cómo me llamo yo?
4. ¿A qué hora se durmió usted anoche? ¿Y el sábado pasado?
5. ¿A qué hora se levanta usted los fines de semana? ¿Y ellos?
6. ¿A qué hora se levantó usted ayer? ¿Y esta mañana?
7. ¿Qué otras cosas hizo usted después que se levantó?
8. ¿A qué hora se acuesta usted cuando está de vacaciones? ¿Y ustedes?
9. ¿Qué debe hacer una persona antes de ir a la mesa?
10. ¿Y qué debe hacer después de comer?

TESTING ∽ reflexive constructions

1. The four reflexive pronouns which are identical in form to the indirect and direct object pronouns are _____, _____, _____, and _____.

2. The form for the reflexive pronoun corresponding to the third-person singular or plural is _____.

Give a Spanish equivalent.

3. *to wash oneself*
4. *you* (**tú**-form) *get dressed*
5. *we used to get up*
6. HE *brushes his teeth.*
7. *to fall asleep*
8. *She stayed with them.*
9. *We see each other on Saturdays.*
10. *He is taking a shower.*

—me, te, nos, os

—se

—lavarse
—te vistes
—nos levantábamos
—Él se lava los dientes.
—dormirse
—Se quedó con ellos (*or* ellas).
—Nos vemos los sábados.
—Se está bañando (*or* Está bañándose).

◐ PART TWO

IV. EXPRESSIONS OF OBLIGATION AND NECESSITY

IMPERSONAL

Es necesario descansar.	*It's necessary to rest.*
Hay que descansar.	{ *One must rest* *One has to rest.* *It's necessary to rest.* }

PERSONAL

Necesito estudiar.	*I need to study.*
Debo estudiar.	{ *I ought to study.* *I should study.* }
Tengo que estudiar.	*I have to study.*

1. Of the two impersonal expressions, **hay que** + infinitive expresses a higher degree of obligation.
2. With the impersonal expressions, object and reflexive pronouns follow and are attached to the infinitive: **Es necesario terminarlo. Hay que levantarse.**
3. Of the personal expressions, a conjugated form of **tener** + **que** + infinitive indicates a higher degree of obligation.
4. With the personal expressions, object and reflexive pronouns may either precede the conjugated verb or follow the infinitive: **Lo tenía que hacer. Tenía que hacerlo.**

G. Guided responses

1. One of your classmates is inquiring about a field trip. Answer the questions negatively using **es necesario** + infinitive.

   Model: ¿Pagamos hoy?
   No, no es necesario pagar hoy.

   ¿Salimos muy temprano? ¿Vamos en autobús? ¿Llevamos el almuerzo? ¿Nos vestimos bien?

2. A first-time traveler is inquiring about what (s)he has to do after landing. Answer affirmatively using **hay que** + infinitive and the corresponding object pronouns.

   Model: ¿Debo llenar este papel?
   Sí, hay que llenarlo.

   ¿Debo mostrar el pasaporte? ¿Debo abrir las maletas? ¿Debo mostrar este papel? ¿Debo darle los recibos al inspector?

3. A student is asking you about a part-time job at the language laboratory. Answer negatively using the correct form of **tener que** + infinitive.
   ¿Tengo que hablar con el doctor Gómez? ¿Debo llevar una nota de mi profesor? ¿Necesito hablar español y francés? ¿Tengo que trabajar por las tardes?

4. A classmate is asking you what you used to do when you were studying in Mexico. Answer using the appropriate form of **tener que** + infinitive.

¿Estudiabas mucho? ¿Hablabas español con tus compañeros? ¿Vivían ustedes con familias mexicanas? ¿Visitaban otras ciudades?

H. Questions

1. ¿Qué tuviste que hacer ayer? ¿Y esta mañana?
2. ¿Qué tienes que hacer esta tarde?
3. ¿A qué hora debemos llegar a clase todos los días?
4. ¿Es necesario estudiar en esta clase? ¿Mucho o poco?
5. ¿Hay que escribir estos ejercicios?
6. ¿Qué tenemos que estudiar para el próximo examen?
7. ¿Necesita usted tener visa para entrar en los Estados Unidos? ¿Por qué?
8. ¿Qué hay que hacer para visitar un país extranjero?

TESTING ✎ expressions of obligation and necessity

1. Two impersonal expressions equivalent to *it's necessary to work* are _____ _____ _____, _____ _____ _____.

—es necesario trabajar, hay que trabajar

2. Of these expressions, the most authoritative-sounding is _____ _____ _____.

—hay que trabajar

3. A personal expression equivalent to *I have to finish* is _____ _____ _____.

—tengo que terminar

4. If a person feels (s)he should study, (s)he would say _____ _____.

—debo estudiar

Give a Spanish equivalent.

5. *He needs to rest.*
6. *He has to eat early.*
7. *They had to leave.*
8. *You (**tú**-form) shouldn't say it.*

—Necesita descansar.
—Tiene que comer temprano.
—Tuvieron (*or* tenían) que salir.
—No debes decirlo (*or* decirla).

Pablo Casals (1876–1973), violoncelista español de fama mundial, dirigiendo una orquesta.

Pablo Casals (1876–1973), the world-famous Spanish cellist, conducting an orchestra.

V. COMPARISONS OF EQUALITY: ADJECTIVES, NOUNS, AND PRONOUNS

tan + adjective + **como**	*as* + adjective + *as*
tanto (-a) ⎫	*as* + ⎡ *much* ⎤ + (noun) + *as*
tantos (-as) ⎭ + (noun) + **como**	⎣ *many* ⎦

With adjectives, nouns, and pronouns, Spanish uses two separate formulas to express the kinds of comparisons expressed in English by the single formula *as . . . as.*

Juan es **tan** alto **como** María.	*Juan is as tall as María.*
María es **tan** alta **como** Juan.	*María is as tall as Juan.*
Mis hermanos son **tan** altos **como** ellos.	*My brothers are as tall as they.*
Ellas son **tan** altas **como** su padre.	*They are as tall as their father.*
Yo tengo **tanto** (dinero) **como** tú.	*I have as much (money) as you.*
María compró **tanta** (comida) **como** él.	*María bought as much (food) as he.*
Vendieron **tantos** (autos) **como** usted.	*They sold as many (cars) as you.*
Recibían **tantas** (cartas) **como** nosotros.	*They used to receive as many (letters) as we.*
¿Pinturas? Tiene **tantas como** ellos.	*Paintings? He has as many as they.*

1. As an adjective **tanto** agrees in gender and number with the noun it modifies.
2. When the noun is eliminated, **tanto** is a pronoun and agrees in gender and number with the noun it replaces or refers to.
3. **Tan** is invariable and precedes the adjective it modifies.
4. The word **como** is used in the two formulas.

I. Transformation exercise

Make comparisons of equality with each of the following sets of sentences.

Model: Yo tengo diez pesos. Tú tienes diez pesos también.

Yo tengo tantos pesos como tú.

1. Escribí cinco ejercicios. Él escribió cinco ejercicios también.

Escribí tantos ejercicios como él.

Ellos tenían mucho ganado. Mi padre tenía mucho ganado también.

Ellos tenían tanto ganado como mi padre.

Ella leyó dos lecciones. Nosotros leímos dos lecciones también.

Ella leyó tantas lecciones como nosotros.

2. Él toma mucha cerveza. Pedro toma mucha cerveza también.
Ellos compraron cinco discos. Josefina compró cinco discos también.
Yo llevo dos maletas. El maletero lleva dos maletas también.

3. Esa compañía vende mucho cobre. Nosotros vendemos mucho cobre también.
Tengo que comprar diez sellos. Él tiene que comprar diez sellos también.
Ellos toman mucho café. Nosotros tomamos mucho café también.

J. Sentence formation

Make a comparison of equality with each set of words listed below.

Model: Mercedes / alto / Juan
Mercedes es tan alta como Juan.

1. vendedores / amable / jefe
2. llantas / bueno / aquéllas
3. María / alegre / madre
4. ella / trabajador / azafata
5. guía / simpático / chofer
6. pintura / famosa / ésta

Make as many comparisons of equality as possible about the following sets of pictures.

TESTING ✺ comparisons of equality

1. **Tanto** before the word **plata** becomes _____.

2. **Tanto** before the word **problemas** becomes _____.

Give a Spanish equivalent.

3. I *have as many books as she.*

4. He *drinks as much milk as I.*

5. *Letters? We write as many as he.*

6. *She is as pretty as Ana.*

7. *The book is as boring as the picture.*

8. *This motorcycle is as big as that one.*

—tanta

—tantos

—Yo tengo tantos libros como ella.

—Toma (*or* bebe) tanta leche como yo.

—¿Cartas? Escribimos tantas como él.

—Es tan bonita como Ana.

—El libro es tan aburrido como la película.

—Esta moto (*or* motocicleta) es tan grande como ésa.

CONVERSACIÓN EN LA CLASE

Situaciones

1. A new student in campus is asking you what (s)he has to do to take out a book from the library. Trying to be as explicit as possible, tell him/her all (s)he has to do.
2. One of your classmates wants to improve his/her grade in this class and is asking you for advice. Tell him/her what (s)he ought to do.
3. You are talking to a classmate who feels depressed. Mention all his/her good qualities and assets by comparing them to those of a very succesful and assertive person (e.g., Tú eres tan simpática como X y tienes tantos amigos como él/ella).
4. Imagine you are talking to your younger brother or sister. Tell him/her what (s)he has to do before going to bed.

Un día entre semana (*A weekday*)

Tell your classmates everything you do during a weekday from the time you get up until you go to bed at night.

El sábado

Tell your classmates what you do on Saturday.

Vocabulario

Nouns

body

la barba	beard
el bigote	mustache
la cara	face
el diente	tooth
la mano	hand
la oreja	ear
la patilla	sideburn
el pelo	hair

footwear

el zapato	shoe

people

la gente	people
la mamá	mother, mom
el papá	father, dad

time

la época	epoch, age

Verbs

acostar (ue)	to put to bed
acostarse	to go to bed, to lie down
afeitar(se)	to shave
alegrarse	to be glad
bañar(se)	to bathe, to take a bath
despertar(se) (ie)	to wake up
divertirse (ie, i)	to have a good time
dormirse (ue, u)	to fall asleep
irse	to go away, to leave
lavar(se)	to wash
levantar	to raise
levantarse	to get up
llamarse	to be called, to be named
morir(se) (ue, u)	to die
peinar(se)	to comb (one's hair)
ponerse	to put on
preocuparse	to worry
quedarse	to stay
quitarse	to take off
vestir (i)	to dress
vestirse	to get dressed

Adjective

puntual	punctual

Quantity

tanto	as much
tantos	as many

Connectors

tan	as
como	as

Expressions

divertirse un horror	to have a lot of fun
en cualquier momento	at any minute, any moment
hay que + *inf.*	it's necessary + inf.
tener que + *inf.*	to have to + inf.
tocar (llamar) a la puerta	to knock on the door

La playa de un club exclusivo cerca de Lima, Perú.

An exclusive beach club near Lima, Peru.

Lección 15

The versatile verb **hacer** • Comparisons of
inequality • Irregular adjective comparisons
The superlative of adjectives
The absolute superlative

Communication Objectives

Vocabulary: You will learn words related to
geography, weather, and summer resorts.

Conversation: You will be able to talk about the
climate and to describe summer resorts, their location,
and what people do during their vacation.

ARTÍCULO ✖ Las vacaciones y las playas en Hispanoamérica

En el mundo moderno, las vacaciones son una necesidad. Todos necesitamos un cambio en la rutina diaria y olvidar por unos días las presiones de los estudios y del trabajo. Por esto, muchas personas, especialmente los jóvenes, prefieren pasar sus vacaciones en la playa, donde pueden combinar el descanso con la diversión.

mundo *world*
diaria *daily*, **olvidar** *forget*

Desde hace muchos años, Acapulco es una de las playas más populares de México. Esta preciosa[1] bahía de la costa del Pacífico les ofrece a sus visitantes un clima agradable, unas vistas maravillosas y toda clase de comodidades y espectáculos. En Acapulco, los turistas pueden descansar, nadar, practicar deportes, divertirse en los numerosos clubes nocturnos y discotecas, ver corridas de toros o espectáculos folklóricos y escuchar la música de los mariachis[2].

desde hace *for*

ofrece *offers*
comodidades *comforts*
nadar *swim*, **deportes** *sports*

En el Caribe hay también muchas playas famosas. En estas playas hace calor durante el verano, pero el clima es agradable porque generalmente sopla la brisa del mar. La más moderna de estas playas es Cancún, una pequeña isla frente a la costa de Yucatán. Hace muy pocos años, en 1970, Cancún era un pequeño pueblo de pescadores. Hoy en día, Cancún es uno de los centros turísticos más importantes de México. Un puente conecta la isla con Yucatán, y en unas dos horas el visitante puede ir desde un hotel con todas las comodidades del mundo moderno hasta algunas de las magníficas ciudades que construyeron los mayas hace más de diez siglos.

hace calor *it's hot*, **verano** *summer*
sopla *blows*, **mar** *sea*
hace . . . años *a few years ago*
pescadores *fishermen*

puente *bridge*
desde *from*

Entre las playas más importantes de la América del Sur están Punta del Este en Uruguay, Mar del Plata en la Argentina y Viña del Mar en Chile. Como estas tres playas están en el hemisferio sur, sus visitantes disfrutan del sol y del mar cuando en el hemisferio norte estamos en pleno invierno.

disfrutan *enjoy*, **sol** *sun*
en pleno invierno *in the middle of the winter*

Éstas son sólo algunas de las muchas playas de Hispanoamérica. Los paisajes, la música y la comida cambian según el país, pero en todas estas playas el visitante encuentra un lugar donde puede olvidar las preocupaciones, divertirse y descansar.

lugar *place*

---

[1]**Precioso** means *very beautiful.* Except in expressions such as **piedras preciosas** *precious stones,* it does not have the connotation of monetary value.
[2]Typical Mexican band.

PREGUNTAS SOBRE EL ARTÍCULO

1. ¿Por qué son las vacaciones una necesidad?
2. ¿Por qué prefieren muchas personas pasar las vacaciones en las playas?
3. ¿Dónde queda Acapulco?
4. ¿Qué pueden hacer los turistas en Acapulco?
5. ¿Cómo es el clima de las playas del Caribe durante el verano?
6. ¿Dónde queda Cancún?
7. ¿Qué era Cancún en 1970? ¿Y hoy en día?
8. ¿Es fácil ir a las ciudades mayas de Yucatán desde Cancún?
9. ¿Cuáles son las playas más importantes del hemisferio sur?
10. En las playas del hemisferio sur, ¿en qué meses disfrutan del sol y del mar los turistas?

ORACIONES Y PALABRAS

Estamos en **invierno.**
    primavera, otoño,
    la estación de las lluvias
En invierno **nieva**[3] mucho.
    llueve[4]
Está **nublado.**
    despejado[5]
Está al **norte** de México.
    este
    oeste

It's winter.
    spring, fall,
    the rainy season
It snows a lot in winter.
    rains
It's cloudy.
    clear
It's north of Mexico.
    east
    west

PREGUNTAS GENERALES

1. ¿Cuáles son las estaciones del año?
2. ¿En qué estación estamos?
3. ¿En qué estación están en Chile en diciembre?
4. ¿Qué estación prefiere usted? ¿Por qué?
5. ¿Cuándo empieza la primavera aquí?
6. ¿En qué estación llueve aquí?
7. ¿Nieva aquí durante el invierno?
8. ¿Está nublado hoy?
9. ¿Está Washington en el oeste de los Estados Unidos? ¿Y Los Ángeles?
10. ¿Dónde le gusta a usted pasar sus vacaciones? ¿Por qué?

---

[3]From **nevar (ie).**
[4]From **llover (ue).**
[5]Some Spanish speakers use **claro** in this context.

Mar del Plata, famoso lugar de
veraneo de la Argentina.

*Mar del Plata, a famous beach resort in
Argentina.*

GRAMMAR, EXERCISES, AND TESTING

ᔆ PART ONE

I. THE VERSATILE VERB HACER

Although the verb **hacer** basically means *to do* or *to make,* it is also used to express certain conditions of climate and weather and to comment on the passage of time.

CLIMATE AND WEATHER

¿Qué tiempo **hace**?	How's the weather? / What is the weather like?
Hace { buen / mal } tiempo[6].	The weather is { fine. / bad. }
No **hace** mucho sol.	It's not very sunny.
Hizo frío.	It was cold.
Hacía mucho calor.	It was very warm.
¿**Hace** viento?	Is it windy?
Hace fresco en las montañas.	It's cool in the mountains.

1. All verbs used to express weather are in the third-person singular.
2. **a.** Most expressions of weather using **hacer** + noun correspond to English expressions using *to be* + adjective.
   b. Mucho and **poco** are common modifiers for these expressions.

---

[6]The expressions **hay, había,** etc., are used instead of **hace, hacía,** etc., in some countries. In this book, the verb **hacer** is used.

3. a. **Estar** + adjective is also used for a few expressions of weather.
   b. **Muy** is a common modifier of such expressions.

        Está muy nublado.   *It's very cloudy.*
        Está despejado.   *It's clear.*

TIME

Hace dos horas que estamos aquí.	
Estamos aquí (desde) **hace** dos horas.	*We have been here for two hours.*
Hacía cinco meses que trabajaban.	
Trabajaban (desde) **hacía** cinco meses.	*They had been working for five months.*
Hace diez años que mi padre murió.	
Mi padre murió **hace** diez años.	*My father died ten years ago.*

Six basic **hacer** formulas are used with expressions of time.

1. When the action is described as beginning in the past and continuing into the present:
   a. **hace** + time + **que** + present-tense verb.
   b. present-tense verb + optional **desde** + **hace** + time.
2. When the action is described as beginning, continuing, and then stopping in the past:
   a. **hacía** + time + **que** + imperfect-tense verb.
   b. imperfect-tense verb + optional **desde** + **hacía** + time.
3. To indicate the time which has passed since an action was completed:
   a. **hace** + time + **que** + preterit-tense verb.
   b. preterit-tense verb + **hace** + time.
   The expression **hace** in a. and b. is the equivalent of English *ago*.
4. ¿**Cuánto (tiempo)** hace (*or* hacía) que . . .? is the Spanish equivalent for *how long . . .?* or *how long ago . . .?*

    ¿**Cuánto (tiempo)** hace que estudias español?   *How long have you been studying Spanish?*
    ¿**Cuánto (tiempo)** hace que llegaste?   *How long ago did you arrive?*

A. Questions

1. ¿Qué tiempo hace?
2. ¿Qué tiempo hizo ayer?
3. ¿Qué tiempo hace aquí en el invierno?
4. ¿Hace calor hoy?
5. ¿Dónde hace más calor, aquí o en Acapulco?
6. ¿En qué meses hace frío aquí?
7. ¿En qué meses hace calor?
8. ¿Hace viento hoy?

B. Transformation

Repeat the following sentences using the word **desde** and making all the necessary changes.

Model: Hace tres meses que montan a caballo.
  Montan a caballo desde hace tres meses.

1. Hace diez minutos que espero a Juan.   Espero a Juan desde hace diez minutos.
   Hacía tiempo que no veía a tu hermana.   No veía a tu hermana desde hacía tiempo.
   Hacía tres años que conocía a Luisa.   Conocía a Luisa desde hacía tres años.

2. Hace dos meses que no vengo a este lugar.   3. Hacía un año que no íbamos a la playa.
   Hacía cuatro años que trabajaba allí.   Hace dos semanas que los pescadores
   Hace tiempo que no puede viajar.   están en la isla.
                                                 Hace años que es un club muy popular.

C. Guided responses

Answer the following questions using the appropriate preterit form of the verb + **hace** and a time expression.

Model: ¿Cuándo fue usted a Acapulco?
  Fui hace tres meses.

1. ¿Cuándo terminó usted el bachillerato? ¿Y   3. ¿Cuándo celebró usted su cumpleaños? ¿Y
   ellos?   él?
2. ¿Cuándo entraron ustedes en la clase? ¿Y   4. ¿Cuándo fue usted a la playa? ¿Y ella?
   ellas?

Answer the following questions affirmatively using **hacía** + a time expression and a negative sentence with the appropriate imperfect form of the verb.

Model: ¿Fuiste al médico ayer?
  Sí, hacía un año que no iba.

1. ¿Viste a Alfredo esta mañana?   5. ¿Los Gómez te invitaron la semana
2. ¿Te llamó Pedro ayer?   pasada?
3. ¿Saliste con Silvia anoche?   6. ¿Ustedes fueron al teatro anteayer?
4. ¿Estuviste en México el mes pasado?

D. Questions

1. You are being asked questions about some friends of yours who have moved to San Francisco.
   ¿Cuánto tiempo hace que viven allí? ¿Cuánto tiempo hace que fuiste a visitarlos? ¿Cuánto tiempo hacía que no los veías? ¿Cuánto tiempo hace que regresaste de San Francisco?
2. You are being interviewed for a job. Answer using **hace.**
   Usted trabaja en la compañía Ideal, ¿verdad? ¿Está usted en la oficina de ventas? ¿Su jefe es el señor Montalvo? ¿Conoce usted nuestra compañía?
3. You spent your vacation in Cancún. Answer using the correct form of **hacer.**
   ¿Cuándo volviste de Cancún? ¿Y cuándo volvió tu hermano? ¿Cuánto tiempo hacía que no ibas a México? ¿Cuánto tiempo hace que hablas español? ¿Y tu hermano?

TESTING ∿ hacer

Give a Spanish equivalent.

1. *How's the weather?*
2. *The weather is fine.*
3. *It was cool.*
4. *It is cloudy.*
5. *Two days ago.*
6. *He asked me for it* (el boleto) *a week ago.*
7. *Alicia has been studying for an hour* (two formulas).

8. *I had not seen her for two months* (two formulas).

—¿Qué tiempo hace?
—Hace buen tiempo.
—Hizo (*or* hacía) fresco.
—Está nublado.
—Hace dos días.
—Me lo pidió hace una semana.

—Hace una hora que Alicia estudia. Alicia estudia (desde) hace una hora.

—Hacía dos meses que no la veía. No la veía (desde) hacía dos meses.

∿ PART TWO

II. COMPARISONS OF INEQUALITY

{ **más** / **menos** }	+ adjective + **que**		{ more + adjective / adjective + -er / less + adjective }	+ than	
{ **más** / **menos** }	+ (noun) + **que**		{ more / less / fewer }	+ (noun) + than	
{ **más** / **menos** }	+ **de** + number		{ more / less }	+ than + number	

Ustedes son { **más** / **menos** } inteligentes **que** ellos.   *You are* { *more* / *less* } *intelligent than they.*

Recibimos { **más** / **menos** } (cartas) **que** ustedes.   *We received* { *more* / *fewer* } *(letters) than you.*

Perdió { **más** / **menos** } **de** cincuenta dólares.   *He lost* { *more* / *less* } *than fifty dollars.*

1. Comparisons of superiority use **más**.
2. Comparisons of inferiority use **menos**.
3. Both **más** and **menos** are invariable.

4. The word **que** is used in each expression except before numbers, where **que** is replaced by **de**.

5. Another way to make a comparison of inequality is to negate the corresponding comparison of equality.

Juan no es **tan** listo **como** Amelia.   *Juan is not as smart as Amelia.*
Sus alumnos no piden **tantas** cosas **como** éstos.   *Her students don't ask for as many things as these.*

III. IRREGULAR ADJECTIVE COMPARISONS

ADJECTIVE	REGULAR COMPARATIVE	IRREGULAR COMPARATIVE
bueno	más bueno	**mejor**
malo	más malo	**peor**
pequeño	más pequeño	**menor**
joven	más joven	
grande	más grande	**mayor**
viejo	más viejo	

These adjectives have two sets of comparative forms, regular and irregular.

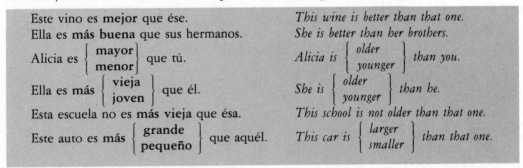

Este vino es **mejor** que ése.   *This wine is better than that one.*
Ella es **más buena** que sus hermanos.   *She is better than her brothers.*
Alicia es { **mayor** / **menor** } que tú.   *Alicia is { older / younger } than you.*
Ella es más { **vieja** / **joven** } que él.   *She is { older / younger } than he.*
Esta escuela no es **más vieja** que ésa.   *This school is not older than that one.*
Este auto es más { **grande** / **pequeño** } que aquél.   *This car is { larger / smaller } than that one.*

1. The regular and irregular comparatives of **bueno** and **malo** are normally interchangeable; however, the regular comparatives tend to stress the moral qualities of a person.
2. The irregular forms **mayor** and **menor** normally refer to a person's age.
3. The expression **más viejo** can refer to both persons and things.
4. The expression **más joven** can only refer to people.
5. The expressions **más grande** and **más pequeño** refer to the size of an object or person.

E. Substitution

Model: Ana es más simpática que ella. Sus hermanos
     Sus hermanos son más simpáticos que ella.

1. Sus tíos son más altos que yo. Su padre   Su padre es más alto que yo.
Juan es más bajo que José. Rosa y Silvia   Rosa y Silvia son más bajas que José.
El puente es menos ancho que la calle. Los   Los túneles son menos anchos que la calle.
túneles

2. Esos empleados son más trabajadores que los vendedores. El jefe
La isla es más tranquila que la costa. Este lugar
Alicia es menor que Juana. Sus amigas

3. La corrida de toros es más popular que el teatro. Los deportes
Tu hotel es más moderno que éste. Esos bailes
Los guías son más amables que los turistas. La azafata

F. Questions

1. ¿Es usted más alto que su compañero? ¿Y él?
2. ¿Tiene usted tantos libros como él?
3. ¿Quién es mayor, usted o el profesor?
4. ¿Tiene usted más de dos dólares? ¿Y ellos?
5. ¿Cuándo leía usted más libros, cuando tenía quince años o ahora en la universidad?
6. ¿Qué estado tiene más ganado, Tejas o Arizona?
7. ¿Qué estado es más grande, Alaska o la Florida?
8. ¿Qué ciudad es más vieja, Filadelfia o Los Ángeles?
9. ¿Dónde encuentra usted más comodidades, en su casa o en un hotel?
10. ¿Dónde tenía usted más presiones, en la escuela secundaria o en la universidad? ¿Por qué?

G. Sentence formation

Make a comparison of inequality with each set of words listed below.

Model: Pedro/inteligente/Juan.

Pedro es más inteligente que Juan. *or* **Pedro es menos inteligente que Juan.**

1. campo / frío / ciudad
2. llantas / peor/ éstas
3. mamá / contento / hijo
4. abogada / mayor / doctor
5. zapatos / caro / traje
6. profesor / puntual / alumno

Make as many comparisons of inequality as possible about the following picture.

Acapulco, una de las playas más famosas de México.

Acapulco, one of the most famous beaches in Mexico.

TESTING ✎ comparisons of inequality

1. The Spanish equivalent of the formula *more* + noun + *than* is _____ + noun + _____.
2. The Spanish equivalent of the formula *less* + adjective + *than* is _____ + adjective + _____.
3. Before a numeral, **que** is replaced by _____.

Give a Spanish equivalent.

4. *His hotel is more expensive than mine.*
5. *My father is younger than my uncle.*

6. HE *earns more than one thousand dollars.*
7. *She has fewer friends than you* (plural).

8. *There are more drawings here than in the museum.*

—más, que

—menos, que
—de

—Su hotel es más caro que el mío.
—Mi padre es menor (*or* más joven) que mi tío.
—Él gana más de mil dólares.
—Tiene menos amigos (*or* amigas) que ustedes.
—Hay más dibujos aquí que en el museo.

IV. THE SUPERLATIVE OF ADJECTIVES

SPANISH   ENGLISH

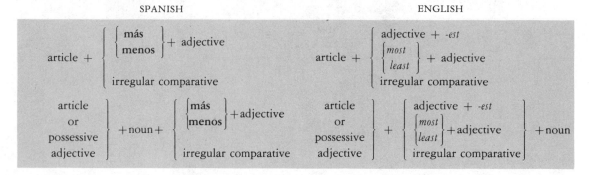

The formulas used by Spanish and English to indicate the superlative of adjectives are summarized above.

Roberto es el $\left\{ \begin{matrix} más \\ menos \end{matrix} \right\}$ inteligente de la clase.   *Roberto is the* $\left\{ \begin{matrix} most \\ least \end{matrix} \right\}$ *intelligent in the class.*

Es **la** región **más peligrosa** del país.   *It's the most dangerous region in the country.*

Mi hermano **menor** está enfermo.   *My* $\left\{ \begin{matrix} youngest \\ younger \end{matrix} \right\}$ *brother is sick.*

Él es **el más alto** de los $\left\{ \begin{matrix} dos. \\ tres. \end{matrix} \right\}$ *He is the* $\left\{ \begin{matrix} taller\ of\ the\ two. \\ tallest\ of\ the\ three. \end{matrix} \right\}$

Ese piloto es **el** $\left\{ \begin{matrix} más\ viejo \\ mayor \end{matrix} \right\}$ de la compañía.   *That pilot is the oldest in the company.*

1. The superlative in Spanish is formed by placing the corresponding article before the comparative structure.
2. A possessive adjective may be used in front of the noun described, instead of an article.
3. To give the information "superlative *of what,* superlative *in what category,*" Spanish uses the preposition **de: más alto de los tres, del país.**
4. The regular and irregular comparative forms of adjectives may be used in the superlative.

V. THE ABSOLUTE SUPERLATIVE

The absolute superlative is a construction used to denote a high degree of a quality without directly comparing the person or thing described to anything else. English uses an adverb modifying the adjective to render the absolute superlative: *very tall, extremely tall.* Spanish may use the same formula (**muy** alto, **sumamente** alto) or it may fashion a new word by attaching the suffix **-ísimo (-a, -os, -as)** to the adjective.

La lección es **muy fácil.**	La lección es **facilísima.**
Rosa es **muy alta.**	Rosa es **altísima.**
Ellos son **sumamente amables.**	Ellos son **amabilísimos.**

1. The absolute superlative can be formed in two ways:
   a. an appropriate adverb modifies the adjective.
   b. the suffix **-ísimo** is attached to the adjective to form a new word.
2. The suffix is attached directly to adjectives ending in a consonant:
   popular → popularísimo.
3. Adjectives ending in a vowel drop the vowel before adding the suffix:
   alta → altísima.
4. Adjectives ending in **-ble** change this ending to **bil** before adding the suffix:
   amable → amabilísimo.
5. The suffix **-ísimo** (**-a, -os, -as**) always stresses the first **í** and requires a written accent mark.
6. Adjectives with written accent marks drop them when the suffix **-ísimo** is attached. Two written accents never occur on a single word: **fácil → facilísimo.**
7. These other orthographic changes occur when **-ísimo** is added:

c → qu	poco → poquísimo
g → gu	largo → larguísimo
z → c	feliz → felicísimo

H. Substitution

1. Esa fiesta fue la más divertida del año.

Ese baile	Ese baile fue el más divertido del año.
Esas reuniones	Esas reuniones fueron las más divertidas del año.
Esos viajes	Esos viajes fueron los más divertidos del año.
Esa excursión	Esa excursión fue la más divertida del año.

2. Ellas son las más altas de la familia.
   Mi padre, Pepe y yo, Mi hermana, Felipe y tú, Mis tías

3. Él es el mejor de la clase.
   Ellos, Alicia y yo, Ella, Tú, Yo

I. Sentence formation

Form superlative sentences by using each set of words listed below.

Models: lectura / fácil / libro
   Es la lectura más fácil del libro.
   problemas / grave / universidad
   Son los problemas más graves de la universidad.

1. plato / delicioso / restaurante
2. alumnos / trabajador / clase
3. fiesta / divertido / todas
4. salas / grande / museo
5. región / peligroso / estado
6. aviones / rápido / compañía

J. Guided responses

Answer the following questions affirmatively giving an absolute superlative with **-ísimo.**

Model: ¿Es corto el viaje?
Sí, es cortísimo.

1. ¿Estuvo aburrida la fiesta?
¿Estos ejercicios son difíciles?
¿Tiene poco dinero la compañía?
¿Es agradable su padrino?

Sí, estuvo aburridísima.
Sí, son dificilísimos.
Sí, tiene poquísimo.
Sí, es agradabilísimo.

2. ¿Sus primos son simpáticos?
¿Es larga la cola?
¿Los problemas son sencillos?
¿Ese trabajo es peligroso?

3. ¿La excursión fue divertida?
¿Es amable la gente allí?
¿Tiene muchos visitantes ese lugar?
¿Es fácil llegar a su casa?

K. Questions

Answer the following questions using the superlative.

1. ¿Quién es el alumno más alto de la clase?
2. ¿Quién es el más bajo?
3. ¿Es el profesor (la profesora) la persona más joven de la clase?
4. ¿Cuál es el edificio más alto de la universidad?
5. ¿Cuál es la montaña más alta de los Estados Unidos?
6. ¿Cuál es el río más largo de este país?
7. ¿Cuál es el mes más corto del año?
8. ¿Cuál es el día más largo del año?

TESTING ∽ the superlative

1. The superlative form of **menos inteligente** is ___ ___ ___.

—el (*or* la) menos inteligente

2. Two Spanish equivalents for *my youngest brother* are ___ ___ ___ and ___ ___ ___ ___.

—mi hermano menor, mi hermano más joven

3. After a superlative, the Spanish equivalent for *in the house* is ___ ___ ___.

—de la casa

4. The expression **son muy feos** may also be expressed as ___ ___.

—son feísimos

5. The expression **es muy amable** may also be expressed as ___ ___.

—es amabilísimo(-a)

6. The combination of **fácil + ísimo** is ___.

—facilísimo

7. The usual Spanish equivalent for *very, exceptionally,* and the like is the adverb ___.

—muy

8. Two Spanish equivalents for *an exceedingly long line* (of people) are ___ ___ and ___ ___ ___ ___.

—una cola larguísima, una cola muy (*or* sumamente) larga

CONVERSACIÓN EN LA CLASE

Situaciones

1. A friend of yours has not decided where to spend his/her vacation. Tell him/her about a place you visited last year (e.g., location, weather, accomodations, activities). (S)he will ask you questions requesting additional information.
2. You are a travel agent. One of your clients will ask you questions about the weather and seasons in different places.

El lugar ideal para las vacaciones

Think of an ideal place to spend your vacation and describe it to your classmates.

Una persona muy importante

With the class divided into small groups, each student will tell the members of his/her group about a person whom (s)he considers most important and why. This person may be a well-known individual in any field or a person that has been especially important for that student.

Las cosas más importantes de . . .

Think of a city or a country and tell your classmates about the most important things there.

Vocabulario

Nouns

activities

el deporte	sport
el estudio	study

cardinal points

el este	east
el norte	north
el oeste	west
el sur	south

events

la corrida de toros	bullfight
el espectáculo	show

daily life

el cambio	change
la comodidad	comfort
el descanso	rest

la diversión	entertainment
la necesidad	necessity
la preocupación	worry
la presión	stress
la rutina	routine

geography

la bahía	bay
la costa	coast
el hemisferio	hemisphere
la isla	island
el mar	sea
el mundo	world
el sol	sun
la vista	view

people

el/la maya	Indian of Mexico
el mariachi	Mexican musician
el pescador	fisherman
el visitante	visitor

places

el club	*club*
club nocturno	*night club*
el lugar	*place*
el puente	*bridge*

seasons

la estación de las lluvias	*rainy season*
el invierno	*winter*
el otoño	*autumn*
la primavera	*spring*
el verano	*summer*

Verbs

combinar	*to combine*
conectar	*to connect*
disfrutar (de)	*to enjoy*
llover (ue)	*to rain*
nadar	*to swim*
nevar (ie)	*to snow*
ofrecer (zc)	*to offer*
olvidar	*to forget*
soplar	*to blow*

Adjectives

diario	*daily*
mayor	*older, oldest, bigger, biggest*
mejor	*better, best*
menor	*younger, youngest, smaller, smallest*
numeroso	*numerous*
peor	*worse, worst*
precioso	*beautiful, precious*
turístico	*tourist*

Connectors

desde	*from*
hasta	*to*

Expressions

hace	*ago, for* (with expressions of time)

weather expressions

la brisa	*breeze*
el clima	*climate*
en pleno + (season)	*in the middle of (a season)*
estar despejado	*to be clear*
estar nublado	*to be cloudy*
hacer calor	*to be hot*
hacer fresco	*to be cool*
hacer viento	*to be windy*
el tiempo	*weather*

Recapitulación y ampliación VI

LECTURA ∞ La ciencia y las leyendas

El ser humano siempre busca una explicación o una respuesta a todo. En nuestro mundo moderno, la tecnología y la ciencia ayudan a explicar muchas cosas que antes no comprendíamos. Sin embargo, todavía hay algunas que no comprendemos. Un ejemplo de estos misterios que nos rodean son los "platillos voladores". ¿Existen o es pura imaginación? Muchas personas opinan que existen, pero creen que nuestros conocimientos no son suficientes para poder dar una explicación lógica y adecuada. Otros niegan su existencia y los consideran como un producto de la histeria colectiva.

Una ley del universo que siempre funciona es la ley del cambio. El ser humano progresa continuamente y cada vez puede comprender y resolver más problemas que antes parecían insolubles. Como resultado, vivimos en un mundo donde la tecnología hace verdaderos milagros, pero como estamos acostumbrados a verlos, nos parecen cosas de todos los días y no les damos la importancia que realmente tienen. Por ejemplo, aceptamos la televisión y las computadoras como parte de nuestra cultura y civilización y muy pocas veces pensamos en el adelanto técnico y científico que representa.

Muchas veces, el hombre no puede comprender ciertas cosas que lo rodean y crea leyendas y mitos que lo ayudan a resolver esas incógnitas. Quién sabe si en el año 2.500 la gente va a considerar como leyendas o mitos muchas de nuestras explicaciones de hoy en día. Sin embargo, no hay duda que estas explicaciones van a decir mucho de nuestra imaginación, creencias y costumbres.

ser humano *human being*

no comprendíamos *didn't understand*
todavía *still*
platillos voladores *flying saucers*

suficientes *enough*

ley *law*

resolver *solve*

milagros *miracles*
acostumbrados *used*

adelanto *advance*

creencias *beliefs*

La llegada de Quetzalcóatl, mural del famoso pintor mexicano José Clemente Orozco (1883–1949).

The Coming of Quetzalcóatl, *a mural by the famous Mexican painter José Clemente Orozco (1883–1949).*

Las civilizaciones antiguas de este continente, igual que otras civilizaciones del mundo, crearon muchas leyendas. Una de las más interesantes es la leyenda que trata de explicar el origen del salto del Tequendama, que está a unos cincuenta kilómetros de Bogotá y es tres veces más alto que las cataratas del Niágara.

salto *falls*

Según una versión de esta leyenda, el Creador envió a Bochica, un hombre viejo de barba blanca, al valle de Bacatá para ayudar a los chibchas. Con él vino su esposa Chía, una mujer muy bonita pero de muy malos sentimientos. Bochica les enseñó a los chibchas a construir casas, a cultivar la tierra, a tejer, en fin, todo aquello que les podía hacer la vida más fácil y avanzar su civilización. Pero la esposa de Bochica no quería la felicidad de los chibchas. Ella hizo crecer las aguas del río Funza[1] para inundar sus casas y sus campos, y los

envió *sent*
Bacatá *former name of Bogotá*

sentimientos *thoughts, feelings*
enseñó *taught*
tejer *to weave*

crecer *to rise*
campos *fields*

---

[1]Also known as the **Bogotá.**

chibchas tuvieron que abandonar todo y fueron a las montañas. Bochica no podía permitir esto y rompió una barrera por donde pudo salir el agua. Así nació el salto del Tequendama y los chibchas pudieron regresar al valle de Bacatá.

rompió *broke*

Bochica sabía que su esposa era la causante de la inundación y decidió castigarla y hacer, al mismo tiempo, algo beneficioso para todos. Como las noches eran muy oscuras y necesitaban un poco de luz, convirtió a Chía en la Luna.

castigar *to punish*

Los chibchas vivían mejor gracias a las enseñanzas de Bochica, pero éste no estaba satisfecho. Se quedó con ellos más tiempo y les enseñó astronomía, metalurgia y hasta los ayudó a crear una fuerte organización política. Cuando vio que los chibchas tenían una civilización avanzada, se retiró.

enseñanzas *teachings*

Esta leyenda sólo nos hace admirar la fértil imaginación de los chibchas, mientras que otras tienen más importancia en la historia de los pueblos. No debemos olvidar que muchos de los conquistadores vinieron al Nuevo Mundo debido a las leyendas que existían sobre las riquezas fabulosas de este continente. Al mismo tiempo hay leyendas que influyen en la manera en que los indios reciben a los españoles. La leyenda mexicana de Quetzalcóatl es una de éstas.

riquezas *riches*

Quetzalcóatl era un hombre blanco de barba que llegó del Oriente. Les enseñó a los antiguos pueblos de México a cultivar la

Las ruinas del observatorio maya de Chichén Itzá en Yucatán, México.

The Mayan ruins of an observatory in Chichen Itza in the Yucatan, Mexico.

tierra y les dio además leyes justas y buenas. Sin embargo, el Dios del mal venció a Quetzalcóatl y éste se fue de México en una balsa de serpientes. Antes de irse, dijo que él iba a regresar a México algún día. Esta leyenda tiene mucha importancia en la historia de ese país porque cuando los españoles llegaron con Hernán Cortés, los aztecas creyeron que Cortés era Quetzalcóatl. Moctezuma, el emperador de los aztecas, le abrió las puertas de Tenochtitlan, facilitando así la conquista de México.

venció   *defeated*

facilitando   *facilitating*

PREGUNTAS

1. ¿Qué busca siempre el ser humano?
2. ¿Cómo es el mundo en que vivimos hoy en día?
3. ¿Por qué existen las leyendas y los mitos?
4. ¿Dónde queda el salto del Tequendama?
5. Compare el salto del Tequendama con las cataratas del Niágara.
6. ¿Quién era Bochica?
7. ¿Quien era Chía?
8. ¿Qué hizo Bochica para ayudar a los chibchas?
9. ¿Qué hizo Chía?
10. ¿Qué hizo Bochica para salvar a los chibchas de la inundación?
11. ¿Cómo castigó a Chía?
12. ¿Qué hizo después para ayudar a los chibchas?
13. ¿Por qué vinieron muchos conquistadores al Nuevo Mundo?
14. ¿Quién era Quetzalcóatl?
15. ¿Cree usted que Quetzalcóatl se parece a Bochica? ¿Por qué?
16. ¿Por qué se marcha Quetzalcóatl de México?
17. ¿Qué dijo cuando se marchó de México?
18. ¿Por qué tiene esto importancia en la historia de México?

READING AND WRITING SUPPLEMENT

Cognates: Spanish *-ismo,* English *-ism;* Spanish *-ista,* English *-ist*

Spanish words that end in **-ismo** are another source of vocabulary expansion for English speakers studying Spanish. The equivalent suffix in English is *-ism.* Typical examples are:

SPANISH	ENGLISH.	SPANISH	ENGLISH
turismo	*tourism*	pesimismo	*pessimism*
comunismo	*communism*	marxismo	*marxism*
nacionalismo	*nationalism*	materialismo	*materialism*

Can you give Spanish cognates for the following words?

optimism   *militarism*   *socialism*
imperialism   *radicalism*   *capitalism*

Another ending related to **-ismo** is **-ista**, meaning an adherent to a particular **-ismo**. The English suffix equivalent to **-ista** is *-ist.* The ending **-ista** is also used to designate a person practicing a certain profession or trade. It can refer to males or females; the accompanying article agrees in gender and number with the person or persons referred to: **el, la artista; los, las artistas.** Typical examples are:

SPANISH	ENGLISH	SPANISH	ENGLISH
dentista	*dentist*	pianista	*pianist*
guitarrista	*guitarist*	socialista	*socialist*

Can you recognize the English equivalents of these words?

comunista   militarista   nacionalista
capitalista   imperialista   violinista

A few words are less accommodating for the student of Spanish.

SPANISH	ENGLISH	SPANISH	ENGLISH
químico	*chemist*	antropólogo	*anthropologist*
electricista	*electrician*	físico	*physicist*

PRONUNCIATION

Diphthongs

Spanish diphthongs occur within a word (**baile, puente**) or when a combination of a weak vowel plus a strong vowel occurs in two contiguous words (**café y pan, lo usaba**).

English also has diphthongs *(day, low),* but their pronunciation differs from the Spanish diphthongs. Compare the pronunciation of the following Spanish and English words.

SPANISH	ENGLISH
voy	*boy*
dais	*dice*
soy	*soy*

The following exercises contrast words containing diphthongs to words having a single vowel. The sound and the meaning of each word in each pair are different.

A. Listen and repeat.

[a]	[ai]	[a]	[au]
vas	vais	casa	causa
vale	baile	ala *wing*	aula
pasaje	paisaje	ato *I tie*	auto
bala *bullet*	baila	palo *stick*	Paulo (man's name)

[e]	[ei]	[o]	[oi]
des	deis	o	hoy
ves	veis	do (musical note)	doy
le	ley	so (interjection)	soy
pena *sorrow*	peina	sola	Zoila (woman's name)

Another problem for the English speaker is that many times (s)he pronounces a diphthong as two separate syllables or adds an extra glide to it.

B. Listen and repeat.

Make sure that all diphthongs are pronounced as a single syllable.

[ia]	[ie]	[io]	[ua]	[ue]
iglesia	viejo	serio	agua	escuela
estudiar	viernes	negocio	igual	puente
piano	siete	edificio	cuanto	respuesta
viaje	tierra	estación	estatua	suerte
italiano	cierto	medio	cuando	nuestro

Una estatua de la cultura antigua de
Tiahuanaco, Bolivia.

*A statue from the ancient culture of
Tiahuanaco, Bolivia.*

TESTING

A. Reflexive verbs

Provide the appropriate form of the verb in parentheses.

1. (dormirse) Los niños _____ _____ muy tarde anoche.

    —se durmieron

2. (levantarse) Cuando yo estaba de vacaciones, yo _____ _____ a eso de las diez.

    —me levantaba

3. (vestirse) Cuando sabe que la esperan, ella _____ _____ en un minuto.

    —se viste

4. (acostarse) Anoche nosotros _____ _____ muy tarde.

    —nos acostamos

5. (llamarse) ¿Sabes cómo _____ _____ ese chico?

    —se llama

6. (irse) Nosotros estamos muy aburridos. ¿Por qué no _____ _____?

    —nos vamos

7. (bañarse) Yo _____ _____ después.

    —me baño (*or* me voy a bañar, *or* voy a bañarme)

8. (divertirse) Creo que tú no _____ _____ anoche.

    —te divertiste

B. Expressions of obligation and necessity

Use **hay que** + infinitive instead of the conjugated verb.

1. Dicen muchas cosas.

    _____ _____ _____ muchas cosas.

    —Hay que decir

2. Llegamos temprano al aeropuerto.

    _____ _____ _____ temprano al aeropuerto.

    —Hay que llegar

3. Debes dormir ocho horas.

    _____ _____ _____ ocho horas.

    —Hay que dormir

4. Debemos pensar en esos problemas.

    _____ _____ _____ en esos problemas.

    —Hay que pensar

Provide the correct form of **tener que** + infinitive.

5. Alicia descansa todas las mañanas.

    Alicia _____ _____ _____ todas las mañanas.

    —tiene que descansar

6. Ellos salen a las diez.

    Ellos _____ _____ _____ a las diez.

    —tienen que salir

7. Yo me levanté temprano.

    Yo _____ _____ _____ temprano.

    —tuve que levantarme (*or* me tuve que levantar)

8. Tú te vestías muy rápido.

   Tú _____ _____ _____ muy rápido. —tenías que vestirte (*or* te tenías que vestir)

9. Los estudiantes hicieron la tarea.

   Los estudiantes _____ _____ _____ la tarea. —tuvieron que hacer

10. Nosotros hablamos con ellos después.

   Nosotros _____ _____ _____ con ellos después. —tenemos (*or* tuvimos) que hablar

C. Comparisons of equality

Complete each unfinished sentence with a proper term of comparison.

1. Susana está muy contenta. Julio está muy contento también.

   Susana está _____ _____ _____ Julio. —tan contenta como

2. El concierto fue muy largo. La película fue muy larga también.

   El concierto fue _____ _____ _____ la película. —tan largo como

3. Los alumnos son puntuales. El profesor es puntual también.

   Los alumnos son _____ _____ _____ el profesor. —tan puntuales como

4. Yo tengo tres clases. Ella tiene tres clases también.

   Yo tengo _____ _____ _____ ella. —tantas clases como

5. Juan toma mucho café. Yo tomo mucho café también.

   Juan toma _____ _____ _____ yo. —tanto café como

6. Hay mucha gente en la fiesta. Hay mucha gente en el cine también.

   Hay _____ _____ en la fiesta _____ en el cine. —tanta gente . . . como

D. *Hacer* with expressions of time and weather

Complete the following sentences by using a correct form of the verb in parentheses.

1. (vivir) Nosotros _____ aquí desde hace tres años. —vivimos

2. (hacer) _____ cinco años que no veíamos a tu padre. —Hacía

3. (llegar) Hace más de cuatro siglos que Cortés _____ a México. —llegó

4. (ser) Hace dos años que ellos _____ novios. —son

5. (hacer) El señor Gómez murió _____ tres años.   —hace
6. (querer) Tú _____ irte desde hace una hora.   —quieres
7. (hacer) Ayer _____ mucho calor.   —hizo *or* hacía
8. (estar) Ahora _____ muy nublado.   —está
9. (visitar) Hacía mucho tiempo que yo no _____ este lugar.   —visitaba
10. (ir) ¿Cuánto tiempo hace que tú no _____ a Acapulco?   —vas

E. Comparisons of inequality

Complete each unfinished sentence with a proper term of comparison.

1. Juan mide un metro noventa. Yo mido un metro ochenta y cinco.
   Juan es _____ _____ _____ yo.   —más alto que
2. Mi hermano ganó 200 dólares este mes y 150 el mes pasado.
   Él ganó _____ _____ 300 dólares en dos meses.   —más de
3. Alicia es simpática, pero María es más simpática.
   Alicia es _____ _____ _____ María.   —menos simpática que
4. Hoy hace calor. Ayer hizo fresco.
   Hoy hace _____ _____ _____ ayer.   —más calor que
5. Estos hoteles son buenos. Aquél no es tan bueno.
   Estos hoteles son _____ _____ aquél.   —mejores que (*or* más buenos que)
6. Mi profesor tiene cuarenta años, mi padre tiene cuarenta y cinco y yo tengo veinte.
   Mi padre es _____ _____ mi profesor y yo soy _____ _____ ellos.   —mayor que, menor que

F. The -ísimo form

Provide the absolute superlative with **-ísimo** of the adjective in parentheses.

1. (malo) La época era _____.   —malísima
2. (peligroso) Los viajes en la isla son _____.   —peligrosísimos
3. (mucho) ¿Es verdad que gana _____ dinero?   —muchísimo
4. (simpático) Es una chica _____.   —simpatiquísima
5. (aburrido) Estas clases son _____.   —aburridísimas
6. (triste) Ellos estaban _____ cuando se fueron.   —tristísimos

G. Superlatives

Complete each sentence with a Spanish equivalent for the English words in parentheses.

1. *(the prettiest)* Mi hermana es _____ _____ _____.   —la más bonita
2. *(the worst)* Ése es _____ _____ inspector.   —el peor
3. *(the easiest of)* Esta lección es _____ _____ _____ _____ todas.   —la más fácil de
4. *(youngest)* Mi hermana _____ trabaja con el doctor Sosa.   —menor *or* más joven
5. *(the least interesting)* Esta tradición es _____ _____ _____ de todas.   —la menos interesante
6. *(the shortest)* Estos discos son _____ _____ _____.   —los más cortos
7. *(the tallest in)* Alfredo y Pedro son _____ _____ _____ _____ la clase.   —los más altos de
8. *(the least intelligent)* Ellas son _____ _____ _____.   —las menos inteligentes

Casas en construcción en Bogotá, Colombia.

Houses under construction in Bogota, Colombia.

Lección 16

Formal direct commands, **-ar** verbs
Reflexive and object pronouns used with commands
More negative and affirmative expressions • More
on limiting adjectives

Communication Objectives

Vocabulary: You will learn words for furniture and
different parts of the house.

Conversation: You will be able to tell someone to do
or not to do something, to give directions, and to talk
about your home.

ANUNCIOS ∿ *Ads*

¡COMPRE SU CASA AHORA!
3 modelos diferentes
URBANIZACIÓN MIRAMAR

Tome la autopista del Mediodía hasta la Avenida Las Lomas. Doble a la derecha hasta la calle Vía del Rey. Allí están nuestras oficinas de venta. Para cualquier información, llame al 24-3546

NO PAGUE MÁS ALQUILER
COMPRE SU APARTAMENTO

de 2 habitaciones en una de las mejores zonas de la ciudad. A dos cuadras de la Plaza Bolívar
Sistema de seguridad
Aire acondicionado
Calefacción
Piscina

---

autopista *freeway*
doble a la derecha *turn right*

alquiler *rent* **habitaciones** *bedrooms*
cuadras *blocks* **piscina** *swimming pool*

¿NECESITA COMPRAR MUEBLES NUEVOS?
VISÍTENOS
¡Los precios más bajos!
MUEBLERÍA LA IDEAL
Calle Neptuno esquina a Prado
Teléfono 545–9147

muebles nuevos *new funiture* [1]
precios *prices*

PREGUNTAS SOBRE LOS ANUNCIOS

1. ¿Dónde quedan las casas del primer anuncio?
2. ¿Qué tiene que hacer una persona para visitar los modelos?
3. ¿Qué puede hacer si necesita alguna información?
4. ¿Cuántas habitaciones tienen los apartamentos del segundo anuncio?
5. ¿Cree usted que son buenos estos apartamentos? ¿Por qué?
6. ¿Dónde quedan los apartamentos del segundo anuncio?
7. ¿Qué venden en la mueblería La Ideal?
8. ¿Dónde queda la mueblería La Ideal?

---

[1]In Spanish, **mueble** may be singular or plural and can be preceded directly by a number: **un mueble, dos muebles.** *Furniture,* the English equivalent of **mueble(s),** cannot be counted unless an additional word is added: *one piece of furniture, two pieces of furniture.*

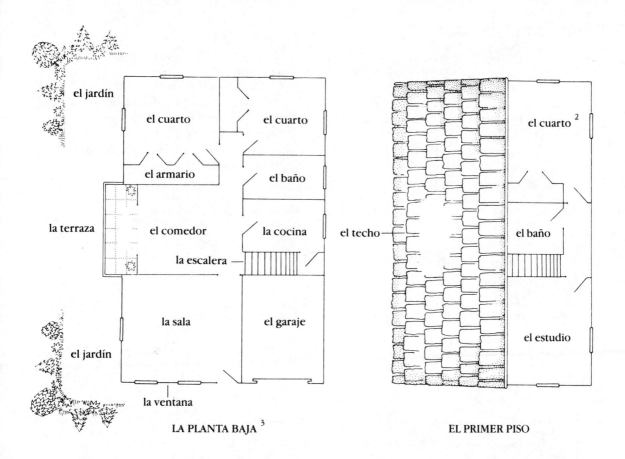

el jardín

el cuarto

el cuarto

el armario

el baño

la terraza

el comedor

la cocina

la escalera

la sala

el garaje

el jardín

la ventana

LA PLANTA BAJA [3]

el techo

el cuarto [2]

el baño

el estudio

EL PRIMER PISO

ORACIONES Y PALABRAS

Vamos a **comprar** la casa.
    alquilar, anunciar
Necesitamos un **refrigerador** grande.
    un horno, un lavaplatos,
    una estufa, una butaca,
    una cómoda, una cama,
    un sofá, una mesa de noche
Doble a la **derecha**.
    izquierda
Debe seguir derecho hasta la **autopista**.
    carretera

We are going to buy the house.
    rent, advertise
We need a big refrigerator.
    oven, dishwasher,
    stove, armchair,
    dresser, bed,
    sofa, nightstand
Turn right.
    left
You should go straight ahead to the freeway.
    highway

---

[2]Some countries use **alcoba, dormitorio, recámara,** or **habitación.**
[3]In the Spanish-speaking countries, the ground floor may be called **planta baja** or **primer piso.** Where **planta baja** is used to mean the ground floor, **primer piso** means the second floor.

PREGUNTAS GENERALES

1. ¿Vive usted en una casa o en un apartamento? ¿Es suyo(-a) o paga alquiler?
2. ¿Cuántas habitaciones tiene su casa o su apartamento?
3. ¿Tiene aire acondicionado? ¿Y calefacción?
4. ¿En qué meses usa usted el aire acondicionado? ¿Y la calefacción?
5. ¿En qué parte de la casa come usted?
6. ¿Dónde duerme usted? ¿Y dónde se baña?
7. ¿Qué muebles tiene usted en su cuarto?
8. ¿Necesita usted más muebles en su casa? ¿Qué muebles necesita?
9. ¿Le gustan a usted los muebles modernos o los muebles antiguos? ¿Por qué?
10. ¿Prefiere usted las casas de un piso o de dos pisos? ¿Por qué?

GRAMMAR, EXERCISES, AND TESTING

ᴠ PART ONE

I. FORMAL DIRECT COMMANDS, -AR VERBS

hablar

VERB FORMS	STEM	THEME VOWEL SLOT	PERSON MARKER
hable (usted)	habl	e	—
hablen (ustedes)	habl	e	n

Espere allí.	*Wait there. (singular)*
Esperen allí.	*Wait there. (plural)*
Cuente (usted).	*Count.*
No **cierren** la puerta.	*Don't close the door.*
Llegue temprano y **saque** el dinero.	*Arrive early and take out the money.*

1. The theme vowel of **-ar** verbs changes to **e** in formal direct commands.
2. The person marker **n** distinguishes the plural from the singular.
3. The use of **usted** or **ustedes** is optional. When used, the pronoun normally follows the verb.
4. To formulate a negative command, a **no** is placed before the affirmative command.
5. The stem changes found in the first-person singular of the present indicative also occur in these command forms.
6. Verbs ending in **-car, -gar,** and **-zar** have the same orthographic changes (c→qu, g→gu, z→c) that were presented in Lesson 8.
7. Both formal direct commands of **estar** have written accent marks: **esté, estén.**
8. An accent mark is written on the singular form of the verb **dar (dé)** to distinguish it from the preposition **de.**

II. REFLEXIVE AND OBJECT PRONOUNS USED WITH COMMANDS

Cómprela.	No **la** compre.	*(Don't) buy it.*
Háble**le**.	No **le** hable.	*(Don't) talk to him.*
Vénda**selo**.	No **se lo** venda.	*(Don't) sell it to her.*
Acuéstense.	No **se** acuesten.	*(Don't) go to bed.*
Déle el alquiler	No **le** dé el alquiler. ⎤	*(Don't) give him the rent.*
Denle el alquiler	No **le** den el alquiler. ⎦	

1. In affirmative commands, object pronouns and reflexive pronouns follow and are attached to the verb.
2. In negative commands, object pronouns and reflexive pronouns precede the verb and are written separate from each other.
3. Whenever pronouns are attached to a command, a written accent mark is required over the stressed vowel of the verb, except **den** + one pronoun.
4. If the command form has a written accent mark to start with, it keeps the mark when pronouns are attached.

EJERCICIOS

Beginning with this lesson, directions for the oral exercises will be given in Spanish. The grammar terms, you will notice, are primarily cognates and are readily recognized. In cases where the directions involve new vocabulary, English equivalents will appear in footnotes.

A. Presente → mandato formal[4]

Modelos: Juan lava el carro.
         Juan, lave el carro.
         La señora no compra ese vino.
         Señora, no compre ese vino.

1. Luisa espera a su hermana.
   José no toma más cerveza.
   Manuel visita el museo.
   El señor estaciona allí.

   Luisa, espere a su hermana.
   José, no tome más cerveza.
   Manuel, visite el museo.
   Señor, estacione allí.

2. María dobla a la izquierda.
   Manuel no busca los lápices.
   La señorita Jiménez llega temprano.
   Él saca las entradas después.
   Ellos practican en el laboratorio.

3. Amelia prueba un plato típico.
   Gonzalo no alquila el apartamento.
   Empieza antes de las once.
   Ellas cierran las puertas.
   Cuentan el dinero.

---

[4]*Formal command.*

B. Respuestas dirigidas[5]

1. Usted estuvo enfermo(-a) la semana pasada y ahora le pregunta a su profesor(-a) sobre las cosas que debe hacer. Uno de sus compañeros va a hacer el papel[6] del profesor(-a) y va a contestar afirmativamente usando mandatos formales y los pronombres correspondientes.

   Modelo: ¿Estudio esta lección?

   Sí, estúdiela.

   ¿Escucho el diálogo? ¿Contesto las preguntas? ¿Practico estas oraciones? ¿Preparo estos ejercicios? ¿Termino la lectura? ¿Le doy la tarea ahora?

2. Usted es el (la) jefe(-a) de una compañía. Los empleados van a preguntarle si deben hacer ciertas cosas. Conteste negativamente usando un mandato formal y los pronombres correspondientes.

   Modelo: ¿Mando la solicitud?

   No, no la mande.

   ¿Llamo a los vendedores? ¿Muestro estos papeles? ¿Le pago al señor Mena? ¿Contesto esta carta? ¿Dejo las solicitudes en el escritorio? ¿Busco la información?

C. Situaciones

Use mandatos formales para decirles a las siguientes[7] personas las cosas que deben hacer.

Modelo: Usted cree que el chofer debe (a) estacionar el coche y (b) hablar con el policía.

Estacione el coche y hable con el policía.

1. Usted cree que la secretaria debe (a) llamar al jefe y (b) explicarle el problema.
2. Usted cree que el señor Gómez debe (a) acostarse, (b) descansar y (c) no preocuparse.
3. Usted cree que los niños deben (a) bañarse y (b) estudiar.
4. Usted cree que los turistas deben (a) bailar y (b) cantar.
5. Usted cree que su compañero debe (a) felicitar a los novios y (b) darles un regalo.

Usted debe decirles a las siguientes personas lo que[8] deben hacer según la situación. Use mandatos formales.

Modelo: La señorita Martínez está aburrida.

Llame a una amiga (o **Mire televisión,** etc.)

1. El señor Álvarez va a pasar sus vacaciones en México.
2. La señora de Montoya no quiere pagar más alquiler.
3. El chofer del taxi está manejando muy rápido.
4. Unas personas están alrededor de un herido.
5. El señor Samper está buscando trabajo.
6. Un señor está esperando frente a la oficina de su profesor hace quince minutos.

---

[5] *Guided responses.*
[6] *Play the part.*
[7] *Following.*
[8] *What.*

TESTING ✏ formal direct commands, -ar verbs

1. In formal commands, the theme vowel of -ar verbs changes to _____.

—e

2. The plural formal command differs from the singular command by the person marker _____.

—n

Give the indicated formal command.

3. **hablar**, singular
4. **buscar**, singular
5. **pensar**, plural
6. **terminar**, plural

—hable
—busque
—piensen
—terminen

Give a Spanish equivalent.

7. *be* (plural) *here*
8. *get up* (singular)
9. *Don't close it* (the door).
10. *Silvia, give it* (the book) *to me.*

—estén aquí
—levántese
—No la cierre.
—Silvia, démelo.

Un patio de estilo español de una casa del valle del Cauca en Colombia.

A Spanish-style patio in a home in the Cauca Valley in Colombia.

III. MORE NEGATIVE AND AFFIRMATIVE EXPRESSIONS

nada	*nothing*	todo	*everything*
		algo	*something, anything*
nadie	*no one,*	todos (-as)	*everybody, all*
	nobody		
		alguien	*someone, anyone,*
			somebody
ningún, ninguno	*no, not any,*	algún, alguno	*some, any, several;*
(-a, -os, -as)	*none*	(-a, -os, -as)	*someone*
ni	*neither, nor*	o	*either, or*
ni . . . ni	*neither . . . nor*	o . . . o	*either . . . or*
nunca⎫	*never, (not)*	siempre	*always*
jamás⎭	*ever*	algún día	*someday*
		alguna vez	*sometimes*
		una vez	*once*
		a veces, algunas	*at times, sometimes*
		veces	
tampoco	*neither, not*	también	*also, too*
	either		

Besides the adverb **no**, Spanish uses pronouns, adjectives, and other adverbs to formulate negative statements. These words may precede or follow the verb. While English does not tolerate a double negative, Spanish can use two or more negative words in the same sentence: **No le da nunca nada a nadie,** *He never gives anything to anybody* (literally, He doesn't never give nothing to nobody).

No llamó **nadie** anoche.⎫
Nadie llamó anoche.⎭ *No one called last night.*

Ni Juan **ni** Pedro vienen.⎫
No vienen **ni** Juan **ni** Pedro.⎭ *Neither Juan nor Pedro is coming.*

Ana compró { **algunos** libros. / **algunos.** } Ana bought { *some books.* / *some.* }

Ella no vio { **ningún** libro. / **ninguno.** } She didn't see { *any books.* / *any.* }

No vi a { **ningún** (otro) chico. / **ninguno.** } I saw { *no (other) boy.* / *no one.* }

No vi a **nadie.** *I saw no one.*

1. When one of the above negative words follows the verb, the adverb **no** precedes the verb.
2. When a negative word precedes the verb, the adverb **no** is omitted.
3. The negative of **algunos (-as)** is **ninguno (-a).** The plural **ningunos (-as)** is used to refer to words which have no singular: **ningunas gafas** *no eye glasses.*

4. **Ninguno** and **alguno** shorten to **ningún** and **algún** before a masculine singular noun.
5. When **alguno** (**-a, -os, -as**) or **ninguno** (**-a**) referring to a person is used as an object, it requires the personal **a**.
6. Since **nadie** and **alguien** always refer to people, they require the personal **a**.
7. When **ni** or its opposite **o** join two singular nouns used as subjects, a plural verb is normally used.
8. **Nunca** is used more frequently than **jamás**. They are interchangeable except in the expression **más que nunca.** *more than ever.*

D. Ejercicio de transformación

Repita las siguientes oraciones usando la palabra **no** antes del verbo.

Model: Nadie estudia en el pasillo.
   No estudia nadie en el pasillo.

1. Nunca llegan a tiempo.　　　　　　　　No llegan nunca a tiempo.
   Nada dijo.　　　　　　　　　　　　　　No dijo nada.
   Ningún vendedor lo vio.　　　　　　　　No lo vio ningún vendedor.
   Nadie se levanta tan temprano.　　　　　No se levanta nadie tan temprano.

2. Nadie comió arroz.
   Tampoco llamaron anoche.
   Ningún inspector se quedaba hasta las ocho.
   Nunca se afeita los domingos.

3. Ni Pepe ni Fernando fueron a la fiesta.
   Nadie les daba clases.
   Nada le dijeron sobre ese problema.
   Tampoco nos pagaron ayer.

E. Afirmativo → negativo

Cambie las siguientes oraciones al negativo. Un(a) estudiante dice la oración con una sola palabra negativa y otro(a) estudiante la dice con dos palabras negativas.

Modelo: Alguien los trajo.
   Estudiante 1: **Nadie los trajo.**
   Estudiante 2: **No los trajo nadie.**

1. Ellos también necesitan una cómoda.　　Ellos tampoco necesitan una cómoda.
   　　　　　　　　　　　　　　　　　　Ellos no necesitan una cómoda tampoco.
   Algo va a pasar.　　　　　　　　　　　Nada va a pasar.
   　　　　　　　　　　　　　　　　　　No va a pasar nada.
   O Pedro o María alquilan el apartamento.　Ni Pedro ni María alquilan el apartamento.
   　　　　　　　　　　　　　　　　　　No alquilan el apartamento ni Pedro ni María.

2. Algún avión aterrizó.
   A veces se preocupa mucho.
   Nosotros también compramos un sofá.
   Alguien me llamó anoche.

3. Algo van a hacer.
   O Silvia o Amelia muestran la casa.
   Todos están muy contentos.
   Algunos alumnos llegaron a tiempo.

F. Preguntas

Conteste las preguntas sobre las siguientes situaciones usando negativos dobles.

1. Usted está hablando con su amigo Manuel en casa de Margarita. Ella viene adonde están ustedes y les hace estas preguntas.
   ¿Quieres comer algo? ¿Y tú, Manuel? ¿Quieren probar algunos postres? ¿Desean beber algo?
2. Usted es uno de los testigos de un juicio *(trial)*. El abogado le hace estas preguntas.
   ¿Vio usted a alguno de estos señores la noche del 10 de diciembre? ¿Vio usted a alguien esa noche? ¿Oyó usted algún ruido esa noche? ¿Oyó o vio usted algo raro esa noche?
3. Usted llega a su casa y quiere saber qué pasó mientras estuvo fuera.
   ¿Recibí alguna carta? ¿Vinieron Carlos o Alfredo? ¿Y vino María? ¿Llamó alguien?

TESTING ⌦ negative expressions

1. The negative counterpart of **algo** is _____.	—nada
2. The negative counterpart of **alguien** is _____.	—nadie
3. The two Spanish equivalents of *never* are _____ and _____.	—nunca, jamás
4. Before a masculine noun, **alguno** and **ninguno** shorten respectively to _____ and _____.	—algún, ningún
5. The negative for **algunos muchachos** is _____ _____.	—ningún muchacho
6. **Nadie viene** can also be expressed as _____ _____ _____.	—no viene nadie

Give a Spanish equivalent.

7. *Neither Ana nor Pepe came.*	—Ni Ana ni Pepe vinieron *or* No vinieron ni Ana ni Pepe.
8. *I didn't see any girls.*	—No vi a ninguna chica (*or* muchacha).
9. *He is resting more than ever.*	—Descansa (*or* Está descansando) más que nunca.
10. *I didn't call anybody.*	—No llamé a nadie.

⌦ PART THREE

IV. MORE ON LIMITING ADJECTIVES

Limiting adjectives are discussed on page 147. Additional limiting adjectives which occur with frequency are:

mucho	tanto	demasiado *too much*	bastante	cada *each*
poco	otro	todo	suficiente *enough*	varios *several*

Esa familia tiene { **mucho** / **poco** } dinero.			*That family has* { *much* / *little* } *money.*		

Compraron { **muchas** / **pocas** } pinturas.   *They bought* { *many* / *a few* } *paintings.*

Tenemos **bastante** { vino. / cerveza.   *We have enough* { *wine.* / *beer.*

Trajeron **bastantes** { platos. / copas.   *They brought enough* { *dishes.* / *glasses.*

1. Limiting adjectives ending in **-o**, have the four basic endings **-o, -a, -os, -as.**
2. A definite article is placed between **todo (-a, -os, -as)** and the noun:

Usaron { **todo el** oro. / **toda la** sal.   *They used all the* { *gold.* / *salt.*

Todos los sofás / **Todas las** butacas } son grandes.   *All the* { *sofas* / *armchairs* } *are big.*

Todo or **toda** without the definite article is the equivalent of *every* when used in a general sense.

Todo hombre es mortal.   *Every man is mortal.*

3. Limiting adjectives ending in **-e** have the **-es** ending for the plural: **suficiente, suficientes.**
4. **Cada** is invariable.

Cada { hombre / mujer } recibió un boleto.   *Each* { *man* / *woman* } *received a ticket.*

5. **Varios (-as)** is used only in the plural.

Vimos { **varios** apartamentos. / **varias** casas.   *We saw several* { *apartments.* / *houses.*

G. Ejercicio de sustitución

Reemplace el nombre de cada oración con la palabra entre paréntesis. Cambie la forma del adjetivo si es necesario.

Modelo: Hay muy poca leche allí. (café)
      Hay muy poco café allí.

1. Tiene demasiadas clases. (problemas)
2. Cada alumna debe traducirlas. (alumno)
3. Vimos pocos anuncios. (autopistas)
4. Necesito otro refrigerador. (estufa)

5. Hay tantas salas que visitar. (modelos)
6. Fueron a varios teatros. (exhibiciones)
7. Tengo suficiente dinero. (vendedores)
8. Todas las casas son nuevas. (apartamentos)

H. Respuestas dirigidas

1. Usted y su amiga van a tener una reunión esta noche. Conteste las siguientes preguntas usando la forma correcta de **suficiente**.

   Modelo: ¿Necesitamos más cerveza?
   No, tenemos suficiente cerveza.

   ¿Necesitamos más vino? ¿Y papas fritas? ¿Y ensalada? ¿Y platos? ¿Y copas?

2. Usted va a ir a México con un amigo, pero hay algunos cambios en los planes. Su amigo le hace las siguientes preguntas. Conteste negativamente usando la forma correcta de **otro**.

   Modelo: ¿Vamos en esa excursión?
   No, vamos en otra excursión.

   ¿Salimos el día 18? ¿Tenemos los asientos 12A y 12B? ¿Vamos a estar en el Hotel Continental? ¿Vamos a las playas de Yucatán?

3. Usted compró algunas cosas en la librería. El vendedor le pregunta si necesita más. Conteste usando el verbo **tener** y la forma correcta de **todo**.

   Modelo: ¿Necesita más libros?
   No, tengo todos los libros que necesito.
   ¿Necesita más papel? ¿Y más plumas? ¿Y más cuadernos?

TESTING ∽ limiting adjectives

Give Spanish equivalents.

1. *much* (two forms)	—mucho, mucha
2. *many* (two forms)	—muchos, muchas

Give Spanish equivalents.

3. *several ads*	—varios anuncios
4. *all apartments*	—todos los apartamentos
5. *few bathrooms*	—pocos baños
6. *enough* (two equivalents) *rent*	—bastante *or* suficiente alquiler
7. *each kitchen and each refrigerator*	—cada cocina y cada refrigerador
8. *We want another security system.*	—Queremos otro sistema de seguridad.

CONVERSACIÓN EN LA CLASE

Situaciones

1. Imagine that you are standing on the sidewalk in front of your house. A car stops and the driver asks you for directions to go downtown. Give him/her the directions.
2. Imagine that you received an inheritance. You are going to buy a house (or an apartment) and new furniture. Tell your classmates (a) how much you received, (b) the location of the house, and (c) describe the house and the furniture.

Una casa o un apartamento ideal

Think of an ideal house or apartment. Describe what it looks like to your classmates.

Anuncios

Bring newspaper or magazine ads that you specially like or dislike to class. Tell your classmates the reason for liking them or not.

Los fines de semana[9]

Each student should say what (s)he usually does and what (s)he never does on weekends.

¿Cómo llegar a estos lugares?

You are at the station. One of your classmates will tell you that (s)he wants to go to one of the places shown in the drawing and asks for directions. Tell him/her how to get there.

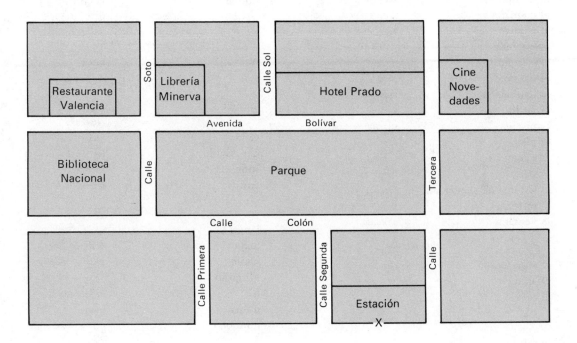

---

[9]This can be done more easily if the class is divided into small groups. One student can be in charge of keeping tab and reporting the result to the class.

Vocabulario

Nouns

furniture

la butaca	*armchair*
la cama	*bed*
la cómoda	*dresser*
la mesa de noche	*night stand*
el mueble	*piece of furniture*
el sofá	*sofa*

house

el aire acondicionado	*air conditioning*
el armario	*closet, wardrobe*
el baño	*bathroom*
la calefacción	*heating*
la cocina	*kitchen*
el comedor	*dining room*
el cuarto	*bedroom*
la escalera	*stairs*
el estudio	*study*
el garaje	*garage*
la habitación	*bedroom*
el jardín	*yard*
la piscina	*swimming pool*
el piso	*floor*
la planta baja	*ground floor*
la sala	*living room*
el sistema de seguridad	*security system*
la terraza	*terrace*
la ventana	*window*

housing

el alquiler	*rent*
el anuncio	*ad*
el precio	*price*

kitchen appliances

la estufa	*stove*
el horno	*oven*
el lavaplatos	*dishwasher*
el refrigerador	*refrigerator*

places

el apartamento	*apartment*
la cuadra	*block*
el modelo	*model*
la mueblería	*furniture store*
la plaza	*plaza, square*
la urbanización	*development*
la zona	*zone, area*

roads

la autopista	*freeway*
la avenida	*avenue*
la carretera	*highway*

Verbs

alquilar	*to rent*
anunciar	*to advertise*
doblar	*to turn* (fold)

Adjectives

nuevo	*new*

indefinites

alguien	*someone, anyone, somebody*
cada	*each*
demasiado	*too much*
suficiente	*enough*
varios	*several*

negative words

jamás	*never, (not) ever*
nada	*nothing*
nadie	*no one, nobody*
ninguno	*no, not any, none*
ni	*neither, nor*
nunca	*never*
tampoco	*neither, not either*

Expressions

a la derecha	*(to the) right*
a la izquierda	*(to the) left*
algunas veces	*sometimes*
seguir derecho	*to go straight ahead*
una vez	*once*

El consultorio de un médico en San José, Costa Rica.

A doctor's office in San José, Costa Rica.

Lección 17

Formal direct commands, **-er** and **-ir** verbs
Formal direct commands of **ir, saber,** and **ser**
Indirect commands: third-person singular and plural
First-person plural commands
More about the use of articles
Feminine nouns with masculine articles in the singular

Communication Objectives

Vocabulary: You will learn words for more parts of
the body and vocabulary related to health.
Conversation: You will be able to describe your
symptoms and general physical condition to a doctor.

DIÁLOGO ∾ En el consultorio[1] del médico *At the doctor's office*

ENFERMERA   Pase y siéntese, señora Zayas. El doctor viene ahora.

[El doctor entra.]

DR. VARGAS   ¿Cómo está usted, señora Zayas?

SRA. ZAYAS   No muy bien, doctor. Me siento[2] muy débil y me duele[3] mucho la garganta.

DR. VARGAS   ¿Algún otro síntoma, dolor de cabeza, fiebre . . . ?

SRA. ZAYAS   Ayer me dolía bastante la cabeza y hoy tengo dolor de garganta.

DR. VARGAS   Vamos a examinarle la garganta. Abra la boca, por favor. Diga "Ah". [Le examina la garganta.] Tiene la garganta muy irritada. ¿Es usted alérgica a los antibióticos?

SRA. ZAYAS   No, doctor.

DR. VARGAS   Bueno, entonces le voy a recetar unas pastillas para la infección. Tome una cada cuatro horas. Aquí tiene la receta.

SRA. ZAYAS   ¿Eso es todo, doctor?

DR. VARGAS   Además haga gárgaras de agua tibia con sal varias veces al día. Si tiene fiebre o dolor de cabeza, tome aspirinas. No más de ocho al día.

SRA. ZAYAS   Gracias, doctor.

NURSE: Come in and sit down, Mrs. Zayas. The doctor is coming now.

[The doctor comes in.]

DR. V: How are you, Mrs. Zayas?

MRS. Z: Not very well, Doctor. I feel very weak and I have a very sore throat.

DR. V: Any other symptoms, headache, fever . . . ?

MRS. Z: Yesterday I had a severe headache and today I have a sore throat.

DR. V: Let's examine your throat. Open your mouth, please. Say "ah." [He examines her throat.] Your throat is very irritated. Are you allergic to antibiotics?

MRS. Z: No, Doctor.

DR. V: Good. I'll prescribe some pills for the infection. Take one every four hours. Here's your prescription.

MRS. Z: Is that all, Doctor?

DR. V: Also gargle with warm salt water several times a day. If you have a fever or a headache, take aspirin. No more than eight a day.

MRS. Z: Thank you, Doctor.

---

[1]Some countries use la **consulta** instead of el **consultorio**.
[2]From **sentirse (ie, i)**. Not to be confused with **sentarse** *to sit down*.
[3]From **doler (ue)** *to hurt*. This verb functions like the verb **gustar**.

PREGUNTAS SOBRE EL DIÁLOGO

1. ¿Por qué fue la señora Zayas a ver al médico?
2. ¿Quién es el médico de la señora Zayas?
3. ¿Qué otros síntomas tiene la señora Zayas?
4. ¿Qué le recetó el médico?
5. ¿Cuándo debe tomar las pastillas?
6. ¿Qué clase de gárgaras debe hacer?
7. ¿Cuándo debe hacer las gárgaras?
8. ¿Qué debe tomar si le duele la cabeza o tiene fiebre?
9. ¿Cuántas aspirinas puede tomar al día?
10. ¿Es ella alérgica a los antibióticos?

ORACIONES Y PALABRAS

Me siento muy **débil** hoy.
          cansado, fuerte
Le voy a recetar **unos antibióticos.**
          unas vitaminas
Me duele **la garganta.**
          la espalda, el cuerpo,
          el estómago
Me duelen los **oídos**[5].
          brazos
Tengo **gripe**[6].
          catarro

I feel very weak today.
          tired, strong
I'm going to prescribe some antibiotics.
          some vitamins
My throat hurts. [4]
          back, body,
          stomach
My ears hurt.
          arms
I have the flu.
          a cold

PREGUNTAS GENERALES

1. ¿Cuándo va usted a ver al médico?
2. ¿Cómo se siente usted ahora?
3. ¿Cómo se siente su compañero(-a)?
4. ¿Cuándo cree usted que una persona debe tomar vitaminas?
5. ¿Qué hace usted cuando le duele la cabeza?
6. ¿Y qué hace cuando le duele la garganta?
7. Si una persona es alérgica a los antibióticos, ¿es peligroso dárselos? ¿Por qué?
8. ¿Cree usted que los ejercicios son buenos? ¿Por qué?
9. ¿Cuándo se siente usted cansado (-a)?
10. ¿Qué hace usted cuando está cansado (-a)?

---

[4]To describe his pains, the Spanish-speaker uses indirect object + **duele(n)** + article + part of the body, or **tener dolor de** + part of the body. In the same contexts English has a variety of sentence formulas; the equivalents given here simply translate the vocabulary concerning the parts of the body.

[5]*The inner ear;* **la oreja** refers only to the outer ear.

[6]**La gripe,** feminine. Some countries use **la gripa** instead of **la gripe.**

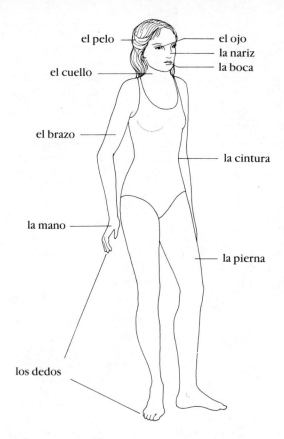

el pelo — el ojo
la nariz
la boca
el cuello

el brazo

la cintura

la mano

la pierna

los dedos

GRAMMAR, EXERCISES, AND TESTING

～ PART ONE

I. FORMAL DIRECT COMMANDS, -ER AND -IR VERBS

comer				escribir			
VERB FORMS	STEM	THEME VOWEL SLOT	PERSON MARKER	VERB FORMS	STEM	THEME VOWEL SLOT	PERSON MARKER
coma (usted)	com	a	—	escriba (usted)	escrib	a	—
coman (ustedes)	com	a	n	escriban (ustedes)	escrib	a	n

Lea ⎱ el ejercicio.   Read ⎱ the exercise.
Escriba ⎰   Write ⎰
No duerma tanto.   Don't sleep so much.
Tradúzcanme esas oraciones. Translate those sentences for me.
Hágalo ahora.   Do it now.
Recójamela.   Pick it up for me.
Siga al guía.   Follow the guide.

1. The theme vowel of **-er** and **-ir** verbs changes to **a** in formal commands.
2. The stem changes found in the first-person singular of the present indicative also occur in these command forms: **duermo → duerma; traduzco → traduzca,** etc.
3. Verbs ending in **ger, -gir,** and **guir** have the orthographic changes **g → j, gu → g** to show that the sound of the consonant preceding the **-er** or **-ir** is maintained.

   recoger → recoja   **dirigir → dirija** *direct*   **seguir → siga**[7]

II. FORMAL DIRECT COMMANDS OF IR, SABER, AND SER

ir	saber	ser
vaya (usted)	sepa (usted)	sea (usted)
vayan (ustedes)	sepan (ustedes)	sean (ustedes)

hacer traer
haga traiga
hagan traigan

No vaya al médico hoy.   *Don't go to the doctor's today.*
Sepan esto para mañana.   *Know this for tomorrow.*
Sean buenos.   *Be good.*

Sea buena gente   *Be a good person*

1. These three verbs have special stems for their formal direct commands.
2. Like the rest of the **-er** and **-ir** verbs, their theme vowel changes to **a**.

p161 A K. wKK.
162 A Crossword
163 A 080
164

A. Presente → mandato formal

decir poner tener
diga ponga tenga
pongan tengan

Modelos: El señor Quesada abre la maleta.
   Señor Quesada, abra la maleta.
   Ellos no aplauden el concierto.
   No aplaudan el concierto.

1. Juan escribe la carta hoy.
   Gonzalo recoge los platos.
   Alicia bebe mucha agua.
   Ellos no venden la finca.

   Juan, escriba la carta hoy.
   Gonzalo, recoja los platos.
   Alicia, beba mucha agua.
   No vendan la finca.

2. Pepe sale a las tres.
   Él no es egoísta.
   Va al consultorio a las tres.
   Los chicos traducen los ejercicios.

3. Pedro se viste ahora.
   El doctor Vargas vuelve más tarde.
   Despiden al empleado.
   Ella hace gárgaras de agua con sal.

---

[7]The changes **g → j** and **gu → g** also occur in the first-person singular of the present tense.

recoger	dirigir	seguir
recojo	dirijo	sigo
recoges, etc.	diriges, etc.	sigues, etc.

B. Respuestas dirigidas

Usted va a hacer el papel de un médico y debe contestar las preguntas de sus pacientes.

1. Su paciente quiere perder peso y le pregunta si puede comer ciertas cosas. Conteste sus preguntas negativamente usando mandatos formales y los pronombres correspondientes.

   Modelo: ¿Puedo beber chocolate?
   No, no lo beba.

   ¿Puedo comer pan?   ¿Y papas fritas?   ¿Y paella?   ¿Puedo beber cerveza?
   ¿Y vino?

2. Su paciente tiene gripe. Conteste sus preguntas afirmativamente usando mandatos formales y los pronombres correspondientes.

   Modelo: ¿Puedo comer pollo?
   Sí, cómalo.

   ¿Puedo beber té caliente?   ¿Y leche?   ¿Debo hacer gárgaras de agua con sal?
   ¿Me puedo bañar?   ¿Debo tomar aspirinas?

C. Situaciones

Usted debe decirles a las siguientes personas lo que deben hacer según la situación. Use mandatos formales.

1. El señor Montoya está muy cansado.
2. Unos señores quieren ver el Ballet Folklórico.
3. La señora Méndez quiere saber el tamaño de la sala.
4. A la señorita Álvarez le duele la garganta.
5. Unos señores quieren saber algo sobre la cultura de México.
6. Un señor quiere cambiar su asiento en el avión.

TESTING ∾ formal direct commands, -er and -ir verbs

1. In formal commands, the theme vowel of -er and -ir verbs changes to _____.

   —a

Give the indicated formal command.

2. **comer,** singular
3. **escribir,** plural
4. **traer,** singular
5. **traducir,** plural
6. **seguir,** singular

   —coma
   —escriban
   —traiga
   —traduzcan
   —siga

Give a Spanish equivalent.

7. *Roberto, read the prescription.*
8. *Don't fall asleep, Mrs. Mena.*
9. *Gentlemen, go now.*
10. *María, do it* (homework) *later.*

   —Roberto, lea la receta.
   —No se duerma, señora Mena.
   —Señores, vayan ahora.
   —María, hágala después (*or* más tarde).

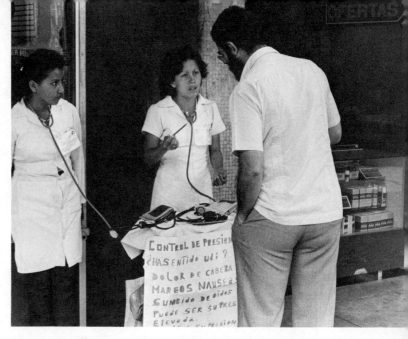

Personal médico que ofrece sus servicios para tomar la presión en Lima, Perú.

Medical personnel offering blood pressure readings in Lima, Peru.

∾ **PART TWO**

III. *INDIRECT COMMANDS: THIRD-PERSON SINGULAR AND PLURAL*

Spanish and English make frequent use of indirect commands in the third person. Typical English indirect commands are *let him or her do it* or *let them read it.* Equivalent indirect commands in Spanish use verb forms identical to direct formal commands.

Que la **prepare** Cecilia.	*Let Cecilia prepare it.* [8]
Que no lo **haga** él.	*Don't let him do it.*
Que se lo **digan** ahora.	*Let them tell it to him now.*
Que lo **empiece** el señor Romero.	*Let Mr. Romero start it.*
Que se **acuesten** los niños.	*Let the children go to bed.*

1. The word **que** introduces the indirect command, except in some traditional expressions.

> **Viva** la libertad.   *Long live liberty.*
> Dios te **bendiga.**   *God bless you.*

2. Reflexive and object pronouns always precede the verb.
3. Subject pronouns normally follow the verb.
4. Subject pronouns may be omitted if the subject for whom the command is meant is clearly understood.

---

[8]English sentences using *let* have two interpretations:

    a. an indirect command: *Have Cecilia prepare it.*

    b. a direct command plus an infinitive: *Permit Cecilia to prepare it.*

The first case is covered in this lesson. The second case will be discussed in Lesson 22.

IV. FIRST-PERSON PLURAL COMMANDS

VAMOS A + *INFINITIVE*   *ALTERNATIVE CONSTRUCTION*

Vamos a	hablar	**Hablemos**		*speak*
	empezar	**Empecemos**		*begin*
	contar	**Contemos**		*count*
	comer	**Comamos**	*Let's*	*eat*
	escribir	**Escribamos**		*write*
	servir	**Sirvamos**		*serve*
	salir	**Salgamos**		*go out*

Vamos.   *Let's go.*
No vamos a dormir.   *We are not going to sleep.*
No durmamos entonces.   *Let's not sleep, then.*

1. **Vamos a** + infinitive is equivalent to English *let's* + verb.
2. **Vamos** is used by itself with the meaning *let's go*. The negative *let's not go* is **no vayamos**.
3. **No** preceding **vamos** changes the sentence into a negative declarative statement, not a negative command.
4. An alternative construction for first-person plural commands uses the following endings:
   a. **-emos** for all **-ar** verbs.
   b. **-amos** for all **-er** and **-ir** verbs.
5. These endings are added to the stem of the formal direct command except for:
   a. stem-changing **-ar** and **-er** verbs use the infinitive stem: **cerrar → cerremos**; **contar → contemos**.
   b. stem-changing **-ir** verbs (e → ie) and (e → i) change the stem vowel **e** of the infinitive to **i**: **sentir → sintamos**; **pedir → pidamos**.
   c. stem-changing **-ir** verbs (o → ue) change the stem vowel **o** of the infinitive to **u**: **dormir → durmamos**.
6. Reflexive verbs drop the **s** of the **-mos** ending if the pronoun **nos** is attached.
   lavemos + nos → lavémonos las manos.
7. The **s** of **-mos** is also dropped if the pronoun **se** is attached.
   demos + se → démoselo ahora

D. Mandatos directos → mandatos indirectos

Cambie los siguientes mandatos directos a mandatos indirectos.

Modelo: Juan, siéntese.
   Que se siente Juan.

1. María, venga después.   Que venga María después.
   Gonzalo, escriba la carta.   Que escriba Gonzalo la carta.
   Señores, termínenlo esta tarde.   Que lo terminen los señores esta tarde.

2. Alicia, no salga esta noche.   3. Pedro, descanse más.
   Niños, acuéstense temprano.   Doctor, recétele algo.
   Señora, tome más vitaminas.   Amelia, dígaselo ahora.

E. Respuestas dirigidas

Conteste las siguientes preguntas con un mandato indirecto.

Modelo: ¿Ayudo a Julia o la ayuda él?
Que la ayude él.

1. ¿Abro la puerta o la abre ella?
2. ¿Traemos los discos o los traen ellos?
3. ¿Llamo al secretario o lo llaman ellas?
4. ¿Preparo la ensalada o la prepara Julia?
5. ¿Despido a los empleados o los despide el señor Gómez?

Conteste cada pregunta con un mandato directo o indirecto.

1. ¿Lavo las copas?
2. ¿Estaciono el coche?
3. ¿Recojo a Manuel?
4. ¿Hablo con el jefe?
5. ¿Se lo decimos ahora?
6. ¿Nos levantamos?

F. Ejercicio de transformación

Cambie las siguientes oraciones a mandatos correspondientes a **nosotros**.

Modelos: Vamos a comer.
Comamos.
Vamos a comprarla.
Comprémosla.

1. Vamos a salir.
   Vamos a pedir más café.
   Vamos a recogerla.

   Salgamos.
   Pidamos más café.
   Recojámosla.

2. Vamos a levantarnos.
   Vamos a ponerlo allí.
   Vamos a hablar con el médico.

3. Vamos a tomar más vitaminas.
   Vamos a esperar a Juan.
   Vamos a dárselo.

G. Respuestas dirigidas

1. Usted está en su casa con unos amigos un sábado por la tarde. Ellos le dan algunas ideas sobre las cosas que pueden hacer. A usted no le parecen buenas y contesta que no.

   Modelo: ¿Llamamos a Ana María?
   No, no la llamemos.

   ¿Vamos a casa de Luis? ¿Visitamos a los Suárez? ¿Hacemos la tarea? ¿Le escribimos a tu hermana?

2. Usted y su amigo están organizando una fiesta. Conteste sus preguntas afirmativamente según el modelo.

   Modelo: ¿Llamamos a Silvia?
   Sí, llamémosla.

   ¿Invitamos a Jorge? ¿Y a Rosa? ¿Llevamos discos? ¿Preparamos dos ensaladas? ¿Compramos vino?

TESTING ✃ indirect commands and first-person plural commands

1. A Spanish equivalent for *let's go* is _____.
2. An alternative expression to **cantemos** is _____ _____ _____.
3. An alternative expression to **vamos a dormir** is _____.

Give a Spanish equivalent.

4. *Let* HIM *do it.*
5. *Let's serve the coffee* (two constructions).

Answer the question with the command form indicated by the cue.

6. ¿Lo hacemos? Sí, _____ (nosotros-form).
7. ¿Lo termina Juan o lo termino yo? (Juan, indirect command)
8. ¿Lo llevo yo o lo lleva mi hermano? (su hermano, indirect command)

—vamos

—vamos a cantar

—durmamos

—Que lo haga él.
—Sirvamos el café. Vamos a servir el café.

—hagámoslo

—Que lo termine Juan.

—Que lo lleve su hermano.

✃ PART THREE

V. MORE ABOUT THE USE OF ARTICLES

Spanish and English often use articles with nouns in similar ways. Both languages use a definite article to indicate a specific object and an indefinite article to refer to one object of a class. But in certain contexts, the two languages differ in their use or omission of articles. We have already encountered the instances of parts of the body, wearing apparel, the days of the week, and indirect address (see pages 201–202, 244, and footnote on page 29). Here are some other instances in which the use of the articles differs.

DEFINITE ARTICLE

El español y el italiano vienen del latín.	*Spanish and Italian come from Latin.*
Ella no habla español pero habla muy bien el ruso	*She doesn't speak Spanish but she speaks Russian very well.*
La biología es muy interesante.	*Biology is very interesting.*
El amor es importante en la vida.	*Love is important in life.*
El pobre Juan está enfermo.	*Poor Juan is sick.*
La carne está a tres dólares la libra.	*The meat is three dollars a pound.*

Spanish uses the definite article:

1. with names of languages, or fields of study, except when they immediately follow the verb **hablar, aprender, enseñar, escribir,** or **saber.**
2. with nouns used in a general sense.
3. with any modified proper noun.
4. to express a unit value such as a pound, a kilo, or a meter.

INDEFINITE ARTICLE

Es profesor y republicano.	*He is a professor and a Republican.*
Juan es católico.	*Juan is a Catholic.*
Es **un** buen médico.	*He is a good doctor.*
Déle otra taza de café.	*Give him another cup of coffee.*
Me gusta cierta chica.	*I like a certain girl.*

1. The indefinite article is not used in Spanish with words designating profession, political belief, religion, or nationality, unless the word is modified.
2. It is never used before **otro.**
3. It is frequently omitted before **cierto.**

VI. FEMININE NOUNS WITH MASCULINE ARTICLES IN THE SINGULAR

Feminine nouns beginning with stressed **a** or **ha** cannot directly follow **la** or **una; el** or **un** is used instead.

Prefiero **el** agua fría de las montañas.	*I prefer the cold water of the mountains.*
El hambre que sentían era terrible.	*The hunger they felt was terrible.*
Tienen **mucha** hambre.	*They are very hungry.*

1. All the nouns in the example sentences are feminine.
2. When an article directly precedes a singular feminine noun beginning with stressed **a** or **ha,** the masculine form of the article is used.
3. But when an adjective intervenes between the article and the noun beginning with stressed **a** or **ha,** the feminine article is used: Es **una** buena aula.   *It is a good classroom.*
4. In the plural, the feminine articles are always used: **Las** aulas están llenas.   *The classrooms are full.*
5. When the noun begins with an unstressed **a** or **ha,** the feminine article is used:

    la aduana, **la** avenida

6. Other words which require the masculine article forms are:

    área   *area*
    águila   *eagle*

H. Ejercicio de transformación

Repita las siguientes oraciones añadiendo[9] el adjetivo correspondiente. Haga los cambios necesarios.

Modelo: Juan es profesor. (excelente)
Juan es un profesor excelente.

1. Él es médico. (famoso)   Él es un médico famoso.
   Su madre es abogada. (muy buena)   Su madre es una abogada muy buena.

2. Manuel es camarero. (muy trabajador)   3. Su padre es piloto. (excelente)
   Su compañera es mexicana. (sim-   El señor Gómez es policía. (muy bueno)
   patiquísima)

I. Plural → singular

Modelo: Las aulas son pequeñas.
El aula es pequeña.

1. Allí las aguas son muy frías.   4. Las águilas son muy grandes.
2. Las aulas están a la derecha.   5. Los estudiantes quieren unas aulas más
3. Las áreas donde ellos trabajan son peli-   grandes.
   grosas.   6. Vi unas águilas en la montaña.

J. Lectura

Lea las siguientes oraciones. Si es necesario, use un articulo definido en los espacios en blanco[10].

1. _____ español es una lengua importante en muchas partes de los Estados Unidos; por eso nosotros estudiamos _____ español.
2. _____ agua estaba fría y _____ niño no se lavó _____ cara.
3. _____ aula donde tenemos _____ clase de español es pequeña, pero _____ aulas del segundo piso son más grandes.
4. Felipe quiere ser _____ médico; por eso estudia _____ biología.
5. _____ vitaminas son necesarias para sentirse bien.
6. _____ área que le dieron al vendedor era buena, pero _____ otra área era mejor.

---

[9]*Adding.*
[10]*Blanks.*

TESTING ✺ uses of the articles

Give a Spanish equivalent.

1. *Spanish is easy.*
2. *Men are selfish.*
3. *I saw another program.*
4. *Really? Three dollars a kilo?*

5. **El** and **un** are used in Spanish with feminine nouns that begin with stressed _____ or _____.

Give a Spanish equivalent.

6. *the water*
7. *the other water*
8. The plural of **el aula** is _____ _____.

—El español es fácil.
—Los hombres son egoístas.
—Vi otro programa.
—¿De veras? ¿Tres dólares el kilo?

—a, ha

—el agua
—la otra agua
—las aulas

CONVERSACIÓN EN LA CLASE

En la aduana

One student will play the part of a customs inspector and another one the part of a passenger. The inspector should ask pertinent questions and give commands to the passenger.

En el consultorio del médico

One student will play the part of a doctor and another one the part of a patient. The patient should describe his/her symptoms and the doctor should ask the patient pertinent questions and then prescribe some medication.

En la universidad

You are a foreign student and you want to go to various places on campus (el estadio, la biblioteca, etc.). Ask the necessary questions. One of your classmates will explain how to get to those places using formal commands.

En una ciudad

You are downtown in an important city in the United States. You meet some tourists from Venezuela. They are on vacation and they don't know what places they should visit. Tell them where they should go and what they should see.

Organizando una fiesta

Some of your friends are organizing a party. You are very tired and you don't feel like doing anything. Every time they ask you if you can do something, you give them an excuse and tell them that someone else can do it (e.g., **¿Puedes llamar a Pepe? Yo tengo que ir al médico; que lo llame Manuel.**)

Vocabulario

Nouns

birds

el águila (f)	eagle

health

el catarro	cold
el dolor	ache
la fiebre	fever
la gripe	flu
la infección	infection
la receta	prescription
el síntoma	symptom

medication

el antibiótico	antibiotic
la aspirina	aspirin
la pastilla	pill
la vitamina	vitamin

parts of the body

la boca	mouth
el brazo	arm
la cabeza	head
el cuello	neck
el cuerpo	body
el dedo	finger, toe
la espalda	back
el estómago	stomach
la garganta	throat
el oído	ear
el ojo	eye
la pierna	leg

people

el enfermero	nurse

places

el área (f)	area
el aula (f)	classroom
el consultorio	doctor's office

Verbs

doler (ue)	to hurt, to ache
examinar	to examine
recetar	to prescribe
sentarse (ie)	to sit down
sentirse (ie, i)	to feel

Adjectives

alérgico	allergic
cansado	tired
débil	weak
fuerte	strong
irritado	irritated, sore
tibio	lukewarm, tepid

indefinites

cierto	certain

Expressions

hacer gárgaras	to gargle

Mercado al aire libre en Lima, Perú, donde las personas pueden comprar comida, ropa y artesanías.

An open-air market in Lima, Peru, where people can purchase food, clothes, and native crafts.

Lección 18

Informal direct commands • Informal direct commands of **-ar** verbs

Informal direct commands of **-er** and **-ir** verbs

Relative pronouns

Communication Objectives

Vocabulary: You will learn words related to cooking and food.

Conversation: You will be able to give a recipe in Spanish, and to tell your friends to do or not to do something.

RECETA ✬ Una receta de arroz con pollo

Ésta es la receta de arroz con pollo que Ana Luisa Castellanos le dio a su amiga Betty, una chica norteamericana a quien le gusta mucho cocinar. El arroz con pollo es un plato muy popular en Hispanoamérica, pero con ciertas diferencias según el país. Por ejemplo, mientras unos países lo preparan con cerveza, otros usan vino blanco, caldo de pollo o sólo agua.

3 dientes de ajo
1 cebolla
1 pimiento verde[1]
5 cucharadas de aceite

1 taza de salsa de tomate

1/2 cucharadita de pimienta

1 cucharada de sal
1 pollo
2 tazas de arroz
2 botellas de cerveza
1 pizca de azafrán[2]

1/2 taza de arvejas cocinadas
1/4 taza de pimientos rojos

Machaca el ajo y corta en pedazos bien pequeños[3] la cebolla y el pimiento verde. Fríe[4] todo esto ligeramente en el aceite. Añádele la salsa de tomate, la sal, la pimienta, el azafrán y el pollo cortado. Une todo bien y cocínalo unos cinco minutos. Añádele el arroz y la cerveza. Tápalo y cocínalo a fuego lento[5] una media hora más o menos. Si necesitas más líquido, añádele un poco de agua. Adórnalo con las arvejas y los pimientos rojos.

---

receta *recipe*

por ejemplo *for example*

caldo *broth*

dientes de ajo *cloves of garlic*
cebolla *onion*
pimiento verde *green pepper*
cucharadas de aceite *tablespoons of oil*
taza de salsa de tomate *cup of tomato sauce*
cucharadita de pimienta *teaspoon of pepper*

botellas *bottles*
pizca de azafrán *a pinch of saffron*

arvejas cocinadas *cooked peas*
pimientos *pimientos*

machaca *crush,* **corta** *cut*
añádele *add to it*
cortado *cut-up,* **une** *mix*

tápalo *cover it*

---

[1]The words **ají** and **chile** are used in some countries.
[2]**El azafrán** (the dried stigmas of a plant) is widely used in Spanish cooking. It is one of the most expensive spices in the world.
[3]**corta en pedazos bien pequeños** *dice.* Literally, *cut in very small pieces.*
[4]From **freír (i).** The accent over the í shows that the vowels do not form a diphthong.
[5]**cocínalo a fuego lento** *simmer.* Literally, *cook it at a slow fire.*

PREGUNTAS SOBRE LA RECETA

1. ¿Qué receta le dio Ana Luisa a Betty?
2. ¿Qué usan en diferentes países para preparar el arroz con pollo?
3. ¿Cuántas cebollas necesita Betty para preparar la receta? ¿Y cuántos dientes de ajo?
4. ¿En qué debe freír la cebolla, el ajo y el pimiento verde?
5. ¿Tiene que freírlos durante mucho rato?
6. ¿Qué debe añadir después?
7. ¿Cuánto tiempo debe cocinar el pollo en la salsa?
8. ¿Cuántas botellas de cerveza necesita?
9. ¿Qué debe hacer después de añadir el arroz y la cerveza?
10. ¿Qué debe hacer si necesita más líquido?

ORACIONES Y PALABRAS

Calentar

Calienta[6] un poco de **aceite** en esa olla.
        mantequilla,
        margarina
Añade una cucharada de **azúcar**[7].
        vainilla, vinagre[8]
Necesitamos **cubiertos** para poner la mesa.
        cuchillos, tenedores[9],
        cucharas, cucharitas,
        servilletas, vasos,
        un mantel

Heat some oil in that pot.
        butter,
        margarine
Add one tablespoon of sugar.
        vanilla, vinegar
We need silverware to set the table.
        knives, forks,
        spoons, teaspoons,
        napkins, glasses (or *tumblers*),
        a tablecloth

PREGUNTAS GENERALES

1. ¿Cocina usted en su casa?
2. ¿Qué platos cocina usted?
3. ¿Conoce usted otras recetas españolas o hispanoamericanas? ¿Cuáles?
4. ¿Qué es el azafrán?
5. Además de platos y vasos, ¿qué otras cosas usamos cuando comemos?
6. ¿Qué necesita usted para preparar una ensalada?
7. ¿Qué ingredientes de la receta de arroz con pollo usamos poco en este país?
8. ¿Usa usted aceite o mantequilla para freír? ¿Por qué?
9. ¿Puede usted explicarle una receta a su compañero(-a)? ¿Cuál?
10. ¿Es una receta sencilla o complicada?

insípido- plain, no taste

---

[6]From **calentar** (ie).
[7]El or la **azúcar**, masculine or feminine; both forms are used.
[8]El **vinagre**, masculine.
[9]El **tenedor**, masculine.

GRAMMAR, EXERCISES, AND TESTING

∽ PART ONE

I. INFORMAL DIRECT COMMANDS

Besides formal direct commands, Spanish has a set of informal direct commands which are used by people who address others as **tú** or **vosotros**. Because **ustedes** functions as the plural of **tú** in Spanish America, the formal command corresponding to **ustedes** is also used in Spanish America as an informal command.

II. INFORMAL DIRECT COMMANDS OF -AR VERBS

hablar

AFFIRMATIVE				NEGATIVE			
VERB FORM	STEM	THEME VOWEL SLOT	PERSON MARKER	VERB FORM	STEM	THEME VOWEL SLOT	PERSON MARKER
habla (tú)	habl	a	—	no hables (tú)	habl	e	s

Llama a Cecilia.	*Call Cecilia.*
Cierra la ventana.	*Shut the window.*
Ciérrala.	*Shut it.*
No **cuentes** más.	*Don't count any more.*
No **le des** el regalo.	*Don't give her the present.*
Siéntate.	*Sit down.*

1. To form the affirmative **tú**-command, use the present indicative **tú**-form without the final **s**: **tú hablas** → **habla (tú)**.
2. To form the negative **tú**-command, use the **usted**-command + **s**: **hable usted** → **no hables (tú)**.
3. The theme vowel **a** is retained in the affirmative command; in the negative command, the theme vowel **a** changes to **e**.
4. The placing of subject, object, and reflexive pronouns with informal commands is the same as with formal commands.
5. The plural of the **tú**-command in Spanish America is the **ustedes**-command (see page 282).

Vosotros-COMMANDS

hablar

	AFFIRMATIVE				NEGATIVE		
VERB FORM	STEM	THEME VOWEL SLOT	PERSON MARKER	VERB FORM	STEM	THEME VOWEL SLOT	PERSON MARKER
hablad (vosotros)	habl	a	d	no habléis (vosotros)	habl	é	is

Cerrad las puertas. *Close the doors.*
Cerradlas. *Close them.*
No **cantéis** ahora. *Don't sing now.*

1. To form the affirmative **vosotros**-command, change the final **-r** of the infinitive to **-d**: hablar → hablad vosotros.
2. To form the negative **vosotros**-command, change the **-ad** ending of the affirmative form to **-éis**: hablad vosotros → no habléis vosotros.
3. The theme vowel **a** is retained in the affirmative command; in the negative command, the theme vowel **a** changes to **e**.
4. When an affirmative **vosotros**-command is used reflexively, the final **-d** is dropped and the pronoun **os** is attached directly to the theme vowel: **levantad + os → levantaos.**

A. Mandato formal → mandato informal

Modelo: Llame a los niños.
   Llama a los niños.

1. Estudie esos ejercicios. Estudia esos ejercicios.
   No trabaje tanto. No trabajes tanto.
   Corte el pimiento. Corta el pimiento.
   No se preocupe tanto. No te preocupes tanto.

2. Saque los cuchillos.
   Pregúntele el número.
   Cocine la cebolla en aceite.
   Llévele la maleta.

3. Siéntese allí.
   No se levante.
   Lávese las manos.
   Acuéstese temprano.

B. Respuestas dirigidas

Usted y su amiga están preparando un plato en la cocina. Ella le va a hacer varias preguntas. Conteste sus preguntas afirmativamente usando mandatos informales y los pronombres correspondientes.

Modelo: ¿Corto el pollo?
   Sí, córtalo.

¿Machaco el ajo?   ¿Corto la cebolla?   ¿Caliento el aceite?   ¿Cocino el pollo?   ¿Tapo la cazuela?   ¿Preparo la ensalada?

Su hermano pequeño quiere hacer ciertas cosas. Conteste sus preguntas negativamente usando mandatos informales.

Modelo: ¿Puedo cruzar la calle?
No, no la cruces.

¿Puedo pintar la pared?   ¿Puedo cerrar las ventanas?   ¿Puedo tocar el piano?   ¿Puedo usar tu pluma?   ¿Puedo ayudarte?

C. Situaciones

1. Usted invitó a unos amigos a cenar. Ya es tarde y usted tiene que preparar la cena y poner la mesa. Su hermano(-a) lo (la) va a ayudar. Dígale las cosas que debe hacer.
2. Usted está en una finca o en un parque con un niño pequeño. Dígale las cosas que no debe hacer.
3. Usted y un compañero están en la biblioteca preparando un trabajo para la clase. Cada uno debe decirle al otro las cosas que debe hacer.

Un moderno supermercado de la ciudad de México, donde se puede apreciar la gran variedad de vegetales frescos y víveres.

A modern supermarket in Mexico City, offering fresh produce as well as other groceries.

Un experto cafetero en Colombia prueba diferentes clases de café.

A coffee expert in Colombia tastes different kinds of coffee.

TESTING ∽ informal direct commands of -ar verbs

Give the affirmative **tú**-command.

1. hablar   hable   Ud.
2. almorzar   almuerze   Ud.
3. levantarse   Levantese   Ud.

—habla
—almuerza
—levántate

Give the negative **tú**-command.

4. machacar
5. cocinar
6. calentar
7. In Spanish America, the affirmative plural command of **contar** is _____.

—no machaques
—no cocines
—no calientes

—cuenten

Give a Spanish equivalent (**tú**-form).

8. *Heat the oil.*
9. *Don't cook the rice now.*
10. *Give her the recipe.*

—Calienta el aceite.
—No cocines el arroz ahora.
—Dale la receta.

III. INFORMAL DIRECT COMMANDS OF -ER AND -IR VERBS

Tú-COMMANDS

AFFIRMATIVE				NEGATIVE			
VERB FORMS	STEM	THEME VOWEL SLOT	PERSON MARKER	VERB FORMS	STEM	THEME VOWEL SLOT	PERSON MARKER
come (tú)	com	e	—	no comas (tú)	com	a	s
escribe (tú)	escrib	e	—	no escribas (tú)	escrib	a	s

Come ahora, Pepe.   *Eat now, Pepe.*
Trae la servilleta.   *Bring the napkin.*
No le escribas a María.   *Don't write to María.*

1. The affirmative and negative **tú**-commands of most **-er** and **-ir** verbs are formed exactly like the counterpart commands for **-ar** verbs.
2. For the affirmative **tú**-command, use the present indicative **tú**-form without the final **s**: **tú comes → come (tú)**; **tú escribes → escribe (tú)**. These verbs are exceptions to this rule:

    poner → pon   hacer → haz   salir → sal   ser → sé
    tener → ten   decir → di   venir → ven   ir → ve

Sé, ve, and **ven** are identical to present-tense forms of **saber** and **ver** respectively. The context will indicate whether a command or a present-tense form is meant.

Sé amable.   *Be nice.*   Sé la lección.   *I know the lesson.*
Ve a la taquilla.   *Go to the ticket office.*   Él ve los problemas.   *He sees the problems.*
Ven temprano.   *Come early.*   ¿Ven ustedes las pinturas? *Do you see the paintings?*

3. For the negative **tú**-command, use the **usted**-command + **s**: **coma (usted) → no comas (tú)**; **escriba usted → no escribas (tú)**.
4. Except for those irregular verbs above, which only use their infinitive stem (e.g., **poner → pon**), the affirmative **tú**-command of **-er** and **-ir** verbs has the theme vowel **e**.
5. The negative **tú**-command of all **-er** and **-ir** verbs change the the theme vowel to **a**.

Vosotros-COMMANDS

AFFIRMATIVE				NEGATIVE			
VERB FORMS	STEM	THEME VOWEL SLOT	PERSON MARKER	VERB FORMS	STEM	THEME VOWEL SLOT	PERSON MARKER
comed (vosotros)	com	e	d	no comáis (vosotros)	com	á	is
escribid (vosotros)	escrib	i	d	no escribáis (vosotros)	escrib	á	is

Leed las noticias.	*Read the news.*
No leáis las noticias.	*Don't read the news.*
Traedlo ahora.	*Bring it now.*
No salgáis tan pronto.	*Don't leave so soon.*

1. The affirmative **vosotros**-commands of **-er** and **-ir** verbs are formed exactly like the counterpart commands for **-ar** verbs; the final **r** of the infinitive is changed to **d: comer** → **comed** (vosotros); **escribir** → **escribid** (vosotros).

2. To form the negative **vosotros**-command, use the stem of the formal direct command + **-áis: coma usted** → **no comáis** (vosotros); **escriba usted** → **no escribáis** (vosotros). The exceptions are:

   a. stem-changing **-er** verbs (e → ie) and (o → ue) use the infinitive stem + **áis: perder** → **no perdáis; volver** → **no volváis.**

   b. stem-changing **-ir** verbs (e → ie) and (e → i) change the stem vowel **e** of the infinitive to **i: sentir** → **no sintáis; pedir** → **no pidáis.**[10]

   c. stem-changing **-ir** verbs (o → ue) change the stem vowel **o** of the infinitive to **u: dormir** → **no durmáis.**[10]

3. The affirmative **vosotros**-command of **-er** verbs retains the theme vowel **e**; the negative command changes the theme vowel **e** to **a**.

4. The affirmative **vosotros**-command of **-ir** verbs retains the theme vowel **i**; the negative command changes the theme vowel **i** to **a**.

5. When the affirmative **vosotros**-command is used reflexively, the final **-d** is dropped and the pronoun **os** is attached directly to the theme vowel: **poned** + **os** → **poneos.** (The verb **irse** is an exception: **idos.**) When **os** is attached to an **-ir** verb, an accent must be written on the final **í** to show that the stress has not shifted: **vestid** + **os** → **vestíos.**

D. Mandato formal → mandato informal

Modelo: Añada la salsa de tomate.
  Añade la salsa de tomate.

1. Aprenda los números.
   Traiga a los pasajeros.
   Vuelva mañana.
   Diga la verdad
   Siga derecho por esa calle.

   Aprende los números.
   Trae a los pasajeros.
   Vuelve mañana.
   Di la verdad.
   Sigue derecho por esa calle.

2. Escriba las cartas.
   Salga temprano.
   Vaya a verlo.
   Diviértase en la fiesta.
   Tenga cuidado con el tráfico.

3. Recoja los discos.
   Pídale la dirección.
   Vístase rápido.
   Fría la cebolla.
   Mida las paredes.

---

[10]The same vowel shift occurs in the third-person singular and plural of the preterit tense. See page 159.

E. Respuestas dirigidas

Conteste cada una de las siguientes oraciones con un mandato negativo informal.

Modelo: Yo duermo pocas horas.
No duermas pocas horas.

1. Yo como a las ocho.
2. Yo bebo vino con la comida.
3. Yo leo las lecciones.
4. Yo le digo las respuestas.
5. Yo lo recojo en su casa.
6. Yo soy amable con él.

F. Preguntas

Usted está enfermo(-a) en cama. Un(-a) amigo(-a) viene a ayudarlo(la) y le hace las siguientes preguntas. Conteste algunas preguntas afirmativamente y otras negativamente usando el pronombre correspondiente.

¿Abro la ventana?   ¿Te tapo?   ¿Te traigo las pastillas?   ¿Te sirvo la comida?   ¿Te traigo agua?

Un(a) amigo(-a) está en su casa y le hace las siguientes preguntas. Conteste usando mandatos informales.

¿Dónde pongo los vasos?   ¿Y las copas?   ¿Qué hago con los platos?   ¿Qué puedo hacer ahora?   ¿A qué hora vengo mañana?   ¿Me voy ahora?

TESTING ∽ informal direct commands of **-er** and **-ir** verbs

Give an affirmative **tú**-command.

1. leer
2. freír
3. decir

—lee
—fríe
—di

Answer the questions using an informal command.

4. ¿Los recojo? Sí, _____.
5. ¿Lo traigo? No, _____ _____ _____.
6. ¿La traduzco? Sí, _____.
7. ¿Te sirvo? No, gracias, _____ _____ _____.
8. ¿Los pongo allí? Sí, _____ allí.

—recógelos
—no lo traigas
—tradúcela

—no me sirvas
—ponlos

Give the plural equivalent used in Spanish America.

9. *Do the exercises.*
10. *Set the table.*

—Hagan los ejercicios.
—Pongan la mesa.

PART THREE

IV. RELATIVE PRONOUNS

Relative pronouns are used to combine two sentences into one and avoid the repetition of a noun. English sometimes omits relative pronouns; Spanish never does.

Él compró la casa. Nosotros vimos la casa.	*He bought the house. We saw the house.*
Él compró la casa **que** nosotros vimos.	*He bought the house (that) we saw.*
La chica te llamó. La chica vive allí.	*The girl called you. The girl lives there.*
La chica **que** vive allí te llamó.	*The girl who lives there called you.*

1. The most commonly used relative pronoun is **que**. It may refer to persons or things.
2. The pronoun **quien(es)** refers only to persons. It may replace **que** if it introduces a clause set off by commas (a nonrestrictive clause).

Pedro, $\left\{ \begin{array}{c} \textbf{que} \\ \textbf{quien} \end{array} \right\}$ trabajó allí, lo explicó. *Pedro, who worked there, explained it.*

3. After a preposition, **quien(es)** is always used when referring to persons.

Es el niño **a quien** le di el regalo.   *He is the child to whom I gave the present.*

G. Ejercicio de transformación

Combine las dos oraciones en una nueva oración usando el pronombre relativo **que**.

Modelos: Necesito los papeles. Pusiste los papeles allí.
   Necesito los papeles que pusiste allí.
   Ese chico es el novio de Marta. Él trabaja con mi padre.
   Ese chico que trabaja con mi padre es el novio de Marta.

1. Esas cebollas no están buenas. Tú compraste esas cebollas.
   Esas cebollas que tú compraste no están buenas.
   El semáforo no funciona. El semáforo está en la esquina.
   El semáforo que está en la esquina no funciona.
   La chica llegó esta mañana. Ella estudia en Colombia.
   La chica que estudia en Colombia llegó esta mañana.

2. Ésas son las casas. Compraron esas casas el año pasado.
   No me gusta el arroz con pollo. Ana preparó el arroz con pollo.
   Mañana va a llegar un amigo mío. Él monta muy bien a caballo.

3. El apartamento es muy pequeño. Ellos alquilaron el apartamento.
   Vamos a visitar el museo. El museo está cerca.
   El perro está muy bien entrenado. Vimos el perro en el aeropuerto.

Una familia disfruta de la buena comida y la música típica en un café al aire libre en Oaxaca, México.

A family enjoying good food and typical musical accompaniment in an outdoor café in Oaxaca, Mexico.

H. Ejercicio para completar

Use su imaginación y complete las siguientes oraciones usando una oración con **quien** o **quienes**.

Modelos: Allí está el señor a . . .
Allí está el señor a quien le di el dinero.
Éstos son los empleados de . . .
Éstos son los empleados de quienes te hablé ayer.

1. Vimos al chofer a . . .
2. Tú conoces a los muchachos con . . .
3. Ésa es la doctora de . . .
4. Allí está la vendedora a . . .
5. Ayer vi a los chicos con . . .
6. Allí viene el abogado . . .

Complete las siguientes oraciones con el pronombre relativo adecuado.

1. Los tomates _____ compré están en el auto.
2. Éste es el programa de _____ te hablé el otro día.
3. Nos gustaron mucho las ciudades _____ visitamos.
4. El chico a _____ invité me llamó otra vez.
5. Ésos son los señores a _____ les mostramos el apartamento.
6. La receta _____ me diste es excelente.

I. Preguntas

Conteste las siguientes preguntas usando oraciones con pronombres relativos.

1. ¿Quiénes son esos señores?
2. ¿Qué compraste ayer?
3. ¿Qué película viste la semana pasada?
4. ¿Qué discos oíste anoche?
5. ¿A quién vas a ver esta noche?
6. ¿A quiénes vas a invitar a la fiesta?
7. ¿Con quién saliste anoche?
8. ¿De quién hablaban cuando llegué?

TESTING ✌ relative pronouns

1. The relative pronoun most commonly used is
   _____.
2. The pronoun that refers only to persons is
   _____.

Give a Spanish equivalent.

4. *the films we saw*
5. *the man who ran*
6. *the lady of whom I spoke yesterday*
7. *the ladies to whom we gave the note*

8. *The tablecloth she bought is very expensive.*

—que

—quien(es)

—las películas que vimos
—el hombre que corrió
—la señora de quien hablé ayer
—las señoras a quienes les dimos
   la nota
—El mantel que compró es muy
   caro.

CONVERSACIÓN EN LA CLASE

Una receta

Tell your classmates how to prepare your favorite recipe.

Situaciones

1. Your class wants to have a party to celebrate the end of the school year. Three of your classmates are in charge of organizing the party. These students should tell others what they should do for the party (e.g., **Pedro, trae los discos**).
2. Imagine that there is a fire in this building. Tell your classmates what they should do.
3. You are going on vacation. One of your classmates is going to stay in your apartment to take care of your dog. Tell him/her what (s)he should do or not do.
4. You are riding with a friend in his/her car. You are going to a party, but your friend doesn't know how to get there. Give him/her directions to get there.

Órdenes o mandatos

With the class divided into small groups, a student will give a command to the person on his/her right (e.g., **Levántate y abre la ventana**). This person should do what (s)he was told and then (s)he should give a command to the next student.

Vocabulario

Nouns

diversity

la diferencia	*difference*

food preparation

la botella	*bottle*
el líquido	*liquid*
la olla	*pot*
la receta	*recipe*

ingredients

el aceite	*oil*
el ajo	*garlic*
diente de ajo	*clove of garlic*
la arveja	*pea*
el azafrán	*saffron*
el (la) azúcar	*sugar*
el caldo	*broth*
la cebolla	*onion*
la mantequilla	*butter*
la margarina	*margarine*
la pimienta	*pepper*
el pimiento rojo	*pimiento*
el pimiento verde	*green pepper*
la salsa	*sauce*
la vainilla	*vanilla*
el vinagre	*vinager*

measurement

la cucharada	*tablespoon(ful)*
la cucharadita	*teaspoon(ful)*
la pizca	*pinch*
la taza	*cup*

table setting

los cubiertos	*silverware*
la cuchara	*spoon*
la cucharita	*teaspoon*
el cuchillo	*knife*
el mantel	*tablecloth*
la servilleta	*napkin*
el tenedor	*fork*
el vaso	*glass, tumbler*

Verbs

adornar	*to adorn, to decorate*
añadir	*to add*
calentar (ie)	*to heat*
cocinar	*to cook*
cortar	*to cut*
freír (i)	*to fry*
machacar (qu)	*to crush*
tapar	*to cover*
unir	*to mix, to unite*

Adjectives

cocinado	*cooked*
cortado	*cut-up*

Adverbs

ligeramente	*lightly*

Expressions

cocinar a fuego lento	*to simmer*
cortar en pedazos pequeños	*to dice*
freír ligeramente	*to sauté*
por ejemplo	*for example*

Recapitulación y ampliación VII

LECTURA ∿ Desde los incas hasta el virreinato del Perú

virreinato   *vice-royalty*

La civilización de los incas era una de las más avanzadas de este continente. Cuando los españoles llegaron a la América del Sur, el Imperio Inca se extendía desde el norte de la Argentina y Chile hasta el Ecuador. La mayoría de sus habitantes eran de origen quechua. Sin embargo, los españoles los llamaron incas erróneamente. Este nombre los indígenas sólo lo usaban cuando hablaban de sus soberanos, a quienes consideraban descendientes del Sol.

imperio   *empire*

soberanos   *kings*

Los incas adoraban al Sol. En el Cuzco, la capital de su imperio, le levantaron un templo con las paredes cubiertas de oro, que era el metal que simbolizaba a este astro. Debido a su culto, el imperio de los incas es conocido también por el nombre de Imperio del Sol.

debido a   *due to*

Antes de la llegada de los españoles, la lengua quechua era obligatoria en el imperio y la vida estaba sumamente reglamentada y organizada. Esto podía ocurrir en parte gracias a los caminos que cruzaban las diferentes regiones y mantenían a la capital en contacto con los lugares más remotos del imperio. Además tenían un sistema de comunicación muy eficiente. En los caminos, había una serie de postas o estaciones con corredores especiales llamados *chasquis*. Estos corredores eran entrenados desde niños para cubrir distancias muy rápidamente. Cuando uno de estos corredores recibía un mensaje, corría hasta la próxima posta donde otro corredor recibía el mensaje y lo llevaba al siguiente. Este proceso se repetía hasta que el mensaje llegaba a su destino. En cierto sentido, los *chasquis* eran como los corredores olímpicos de la Grecia antigua y los *pony express riders* del

sumamente   *extremely*
caminos   *roads*

corredores   *runners*

mensaje   *message*

siglo pasado en los Estados Unidos. Con este sistema de los incas era posible recibir en el Cuzco noticias de los lugares más remotos del imperio en un período máximo de cinco días. También servía para ofrecerle más comodidades a la familia real pues, según dicen, ésta podía comer pescado fresco cuando lo deseaba gracias a los *chasquis.*

    Los incas no conocieron la rueda como método de transporte y sus animales de carga eran la llama, la alpaca y la vicuña. Hoy en día, estos animales todavía ayudan a muchos indios a llevar sus productos a los mercados locales. Los incas fueron además excelentes ingenieros y arquitectos. Las ruinas de Machu Picchu nos ofrecen una prueba definitiva de lo que podían hacer en materia de construcción. La ciudad está rodeada por una muralla de cinco metros de alto y unos dos metros de ancho. Para levantar esta muralla y las paredes de los edificios usaban piedras sin poner ningún cemento entre ellas. Estas piedras, algunas de las cuales pesan más de cien toneladas, encajan tan bien unas con otras que es imposible introducir la hoja de un cuchillo entre ellas.

    Después de una larga sucesión de incas, uno de ellos, Huayna Cápac, decidió dividir el imperio entre sus dos hijos, Huáscar, quien recibió el reino de Quito, y Atahualpa, que recibió el reino del

noticias *news*

rueda *wheel*

muralla *city wall*

encajan *fit*
hoja *blade*

Machu Picchu, ciudad construida por los incas en medio de los Andes. El pico a la derecha es Huayna Picchu.

Machu Picchu, a city built by the Incans in the midst of the Andes. The peak on the right is Huayna Picchu.

Un músico toca el arpa en una calle del Cuzco, Perú, ciudad que fue la capital del Imperio Inca.

A street musician plays his harp in Cuzco, Peru, a city that was the capital of the Incan Empire.

Cuzco. Poco después empezó una guerra civil entre los dos hermanos y Atahualpa fue el vencedor. Esta división facilitó la conquista del Imperio del Sol por los españoles. En 1532 Francisco Pizarro, acompañado de unos doscientos hombres, llegó al norte del Perú y se dirigió a la ciudad de Cajamarca para hablar con Atahualpa. Cuando el Inca llegó a la plaza de Cajamarca con un pequeño grupo de vasallos, las tropas de Pizarro, que estaban escondidas en las calles laterales, salieron y tomaron prisionero a Atahualpa. Después lo llevaron a una celda que todavía existe en Cajamarca y que se llama el cuarto del rescate. Para obtener su libertad, Atahualpa tenía que llenar de oro y plata este cuarto hasta una raya marcada en la pared a la altura de su cabeza. Desde aquel momento, los indios empezaron a traer objetos de oro y plata para comprar la libertad de su Inca. Sin embargo, aunque Atahualpa pagó el rescate, Pizarro lo mató con la excusa de que él era el responsable de la muerte de su hermano Huáscar.

Pizarro continuó la conquista del imperio y en noviembre de 1533 entró en el Cuzco. Dos años más tarde fundó la ciudad de Lima que después fue la capital, ya que estaba más cerca del mar y las comunicaciones con el exterior podían ser más fáciles.

guerra *war*
vencedor *winner*

se dirigió *went*

escondidas *hidden*

celda *cell*
rescate *ransom*

mató *killed*

Durante siglos las llamas y las alpacas se han usado como bestias de carga en el Perú y otros países de la América del Sur.

For centuries llamas and alpacas have been used as beasts of burden in Peru and other South American countries.

Las noticias de las riquezas del imperio de los incas se extendieron por el mundo español. La palabra "Perú" significaba entonces tesoro, y la expresión "vale un Perú" era común cuando alguien quería decir que una cosa o una persona valía mucho.   **vale** *it is worth*

En 1543 España creó el Virreinato del Perú, que comprendía todas las tierras españolas en la América del Sur. El Virrey era el representante del rey y su corte fue un centro de refinamiento y lujo.   **lujo** *luxury* Nadie mejor que el famoso escritor Ricardo Palma (1833–1919) puede explicarnos aquella época de esplendor. En sus conocidas *Tradiciones peruanas,* una colección de historias breves basadas en hechos verdaderos o fantásticos, nos presenta un panorama extraordinario de la historia del Perú desde la época del imperio de los incas hasta los años en que él vivió. Las tradiciones donde nos presenta la sociedad virreinal del siglo XVIII son las mejores. En ellas vemos sus costumbres, leyendas, acontecimientos importantes, vicios,   **acontecimientos** *events* chismes, en otras palabras, la vida total de una época presentada a   **chismes** *gossip* través de la prosa de un excelente escritor.

PREGUNTAS

1. ¿Dónde estaba el imperio de los incas?
2. ¿Por qué decimos que los españoles usaron erróneamente la palabra inca?
3. ¿Qué astro adoraban los incas?
4. ¿Cuál era la capital del imperio de los incas?
5. ¿Por qué pudieron organizar y reglamentar la vida en el imperio?
6. ¿Quiénes eran los chasquis?
7. ¿Cuáles eran los animales de carga de los incas?
8. ¿Qué es Machu Picchu?
9. ¿Quién dividió el imperio de los incas? ¿Entre quiénes?
10. ¿Quién fue el conquistador del Perú?
11. ¿Adónde fue Pizarro para hablar con Atahualpa?
12. ¿Qué pasó cuando Atahualpa llegó a la plaza de esa ciudad?
13. Según Pizarro, ¿cómo podía Atahualpa comprar su libertad?
14. ¿Qué pasó después que los vasallos de Atahualpa pagaron el rescate?
15. ¿Por qué fundaron otra capital los españoles?
16. ¿Qué significa la expresión "vale un Perú"?
17. ¿Quién fue Ricardo Palma?
18. ¿Qué son las *Tradiciones peruanas?*

READING AND WRITING SUPPLEMENT

Useful expressions

In the dialogs and readings typical useful expressions have been presented, the use of which enhances the native-like quality of spoken and written Spanish. Common expressions of this kind not only serve to link sentences or related parts of a sentence, but also add tone, color, and flavor. Some of the expressions presented are:

a pesar de	*in spite of*	por cierto	*by the way*
cómo no	*of course*	por ejemplo	*for example*
de todos modos	*anyway*	por fin	*finally*
en general	*in general*	por eso	*that's why*
hoy en día	*nowadays*	sin embargo	*nevertheless*

Additional expressions which you may utilize are:

al fin	*at last*
al fin y al cabo	*finally, after all is said and done*
de vez en cuando	*now and then*
de una vez	*once and for all*
ante todo	*above all*
al menos	*at least*
desde luego	*of course*

TESTING

A. Formal commands, singular

Provide the singular formal command of the verb in parentheses.

(handwritten: termine)

1. (terminar) _____ temprano.   —Termine
2. (levantarse) _____ a las ocho.   —Levántese *(handwritten: levántese)*
3. (buscar) _____ la dirección.   —Busque *(handwritten: busque)*
4. (oír) _____ las cintas después.   —Oiga *(handwritten: oiga)*
5. (decir) No me _____ nada.   —diga *(handwritten: diga)*
6. (leer) No _____ tan rápido.   —lea *(handwritten: lea)*
7. (seguir) _____ por aquí hasta la salida.   —Siga *(handwritten: siga)*
8. (almorzar) _____ con nosotros.   —Almuerce *(handwritten, crossed out)*

B. Formal commands, plural

Provide the plural formal command of the verb in parentheses.

(handwritten: cambien)

1. (cambiar) _____ ese programa.   —Cambien
2. (cerrar) _____ todas las ventanas.   —Cierren *(handwritten: cierren)*
3. (beber) No _____ si van a manejar.   —beban *(handwritten: beban)*
2. (recoger) _____ a la Sra. Zayas.   —Recojan *(handwritten: recojan)*
5. (tocar) No _____ a la puerta.   —toquen *(handwritten: toquen)*
6. (llamar) _____ al profesor.   —Llamen *(handwritten: llamen)*
7. (construir) _____ más puentes.   —Construyan *(handwritten: construyan)*
8. (ir) _____ donde están los vendedores.   —Vayan *(handwritten: vayan)*

C. Formal commands and object pronouns

Answer the following questions with the appropriate formal command.

1. ¿Lo estudio? Sí, _____ *(handwritten: estúdielo)*.   —estúdielo
2. ¿Se las muestro a él? No, _____ *(handwritten: No se las muestre)*

   _____.   —no se las muestre
3. ¿Se lo traigo a usted? Sí, _____ *(handwritten: tráigalo)*   —tráigamelo
4. ¿Se lo damos a él? Sí, _____ *(handwritten: délo)*   —dénselo
5. ¿Se lo pregunto a ella? No, _____ *(handwritten: No se lo)*

   _____. *(handwritten: pregunte)*   —no se lo pregunte

D. Affirmative and negative expressions

Complete each sentence with a Spanish equivalent for the English words in parentheses.

1. *(something/nothing)* Juan sabe _algo_, pero yo creo que su hermano no sabe _nada_.

   —algo, nada

2. *(somebody/nobody)* _Alguien_ llamó anoche, pero _nadie_ llamó esta mañana.

   —Alguien, nadie

3. *(never/neither)* Yo _nunca_ voy a ese restaurante y sé que Juan _ta_ va.

   —nunca, tampoco

4. *(some/none)* Hay _algunos_ tenedores en aquella mesa, pero aquí no hay _ninguno_.

   —algunos, ninguno

5. *(no/everybody/anything)* _Ningún_ alumno va a ir a la mueblería porque _todos_ saben que no pueden comprar _nada_.

   —Ningún, todos, nada

6. *(neither/nor)* _ni_ Manuel _ni_ su hermano toman suficientes vitaminas.

   —Ni, ni

E. Limiting adjectives

Provide the correct form of **mucho.**

1. Preparó _mucho_ arroz con pollo.

   —mucho

2. _Muchas_ personas quieren trabajar en esa compañía.

   —Muchas

3. Cocina con _mucha_ mantequilla.

   —mucha

4. Hay _muchos_ muebles en la sala.

   —muchos

Provide the correct form of **poco.**

5. Muy _pocos_ alumnos entendieron la explicación.

   —pocos

6. Hay _pocas_ estatuas en esa sala.

   —pocas

7. La ensalada tiene _poco_ vinagre.

   —poco

8. Le sirvieron _poca_ carne al señor.

   —poca

Provide the correct form of **otro.**

9. Esta vez estuvo _otro_ vendedor.

   —otro

10. Yo quiero _otros_ cubiertos.

   —otros

11. La _otra_ chica preparó la salsa.

   —otra

12. Dénme _otras_ recetas.

   —otras

F. Indirect commands

Answer each of the following questions using an indirect command.

1. ¿Lo termino yo o lo termina Juan? *Que lo terminemos* —Que lo termine Juan.
2. ¿Lo hacemos nosotros o lo hacen ellos? —Que lo hagan ellos.
3. ¿Salgo yo o sale ella? —Que salga ella.
4. ¿Le llevo la receta o se la lleva Alicia? —Que se la lleve Alicia.
5. ¿Empiezo yo o empieza Alberto? —Que empiece Alberto.

G. First-person plural commands

Answer each of the following questions using the first-person plural command form. Do not use **vamos a** + infinitive.

1. ¿Comemos? Sí, *comamos* —comamos
2. ¿La traemos? Sí, *traigámosla* —traigámosla
3. ¿Vamos? Sí, *vayamos* —vamos
4. ¿Nos levantamos? Sí, *levantémonos* —levantémonos
5. ¿Salimos? No, *no salgamos* —no salgamos
6. ¿Nos sentamos? No, *no nos sentemos* —no nos sentemos

H. Articles

Provide the appropriate article whenever one is required.

1. *Las* vitaminas son importantes para sentirse bien. —Las
2. Él es *un* médico famoso. —un *or* el
3. Mi hermano es _____ profesor. — —
4. ¿Cómo está *el* señor Menéndez? —el
5. Voy a visitarla *el* lunes. —el *or* los
6. Necesitamos *un* aula más grande. —un *or* el
7. Juan fue a lavarse *las* manos. —las
8. ¿Cómo está _____ don Carlos? — —

I. *Tú*-commands

Complete each of the following sentences with the tú-command form of the verb in parentheses.

1. (comprar) _____ la butaca verde.   —Compra
2. (tocar) No _____ más el piano.   —toques
3. (levantarse) _____ a las siete.   —Levántate
4. (acostarse) No _____ tan tarde.   —te acuestes
5. (seguir) _____ por esta calle.   —Sigue
6. (ir) No _____ a casa de tus primos.   —vayas
7. (hacer) _____ el trabajo ahora.   —Haz
8. (poner) _____ los platos en la mesa.   —Pon

J. *Ustedes* (or *vosotros*) commands

Complete each of the following sentences with the **ustedes** (or **vosotros**) command form of the verb in parentheses.

1. (contar) _____ las botellas.   —Cuenten (contad)
2. (escribir) _____ la receta.   —Escriban (escribid)
3. (llevar) No le _____ el regalo.   —lleven (llevéis)
4. (decir) No les _____ nada a los testigos.   —digan (digáis)
5. (poner) _____ las servilletas allí.   —Pongan (poned)
6. (vestirse) _____ ahora mismo.   —Vístanse (vestíos)
7. (dormir) No _____ tanto.   —duerman (durmáis)
8. (sentarse) No _____ _____ en el sofá.   —se sienten (os sentéis)

K. Informal commands

Answer the following questions using an informal command.

1. ¿Los traduzco? Sí, _____   —tradúcelos
2. ¿Lo empiezo? Sí, _____   —empiézalo
3. ¿Te la leo? No, _____   —no me la leas
4. ¿Nos levantamos? No, _____   —no se levanten (no os levantéis)
5. ¿Se lo digo? Sí, _____   —díselo
6. ¿Te las doy? Sí, _____   —dámelas

L. Relative pronouns

Complete the following sentences by using the appropriate relative pronoun.

1. Los muebles _____ compró son muy caros.   —que
2. El chico con _____ sale Mercedes es simpatiquísimo.   —quien
3. Los señores _____ vieron el apartamento ayer van a comprarlo.   —que
4. Los amigos de _____ te hablé vienen a visitarme pronto.   —quienes
5. No sé cómo se llama la secretaria a _____ le di la carta.   —quien
6. El jefe, _____ nunca llega tarde, dice que todos debemos llegar temprano.   —quien *or* que

Las montañas nevadas de los Andes y la Laguna del Inca en Portillo, el centro de esquí más importante de Chile.

The snow-covered mountains of the Andes and the Lagoon of the Inca in Portillo, the most important skiing center in Chile.

Lección 19

Indicative versus subjunctive mood • Forms of the present subjunctive
The subjunctive in noun clauses • Influence of one subject on another subject
An infinitive instead of a noun clause • The subjunctive in noun clauses after **dudar**
Choice of moods according to the attitude of the speaker

Communication Objectives

Vocabulary: You will learn words related to sports, physical activities, and games.

Conversation: You will be able to talk about the sports you practice and the games you play, as well as to express hope, doubt, desire, and other emotions.

DIÁLOGO ∽ Un fin de semana en Portillo[1]

A weekend in Portillo

ÁNGELA   Espero que podamos esquiar en Portillo el sábado. Tú bien sabes que es mi deporte favorito.

A: *I hope we can ski in Portillo on Saturday. You know it's my favorite sport.*

BERTA   Lo sabemos muy bien y no tienes por qué preocuparte. Allí siempre hay nieve en esta época del año. Estoy segura que te va a gustar muchísimo.

B: *We certainly know it and you have no reason to worry. There's always snow there at this time of the year. I'm sure you're going to like it very much.*

CARLOS   Además todos dicen que el campeonato del domingo va a ser muy bueno.

C: *Besides, everyone says that Sunday's championship is going to be very good.*

ÁNGELA   ¿Compiten muchos esquiadores extranjeros?

A: *Are many foreign skiers competing?*

CARLOS   Creo que sí. También oí decir que algunos van a competir en las Olimpiadas[2] de invierno. A propósito, Ángela, no dejes de llevar tu cámara.

C: *I think so. I also heard that some are going to compete in the Winter Olympic Games. By the way, Angela, don't forget to bring[4] your camera.*

ÁNGELA   ¡Qué bueno que me lo recordaste ! Mi hermano quiere que le mande unas fotografías.

A: *Good thing you reminded me! My brother wants me to send him some snapshots.*

BERTA   ¿Y las fotos que sacaste la semana pasada?

B: *And the pictures you took last week?*

ÁNGELA   No se las mandé porque no salieron bien. Por cierto, necesito comprar rollos.

A: *I didn't send them to him because they didn't come out well. By the way, I need to buy some film.*

BERTA   ¿Qué rollos quieres, en colores[3] o en blanco y negro?

B: *What film do you want, color or black and white?*

CARLOS   Yo creo que debes comprar rollos en colores. Las vistas allá son muy lindas y vale la pena gastar un poco más.

C: *I think you should buy color film. The views there are very pretty and it's worth spending a bit more.*

---

[1]A ski resort in the Andes near Santiago, Chile, site of the World Ski Championship in 1966. The views of mountain scenery in this area are said to be among the most spectacular in the world.

[2]**Olimpíadas** or **Juegos Olímpicos** may also be used.

[3]Some countries use **de colores.**

[4]The command forms of **no dejar de** + infinitive are equivalent to the English *not to fail to* + verb: **No dejes de ir a Portillo.** *Don't fail to go to Portillo.*

PREGUNTAS SOBRE EL DIÁLOGO

1. ¿Dónde van a esquiar Ángela y sus amigos?
2. ¿Cuándo piensan esquiar?
3. ¿Cree Berta que Ángela va a poder esquiar? ¿Por qué?
4. ¿Qué van a ver el domingo?
5. ¿Quiénes van a competir?
6. ¿Qué va a llevar Ángela a Portillo?
7. ¿Quién le pidió unas fotos a Ángela?
8. ¿Por qué no le mandó las fotos que sacó la semana pasada?
9. ¿Qué necesita comprar Ángela?
10. Según Carlos, ¿qué clase de rollos debe comprar? ¿Por qué?

ORACIONES Y PALABRAS

Espero que podamos **esquiar**.
I hope we can ski.

trotar, correr, patinar,	*jog, run, skate,*
cazar, pescar,	*hunt, fish,*
jugar (al)[5] béisbol,	*play baseball,*
jugar (al) fútbol,	*play soccer,* [6]
jugar (al) tenis,	*play tennis,*
jugar (al) ajedrez,	*play chess,*
jugar (a las) cartas,	*play cards,*
jugar (al) basquetbol[7]	*play basketball*

Necesitamos **unos esquíes**[8].
We need some skis.

unos patines, unos bates,	*skates, bats,*
unas raquetas, unas canchas,	*rackets, courts,*
unas pelotas de tenis	*tennis balls*

El esquí es mi deporte favorito.
Skiing is my favorite sport.

El trote, La natación, La pesca, La caza
Jogging, Swimming, Fishing, Hunting

¿Compiten **esquiadores** extranjeros?
Do foreign skiers compete?

atletas, equipos,	*athletes, teams,*
jugadores	*players*

PREGUNTAS GENERALES

1. ¿Cuál es su deporte favorito? ¿Lo practica usted?
2. ¿Le gusta a usted esquiar? ¿Y a ellos?
3. ¿Qué prefiere usted, esquiar en el agua o en la nieve?
4. ¿Cuál es el deporte más popular aquí?
5. ¿Qué necesita una persona para jugar al tenis? ¿Y para jugar al béisbol?
6. ¿Le gusta a usted jugar a las cartas?
7. ¿Dónde es más popular el ajedrez, en los Estados Unidos o en Rusia?
8. ¿En qué lugares pueden trotar ustedes?
9. ¿Cuándo van a ser las próximas Olimpiadas? ¿En qué ciudad?
10. ¿Cree usted que es una buena idea hacer ejercicios? ¿Por qué?

---

[5]**Jugar (ue)**. The use of **a** + article after **jugar** is optional.
[6]Football as played in the United States is usually called **fútbol americano**.
[7]Some countries use the word **baloncesto**.
[8]Singular, **el esquí**. Some countries use the plural form **esquís**.

GRAMMAR, EXERCISES, AND TESTING

∽ PART ONE

I. INDICATIVE VERSUS SUBJUNCTIVE MOOD

Verbs reflect mood as well as person, number, and tense. In previous lessons you have used the indicative mood in main clauses and in dependent clauses, such as in this sentence: **Yo sé que Pedro vive en esa calle.** In these cases, the speaker views the actions in the dependent clause as factual and part of his/her experience (events that happened, are happening, or happen regularly) or (s)he is certain that they will happen.

On the other hand, the subjunctive is used almost exclusively in dependent clauses. The speaker expresses an attitude toward the actions in the dependent clause or views them as a potential reality: something that is yet to happen.

INDICATIVE	SUBJUNCTIVE
Sabemos que él **esquía** allí.	Queremos que él **esquíe** allí.
We know he skies there.	*We want him to ski there.*
(an experienced event)	(event not yet experienced)
Estoy segura que **llegan** hoy.	Espero que **lleguen** hoy.
I'm sure they'll arrive today.	*I hope they'll arrive today.*
(certainty)	(may or may not happen)

II. FORMS OF THE PRESENT SUBJUNCTIVE

The forms of the present subjunctive have all been introduced before. They are the same as the **usted**, negative **tú**, **nosotros**, negative **vosotros**, and **ustedes** command forms.

Verbs which have an orthographic change in the **usted**-command form will have the same change in the present subjunctive. (See pages 282 and 297.)

	INFINITIVE	PRESENT SUBJUNCTIVE STEM	ENDINGS
A. **-ar** verbs (except stem-changers)	hablar	habl-	-e -es -e -emos -éis -en

**B. -er and -ir verbs
(except ie and ue
stem-changers)**

comer	com-	
conocer	conozc-	
hacer	hag-	
poner	pong-	
tener	teng-	
traer	traig-	-a
saber	sep-	-as
ser	se-	-a
ver	ve-	-amos
escribir	escrib-	-áis
construir	construy-	-an
decir	dig-	
oír	oig-	
pedir	pid-	
salir	salg-	
venir	veng-	
ir	vay-	

INFINITIVE	STRESSED PRESENT SUBJUNCTIVE STEM	ENDINGS	UNSTRESSED PRESENT SUBJUNCTIVE STEM	ENDINGS
C. ie and ue stem-changing verbs				
1. -ar verbs				
cerrar	cierr-	-e	cerr-	-emos
contar	cuent-	-es	cont-	-éis
		-e		
		-en		
2. -er and -ir verbs				
entender	entiend-	-a	entend-	
volver	vuelv-	-as	volv-	
		-a		-amos
sentir	sient-		sint-	-áis
dormir	duerm-	-an	durm-	

1. For all verbs, the first and third persons singular are identical.
2. The present-subjunctive stem is the stem of the first-person singular of the present indicative (drop the -o and add a subjunctive ending), except **saber, ser,** and **ir.**
3. **Dar** requires an accent mark on the first and third persons singular: **dé.**
4. **Estar** requires an accent mark on all forms but the **nosotros-**form: **esté, estés, estéis, estén.**
5. Stem-changing **-ar** and **-er** verbs in the present indicative have the same changes in the present subjunctive.
6. Stem-changing **-ir** verbs have an additional change in the **nosotros** and **vosotros** forms, i.e., when the stem vowel is not stressed. (See pages 300 and 315.)

III. THE SUBJUNCTIVE IN NOUN CLAUSES

A clause which functions as a noun is called a noun clause.

> *noun*
> Quiero una **carta** de Juan.
> *noun clause*
> Quiero **que Juan** (me) **escriba.**

The subjunctive is required in dependent noun clauses when the verbs in the main and dependent clauses have different subjects. In addition, the main clause either expresses an attitude toward the action or condition indicated in the dependent clause, or is influenced by that action or condition.

IV. INFLUENCE OF ONE SUBJECT ON ANOTHER SUBJECT

Subject of main clause attempts to influence subject of dependent clause

Yo prefiero que el niño **duerma.**	*I prefer (that) the child sleeps.*

Subject of main clause is influenced by subject of dependent clause

Me alegro (de) que **estén** aquí.	*I'm glad they're here.*

1. The verb in the main clause is in the indicative mood and the verb in the dependent clause is in the subjunctive.
2. The dependent clause is introduced by **que.**
3. Verbs that express choice, hope, or a wish in the main clause try to influence the action or condition indicated in the dependent clause.

Espero que **podamos** esquiar.	*I hope we can ski.*
Él quiere que yo **vaya.**	*He wants me to go.*

4. When the verb **decir** is used in the sense of reporting something, the indicative is used in the dependent clause. When **decir** is used in the sense of ordering, the subjunctive is used.

Él dice que los jugadores **vienen** ahora. (reporting)	Dile a los jugadores que **vengan** ahora. (ordering)
He says the players are coming now.	*Tell the players to come now.*

5. When the subject of the dependent clause influences the main clause, the verb of the main clause expresses an emotion which is caused by the action or condition indicated in the dependent clause.

Siente que no **puedas** venir esta noche.	*She's sorry you cannot come tonight.*

V. AN INFINITIVE INSTEAD OF A NOUN CLAUSE

Spanish uses an infinitive instead of a second clause if there would be no change in subjects for the second clause.

Espera **ir**.	*He hopes*	*to go.* / *that he may go.*
Prefiere **hacerlo** solo.	*He prefers*	*to do it alone.* / *that he does it alone.*

1. A clause or an infinitive may be used in English.
2. In Spanish, only the infinitive may be used.

A. Ejercicio de sustitución

Cambie el sujeto de la oración subordinada de acuerdo con el apunte y haga los cambios que sean necesarios[9].

1. Quiere que yo le mande una foto.

tú	Quiere que tú le mandes una foto.
ellos	Quiere que ellos le manden una foto.
usted	Quiere que usted le mande una foto.
nosotros	Quiere que nosotros le mandemos una foto.
ella	Quiere que ella le mande una foto.

2. Prefieren que jueguen a las cartas esta tarde.
(ella, tú, ellos, tú y yo, él)

3. Espero que puedas esquiar.
(ellos, usted, nosotros, ustedes, ella)

B. Indicativo → subjuntivo o indicativo

Empiece cada una de las siguientes oraciones con la expresión entre paréntesis y haga los cambios que sean necesarios.

Modelos: Juan llega a tiempo. (Espero)
Espero que Juan llegue a tiempo.
Alicia juega muy bien al tenis. (Sé)
Sé que Alicia juega muy bien al tenis.

1. Ellos salen esta noche. (Prefiero)
Se levanta a las siete. (Queremos)
Sacan fotos del campeonato. (Necesita)

Compiten muchos esquiadores extranjeros. (Sé)

Prefiero que ellos salgan esta noche.
Queremos que se levante a las siete.
Necesita que saquen fotos del campeonato.

Sé que compiten muchos esquiadores extranjeros.

---

[9]Change the subject in the subordinate clause according to the cue and make all necessary changes.

2. Practicamos temprano. (Desean)
   Te doy los esquíes. (Espera)
   Los atletas no salen por la noche. (Preferimos)
   Le gusta jugar al tenis. (Me alegro)

3. No están en Portillo. (Sentimos)
   Cerramos a las ocho. (Desean)
   Juegan al fútbol por la tarde. (Sabemos)
   Tú le mandas unas fotos. (Quiere)

C. Preguntas

Conteste algunas de las siguientes preguntas afirmativamente y otras negativamente. Use el verbo **preferimos** en sus respuestas.

Modelo: ¿Salimos el sábado?
   Sí, preferimos que salgan el sábado.
   o **No, preferimos que salgan el domingo.**

1. ¿Vamos en taxi al aeropuerto?
2. ¿Viajamos por la mañana?
3. ¿Vamos a estar en.el hotel Palacio?

4. ¿Alquilamos un coche en el hotel?
5. ¿Podemos llevar tres maletas?
6. ¿Regresamos el próximo domingo?

D. Situaciones

Construya oraciones con los siguientes grupos de palabras de acuerdo con cada situación. Comience cada oración con el apunte y use la forma correcta del verbo. Añada las palabras que sean necesarias para hacer sus oraciones más interesantes.

Usted está hablando por teléfono con un(a) amigo(-a) con quien va a jugar tenis mañana. Empiece cada oración con **Espero que.**

Modelo: ustedes / llegar
   Espero que ustedes lleguen al club antes de las cinco.

1. tú / llevar
2. Pedro y Luis / tener
3. nosotros / empezar

4. nosotros / terminar
5. tú / ir
6. todos / jugar

Usted va a tener una fiesta en su casa. Usted les dice a algunos de sus amigos las cosas que deben hacer para ayudarlo(la). Empiece cada oración con **Quiero que.**

Modelo: María / llamar
   Quiero que María llame a Luis esta noche.

1. tú / invitar
2. tu hermano / recoger
3. ustedes / servir

4. Carlos / venir
5. Berta / ayudarme
6. ellos / traer

Su hermano es uno de los atletas que van a competir en las Olimpiadas. Usted está hablando con un(a) amigo(-a) que va a ir al extranjero y va a ver a su hermano. Empiece cada oración con **Dile que.**

Modelo: practicar
   Dile que practique mucho todos los días.

1. descansar
2. dormir
3. escribir

4. sacar
5. no dejar de
6. desear buena suerte

TESTING ∽ indicative mood, subjunctive mood, or infinitive

Give the present-subjunctive form suggested by the cue.

1. **tomar, ella-**form
2. **saber, tú-**form
3. **pedir, ellos-**form
4. **sentir, nosotros-**form
5. **sentir, usted-**form
6. The dependent noun clause is always intro-duced by the word _____.

Give a Spanish equivalent.

7. I *want Sara to take pictures.*

8. *I want to take pictures.*

9. HE *knows that Susana is coming on Tuesday.*

10. I *prefer that you* (**tú-**form) *arrive at ten.*

—tome
—sepas
—pidan
—sintamos
—sienta

—que

—Yo quiero que Sara saque fotos (*or* fotografías).
—Quiero sacar fotos (*or* foto-grafías).
—Él sabe que Susana viene (*or* llega) el martes.
—Yo prefiero que llegues a las diez.

Pescadores en Valparaíso, una ciudad muy pintoresca y el puerto principal de Chile.

Fishermen in Valparaiso, a picturesque city and the principal port of Chile.

PART TWO

VI. THE SUBJUNCTIVE IN NOUN CLAUSES AFTER DUDAR

Dudo que **ustedes puedan** esquiar mañana.	*I doubt that you'll be able to ski tomorrow.*
Dudo que (yo) **pueda** esquiar mañana.	*I doubt that I'll be able to ski tomorrow.*
Dudamos que **lleguen** a tiempo.	*We doubt that they'll arrive on time.*
Dudamos que **lleguemos** a tiempo.	*We doubt that we'll arrive on time.*

1. When the verb in the main clause expresses doubt or uncertainty, the subjunctive is used in the dependent clause.
2. Even when there is no change of subjects, Spanish uses the subjunctive after **dudar**.[10]

VII. CHOICE OF MOODS ACCORDING TO THE ATTITUDE OF THE SPEAKER

Some frequently used words and expressions may be followed by either mood.

Tal vez { **llegue** / **llega** } mañana.	*Perhaps he { may arrive / is arriving } tomorrow.*
Quizá (*or* quizás) no { **sepan** / **saben** } nadar.	*Perhaps they { may not / don't } know how to swim.*
¿Tú **piensas** que { **traigan** / **traen** } la cámara?	*Do you think they'll bring the camera?*
No **creo** que (yo) { **llegue** / **llego** } a tiempo.	*I don't think I'll arrive on time.*

1. The interchangeable expressions **quizá, quizás,** and **tal vez** are generally followed by the subjunctive because of the inherent doubt they convey.
2. However, the indicative is used after these expressions if the speaker is not doubtful as to the outcome.
3. **Creer** and **pensar** used interrogatively or in the negative require the subjunctive if doubt is implied.
4. Even when the subjects are the same, the verb **creer** is not normally followed by an infinitive, but by a clause.

---

[10]Some Spanish speakers may use an infinitive after **dudar: Dudo poder ir.** In this book, the subjunctive will be used after **dudar** which reflects the common practice among Spanish speakers.

E. Indicativo → Subjuntivo o indicativo

Empiece cada una de las siguientes oraciones con el apunte y haga los cambios que sean necesarios.

Modelos: María se preocupa mucho. Estoy segura
Estoy segura que María se preocupa mucho.
El campeonato es el domingo. Dudan
Dudan que el campeonato sea el domingo.

1. Ellos conocen al jefe. Dudo
Ella recuerda la fecha. No creo
El equipo llega esta tarde. Creen

Dudo que ellos conozcan al jefe.
No creo que ella recuerde la fecha.
Creen que el equipo llega esta tarde.

2. Vale la pena gastar más. Creo
A Juan le gusta esquiar allí. Duda
Puedes cazar en la finca. No creo

3. Ellos saben nadar muy bien. Estoy seguro(-a)
Ángela trae los patines. Dudo
Compramos los rollos después. Dudan

F. Respuestas dirigidas

Conteste las siguientes preguntas con **No sé** y una oración con **quizás** y la forma correcta del subjuntivo.

Modelo: ¿Llegan los jugadores esta tarde?
No sé. Quizás lleguen esta tarde.

1. ¿Vas a comprar el tocadiscos?
2. ¿Van ellos a la fiesta de Carlos?
3. ¿Sabe ella la dirección?
4. ¿Vas a correr en la competencia?

5. ¿Compiten varios equipos este fin de semana?
6. ¿Van a preparar arroz con pollo?

G. Preguntas

1. ¿Piensa usted ver las próximas Olimpiadas?
2. ¿Cree usted que los atletas norteamericanos pueden ganar muchas competencias? ¿Por qué?
3. ¿Qué país cree usted que va a quedar en primer lugar en las Olimpiadas?
4. ¿Quiere usted que yo explique la lección en inglés o en español?

5. ¿Cree usted que va a llover esta tarde?
6. ¿Qué espera usted que pase entre China y los Estados Unidos? ¿Y entre Rusia y los Estados Unidos?
7. ¿Qué quiere usted que hagan sus compañeros?
8. Y usted, ¿qué quiere que hagamos nosotros?

H. Situaciones

Uno de sus amigos está en el hospital. Dígale lo que piensan usted y su familia. Empiece sus oraciones con las siguientes expresiones.

Modelo: Me alegro de que . . .

Me alegro de que te sientas mejor hoy.

1. Espero que . . .
2. Siento que . . .
3. Sabemos que . . .
4. Creo que . . .
5. Queremos que . . .
6. No creo que . . .

Usted está hablando con un(a) amigo(-a) sobre el campeonato de fútbol. Empiece sus oraciones con las siguientes expresiones.

Modelo: Creo que . . .

Creo que el campeonato va a ser muy bueno.

1. Quiero que . . .
2. Espero que . . .
3. Mis hermanos creen que . . .
4. Dudo que . . .
5. Siento que . . .
6. Yo sé que . . .

TESTING ∽ indicative mood, subjunctive mood

1. Another expression meaning **quizá(s)** is

_____ _____.

Give a Spanish equivalent.

2. *Perhaps* (use **tal vez**) SHE *may come.*
3. *Perhaps* (use **quizás**) *Julio may buy the film.*
4. *I don't think his father-in-law is sick.* (two possibilities)
5. *I doubt our team will win.*
6. *He's sure they'll bring the camera.*

—tal vez

—Tal vez ella venga.
—Quizás Julio compre el rollo.
—No creo que su suegro esté (*or* está) enfermo.
—Dudo que nuestro equipo gane.
—Está seguro que van a traer (*or* traen) la cámara.

Una calle del centro de Santiago, ciudad de más de tres millones de habitantes y capital de Chile.

A downtown street in Santiago, a city of over three million people and the capital of Chile.

CONVERSACIÓN EN LA CLASE

Vacaciones

You are planning to spend your vacation somewhere special. Tell your classmates the things you hope will happen during your vacation (e.g., **Espero que pueda pescar en el lago**).

Haciendo el papel de . . .

Imagine you are an artist, an athlete, a policeman, a professor, etc. Tell your classmates the things you want to happen (e.g., **Un atleta: "Quiero que nuestro equipo gane este año"**).

Dudas

One of your classmates will tell you all the great things (s)he does, the places (s)he visits, etc. Every time (s)he says something, tell the classmate on your right that you don't believe what (s)he is saying (e.g., **Yo como en los mejores restaurantes. Yo dudo que él (ella) coma en los mejores restaurantes**).

Situaciones

1. A friend of yours has some problems and explains them to you. Tell him/her what you think (s)he should do.
2. A friend of yours is studying abroad and one of your classmates is going to visit him/her. Give your classmate some messages for your friend. (e.g., **Dile que me escriba**).
3. You are the director of a play. Tell the actors what you want them to do.

Vocabulario

Nouns

games

el ajedrez	chess
las cartas	cards

nature

la nieve	snow
la vista	view

people

el (la) atleta	athlete
el esquiador	skier
el jugador	player

photography

la cámara	camera
la foto(grafía)	photo, snapshot
el rollo	roll
rollo en blanco y negro	black and white film
rollo en colores	color film

sports

el basquetbol	basketball
el béisbol	baseball
el campeonato	championship
la cancha	court
la caza	hunting
el equipo	team
el esquí	ski
el fútbol	football
la natación	swimming
las Olimpiadas	Olympic Games
la pesca	fishing

el tenis	tennis
el trote	jogging

Verbs

cazar (c)	to hunt
competir (i)	to compete
correr	to run
dudar	to doubt
esperar	to hope
esquiar	to ski
gastar	to spend
jugar (ue)	to play
mandar	to send
patinar	to skate
pescar (qu)	to fish
sentir (ie, i)	to be sorry
trotar	to jog

Adjectives

extranjero	foreign
lindo	pretty

Expressions

a propósito	by the way
creer que sí	to think so
no dejar de	not to fail, not to forget
quizá(s)	perhaps
salir bien	to come out well, to go well
tal vez	perhaps
valer la pena	to be worth the trouble

El rey Juan Carlos y la reina Sofía observan la toma de posesión de la Ministra de Cultura, Soledad Becerril Bustamente, en 1981.

King Juan Carlos and Queen Sofía watch as Soledad Becerril Bustamente is sworn in as Minister of Culture in 1981.

Lección 20

The subjunctive in adjective clauses • Subjunctive after an indefinite antecedent
Subjunctive after an antecedent whose existence is denied or doubted
The subjunctive in adverbial clauses
Adverbial clauses which always use the subjunctive
Adverbial clauses which use the subjunctive or the indicative

Communication Objectives

Vocabulary: You will learn words and phrases related to positions in business, politics, and society.

Conversation: You will be able to talk about the roles of men and women in contemporary society and how these roles are changing.

ARTÍCULO ∽ La mujer en el mundo hispano

El papel de la mujer en la sociedad hispana de hoy en día es diferente del papel que tenía hace unos veinte años. Hay muchas razones para estos cambios. Una de ellas es el número de mujeres que estudian en escuelas secundarias y en universidades. En la actualidad hay cuatro veces más mujeres en las universidades que hace veinte años, y muchas de ellas siguen carreras que antes eran tradicionalmente masculinas. Por ejemplo, en Colombia, una tercera parte de los alumnos que se gradúan[1] de abogados son mujeres; en 1976, en Panamá, el 51 por ciento de los graduados en administración de empresas y el 66 por ciento de los graduados en matemáticas y computación eran mujeres. En realidad, hoy en día no hay ninguna facultad en las universidades que no tenga mujeres entre sus estudiantes.

La situación de las mujeres no es igual en todos los países y tampoco es igual en la ciudad y en el campo. Sin embargo, en general, hay muchas más mujeres que no están satisfechas con tener sólo el papel tradicional de cuidar a los hijos y la casa. Creen que tienen el derecho de combinar el papel de madre con una carrera fuera del hogar. Esperan obtener puestos que paguen sueldos justos y trabajar en empresas donde puedan usar sus conocimientos.

Además, la mujer contemporánea cree que el hombre debe ayudar en el trabajo de la casa y compartir las responsabilidades de la educación de los hijos. Sin embargo, no siempre es así. Algunos dicen que no hay nadie que trabaje más que la mujer, pues en realidad tiene dos empleos: las labores domésticas y el trabajo fuera de la casa.

Aunque muchos hombres piensan que el lugar de la mujer es la casa, hay otros, especialmente entre las generaciones jóvenes que no piensan así. Al contrario, creen que todos deben ayudar para que las mujeres tengan las mismas oportunidades que los hombres.

Cuando el hombre y la mujer compartan las labores de la casa, y la sociedad le ofrezca las mismas oportunidades de trabajo a la mujer, es que va a existir la verdadera liberación femenina[2].

papel *role*

en la actualidad *at the present time*

administración de empresas *business administration*

facultad *college, school*

satisfechas *satisfied*

hogar *home*
conocimientos *knowledge*

compartir *share*

labores domésticas *housework*

---

[1]Most verbs ending in **-uar** bear a written accent mark over the **ú** throughout the singular and in the third-person plural of the present indicative and present subjunctive: me **gradúo**, te **gradúas**, etc.
[2]The expression **emancipación de la mujer** is also used.

PREGUNTAS SOBRE EL ARTÍCULO

1. ¿Es igual el papel de la mujer en la sociedad de hoy en día al papel de hace unos veinte años?
2. ¿Cuál es una de las razones para estos cambios?
3. ¿Hay más o menos mujeres en las escuelas y universidades hoy en día?
4. ¿Qué ejemplos puede dar usted sobre el número de mujeres que se gradúan en las universidades de Hispanoamérica?
5. ¿Es igual la situación de la mujer en todas partes?
6. ¿Qué quieren combinar las mujeres hoy en día?
7. ¿Qué puestos quieren obtener estas mujeres?
8. ¿Por qué dicen algunos que no hay nadie que trabaje más que la mujer?
9. ¿Qué opiniones diferentes tienen los hombres sobre el lugar de la mujer en la sociedad?
10. ¿Cuándo va a existir la verdadera liberación femenina?

ORACIONES Y PALABRAS

El papel de la mujer en **la sociedad**.   *Woman's role in society.*
       la política,   *politics,*
       el gobierno   *government*
Todos deben tener los mismos **derechos**.   *All should have the same rights.*
       deberes   *duties*
Las mujeres pueden ser **ejecutivas**.   *Women can be executives.*
       administradoras,   *administrators,*
       ministras,   *cabinet members,*
       senadoras,   *senators,*
       gobernadoras,   *governors,*
       embajadoras,   *ambassadors,*
       jueces[3]   *judges*

PREGUNTAS GENERALES

1. ¿Cree usted que la mujer debe tener los mismos derechos que el hombre? ¿Por qué?
2. ¿Cree usted que hay discriminación con las mujeres en este país? ¿Por qué?
3. ¿Qué mujeres ocupan puestos importantes en este país? ¿Y en el extranjero?
4. ¿Cree usted que el lugar de la mujer es la casa? ¿Por qué?
5. Si la mujer quiere salir a trabajar, ¿quién debe cuidar a los niños?
6. ¿Cree usted que el concepto de la familia está cambiando? ¿Por qué?
7. ¿Cree usted que hay suficientes mujeres ejecutivas? ¿Y ministras?
8. ¿Qué papel cree usted que debe tener la mujer en la política? ¿Y en la sociedad?

---

[3]Singular, **juez**. **El juez**, masculine; **la juez**, feminine.

GRAMMAR, EXERCISES, AND TESTING

↶ PART ONE

I. THE SUBJUNCTIVE IN ADJECTIVE CLAUSES

A clause which functions as an adjective is called an adjective clause.

adjective	adjective clause
Hay unos puestos **importantes**.	Hay unos puestos **que son importantes**.

Spanish and English both use adjective clauses to modify nouns or pronouns. In Spanish, either the indicative or the subjunctive mood may be used in the adjective clause. The noun or pronoun modified by the clause is called an antecedent. The choice of indicative or subjunctive depends upon the type of antecedent the adjective clause is modifying.

II. SUBJUNCTIVE AFTER AN INDEFINITE ANTECEDENT

Queremos la casa que **está** cerca del parque.	*We want the house that is near the park.*
Queremos una casa que **esté** cerca del parque.	*We want a house that is near the park.*
Busco **al** ejecutivo que **trabaja** en ese piso.	*I'm looking for the executive who works on that floor.*
Busco un ejecutivo que **trabaje** en ese piso.	*I'm looking for an executive who works on that floor.*
Quiero hablar con la estudiante a quien le **interesa** este trabajo.	*I want to speak to the student who is interested in this job.*
Quiero hablar con una estudiante a quien le **interese** este trabajo.	*I want to speak to a student who would be interested in this job.*

1. When the adjective clause modifies a definite antecedent, one referring to a specific person or thing known to the speaker, the indicative is used.
2. When the adjective clause modifies an indefinite antecedent, one with which the speaker has no previous knowledge or acquaintance, the subjunctive is used.
3. When the antecedent is a specific person and functions as a direct object, the personal *a* must precede it.
4. When the antecedent is neither a specific person nor perceived to be so by the speaker and functions as a direct object, no personal *a* is required.
5. Generally, an indefinite article precedes an indefinite antecedent, but the indefinite article does not necessarily make the antecedent indefinite.

   Busco **un** ejecutivo que **trabaje** en ese piso. (any executive from that floor)
   Busco **a un** ejecutivo que **trabaja** en ese piso. (a specific executive from that floor)

   In some cases a definite article may precede an indefinite antecedent; English uses words ending in **-ever** to convey the meaning of the Spanish adjective clause in the subjunctive.

   Trae los libros que $\left\{ \begin{array}{l} \textbf{están} \\ \textbf{estén} \end{array} \right\}$ allí.   *Bring* $\left\{ \begin{array}{l} \textit{the books that} \\ \textit{whatever books} \end{array} \right\}$ *are there.*

III. SUBJUNCTIVE AFTER AN ANTECEDENT WHOSE EXISTENCE IS DENIED OR DOUBTED

¿Hay alguien que { entiende / entienda } esto?	Is there anyone who understands this?
No, no hay nadie que lo **entienda**.	No, there isn't anyone who understands it.
Sí, hay alguien que lo **entiende**.	Yes, there is someone who understands it.

1. The subjunctive is required whenever the antecedent is nonexistent or when the speaker is not sure that it does exist.
2. When **alguien** and **nadie** function as direct objects, they must be preceded by the personal **a.**

> No veo **a nadie** que **trabaje** allí.   *I don't see anyone who works there.*
> Conozco **a alguien** que **trabaja** allí.   *I know somebody who works there.*

3. When **ninguno (-a)** or **alguno (-a)** functions as a direct object, it requires the personal **a** when it refers to a person.

> ¿Raquetas? No veo **ninguna** que me **guste**.   *Rackets? I don't see any I like.*
> ¿Alumnas? No veo **a ninguna** que **conozca**.   *Students? I don't see any I know.*

A. Indicativo → subjuntivo

Convierta el antecedente de cada oración subordinada en un antecedente indefinido y haga los cambios que sean necesarios[4].

Modelo: Buscan a la secretaria que sabe portugués.
Buscan una secretaria que sepa portugués.

1. Quiere la casa que está cerca.
   Buscan a la doctora que habla español.
   Quiero hablar con el ejecutivo que es de México.
   Prefiero la empresa que tiene más empleados.

   Quiere una casa que esté cerca.
   Buscan una doctora que hable español.
   Quiero hablar con un ejecutivo que sea de México.
   Prefiero una empresa que tenga más empleados.

2. No quieren el papel que es tradicional.
   Prefieren los muebles que valen cien dólares menos.
   Quiere hablar con las alumnas que estudian administración de empresas.
   Necesitan al administrador que entiende la situación.

3. Piensa irse en el avión que sale por la mañana.
   Quiere el puesto que paga más sueldo.
   Van a alquilar el apartamento que tiene dos cuartos.
   Van a comprar las raquetas que son de madera.

---

[4]Make the antecedent of each subordinate clause indefinite and make the necessary changes.

B. Afirmación → negación

Cambie cada oración a la forma negativa y haga los cambios que sean necesarios.

Modelo: Hay alguien que quiere alquilar ese apartamento.
No hay nadie que quiera alquilar ese apartamento.

1. Hay algunas personas que están satisfechas.
   No hay ninguna persona que esté satisfecha.

   Hay algo que puedes hacer.
   No hay nada que puedas hacer.

   Hay algunos testigos que trabajan por la tarde.
   No hay ningún testigo que trabaje por la tarde.

   Juan conoce a alguien que hace muebles.
   Juan no conoce a nadie que haga muebles.

2. Él conoce a alguien que sabe esquiar muy bien.
   Hay una piscina que es más grande que ésta.
   Tiene algo que les va a gustar.
   Hay una excursión que sale a las tres.

3. Hay un senador que entiende esos problemas.
   Hay un programa que le interesa.
   Hay algunos ejercicios que son difíciles.
   Conocemos a alguien que sabe hacer ese plato.

C. Respuestas dirigidas

Conteste cada pregunta con una oración subordinada usando las palabras que están entre paréntesis como el antecedente. Use su imaginación y varíe sùs respuestas lo más posible[5].

Modelos: ¿Qué buscas? (una casa)
Busco una casa que tenga aire acondicionado.
¿Cuál vas a comprar? (la casa)
Voy a comprar la casa que está cerca del centro.

1. ¿Qué quieres? (una cocina)
2. ¿A quién busca usted? (el maletero)
3. ¿Qué necesitas? (un puesto)
4. ¿Qué quiere usted? (el apartamento)
5. ¿Qué quieren comprar? (unos muebles)
6. ¿Qué necesita usted? (el abogado)
7. ¿Qué buscan ustedes? (una azafata)
8. ¿Qué piensa alquilar? (el auto)

D. Preguntas

Conteste las siguientes preguntas usando una oración subordinada.

Modelo: ¿Qué fotos prefieres?
Prefiero las fotos que están a la derecha.
or
Prefiero unas fotos que sean pequeñas.

1. ¿A quién buscan ustedes?
2. ¿Con quién desea hablar usted?
3. ¿Hay alguien aquí que hable ruso?
4. ¿Qué restaurante prefiere usted?
5. Y usted, ¿qué vinos prefiere?
6. ¿Qué platos le gustan a usted?
7. ¿Qué casa quiere comprar usted?
8. Y usted, ¿qué apartamento va a alquilar?

---

[5]Answer each question with an appropriate dependent clause using the words in parentheses as the antecedent. Use your imagination and vary your answers as much as possible.

9. ¿Hay alguna casa que tenga calefacción central?
10. ¿Hay casas que tienen aire acondicionado?
11. ¿Qué cámara va a comprar usted?
12. ¿Qué rollos prefiere usted?

TESTING ∿ adjective clauses, type of antecedents, and verbal moods

If a word must be added in the blank, add it.

1. ¿Muchachas? No vi _____ ninguna.
2. ¿Clínicas? No vi _____ ninguna.

—a
— —

Supply a present-tense form of **decir.**

3. ¿Hay alguien en el gobierno que _____ eso?

—diga *or* dice

Change the sentence to the negative.

4. Conozco a alguien que sabe español.

5. Hay algo que me gusta.

—No conozco a nadie que sepa español.
—No hay nada que me guste.

Give a Spanish equivalent.

6. *I know the miners who work here.*

7. *He needs a salesman* (indefinite antecedent) *who speaks Chinese.*
8. *They are bringing the bottles of beer that are in the kitchen.*

—Conozco a los mineros que trabajan aquí.
—Necesita un vendedor que hable chino.
—Traen las botellas de cerveza que están en la cocina.

∿ PART TWO

IV. THE SUBJUNCTIVE IN ADVERBIAL CLAUSES

A clause which functions as an adverb is called an adverbial clause. This type of clause modifies a verb and completes its meaning.

adverb	adverbial clause
Ella siempre llega **temprano.**	Ella siempre llega **antes de que abran.**
She always arrives early.	*She always arrives before they open.*

V. ADVERBIAL CLAUSES WHICH ALWAYS USE THE SUBJUNCTIVE

para que	so that	antes (de) que	before
sin que	without	con tal (de) que	provided that
a menos que	unless		

1. The subjunctive is always used in a clause introduced by these five compound conjunctions.

Te lo digo **para que** lo sepas. — *I'm telling you so that you (may) know it.*
Ella nos ayuda **sin que** se lo pidamos. — *She helps us without our asking.*
Las cosas no van a cambiar **a menos que** hagamos algo. — *Things are not going to change unless we do something.*
Habla con él **antes (de) que** se vaya. — *Talk to him before he leaves.*
Yo lo llevo **con tal (de) que** esté aquí temprano. — *I'll take him provided he is here early.*

2. The use of **de** is optional in **antes (de) que** and **con tal (de) que.**

VI. ADVERBIAL CLAUSES WHICH USE THE SUBJUNCTIVE OR THE INDICATIVE

cuando	when	en cuanto	as soon as, insofar as
hasta que	until	aunque	although
después (de) que	after	donde	where, wherever
mientras	while, as long as	según	according to
tan pronto (como)	as soon as	como	as

Unlike the conjunctions in the first group, the ones in this group are sometimes followed by the indicative instead of the subjunctive. The choice of one mood or the other is not accidental—it is determined by the speaker's conception of the reality (actual versus potential) of the action or situation mentioned in the dependent clause.

Me llamó **cuando** él llegó. — *She called me when he arrived.*
Llámame **cuando** él **llegue.** — *Call me when he arrives.*
Yo repito las palabras **hasta que** las aprendo. — *I repeat the words until I learn them.*
Yo voy a repetir las palabras **hasta que** las **aprenda.** — *I am going to repeat the words until I learn them.*
Aunque vinieron, no los fui a ver. — *Although they came, I didn't go to see them.*
Aunque vengan, no los voy a ver. — *Although they may come, I will not see them.*

1. **Cuando, hasta que, después (de) que, mientras, tan pronto (como), en cuanto,** and **aunque** require the subjunctive whenever they introduce forthcoming events (that is, future time); they require the indicative when they refer to an action that has happened, is happening, or regularly happens.
2. The use of **de** in **después (de) que** and of **como** in **tan pronto (como)** is optional.

3. **Donde, según,** and **como** require the indicative when they refer to something definite or known, and the subjunctive when they refer to something indefinite or unknown.

Vamos a comer **donde** él dice.   *We are going to eat where he says.*
Vamos a comer **donde** él diga.   *We are going to eat wherever he says.*

4. **Aunque** also requires the subjunctive whenever it introduces a condition not regarded as a fact.

Aunque sea cara, no es una raqueta   *Although it may be expensive, it is not a good*
buena.   *racket.*

E. Ejercicio de transformación

Combine las dos oraciones de cada grupo usando el apunte y haga los cambios necesarios en la oración subordinada.

Modelo: Manuel se levanta. Su hermana se sienta. (para que)
     Manuel se levanta para que su hermana se siente.

1. Ellos van a salir. Juan viene. (a menos que)   Ellos van a salir a menos que Juan venga.
Todos debemos ayudar. Las mujeres tienen las mismas oportunidades. (para que)   Todos debemos ayudar para que las mujeres tengan las mismas oportunidades.
Ellos salen juntos. Sus padres lo saben. (sin que)   Ellos salen juntos sin que sus padres lo sepan.
Yo preparo el café. Tú lo traes. (con tal que)   Yo preparo el café con tal que tú lo traigas.
Lo va a llamar. Él se acuesta. (antes que)   Lo va a llamar antes que él se acueste.

2. Ella trabaja. Su hija estudia en la universidad. (para que)
Él la ayuda. Ella tiene poco trabajo. (con tal que)
Cecilia quiere vender el apartamento. Sus padres llegan. (antes que)
Nosotros vamos. Es muy tarde. (a menos que)

3. Yo te ayudo. Me recoges. (con tal que)
El doctor le habla. Berta está tranquila. (para que)
Llámalo. Él saca las fotos. (antes de que)
Los ministros trabajan. Las cosas cambian. (para que)

F. Indicativo → subjuntivo

Cambie el verbo de la oración principal al futuro usando la forma adecuada de **ir a** + infinitivo y haga los cambios que sean necesarios.

Modelo: Compro los boletos cuando voy al centro.
     Voy a comprar los boletos cuando vaya al centro.

1. Me quedo hasta que ellos llegan.   Me voy a quedar hasta que ellos lleguen.
Salen tan pronto pueden.   Van a salir tan pronto puedan.
Lo vemos cuando vamos al teatro.   Lo vamos a ver cuando vayamos al teatro.
Lo llama después que habla con los ejecutivos.   Lo va a llamar después que hable con los ejecutivos.
Lo hago como me lo dice.   Lo voy a hacer como me lo diga.

2. Sabe la lección cuando le preguntan.
   Prepara las ensaladas como le digo.
   Le hablo cuando lo veo.
   Toca la guitarra cuando se lo pedimos.
   Le da la receta después que le examina la garganta.

3. Se queda hasta que termina.
   Lo ayudo mientras lo hace.
   Le canta al niño hasta que se duerme.
   Lo compra aunque le parece caro.
   Me baño tan pronto llego.
   Lo hace según dice la receta.

G. Situaciones

Complete las siguientes oraciones de acuerdo con cada situación.

1. Usted no se siente bien y quiere ver al médico.
   Quiero ver al médico antes de que . . .
   Voy a ir a su consultorio para que . . .

   Puedo ir cualquier día con tal de que . . .
   Mi hermano va a ir conmigo sin que . . .
   No me pienso preocupar a menos que . . .
   Mi hermano va a esperar mientras yo . . .

2. Usted quiere hacer planes para este fin de semana.
   Yo llamé a mi amigo(-a) después que . . .
   Voy a llamar de nuevo después que . . .
   Si nadie contesta el teléfono, voy a llamar hasta que . . .

   Voy a estar muy contento(-a) cuando . . .
   Voy a invitarlo(la) a comer donde . . .
   Nosotros vamos a salir aunque . . .

3. Una persona que está a favor de la liberación femenina dijo las siguientes oraciones.
   Los hombres deben compartir las labores domésticas para que . . .
   Las mujeres deben tener puestos importantes con tal de que . . .

   El papel de la mujer en la política va a ser más importante cuando . . .
   No va a existir la liberación femenina hasta que . . .

H. Preguntas

Conteste las siguientes preguntas usando una oración subordinada adverbial.

1. ¿Cuándo vas a visitar a tus amigos?
2. ¿Para qué vas a visitarlos?
3. ¿Adónde vas a ir con ellos?
4. ¿Qué vas a hacer mientras estés en su casa?
5. ¿Hasta cuándo vas a estar allá?
6. ¿Piensas volver antes de que empiecen las clases?

TESTING ∾ adverbial expressions, indicative and subjunctive mood

1. **Antes de que** is also used in the shorter form _____ _____.

   —antes que

2. **Tan pronto como** is also used in the shorter form _____ _____.

   —tan pronto

Give a Spanish equivalent.

3. *Call me when you* (**tú**-form) *have money.*

   —Llámame cuando tengas dinero.

4. *I'm going to buy the wine before Pepe comes.*

   —Voy a comprar el vino antes (de) que Pepe venga.

5. *We're going to leave as soon as María arrives.*

   —Vamos a salir tan pronto (como) (*or* en cuanto) María llegue.

6. *We left as soon as María arrived.*

   —Salimos tan pronto (como) (*or* en cuanto) María llegó.

7. *Come* (**usted**-form) *so that you take care of the children.*

   —Venga para que cuide a los niños.

8. *I'm going to stay until I see him.*

   —Me voy a quedar (*or* voy a quedarme) hasta que lo vea.

9. *I stayed until I saw him.*

   —Me quedé hasta que lo vi.

10. *He's going to help Cecilia while she is here.*

    —Va a ayudar a Cecilia mientras esté aquí.

Una torera en Quito, Ecuador.

A female bullfighter in Quito, Ecuador.

MUJER DEFIENDE TUS DERECHOS

8. DE MARZO

« DIA INTERNACIONAL DE LA ▪

Un cartel con las palabras "mujer defiende tus derechos" en Lima, Perú, anuncia una reunión el Día Internacional de la Mujer.

A poster with the words "woman defend your rights" in Lima, Peru, announces a rally on International Woman's Day.

CONVERSACIÓN EN LA CLASE

Una sociedad ideal

Imagine a society where everyone lives happily and contentedly. Give your ideas about how this society should be.

La clase

There are students in this class who do certain things (e.g., **hay estudiantes que hablan español muy bien**). No one in this class does certain things (e.g., **no hay nadie que duerma durante la clase**). Talk about the class beginning your statements with **Hay** and **No hay**.

Donaciones y regalos

You are going to donate money to four organizations (e.g., **un hospital, una escuela**) provided they do certain things. State which organizations and what they would be required to do.

Example: **Yo le voy a dar diez mil dólares al Hospital General con tal que pongan mi nombre en un cuarto.**

You are going to give some items to three of your friends so that they will do certain things. State what you are going to give them and what they are supposed to do.

Example: **Yo le voy a dar una pluma a Manuel para que me escriba.**

El futuro

You and your friend are talking about what you will do after graduation. Tell your classmates what your plans are.

¿Quién es?

Think of a famous person. Do not say who it is, but give clues about this person. Every time you give a clue, your classmates will try to guess who the person is.

Vocabulario

Nouns

education

la administración de empresas	*business administration*
la computación	*computer science*
el conocimiento	*knowledge*
la educación	*education*
la facultad	*school, college*
el graduado	*graduate*

positions

el administrador	*administrator, manager*
el ejecutivo	*executive*
el embajador	*ambassador*
el gobernador	*governor*
el (la) juez	*judge*
el ministro	*cabinet member*
el senador	*senator*

society

el deber	*duty*
el derecho	*right*
la generación	*generation*
el gobierno	*government*
el hogar	*home*
las labores domésticas	*housework*
la liberación femenina	*women's liberation*
la oportunidad	*oportunity*
el papel	*role*
la política	*politics*
la situación	*situation*
la sociedad	*society*

Verbs

compartir	*to share*
cuidar	*to take care(of)*
graduar	*to graduate*
obtener (ie)	*to obtain, to get*

Adjectives

contemporáneo	*contemporary*
hispano	*Hispanic*
justo	*just*
mismo	*same*
tradicional	*traditional*
verdadero	*true*

Adverbs

tradicionalmente	*traditionally*

Connectors

a menos que	*unless*
antes (de) que	*before*
aunque	*although*
con tal (de) que	*provided that*
en cuanto	*as soon as, insofar as*
hasta que	*until*
para que	*so that*
sin que	*without*
tan pronto como	*as soon as*

Expressions

al contrario	*on the contrary*
en la actualidad	*at the present time*
en realidad	*really, actually*
por ciento	*percent*
estar satisfecho	*to be satisfied*
sin embargo	*nevertheless*

Recapitulación y ampliación VIII

LECTURA ∽ La literatura chilena

En Hispanoamérica existe una gran tradición literaria y muchos de sus escritores son conocidos en todo el mundo. Uno de los países hispanoamericanos que más se destaca en este campo es Chile, por sus excelentes escritores y por ser el lugar donde algunos autores importantes de otros países hispanoamericanos escribieron o publicaron sus obras.

La tradición literaria chilena empieza en el siglo XVI durante las luchas entre los conquistadores y los indios araucanos. Estas luchas fueron la inspiración del primer poema épico de la literatura hispanoamericana. Alonso de Ercilla y Zúñiga, quien participó en la conquista de Chile, escribió *La araucana* entre 1553 y 1556. En el prólogo, Ercilla dice que escribió parte del poema en los campos de batalla y que, a veces, tuvo que usar pequeños pedazos de cuero o de cartas porque no tenía papel donde escribir.

Más adelante, en la primera mitad del siglo XIX, unos años después de su independencia, Chile es un centro cultural de mucha importancia. En 1829 el gobierno invitó al conocido intelectual venezolano Andrés Bello, que vivía en esa época en Londres, y le ofreció un alto puesto en el Ministerio de Relaciones Exteriores. Al mismo tiempo, la situación política en la Argentina estaba cada vez peor bajo el gobierno tiránico del general Rosas[1]. Como resultado,

conocidos *known*
se destaca *stands out*

obras *works*

luchas *fighting*

cuero *leather*

más adelante *later on*

---

[1] Juan Manuel Ortiz de Rosas (1793–1877), Argentine general who became dictator from 1835 to 1852. His regime was inflexible and ruthless. After his defeat he fled to England, where he died.

muchos intelectuales y patriotas argentinos decidieron ir al extranjero. Entre los que emigraron a Chile estaba Domingo Faustino Sarmiento, una de las figuras literarias más importantes del siglo XIX. Bello y Sarmiento colaboraron con los chilenos para mejorar el sistema educativo del país. La fundación de la Universidad de Chile y la Escuela Normal para Maestros fue parte del resultado de esta magnífica labor.

mejorar *to improve*

En el siglo XX, dos escritores chilenos reciben el Premio Nobel de Literatura: Gabriela Mistral en 1945 y Pablo Neruda en 1971. Gabriela Mistral (1889–1957) es una poetisa de extraordinaria sensibilidad. Su poesía está llena de ternura y amor hacia Dios, los seres humanos y especialmente los niños. Los siguientes versos de su poema "Himno Cotidiano" son un ejemplo de la presencia de esos sentimientos en su obra.

sensibilidad *sensitivity*
ternura *tenderness*

cotidiano *daily*

> En este nuevo día
> que me concedes, ¡oh Señor!,
> dame mi parte de alegría
> y haz que consiga ser mejor.

> Dichoso yo si, al fin del día,
> un odio menos llevo en mí;
> si una luz más mis pasos guía
> y si un error más yo extinguí.

dichoso *fortunate*
odio *hatred*
pasos *steps*

> Ame a los seres este día;
> a todo trance halle la luz.
> Ame mi gozo y mi agonía:
> ¡ame la prueba de mi cruz!

ame *may I love*
a todo trance *at any cost*
halle *may I find*
gozo *pleasure*

Pablo Neruda (1904–1973) es uno de los mejores poetas de la lengua española. Su obra es muy extensa y usa parte de ella para expresar sus ideas políticas y sociales. Sin embargo, su libro más popular es *Veinte poemas de amor y una canción desesperada,* que publicó en 1924 cuando sólo tenía veinte años. En esta obra se encuentran algunas de las poesías más conocidas en Hispanoamérica. Los siguientes versos pertenecen a su famoso "Poema 20" de ese libro.

> Puedo escribir los versos más tristes esta noche.
> Yo la quise, y a veces ella también me quiso.

> En las noches como ésta la tuve entre mis brazos.
> La besé tantas veces bajo el cielo infinito.

besé *kissed*

Ella me quiso, a veces yo también la quería.
¡Cómo no haber amado sus grandes ojos fijos!

cómo . . . amado *how could I
not have loved*

Ya no la quiero, es cierto, pero tal vez la quiero.
Es tan corto el amor y es tan largo el olvido.

Porque en noches como ésta la tuve entre mis brazos,
mi alma no se contenta con haberla perdido.

alma *soul*
haberla perdido *having lost her*

Aunque éste sea el último dolor que ella me causa,
y éstos sean los últimos versos que yo le escribo.

En la actualidad, muchos escritores chilenos y de otros países
hispanoamericanos se destacan también en otros géneros como la
novela, el cuento, el teatro y el ensayo. Las traducciones de algunas
de sus obras permiten que otros países las aprecien y reconozcan que
en Chile, al igual que en Hispanoamérica, existe una literatura de
primer orden.

cuento *short story*
ensayo *essay*

PREGUNTAS

1. ¿Por qué es importante Chile en el campo de la literatura?
2. ¿Quién escribió el primer poema épico de la literatura hispanoamericana?
3. ¿Cuándo lo escribió?
4. ¿Cuál es el título de ese poema?
5. ¿Qué pasó en Chile durante la primera mitad del siglo XIX?
6. ¿Por qué fueron muchos argentinos a Chile?
7. ¿Quién era Andrés Bello?
8. ¿Quién era Domingo Faustino Sarmiento?
9. ¿Qué poetisa chilena recibió el premio Nobel de literatura en 1945?
10. ¿Qué muestra esta poetisa en sus versos?
11. ¿Quién recibió el premio Nobel en 1971?
12. ¿Puede usted decir algunos versos de estos poetas?
13. ¿En qué otros géneros se destacan los escritores de Hispanoamérica?
14. ¿Cómo es la literatura de Chile y de Hispanoamérica?

Pablo Neruda en los momentos en que
recibía el Premio Nobel de Literatura del
Rey de Suecia en 1971.

*Pablo Neruda at the time he received the Nobel
Prize in Literature from the King of Sweden in
1971.*

Gabriela Mistral, ganadora del Premio
Nobel de Literatura en 1945.

*Gabriela Mistral, winner of the Nobel Prize
in Literature in 1945.*

El Museo de Arte Popular en Santiago, Chile.

The Museum of Popular Art in Santiago, Chile.

READING AND WRITING SUPPLEMENT

Cognates: Spanish *-ancia* and *-encia*, English *-ance* and *-ence*

The words **importancia, influencia,** and **diferencia** mean *importance, influence,* and *difference,* respectively. Can you recognize the English equivalents of the following words?

distancia	competencia
Francia	consecuencia
tolerancia	presencia
ignorancia	independencia

In the words listed below, the endings of the English cognates vary somewhat from the standard pattern.

SPANISH	ENGLISH
discrepancia	*discrepancy*
frecuencia	*frequency*
tendencia	*tendency*
licencia	*license*

TESTING

A. Subordinate noun clauses

Complete the following sentences by using the correct form of the verb in parentheses. *deje*

1. (dejar) Espero que Juan no_____de llevar la cámara.   —deje
2. (llevar) Quieren que tú nos_____a la ciudad.   —lleves
3. (estar) Creo que ella_____en Portillo ahora.   —está
4. (jugar) Con esta lluvia, no creo que ellos_____ esta tarde.   —jueguen
5. (poder) Dudo que tú _____ trotar hoy.   —puedas
6. (poder) Dudo que (yo) _____ nadar esta tarde.   —pueda
7. (esquiar) Ellos quieren _____ este fin de semana.   —esquiar
8. (salir) Él prefiere que nosotros no _____ esta noche.   —salgamos
9. (llegar) Tal vez Jorge _____ mañana.   —llegue *or* llega
10. (afeitarse) ¿ Tú crees que ellos _____ todos los días?   —se afeiten *or* se afeitan
11. (pedir) Desean que nosotros _____ primero. .   —pidamos
12. (quedarse) Me alegro que ellos _____ _____ para la reunión.   —se queden

B. Subordinate adjective clauses

1. (vivir) Busco a los señores que _____ en ese apartamento.   —viven
2. (hablar) Busco a alguien que _____ portugués y español.   —hable *or* habla
3. (saber) Busco una secretaria que _____ inglés y francés.   —sepa
4. (conocer) Aquí hay alguien que _____ al Sr. Gómez.   —conoce
5. (trotar) No hay nadie que _____ a esa hora.   —trote
6. (poder) No hay ningún alumno que _____ hacer el trabajo.   —pueda
7. (estar) Tráeme los libros que _____ en la mesa.   —están *or* estén
8. (ser) Necesitan una casa que _____ bien grande.   —sea
9. (tener) Van a alquilar el apartamento que _____ dos cuartos.   —tiene
10. (venir) Hay algunas personas que _____ esta tarde.   —vienen *or* van a venir

11. (venir) No hay nadie que _____ esta tarde.   —venga
12. (competir) No hay ningún equipo que _____   —compita
mañana.

C. Subordinate adverbial clauses

1. (venir) Voy a llamar a los Ayala para que _____
esta noche.   —vengan
2. (estar) Vamos a esquiar mucho cuando _____ en
Portillo.   —estemos
3. (estar) No pudimos ir a Portillo cuando _____
en Santiago.   —estuvimos
4. (llamar) Creo que nos debemos ir antes que
Pedro _____.   —llame
5. (querer) Debemos ayudar a la liberación
femenina aunque algunos hombres no _____.   —quieran
6. (ir) Yo salgo con Alicia con tal que su hermana
no _____ con nosotros.   —vaya
7. (decir) Debes hacer el trabajo como ellos te
_____.   —digan *or* dicen *or* dijeron
8. (visitar) Debe estar tranquila sin que nadie la
_____.   —visite
9. (salir) Nos vamos a divertir mucho cuando
_____ con ellos.   —salgamos
10. (irse) Se quedaron hasta que el tren _____
_____.   —se fue
11. (pedir) Yo no voy a menos que ellos me lo
_____.   —pidan
12. (llegar) Debes llamarlo tan pronto _____ al
aeropuerto.   —llegues

D. Indicative or subjunctive

Complete the following paragraph by using the correct form of the verb in parentheses.

EL LUGAR DE LA MUJER EN LA SOCIEDAD

En el mundo contemporáneo hay muchas personas que creen que las mujeres (deber) tener las mismas oportunidades que los hombres y existen grupos que trabajan activamente para que (terminar) la discriminación contra las mujeres. Hoy en día, hay algunas mujeres que (tener) puestos importantes en el gobierno o en ciertas empresas, pero en realidad (ser) muy pocas. Estos grupos creen que todos (deber) ayudar para que las mujeres (obtener) puestos importantes y para que las empresas (pagar) los mismos sueldos a hombres y mujeres cuando éstos (hacer) el mismo trabajo. Otro punto importante (ser) el trabajo de la casa. Muchos opinan que la verdadera liberación femenina no va a existir hasta que los hombres y las mujeres (compartir) las labores domésticas y la educación de los hijos.

—deben

—termine

—tienen
—son
—deben *or* debemos
—obtengan
—paguen
—hacen *or* hagan
—es

—compartan

De compras en la calle Florida de Buenos Aires, Argentina, donde hay muchas tiendas, librerías, galerías de arte y cafés.

Shopping on Florida Street in Buenos Aires, Argentina, where there are many shops, bookstores, art galleries, and cafes.

Lección 21

Imperfect subjunctive of first-conjugation regular verbs
Imperfect subjunctive of second- and third-conjugation regular verbs
Irregular verbs in the imperfect subjunctive
Uses of the imperfect subjunctive
The imperfect subjunctive in noun clauses
The imperfect subjunctive in adjective clauses
The imperfect subjunctive in adverbial clauses
The imperfect subjunctive after **como si**

Communication Objectives

Vocabulary: You will learn words related to clothes, accessories, and shopping.

Conversation: You will be able to talk about stores and shopping, and to describe the latest trends in fashion.

ARTÍCULO Y DIÁLOGO ∽ De compras

En los países hispanos hay muchos lugares donde la gente va de compras. En muchas ciudades y pueblos, hay mercados donde venden, entre otras cosas, artesanías y objetos típicos de la región o del país. En estos mercados, los vendedores piden un precio y las personas generalmente regatean para conseguir un precio más bajo.

En las ciudades, es muy común la tienda pequeña que se especializa en ciertos artículos. Sin embargo, en muchas ciudades también hay almacenes y centros comerciales muy modernos donde las personas pueden comprar cualquier cosa que necesiten. En estos lugares, los precios son fijos y las personas no regatean.

Uno de los lugares más importantes y populares para ir de compras en Buenos Aires es la calle Florida. Hace unos años la ciudad prohibió que pasaran los automóviles y los autobuses para que la gente pudiera caminar por la calle y cruzar de una acera a otra sin preocuparse por el tráfico.

En el siguiente diálogo, Consuelo, una chica argentina, pasea por la calle Florida con su amiga norteamericana Laura.

LAURA	Con razón querías que viniéramos a la calle Florida.
CONSUELO	Yo sabía que te iba a gustar. Por eso quería traerte antes de que te fueras de Buenos Aires. Mira, ésa es la tienda donde compré el abrigo de cuero[1] que te gusta tanto. ¿Vamos a ver las cosas que tienen en el escaparate[2]?
LAURA	Sí, vamos. Además, parece que hay una realización[3]. Quizás encuentre una chaqueta de mi talla.
CONSUELO	¿De qué color la quieres?
LAURA	Café o negra.
CONSUELO	Estoy segura que la vas a encontrar. Pruébate las chaquetas que te gusten, pero no compres nada todavía.
LAURA	¿Por qué?
CONSUELO	Un poco más allá hay otra tienda que siempre tiene ropa de última moda y quiero que la veas.
LAURA	Me parece muy buena idea.
CONSUELO	Además, está al lado de una galería que las chicas querían que te enseñara.

de compras *shopping*

mercados *markets*
artesanías *handicrafts*
precio *price*
regatean *bargain*
conseguir *to get*
tienda *shop, store*

almacenes *department stores*

acera *sidewalk*

con razón *no wonder*

abrigo *overcoat*
cuero *leather*

realización *sale*
chaqueta *jacket* **talla** *size*

café *brown*

todavía *yet*

ropa *clothes*
moda *fashion*

enseñara *to show*

---

[1]Some countries use the word **piel,** especially for fine leather.
[2]Also used are **la vitrina** and **la vidriera.**
[3]Some countries use the words **liquidación, venta especial** o **barata** when referring to a sale.

PREGUNTAS SOBRE EL ARTÍCULO Y EL DIÁLOGO

1. ¿Qué venden en los mercados de las ciudades y pueblos?
2. ¿Qué hacen las personas para conseguir un precio más bajo?
3. ¿Qué otras clases de tiendas hay en las ciudades?
4. ¿Cómo es la calle Florida?
5. ¿Por qué llevó Consuelo a Laura a la calle Florida?
6. ¿Qué tienda le muestra Consuelo a Laura?
7. ¿Qué van a ver las chicas?
8. ¿Qué quiere comprar Laura?
9. ¿Por qué le dice Consuelo que no debe comprar nada todavía?
10. ¿Dónde está la otra tienda?

ORACIONES Y PALABRAS

Ésa es la tienda donde compré el **abrigo.**	*That's the shop where I bought the coat.*
pañuelo, sombrero, collar, anillo[4]	*handkerchief, hat, necklace, ring*
Querían que te enseñara esta **cartera**[5].	*They wanted me to show you this purse.*
bufanda, corbata, pulsera	*scarf, tie, bracelet*
¿Cuánto cuesta la **falda**?	*How much is[6] the skirt?*
la blusa, la camisa, el vestido, el suéter, el cinturón	*blouse, shirt, dress, sweater, belt*
¿Cuánto cuestan **los guantes**?	*How much are the gloves?*
las botas, las medias[7], los pantalones[8]	*boots, stockings, pants*

PREGUNTAS GENERALES

1. ¿Cuándo va usted de compras?
2. ¿Prefiere usted ir de compras al centro o a otra parte de la ciudad?
3. ¿Cuál es su tienda favorita? ¿Por qué?
4. ¿Regatea usted en esa tienda? ¿Y en otros lugares?
5. ¿Qué talla usa usted? ¿Y su compañero(-a)?
6. ¿A quiénes les interesa más la moda, a los hombres o a las mujeres?
7. En general, ¿cómo se visten los jóvenes hoy en día?
8. ¿Qué clase de ropa usa usted en el invierno? ¿Y en el verano?
9. ¿Qué clase de ropa lleva usted cuando va al campo? ¿Y cuando va a una fiesta?
10. ¿Cree usted que vale la pena gastar mucho dinero en ropa? ¿Por qué?

---

[4]The word **sortija** is also used.

[5]Also used are **el bolso** and **la bolsa**.

[6]Literally, *how much does it cost.*

[7]In some countries, **medias** also means *socks.* Other countries use **calcetines** (el calcetín, singular) for *socks.*

[8]The singular **pantalón** is also used, but less frequently. The equivalent of *jeans* is **(pantalones) vaqueros** or **tejanos**; however, the word *jeans* is also used. The equivalent of *pants suit* is **traje pantalón**.

GRAMMAR, EXERCISES, AND TESTING

∿ PART ONE

I. IMPERFECT SUBJUNCTIVE OF FIRST-CONJUGATION REGULAR VERBS[9]

VERB FORMS	STEM	THEME VOWEL SLOT	PERSON MARKER
hablara	habl	ara	—
hablaras	habl	ara	s
hablara	habl	ara	—
habláramos	habl	ára	mos
hablarais	habl	ara	is
hablaran	habl	ara	n

1. The combination **ara** is used in the theme vowel slot.
2. The first and third persons singular are identical. To avoid confusion, subject pronouns are often used with these forms.
3. The first-person plural is the only form which has an accent mark.

II. IMPERFECT SUBJUNCTIVE OF SECOND- AND THIRD-CONJUGATION REGULAR VERBS

VERB FORMS	STEM	THEME VOWEL SLOT	PERSON MARKER	VERB FORMS	STEM	THEME VOWEL SLOT	PERSON MARKER
comiera	com	iera	—	viviera	viv	iera	—
comieras	com	iera	s	vivieras	viv	iera	s
comiera	com	iera	—	viviera	viv	iera	—
comiéramos	com	iéra	mos	viviéramos	viv	iéra	mos
comierais	com	iera	is	vivierais	viv	iera	is
comieran	com	iera	n	vivieran	viv	iera	n

1. The endings for the second and third conjugation are identical in the imperfect subjunctive.
2. The combination **iera** is used in the theme vowel slot.[10]

---

[9]The imperfect subjunctive is also known as the past subjunctive.

[10]The combination **ase** for first-conjugation verbs and **iese** for second- and third-conjugation verbs may also be used.

 hablase comiese viviese

 hablases, etc. comieses, etc. vivieses, etc.

These forms are almost completely interchangeable with the **ara** and **iera** forms; however, in the exercises and testing of this text the **ara** and **iera** forms will be used, for they are preferred by most speakers in Spanish America.

3. The first and third persons singular are identical. To avoid confusion, subject pronouns are often used with these forms.
4. The first-person plural is the only form which has an accent mark.

III. IRREGULAR VERBS IN THE IMPERFECT SUBJUNCTIVE

INFINITIVE	THIRD-PERSON PLURAL PRETERIT TENSE	PAST SUBJUNCTIVE
estar	estuvieron	estuviera, estuvieras, etc.
hacer	hicieron	hiciera, hicieras, etc.
poder	pudieron	pudiera, pudieras, etc.
poner	pusieron	pusiera, pusieras, etc.
querer	quisieron	quisiera, quisieras, etc.
saber	supieron	supiera, supieras, etc.
tener	tuvieron	tuviera, tuvieras, etc.
traer	trajeron	trajera, trajeras, etc.
decir	dijeron	dijera, dijeras, etc.
dormir	durmieron	durmiera, durmieras, etc.
pedir	pidieron	pidiera, pidieras, etc.
sentir	sintieron	sintiera, sintieras, etc.
ser ⎫ ir ⎭	fueron	fuera, fueras, etc.
traducir	tradujeron	tradujera, tradujeras, etc.
venir	vinieron	viniera, vinieras, etc.
dar	dieron	diera, dieras, etc.

1. The stem of irregular verbs in the imperfect subjunctive is the same as the stem of the third-person plural of the preterit.
2. The verb **dar** uses the endings of second and third-conjugation verbs.
3. Verbs ending in **-uir** and some **-er** and **-ir** verbs whose stem ends in a vowel have the orthographic change i → y in the theme vowel slot: **iera → yera.**

   construir: construyera   leer: leyera   oír: oyera

IV. USES OF THE IMPERFECT SUBJUNCTIVE

The general principles which govern the occurrence of the present subjunctive rather than the indicative or an infinitive in noun, adjective, and adverbial clauses also apply to the imperfect subjunctive. The difference between the two tenses is basically one of perspective: the present subjunctive is used to express an action that relates to the present or to the future, whereas the imperfect subjunctive is used to express an action that relates to the past.

V. THE IMPERFECT SUBJUNCTIVE IN NOUN CLAUSES

Esperaba que su amiga la **llevara** a la calle Florida.	*She expected her friend to take her to Florida Street.*
Las chicas querían que **fuera** a la galería.	*The girls wanted her to go to the gallery.*
Les dijo que **vinieran.**	*He told them to come.*
Dudaba que yo **pudiera** hacerlo.	*I doubted that I could do it.*
Se alegraba de que nos **sintiéramos** bien.	*She was happy that we were feeling fine.*

If the verb in the main clause is in the past and requires the use of the subjunctive in the dependent noun clause, the imperfect subjunctive must be used.[11]

A. Ejercicio de sustitución

Cambie el sujeto de la oración subordinada de acuerdo con el apunte y haga los cambios que sean necesarios.

1. Querían que ella comprara esos zapatos.

tú	Querían que tú compraras esos zapatos.
ellos	Querían que ellos compraran esos zapatos.
nosotros	Querían que nosotros compráramos esos zapatos.
yo	Querían que yo comprara esos zapatos.
él	Querían que él comprara esos zapatos.

2. Prefería que se pusieran las botas.
   (tú, ellos, yo, nosotros, él)

3. Se alegró de que yo consiguiera ese precio.
   ella, tú, ustedes, nosotros, Consuelo

B. Presente de subjuntivo→imperfecto de subjuntivo

Cambie las siguientes oraciones al pasado de acuerdo con el apunte.

Modelo: Espero que me llames. Esperaba . . .
   Esperaba que me llamaras.

1. Dudo que se ponga corbata. Dudaba . . .
2. Espero que encuentres la pulsera. Esperaba . . .
3. Prefieren que vayamos de compras. Preferían . . .
4. Desea que visitemos esa galería. Deseaba . . .
5. Me dice que lleve el abrigo. Me decía . . .
6. Queremos que veas unos vestidos. Queríamos . . .

---

[11]Other combinations of tenses occur. They will be discussed in Lesson 24.

C. Situaciones

1. Pepe, un chico de cinco años, se pasó unos días con ustedes. Durante esos días su mamá quería que usted hiciera ciertas cosas. Use la siguiente información y construya oraciones que empiecen con **Mi mamá quería que** . . .

   Modelo: cuidar a Pepe
   Mi mamá quería que yo cuidara a Pepe.

   llevar a Pepe al parque   darle la comida
   traerlo temprano   acostarlo a las nueve

2. Usted fue de compras con una amiga. Diga las cosas que usted quería que ella hiciera. Empiece sus oraciones con **Yo quería que** . . .

   entrar en la tienda   preguntar los precios
   probarse unos abrigos   no comprar nada todavía

3. Ustedes están en el equipo de fútbol. Diga las cosas que el director del equipo les decía que hicieran. Empiece sus oraciones con **Él nos decía que** . . .

   practicar todos los días   tomar mucha leche
   dormir ocho horas   no ir a fiestas
   comer bien   descansar mucho

4. Usted y unos amigos pasaron el fin de semana en las montañas. Usted les tenía que decir a sus amigos las cosas que debían hacer para dividir el trabajo entre todos. Use su imaginación y empiece sus oraciones con **Yo le(s) dije a** . . . **que** . . .

D. Preguntas

1. ¿Qué quería usted que hiciera el profesor?
2. ¿Qué quería usted que hicieran sus compañeros?
3. ¿Qué lección le dijo el profesor que preparara?
4. ¿Quién quería usted que ganara el campeonato de béisbol?
5. ¿Esperaba usted que la universidad compitiera en ese campeonato?
6. ¿Quién creía usted que iba a ganar el campeonato de esquí?
7. ¿Esperaba usted que participaran esquiadores extranjeros?
8. ¿Qué país esperaba usted que ganara las Olimpiadas de invierno?

Detalle de un manto tejido hace 2.000 años que se encontró en Paracas, Perú.

Detail of a cloak woven 2,000 years ago which was found in Paracas, Peru.

Un moderno almacén de varios pisos en la ciudad de México.

A modern multilevel department store in Mexico City.

TESTING ∽ imperfect subjunctive, past indicative, or infinitive

Give the imperfect-subjunctive form corresponding to the present-subjunctive form or other cue shown.

1. hablen
2. diga
3. estemos
4. sepas
5. **ir, ella**-form
6. **ser, usted**-form

—hablaran
—dijera
—estuviéramos
—supieras
—fuera
—fuera

Give a Spanish equivalent.

7. I *wanted Sara to study chemistry.*

8. *I wanted to study economics.*
9. *He preferred that they arrive early.*

10. *Pedro knew that Laura was coming on Friday.*

—Yo quería que Sara estudiara química.
—Quería estudiar economía.
—Prefería que llegaran temprano.
—Pedro sabía que Laura venía (*or* llegaba) el viernes.

VI. THE IMPERFECT SUBJUNCTIVE IN ADJECTIVE CLAUSES

Queríamos una casa que **estuviera** cerca del parque.	We wanted a house that was near the park.
Queríamos la casa que **estaba** cerca del parque.	We wanted the house that was near the park.
Buscábamos un libro que **tuviera** fotos.	We were looking for a book that had photos.
Buscábamos el libro que **tenía** fotos.	We were looking for the book that had photos.
No había ninguna persona que **supiera** hablar chino.	There was no one who knew how to speak Chinese.
Había alguien que **sabía** hablar chino.	There was someone who knew how to speak Chinese.

If the verb in the main clause is in the past and requires the use of the subjunctive in the dependent adjective clause, the imperfect subjunctive must be used.

VII. THE IMPERFECT SUBJUNCTIVE IN ADVERBIAL CLAUSES

Te enseñó la corbata para que la **compraras.**	She showed you the tie so that you'd buy it.
Lo hizo sin que se lo **pidiéramos.**	He did it without our asking him.
Me llamó cuando **llegó.**	He called me when he arrived.
Me iba a llamar cuando **llegara.**	He was going to call me when he arrived.
Íbamos a comer donde él **dijo.**	We were going to eat where he said.
Íbamos a comer donde él **dijera.**	We were going to eat wherever he said.

If the verb in the main clause is in the past and requires the use of the subjunctive in the dependent adverbial clause, the imperfect subjunctive must be used.

VIII. THE IMPERFECT SUBJUNCTIVE AFTER COMO SI

Hablaba como si **entendiera** el problema.	She spoke as if she understood the problem.
Llamó al secretario como si lo **conociera.**	He called the secretary as if he knew him.
Gastan dinero como si **fueran** ricos.	They spend money as though they were rich.

1. After the expression **como si,** the imperfect subjunctive is required.
2. In the first two examples, the imperfect subjunctive indicates a contrary to fact situation in the past.

3. In the third example, the imperfect subjunctive expresses a contrary to fact situation in the present.
4. The tense of the verbs in the main clause shows whether the contrary to fact situation existed in the past or exists in the present.

E. Indicativo → subjuntivo

Convierta el antecedente de cada oración subordinada en un antecedente indefinido y haga los cambios que sean necesarios.

Modelo: Buscaba la casa que quedaba cerca.
Buscaba una casa que quedara cerca.

1. Necesitaba el libro que explicaba esos problemas.

   Buscaban la calle donde podían conseguir taxis.

   Necesitaba al señor que traía los muebles.

   Querían ir a la tienda donde vendían chaquetas de cuero.

   Necesitaba un libro que explicara esos problemas.

   Buscaban una calle donde pudieran conseguir taxis.

   Necesitaba un señor que trajera los muebles.

   Querían ir a una tienda donde vendieran chaquetas de cuero.

2. Buscaba el abrigo que tenía un cinturón.
   Necesitaban a la señorita que organizaba las excursiones.
   Tú buscabas al señor que traducía las solicitudes.
   Ella quería las corbatas que no eran tan anchas.

3. Deseaba comprar la bufanda que tenía muchos colores.
   Queríamos hablar con el maletero que trabajaba por la noche.
   Pensaba alquilar la casa que tenía aire acondicionado.
   Ella quería ver el anillo de oro que era más barato.

F. Situaciones

Sally, una chica norteamericana, está pasándose unos días en casa de su amiga Julia en México. Use su imaginación y complete las siguientes oraciones. En algunos casos debe usar el indicativo y en otros el subjuntivo.

Modelos: Ayer Julia llevó a Sally al mercado para que . . .
Ayer Julia llevó a Sally al mercado para que comprara unas artesanías.
Ellas salieron de la casa después que . . .
Ellas salieron de la casa después que salió el papá de Sally para el trabajo.

1. Ellas llegaron al mercado antes de que . . .
2. El vendedor les dio un precio mejor con tal de que . . .
3. Estuvieron en el mercado hasta que . . .

Usted y unos amigos fueron a esquiar a las montañas.

1. Por fin encontramos un hotel que . . .
2. El sábado nos levantamos temprano aunque . . .
3. Regresamos al hotel cuando . . .

G. Ejercicio para completar

Use su imaginación y complete las siguientes oraciones usando el imperfecto de subjuntivo.

1. Ellos caminan como si . . .
2. Ella nada como si . . .
3. Su novia se viste como si . . .
4. Los niños comían como si . . .
5. El señor le hablaba al perro como si . . .
6. El perro lo miraba como si . . .

H. Preguntas

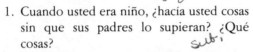

1. Cuando usted era niño, ¿hacía usted cosas sin que sus padres lo supieran? ¿Qué cosas?
2. Y ustedes, ¿salían de la casa <u>sin que</u> sus padres lo supieran? ¿Cuándo?
3. La última vez que usted fue de compras, ¿vio algo que le gustara? ¿Compró algo? ¿Por qué?
4. Cuando usted estaba en la escuela secundaria, ¿había alguien que hablara español?
5. ¿Y había algún equipo que ganara campeonatos?
6. En la última fiesta, ¿conocía usted a muchas personas? ¿Había alguien que no conociera?

TESTING ❧ imperfect subjunctive or past indicative

1. Of the two verb forms **buscaba** and **buscara,** the expression **como si** introduces _____.

   —buscara

Give a Spanish equivalent.

2. *There was a store that had lower prices.*

   —Había una tienda que tenía precios más bajos.

3. *There wasn't any store that had lower prices.*

   —No había ninguna tienda que tuviera precios más bajos.

4. *He called me when he got the job.*

   —Me llamó cuando consiguió el trabajo (*or* empleo).

5. *He called us before we left.*

   —Nos llamó antes (de) que saliéramos.

6. *We went to the market so that you* (**tú**-form) *could bargain.*

   —Fuimos al mercado para que regatearas (*or* pudieras regatear).

7. *They speak as if they were from Argentina.*

   —Hablan como si fueran de la Argentina.

8. *He was talking as if he were afraid.*

   —Hablaba como si tuviera miedo.

CONVERSACIÓN EN LA CLASE

De compras

Usted está en un mercado de un país de la América del Sur y quiere comprar unas artesanías. Uno(-a) de sus compañeros(-as) debe hacer el papel de vendedor(-a) y usted debe tratar de conseguir el mejor precio posible.

Usted está en una tienda para comprar ropa. Explíquele al vendedor o vendedora qué clase de ropa usted quiere. Usted y el vendedor o la vendedora deben hacer preguntas y hablar sobre la ropa.

De viaje

Su amigo(-a) se fue de viaje a Buenos Aires. Él (Ella) tenía muchas cosas que hacer a última hora y le pidió que lo (la) ayudara en la casa y que le pusiera algunas cosas en la maleta. Dígales a sus compañeros todas las cosas que su amigo(-a) le pidió.

Mis amigos y yo

Usted y sus amigos van a muchos lugares diferentes. Diga qué clase de ropa se ponen ustedes cuando van a los siguientes lugares.

un partido de fútbol	una finca	una fiesta elegante
las montañas	la universidad	los centros comerciales

Descripciones

Describa su ropa o la ropa que llevan algunos de sus compañeros hoy.

Un mercado al aire libre en Huancayo, Perú, donde están a la venta muchas artesanías.

An open-air market in Huancayo, Peru, where many native crafts are offered for sale.

Vocabulario

Nouns

accessories

la bota	boot
la bufanda	scarf
la cartera	purse
el cinturón	belt
la corbata	tie
el guante	glove
la media	stocking, sock
el pañuelo	handkerchief
el sombrero	hat

clothes

el abrigo	coat
la blusa	blouse
la camisa	shirt
la chaqueta	jacket
la falda	skirt
los pantalones	pants
la ropa	clothes
el suéter	sweater
el vestido	dress

jewelry

el anillo	ring
el collar	necklace
la pulsera	bracelet

places

la acera	sidewalk
el almacén	(department) store
el centro comercial	shopping center
el escaparate	display window
la galería	gallery
la tienda	shop, store

shopping

la artesanía	handicraft
el cuero	leather
la moda	fashion
la talla	size

Verbs

costar (ue)	to cost
enseñar	to show, to teach
especializarse	to specialize
prohibir	to prohibit, to forbid
regatear	to bargain

Adjectives

café	brown
común	common
fijo	fixed
siguiente	following

Adverbs

todavía	yet, still

Expressions

con razón	no wonder
ir de compras	to go shopping

Una consejera de empleos en San José, Costa Rica, habla con una mujer sobre las posibilidades de conseguir un trabajo.

An employee counselor in San Jose, Costa Rica, talks with a woman on the possibilities of obtaining a job.

Lección 22

The subjunctive after **ojalá** • Impersonal expressions
Dependent subjunctive clause or infinitive

Communication Objectives

Vocabulary: You will learn words related to job interviews, banking, and office work.

Conversation: You will be able to talk about employment, banking, and office activities.

DIÁLOGO ∿ Una entrevista

entrevista *interview*

RICARDO	La entrevista es esta tarde a las cuatro. Es mejor que me vaya ahora.
ENRIQUE	Sí, es importante que llegues a tiempo.
RICARDO	Bueno, te llamo más tarde para contarte.
ENRIQUE	No dejes de hacerlo. ¡Ojalá que todo salga bien!

ojalá *I hope*

* * *

[Durante la entrevista]

SR. CASTILLO	Según su solicitud, usted tiene experiencia en el trabajo de oficina.
RICARDO	Sí, yo trabajé tres años en la compañía Antillana.
SR. CASTILLO	¿En qué departamento estaba?
RICARDO	Primero estuve en el Departamento de Personal. Allí escribía a máquina y archivaba documentos.
SR. CASTILLO	¿Qué tiempo trabajó en ese departamento?
RICARDO	Unos seis meses. Un amigo mío me aconsejó que aprendiera a trabajar con las computadoras. Seguí unos cursos y pasé a trabajar en el Departamento de Contabilidad.
SR. CASTILLO	¿Qué hacía en ese departamento?
RICARDO	Al principio estuve a cargo de los inventarios y después programaba la computadora.
SR. CASTILLO	Entonces yo creo que es mejor que continuemos[1] esta entrevista con el Sr. Torres, que es el jefe de ese departamento. Ojalá que no esté ocupado y pueda reunirse con nosotros.

escribía a máquina *I typed*
archivaba *filed*

aconsejó *advised*

contabilidad *accounting*

Al principio *at the beginning*
a cargo *in charge*

ocupado *busy*

PREGUNTAS SOBRE EL DIÁLOGO

1. ¿A qué hora es la entrevista de Ricardo?
2. Según Enrique, ¿qué es importante que haga Ricardo?
3. ¿Cuándo va a llamar Ricardo a Enrique?
4. ¿En qué compañía trabajaba antes Ricardo?
5. ¿En qué departamento estuvo primero?
6. ¿Qué hacía allí?
7. ¿Qué le aconsejó un amigo?
8. ¿En qué departamento trabajó después?
9. ¿Qué hacía en ese departamento?
10. ¿Por qué cree el señor Castillo que es mejor continuar la entrevista con el señor Torres?

---

[1]**Continuar**, like **graduar**, has a written accent mark over the **ú** throughout the singular and in the third-person plural of the present indicative and present subjunctive: **continúo, continúas**, etc.

ORACIONES Y PALABRAS

Allí archivaba **documentos**.	*There I used to file documents.*
informes, fotocopias	*reports, photocopies*
Me **aconsejó** que trabajara allí.	*He advised me to work there.*
ordenó, mandó,	*ordered, ordered,*
permitió, exigió	*allowed, demanded*
Estuve a cargo de **los inventarios**.	*I was in charge of the inventories.*
los cheques,	*checks,*
las cuentas de ahorros,	*savings accounts,*
las cuentas corrientes	*checking accounts*
Es mejor que compre más **calculadoras**.	*It's better that you buy more calculators.*
archivos,	*filing cabinets*
foto(copiadoras),	*copying machines,*
máquinas de	*typewriters*
escribir	

PREGUNTAS GENERALES

1. ¿Qué muebles y máquinas hay generalmente en las oficinas? ¿Y en las casas?
2. ¿Cómo escribe usted a máquina, rápido o despacio? ¿Y ella?
3. ¿En qué banco tiene usted su cuenta?
4. ¿Qué clase de cuenta tiene usted? ¿Y ustedes?
5. ¿Tiene usted alguna experiencia con computadoras?
6. ¿Son importantes las computadoras en el mundo de los negocios? ¿Por qué?
7. ¿Cree usted que los alumnos deben seguir cursos para aprender a usar las computadoras? ¿Por qué?
8. ¿Qué debe hacer una persona que tiene una entrevista?

Un banquero de la ciudad de México discute unos asuntos financieros con un cliente.

A banker in Mexico City discusses some financial matters with a customer.

GRAMMAR, EXERCISES, AND TESTING

◦ PART ONE

I. THE SUBJUNCTIVE AFTER OJALÁ

The expression ojalá (que), which originally meant *may Allah grant that . . .,* is always followed by the subjunctive. Its equivalents in English are *I* or *we hope,* and *I* or *we wish.*

Ojalá (que) todo **salga** bien.	*I hope everything comes out all right.*
Ojalá (que) todo **saliera** bien.	*I hope (or wish) everything would come out all right.*
Ojalá (que) Ricardo **consiga** el trabajo.	*I hope Ricardo gets the job.*
Ojalá (que) Ricardo **consiguiera** el trabajo.	*I hope (or wish) Ricardo would get the job.*

1. The word **que** is optional after **ojalá.**
2. When the speaker implies hope, the present subjunctive is used.
3. When the speaker implies that the wish expressed may or will not come true, the imperfect subjunctive is used.

II. IMPERSONAL EXPRESSIONS

Es verdad que los atletas llegan hoy.	*It's true that the athletes arrive today.*
No es seguro que { juegan / jueguen } esta tarde.	*It's not certain that they'll play this afternoon.*
Es posible que venga.	*It is possible he may come.*
Es natural que lo diga.	*It is natural for him to say it.*
Fue / Era } **imposible que** lo pudieran hacer.	*It was impossible for them to do it.*
¿**Es importante que** lo cocine a fuego lento?	*Is it important that I simmer it?*

1. When a clause is used after an impersonal expression, the verb in the clause may be in the indicative or the subjunctive.
2. When the impersonal expression denotes certainty, the indicative is used in the clause. Some of these expressions are:

> es evidente que
> es cierto que
> es obvio que

When the impersonal expression is used in the negative, the subjunctive is used to show a lack of certainty on the part of the speaker.

3. When the impersonal expression denotes possibility, probability, likelihood, importance, or other value judgments, the subjunctive is used. Some of these expressions are:

es probable que   es mejor (peor) que
es necesario que   es (una) lástima que   *it's a shame*
es malo que   es difícil que

4. After impersonal expressions that require the subjunctive an infinitive may be used. In such cases, the sentence is totally impersonal.

Es importante **que llegues** a tiempo.
Es importante **llegar** a tiempo.

5. The imperfect subjunctive appears in the noun clause when the verb in the impersonal expression is in the past.
6. Other verbs which require the subjunctive when followed by a noun clause are: **gustar, encantar, interesar, importar, valer (la pena).**

Vale la pena que⎱
Me interesa que⎰ visites la catedral.   *It's worthwhile for you to*⎱
                                     It interests me that you⎰ *visit the cathedral.*

A. Ejercicio de transformación

Comience cada una de las siguientes oraciones con **ojalá que** y haga los cambios que sean necesarios.

Modelo: Las fotocopias son buenas.
       Ojalá que las fotocopias sean buenas.

1. Trabajamos en el Departamento de Contabilidad.

   Ojalá que trabajemos en el Departamento de Contabilidad.

   Yo estoy a cargo de los inventarios.

   Ojalá que yo esté a cargo de los inventarios.

   Los empleados reciben los cheques hoy.

   Ojalá que los empleados reciban los cheques hoy.

   Pedro consigue otro puesto.

   Ojalá que Pedro consiga otro puesto.

2. Laura va a ver al médico.
   Sus padres se preocupan.
   El médico le receta antibióticos.
   Ya se siente mejor.

3. Tú conoces a nuestros atletas.
   Juegan este fin de semana.
   Nuestro equipo gana el campeonato.
   Competimos en las Olimpiadas.

B. Presente de subjuntivo → imperfecto de subjuntivo

Cambie el verbo de cada una de las siguientes oraciones al imperfecto de subjuntivo.

Modelo: Ojalá (que) salgan ahora.
       Ojalá (que) salieran ahora.

1. Ojalá que Susana me lleve a la calle Florida.
2. Ojalá que vayamos a la tienda nueva.
3. Ojalá que encuentre algo bonito.
4. Ojalá tengan chaquetas de mi talla.
5. Ojalá que no sean muy caras.
6. Ojalá pueda comprarme unas botas.

C. Situaciones

Exprese un deseo con **ojalá** de acuerdo con las siguientes situaciones.

Modelo: Mañana es su cumpleaños.
    Ojalá que me regalen (o regalaran) un auto nuevo.

1. Usted tiene un examen muy difícil.
2. Su amigo Manuel está buscando trabajo y tiene una entrevista esta tarde.
3. Dos de sus amigos tuvieron un accidente y están en el hospital.
4. Usted está en una reunión y quiere conocer a un(-a) chico(-a).
5. Usted quiere ir a un concierto pero es muy difícil conseguir boletos.
6. A su familia no le gusta que usted regrese tarde por la noche. Usted estuvo en una fiesta y llega a las dos de la mañana.

D. Ejercicio de sustitución

Use la forma correcta del verbo de la oración impersonal de acuerdo con el apunte.

Modelo: Es difícil terminar hoy. (ellos)
    Es difícil que terminen hoy.

1. Es importante ir ahora. (nosotros)   Es importante que vayamos ahora.
   Es difícil descansar. (ellos)   Es difícil que descansen.
   Es mejor salir a las ocho. (él)   Es mejor que salga a las ocho.

2. Es necesario contestar rápido. (ellos)   3. Es bueno hacer ejercicios. (ustedes)
   Vale la pena trabajar. (nosotras)   Es imposible sacar esas fotos. (nosotros)
   Es importante hacerlo hoy. (tú)   Es necesario competir. (él)

El Banco Exterior de España es uno de los bancos mas importantes de ese país.

The Banco Exterior de España is one of the most important banks in that country.

E. Ejercicio para completar

Complete las siguientes oraciones de acuerdo con cada situación.

Su amigo Jorge Valdés trabajaba en la compañía López y Hermanos. El sueldo era muy bajo y él necesitaba ganar más. Por fin, Jorge decidió buscar otro empleo y ahora trabaja en el Banco Nacional.

Era verdad que . . .   Era necesario que . . .

Era una lástima que . . .   Es cierto que . . .

El señor Alfredo Torres va a ver al médico porque se siente débil, no duerme bien y tiene que trabajar muchas horas todos los días. Haga el papel del médico y dígale las cosas que debe hacer.

Es obvio que . . .   Es importante que . . .

Es probable que . . .   Es necesario que . . .

Usted está a cargo de un departamento de una compañía importante y quiere hacer ciertos cambios. Usted habla con los empleados y les explica sus ideas.

Es evidente que . . .   Es mejor que . . .

Es importante que . . .   Me gusta que . . .

Me interesa que . . .   Vale la pena que . . .

TESTING ∽ ojalá and impersonal expressions

1. **Ojalá que venga** may be shortened to
   _____ _____.

   —Ojalá venga.

2. Both **esté** and **estuviera** may follow **ojalá,** but to imply a negative outcome, the best form to use would be _____.

   —estuviera

Give a Spanish equivalent using **ojalá que.**

3. *I hope you* (**tú**-form) *can come tomorrow.*

   —Ojalá que puedas venir mañana.

4. *I wish you* (**tú**-form) *could come tomorrow.*

   —Ojalá que pudieras venir mañana.

5. *It's true the team is here.*

   —Es verdad (*or* cierto) que el equipo está aquí.

6. *It's important that they have a calculator.*

   —Es importante que tengan una calculadora.

7. *It's obvious Mr. Torres is busy.*

   —Es obvio que el señor Torres está ocupado.

8. *It was impossible for Ana to open a savings account.*

   —Era (*or* fue) imposible que Ana abriera una cuenta de ahorros.

III. *DEPENDENT SUBJUNCTIVE CLAUSE OR INFINITIVE*

Verbs expressing commands, permission, prohibition, and advice may be followed by either a dependent clause or an infinitive construction.

Les aconsejo **que (ustedes) salgan** ahora. Les aconsejo **salir** ahora.	*I advise you to leave now.*
Tu padre te prohíbe[2] **que vayas.** Tu padre te prohíbe **ir.**	*Your father forbids you to go.*
Nos exigían **que lo hiciéramos.** Nos exigían **hacerlo.**	*They* { *demanded that we do it.* *required us to do it.*

1. **When a dependent clause is used:**
   a. its verb must be in the subjunctive.
   b. the verb in the main clause is normally preceded by an indirect object pronoun which corresponds to the subject of the dependent clause.[3]
2. When the infinitive construction is used:
   a. the main verb is followed by an infinitive.
   b. the indirect object pronoun precedes the main verb.
3. Other verbs which are followed either by a dependent clause or an infinitive are: **mandar, ordenar, permitir, dejar.**

   The verb **dejar,** unlike the other verbs of this group, is preceded by a direct object pronoun instead of an indirect object pronoun.

   La dejo ir.
   La dejo que vaya. } *I let her go.*

F. Infinitivo → subjuntivo

Modelos: Les prohíbo montar a caballo.
   Les prohíbo que monten a caballo.
   Nos prohibió hablar por teléfono.
   Nos prohibió que habláramos por teléfono.

1. Te aconsejo salir temprano.   Te aconsejo que salgas temprano.
   Me prohíbe usar el archivo.   Me prohíbe que use el archivo.
   No le mandó ir de compras.   No le mandó que fuera de compras.
   Les permite visitar los jardines.   Les permite que visiten los jardines.

---

[2]The intervocalic h is silent; an accent mark is written to indicate that the i is stressed and does not form a diphthong with o.
[3]To maintain a consistent practice the indirect object pronoun will be used in the exercises.

2. Le prohibía esquiar solo.
No nos dejan pescar en el lago.
Te aconsejaron hacer ejercicios.
Nos prohíben nadar por la tarde.

3. Me aconsejaban seguir esos cursos.
Te prohibió llamar al banco.
No les permitía hacer nada.
No nos dejan hacer fotocopias.

G. Subjuntivo → infinitivo

Modelo: Le aconsejo que tome un taxi.
Le aconsejo tomar un taxi.

1. No les permito que salgan.
Te prohibió que llamaras.
Le manda que se acueste después de almuerzo.

No les permito salir.
Te prohibió llamar.
Le manda acostarse después de almuerzo.

2. Nos aconsejó que lleváramos ropa de invierno.
Te prohibía que manejaras su coche.
No le permiten que monte a caballo.

3. Te exigen que pagues veinte pesos.
Me manda que los lleve al estadio.
Nos aconsejó que se lo diéramos.

H. Respuestas dirigidas

Conteste las siguientes preguntas afirmativamente usando el subjuntivo en sus respuestas.

Modelo: ¿Qué te prohíben? ¿Reunirte con ellos?
Sí, me prohíben que me reúna con ellos.

1. ¿Qué te aconsejan? ¿Cambiar de puesto?
2. ¿Qué le ordenó el jefe a Pepe? ¿Archivar los documentos?
3. ¿Qué te ordenó a ti? ¿Traducir el informe?
4. ¿Qué les prohíben aquí? ¿Sacar fotocopias de los informes?
5. ¿Qué te exigen? ¿Trabajar hasta las seis?
6. ¿Qué nos aconseja usted? ¿Conseguir las direcciones?

I. Preguntas

1. ¿Qué te aconsejó el profesor?
2. ¿Qué les prohíben a los estudiantes?
3. ¿Qué les permiten hacer?
4. ¿Les permiten tener fiestas aquí?
5. ¿Cuántas veces nos aconseja usted que escuchemos el diálogo?
6. ¿Me deja manejar su auto?
7. ¿Me permite tenerlo el fin de semana?
8. ¿Adónde nos aconseja ir?

TESTING ✺ subjunctive or infinitive

Express the thought another way.

1. Les prohíbo que fumen.
2. Nos ordena que salgamos.
3. Le permite llegar tarde.
4. Me aconseja seguir derecho.

—Les prohíbo fumar.
—Nos ordena salir.
—Le permite que llegue tarde.
—Me aconseja que siga derecho.

Give two Spanish equivalents for each sentence.

5. *I advise you* (**tú**-form) *to gargle.*

6. *They demanded that we pay with checks.*

—Te aconsejo hacer gárgaras. Te aconsejo que hagas gárgaras.
—Nos exigían (*or* exigieron) pagar con cheques. Nos exigían (*or* exigieron) que pagáramos con cheques.

CONVERSACIÓN EN LA CLASE

Deseos

Usted tiene ciertos planes para este fin de semana (ir a la playa, a una fiesta). Usted desea que ocurran ciertas cosas. Dígales a sus compañeros cuáles son usando **ojalá**.

Usted va a celebrar su cumpleaños con una fiesta. Usted y un(-a) amigo(-a) desean que ocurran ciertas cosas. Digan cuáles son usando **ojalá**.

A cargo de un departamento

Usted está a cargo de un departamento. Hábleles a los empleados explicándoles las cosas que usted prohíbe o permite que hagan.

Cuando era niño(-a)

Dígales a sus compañeros las cosas que sus padres le ordenaban que hiciera o no dejaban que usted hiciera. Pregúntele después a uno(-a) de sus compañeros qué cosas le permitían o prohibían hacer sus padres.

De viaje

Su amigo(-a) va a viajar a la América del Sur. Dígale los lugares que vale la pena que visite y por qué.

Consejos

Un amigo(-a) le va a explicar el problema que tiene y le va a pedir consejo. Háblele y aconséjele qué cosas debe hacer o no hacer.

Una entrevista

Su compañía necesita una persona que pueda hacer ciertos trabajos. Usted tiene que entrevistar a uno de los candidatos.

Vocabulario

Nouns

banking

el cheque	*check*
la cuenta corriente	*checking account*
la cuenta de ahorros	*savings account*

business

la contabilidad	*accounting*
el departamento	*department*
la entrevista	*interview*
el inventario	*inventory*
el personal	*personnel*

documents

el documento	*document*
la fotocopia	*photocopy*
el informe	*report*

office equipment

el archivo	*file*
la calculadora	*calculator*
la computadora	*computer*
la (foto)copiadora	*copying machine*
la máquina de escribir	*typewriter*

Verbs

aconsejar	*to advise*
archivar	*to file*
continuar	*to continue*
escribir a máquina	*to type*
exigir (j)	*to demand*
ordenar	*to order*
permitir	*to allow, to permit*
programar	*to program*

Adjectives

evidente	*evident*
imposible	*impossible*
obvio	*obvious*
ocupado	*busy*
posible	*possible*

Expressions

al principio	*at the beginning*
estar a cargo	*to be in charge*
es (una) lástima	*it's a shame*
ojalá	*I (we) hope, I (we) wish*

Recapitulación y ampliación IX

LECTURA ❧ El gaucho argentino

La pampa es una de las características geográficas más distintivas de la Argentina. Además, estas enormes extensiones de tierra llana y fértil forman la base económica de ese país. Sarmiento, el gran escritor argentino del siglo pasado, describe la pampa muy poéticamente como "la imagen del mar en la tierra". Es una comparación muy adecuada porque en la pampa, igual que en el mar, el horizonte es el único límite que el hombre encuentra.

La pampa fue el lugar donde el gaucho se desarrolló con todo su colorido y fuerza. Hoy en día, este personaje casi no existe, pero si queremos entenderlo mejor, es necesario volver a Sarmiento. Este escritor, en su famoso libro *Vida de Facundo Quiroga*[1], describe cuatro tipos principales de gauchos: el rastreador[2], el baqueano[3], el gaucho malo y el cantor[4].

Según Sarmiento, el rastreador es "el más conspicuo de todos, el más extraordinario". Este gaucho puede seguir las huellas de un animal y "distinguirlas de entre mil".

Para demostrarnos la habilidad del rastreador, Sarmiento nos dice que cuando ocurre un robo, la gente busca las huellas del ladrón y cuando las encuentran, las cubren para que el viento no se las lleve. Inmediatamente llaman al rastreador. Éste las examina con cuidado

gaucho *pampas cowboy*

llana *flat*
gran *great*

se desarrolló *developed*
personaje *character*

huellas *tracks*

robo *theft*
el ladrón *thief*

---

[1] Facundo Quiroga, a 19th-century militarist known as **El tigre de los llanos.**
[2] One who tracks down or pursues.
[3] A scout in the pampas.
[4] A singing cowboy.

Unos gauchos toman mate, la bebida nacional de la Argentina. El mate es parecido al té verde y se bebe a través de una bombilla, un tubo de metal, y se prepara y se sirve en una calabaza seca llamada también mate.

Gauchos drinking mate, *the national beverage of Argentina.* Mate *is similar to green tea and is drunk through a* bombilla, *a metal straw, and prepared and served in a dry gourd, also called a* mate.

y empieza a seguirlas mirando la tierra de vez en cuando "como si sus ojos vieran de relieve esta pisada que para otro es imperceptible. Sigue el curso de las calles, atraviesa los huertos, entra en una casa y, señalando un hombre que encuentra, dice fríamente: '¡Éste es!' El delito está probado, y raro es el delicuente que resiste a esta acusación . . . a este testigo que considera como el dedo de Dios que lo señala".

Después de la descripción del rastreador, Sarmiento pasa al baqueano y nos dice que este gaucho conoce perfectamente veinte mil leguas cuadradas de tierra argentina. "Es el topógrafo más completo, es el único mapa que lleva un general para dirigir los movimientos de su campaña. El baqueano va siempre a su lado. Modesto y reservado . . . está en todos los secretos de la campaña; la suerte del ejército, el éxito de una batalla, la conquista de una provincia, todo depende de él."

Sarmiento continúa diciéndonos que en la pampa no hay caminos, y que cuando un viajero quiere ir de un lugar de la pampa a otro, busca a un baqueano y le dice adónde quiere ir. El baqueano "se para un momento, reconoce el horizonte, examina el suelo" y empieza a galopar. A veces cambia de dirección, sin que nadie sepa por qué, y "galopando día y noche, llega al lugar designado".

El gaucho malo "es un tipo de ciertas localidades, un *outlaw,* un *squatter,* un misántropo particular . . . La justicia lo persigue desde muchos años, su nombre es temido. . . . Este hombre divorciado con la sociedad, proscrito por las leyes; este salvaje de color blanco, no es en el fondo un ser más depravado que los que habitan las poblaciones".

relieve *relief*
pisada *footprint*

delito *crime*

leguas cuadradas *square leagues*

ejército *army* **éxito** *success*

suelo *terrain*

perseguir *to pursue*
temido *feared*

en el fondo *down deep*

El lago Huechulafquén en la Argentina, con el volcán Lanín al fondo.

Lake Huechulafquen in Argentina, with the Lanin volcano in the background.

Según Sarmiento, "el gaucho cantor es el mismo . . . trovador de la Edad Media, que se mueve en la misma escena, entre las luchas de las ciudades y del feudalismo de los campos, entre la vida que se va y la vida que se acerca".

acercarse   *to approach*

En los cantos de este gaucho está el comienzo de una nueva forma en la literatura hispanoamericana del siglo XIX: la poesía gauchesca. A través de ella, los escritores nos presentan la figura del gaucho, a veces de una manera cómica, mostrándonos su ignorancia y su ingenuidad; otras veces lo presentan de una manera trágica, mostrándonos sus desdichas, sufrimientos y dolores.

desdichas   *misfortunes*

Entre las muchas manifestaciones de la poesía gauchesca, *Martín Fierro* es la obra más conocida. Su autor, el poeta culto José Hernández (1834–1886), imitó la manera de hablar de los gauchos a través de su personaje Martín Fierro. En los siguientes versos podemos ver los deseos de libertad del gaucho, su valor y su vida desgraciada.

Nací como nace el pez   **el pez** *fish*
en el fondo de la mar;
nadie me puede quitar   **quitar** *to take away*
aquello que Dios me dio
lo que al mundo traje yo
del mundo lo he de llevar.

Mi gloria es vivir tan libre
como el pájaro del cielo,   **pájaro** *bird*
no hago nido en este suelo   **nido** *nest*
donde hay tanto que sufrir
y nadie me ha de seguir
cuando yo remonte el vuelo.   **remonte** *take off*

. . . . .

Y sepan cuantos escuchan
de mis penas el relato   **penas** *sorrows*
que nunca peleo ni mato   **peleo** *I fight*
sino por necesidad,   **sino** *but*
y que a tanta adversidad
sólo me arrojó el mal trato.   **arrojó** *hurled*

Estas palabras de Martín Fierro, llenas de tristeza, orgullo y   **orgullo** *pride*
lamento, anuncian la gradual desaparición del gaucho en la vida
argentina.

PREGUNTAS

1. ¿Qué es la pampa?
2. ¿Cómo describe Sarmiento la pampa?
3. ¿Por qué es adecuada esta descripción?
4. ¿En qué libro describe Sarmiento a los gauchos?
5. ¿Cuáles son los tipos principales que describe?
6. ¿Qué hacía el rastreador?
7. ¿Qué hacía el baqueano?
8. ¿Por qué era tan importante el baqueano en la pampa?
9. ¿Cómo describe Sarmiento al gaucho malo?
10. ¿Con quién compara Sarmiento al gaucho cantor?
11. ¿Existen algunos de estos tipos en otras culturas? ¿En cuáles?
12. ¿Qué es la literatura gauchesca?
13. ¿Cómo presenta al gaucho esa literatura?
14. ¿Cuál es la obra más famosa de la literatura gauchesca?
15. ¿Quién es su autor?

READING AND WRITING SUPPLEMENT

Cognates: The prefix *in-*

Spanish and English both use prefixes to create new words or to alter the meanings of existing ones. Both languages use the prefix in- to form antonyms of certain words. Spanish uses in- more often because the parallel negative prefix *un-* found in English does not exist in Spanish: English *un + necessary,* Spanish **in + necesario.** The prefix **in-** changes its form depending on the first letter of the word to which it is assimilated. Study the following words for the various assimilated forms of the prefix.

SPANISH	ENGLISH	SPANISH	ENGLISH
ilógico	*illogical*	inmortal	*immortal*
irregular	*irregular*	incompleto	*incomplete*
imposible	*impossible*	irreal	*unreal*

1. **In-** becomes **i-** before words beginning with **l**.
2. **In-** becomes **ir-** before words beginning with **r**.
3. **In-** becomes **im-** before words beginning with **p**.
4. **In-** remains **in-** before words beginning with **m**.
5. **In-** remains unchanged before words beginning with any other letter.

Make Spanish antonyms of the following words by supplying the correct form of the prefix **in-**.

competente	legal	personal
directo	moral	religioso

Caballos en la pampa argentina, una región de unos 450.000 kilómetros cuadrados, conocida por sus fértiles tierras.

Horses on the Argentine pampas, a region of approximately 450,000 square kilometers, known for its rich farmlands.

TESTING

A. Imperfect subjunctive or past indicative

Complete the following sentences by using a correct past-tense form of the verb in parentheses.

1. (empezar) Quería que ellos _____ el trabajo hoy.   —empezaran
2. (estar) Les pidió que _____ listas a las tres.   —estuvieran
3. (poder) Dudaba que tú _____ hacerlo.   —pudieras
4. (poder) Creía que tú _____ hacerlo.   —podías
5. (entender) Ella habla como si _____ el problema.   —entendiera
6. (llevar) Nos pidió que _____ el dinero.   —lleváramos
7. (hablar) Buscaban (un) estudiante que _____ chino.   —hablara
8. (hablar) Buscaban (al) profesor que _____ portugués.   —hablaba
9. (dormir) La mamá esperaba que el niño _____ hasta las siete.   —durmiera
10. (saber) No había nadie que _____ la dirección.   —supiera
11. (salir) Él esperaba que nosotros _____ con su hermana.   —saliéramos
12. (llegar) Pudimos hablar con Berta antes que _____ su padre. *arrival isn't specified*   —llegara
13. (decir) Iba a terminar el trabajo como ellos le _____.   —dijeran *or* dijeron
14. (ser) Ellos se visten como si _____ jóvenes.   —fueran
15. (probarse) Consuelo llamó a Laura para que _____ _____ el abrigo.   —se probara

B. Present and imperfect subjunctive

Using the underlined infinitive in the first sentence, complete the second sentence so that it implies that you hope the wish will come true.

1. Juan quiere <u>venir</u>.
   Ojalá que Juan _____.   —venga
2. Nosotros pensamos <u>ver</u> a Consuelo.
   Ojalá que _____ a Consuelo.   —veamos
3. Ellos quieren <u>jugar</u> después.
   Ojalá que _____.   —jueguen
4. Yo pienso <u>divertirme</u>.
   Ojalá que _____ _____.   —me divierta

Using the underlined infinitive in the first sentence, complete the second sentence so that it implies that the wish will not come true.

1. Yo no creo que ellos puedan <u>terminar</u> hoy. Ojalá que ellos _____ hoy. *terminen*
   —terminaran
2. Yo no creo que él pueda <u>salir</u>. Ojalá que él _____. *salga*
   —saliera
3. No creo que nosotros podamos <u>dormir</u>. Ojalá que *durmamos*
   —durmiéramos
4. No creo que yo pueda <u>ganar</u>. Ojalá que _____ *gane*
   —ganara

C. Indicative or subjunctive

Complete the following sentences by using the correct form of the verb in parentheses.

1. (programar) Es verdad que Laura _____ la computadora.
   —programa
2. (poder) Es difícil que nosotros _____ archivar todos los documentos.
   —podamos
3. (conseguir) Es posible que Jorge _____ ese trabajo.
   —consiga
4. (usar) Era imposible que tú _____ la calculadora.
   —usaras
5. (salir) Es importante que ustedes _____ ahora.
   —salgan
6. (pedir) Era mejor que ella le _____ los cheques.
   —pidiera
7. (esquiar) Era cierto que yo no _____ mucho.
   —esquié *or* esquiaba
8. (decir) Fue peor que ellos te _____ la verdad.
   —dijeran

D. Subjunctive clause or infinitive

For each infinitive construction, give a corresponding subordinate clause.

1. Nos permitió **visitar** la oficina.
   —que visitáramos
2. Le aconseja **viajar** en la primavera.
   —que viaje
3. Te prohibió **salir** de noche.
   —que salieras
4. Me exige **pagar** antes del martes.
   —que pague
5. Nos ordenó **leer** los nombres.
   —que leyéramos

Un terremoto en Lima, Perú, dejó este edificio inclinado y con grietas grandes.
An earthquake in Lima, Peru, left this building tilting and with large cracks.

Lección 23

The past participle • The present perfect indicative
The past perfect indicative
Descriptive adjectives: placement and special meanings

Communication Objectives

Vocabulary: You will learn words related to communication, natural disasters, and emergency assistance.

Conversation: You will be able to describe your past activities, and to talk about natural disasters.

ARTÍCULO Y DIÁLOGO ∽ Un terremoto

Los terremotos o temblores de tierra han causado muchas pérdidas en el mundo. En este continente, especialmente en la parte oeste, los terremotos han destruido ciudades y pueblos y causado numerosas muertes.

En los Estados Unidos, el terremoto y el fuego de 1906 en San Francisco destruyeron gran parte de la ciudad. En 1868, 1898 y 1900, San Francisco había sufrido los efectos de otros temblores, pero ninguno fue tan terrible como el terremoto de 1906.

En la América del Sur, los daños también han sido enormes. En Perú, un terremoto destruyó Lima, la capital, en 1746, y en 1970 otro terremoto y un alud causaron unos 50.000 muertos en ese país. En el Ecuador, unas 6.000 personas murieron en el terremoto de 1949.

En la América Central, la historia es igual. Los terremotos han destruido casi completamente la ciudad de Managua, capital de Nicaragua, tres veces: en 1885, 1931 y 1972. En Guatemala, un terremoto destruyó la antigua capital en 1773, y en 1976 otro terremoto dejó 22.000 muertos y 74.000 heridos.

CLEMENTE	¿Qué te pasa Juan? ¿Por qué vienes corriendo[1]?
JUAN	¿No han oído las últimas noticias?
BLANCA	No, no hemos oído nada.
JUAN	Un terremoto espantoso en Guatemala. Según el radio, ha sido horrible y la Cruz Roja está pidiendo donaciones.
BLANCA	¿Hay muchos muertos?
JUAN	Hasta ahora han reportado unos cien, pero piensan que hay muchos más. El terremoto destruyó el centro de la capital.
BLANCA	¡Dios mío! ¿Y cómo se lo decimos a José María[2]? Su padre está allá en viaje de negocios.
JUAN	No sabía que se había ido.
CLEMENTE	Yo no me atrevo a decírselo.
BLANCA	Ni yo tampoco. Yo nunca he servido para dar malas noticias.
JUAN	Pues decídanse a hacer algo porque por allí viene José María.

terremoto *earthquake*

han causado *have caused*
pérdidas *losses*
han destruido *have destroyed*
muertes *deaths*

destruyeron *destroyed*
había sufrido *had experienced (literally, suffered)*

daños *damages*
han sido *have been*

alud *mudslide, avalanche*
muertos *dead*

casi *almost*

antigua *former*

¿Qué te pasa? *What's the matter?*
no han oído *haven't you heard*
noticias *news*

espantoso *frightful*
Cruz Roja *Red Cross*

se había ido *he had left*
no me atrevo *I don't dare*

---

[1]Besides **estar**, the verbs **andar, seguir, ir,** and **venir** can be used with a present participle to form the progressive tenses.
[2]In Spanish-speaking countries, men often have the name **María** following their given name.

PREGUNTAS SOBRE EL ARTÍCULO Y EL DIÁLOGO

1. ¿Cuáles son los efectos de los terremotos?
2. ¿Qué terremotos importantes recuerda usted?
3. ¿Por qué viene corriendo Juan?
4. ¿Qué noticias trae Juan?
5. ¿Cómo ha sido el terremoto?
6. ¿Cuántos muertos hay?
7. ¿Qué destruyó el terremoto?
8. ¿Por qué no le quieren dar la noticia a José María?
9. ¿Quién se atreve a darle la noticia?
10. ¿Dónde está José María?

ORACIONES Y PALABRAS

Según **el radio,** ha sido horrible.
   el locutor, el bombero,
   el periódico, la revista,
   la estación

Destruyó el **centro.**
   correo, supermercado

Han reportado **un terremoto.**
   un huracán,
   una inundación,
   una epidemia

La Cruz Roja está pidiendo **donaciones.**
   medicinas,
   sangre[3]

Yo no me atrevo a **decirlo.**
   repetirlo[4], romperlo,
   cubrirlo

According to the radio, it has been horrible.
   announcer, fire fighter,
   newspaper, magazine,
   station

It destroyed the center (of town).
   post office, supermarket

They have reported an earthquake.
   a hurricane,
   a flood,
   an epidemic

The Red Cross is asking for contributions.
   medicine,
   blood

I don't dare say it.
   repeat, break,
   cover

PREGUNTAS GENERALES

1. ¿Dónde hay terremotos en este país?
2. ¿En qué otros países hay terremotos?
3. ¿Le gusta a usted escuchar el radio cuando va en el auto? ¿Por qué?
4. ¿Cuál es su estación favorita?
5. ¿Cuál es su locutor favorito?
6. ¿En qué época del año hay más fuegos?
7. ¿Qué es la Cruz Roja?
8. ¿Dónde hay inundaciones en este país?
9. ¿En qué estación del año hay inundaciones?
10. ¿Es importante que una persona sepa qué tipo de sangre tiene? ¿Por qué?

---

[3]**La sangre,** feminine.
[4]**Repetir (i).**

GRAMMAR, EXERCISES, AND TESTING

∽ PART ONE

I. THE PAST PARTICIPLE[5]

INFINITIVE	PAST PARTICIPLE	STEM	THEME VOWEL SLOT	PAST-PARTICIPLE ENDING
hablar	hablado	habl	a	do
comer	comido	com	i	do
vivir	vivido	viv	i	do

1. All past participles of **-ar** verbs maintain the theme vowel **a** and add **-do.**
2. Past participles of **-er** and **-ir** verbs use **i** in the theme vowel slot and add **-do,** except the following:

hacer	**hecho**	abrir	**abierto**
poner	**puesto**	escribir	**escrito**
romper	**roto**	cubrir	**cubierto**
ver	**visto**	decir	**dicho**
volver	**vuelto**	morir	**muerto**

3. Compounds of verbs whose past participles are irregular normally have the same irregularity.

escribir	**escrito**	describir		**descrito**
poner	**puesto**	posponer	*to postpone*	**pospuesto**

4. If the stem of an **-er** or **-ir** verb ends in **a, e,** or **o,** a written accent mark is required over the **í** of **ido** to indicate that no diphthong is formed.

traer	**traído**	creer	**creído**	oír	**oído**

II. THE PRESENT PERFECT INDICATIVE[6]

HABER, PRESENT TENSE		PAST PARTICIPLE
he		
has		
ha		hablado
hemos	+	comido
habéis		vivido
han		

---

[5]El participio pasivo.
[6]Pretérito perfecto compuesto, also called **pretérito perfecto.**

The present perfect tense of the indicative is formed by using the present tense of **haber** *to have* as an auxiliary with the past participle of the main verb. This tense reports an action that has been completed and has consequences bearing upon the present.

Hemos exportado mucho petróleo.	*We have exported a lot of oil.*
No **han oído** las noticias.	*They have not heard the news.*
Se lo **he dicho** varias veces.	*I've told it to him several times.*
Siempre **ha tenido** miedo.	*He's always been afraid.*
Todavía no se **han vestido.**	*They haven't dressed yet.*

1. The forms of **haber** in the present tense are irregular.
2. The past participle is invariable in the perfect tenses.
3. The past participle immediately follows the auxiliary verb **haber**. Ordinarily no word intervenes between them.
4. The object and reflexive pronouns always precede the auxiliary verb **haber**; they are never attached to the past participle.
5. **Tener** is not used as the auxiliary verb in forming the perfect tenses.

A. Ejercicio de sustitución

1. Mis hermanos han comprado el radio.

Yo	Yo he comprado el radio.
El señor Llano	El señor Llano ha comprado el radio.
Pedro y yo	Pedro y yo hemos comprado el radio.
Blanca y Juan	Blanca y Juan han comprado el radio.
Tú	Tú has comprado el radio.

2. La Cruz Roja ha pedido medicinas.
   Yo, Los médicos, Tú, El hospital, Los estudiantes

3. Todavía no han oído las noticias.
   (él, tú, nosotros, yo, usted)

B. Situaciones

Conteste negativamente las preguntas sobre las siguientes situaciones. En sus respuestas debe usar la palabra **todavía** y la forma correcta del pretérito perfecto.

Modelo: ¿Oíste el disco?
   No, todavía no lo he oído.

1. Un terremoto destruyó algunos edificios de la ciudad.
   ¿Leíste el periódico?   ¿Pidió donaciones la Cruz Roja?   ¿Oyeron ustedes las últimas noticias?   ¿Dijeron el número de muertos?
2. Usted trabaja en un hospital y una enfermera le hace estas preguntas.
   ¿Reportó el hospital el accidente?   ¿Trajeron a todos los heridos?   ¿Llamó usted al doctor Mena?   ¿Pidieron más sangre?
3. El jefe de la oficina le pregunta qué cosas han hecho usted y los otros empleados.
   ¿Archivó usted los informes?   ¿Escribieron ellos las cartas?   ¿Programó él la computadora?   ¿Hizo usted las fotocopias?

C. Preguntas

1. ¿Qué han hecho ustedes hoy?
2. ¿Cuántas veces han ido al laboratorio esta semana?
3. ¿Han estudiado la lección de hoy?
4. ¿Cuántas veces han repetido el diálogo?
5. ¿Ha estado usted en un terremoto? ¿Y ustedes?
6. ¿Qué películas han visto esta semana?
7. ¿Y qué libros ha leído usted?
8. Y ustedes, ¿qué revistas han leído?

D. Construcción de oraciones

Construya oraciones diciendo todas las cosas que han hecho usted y su familia para estar preparados en caso de que ocurran los siguientes desastres o accidentes.

un terremoto   un huracán   un fuego   una inundación

TESTING 〜 past participles and the present perfect indicative

1. To form the past participle of any **-ar** verb, replace the infinitive ending by _____ + _____.

   —-a + do

Give the past participle.

2. buscar
3. reportar
4. To form the past participle of most **-er** and **-ir** verbs, replace the infinitive ending by _____ + _____.

   —buscado
   —reportado

   —-i + do

Give the past participle.

5. entender
6. traducir
7. escribir *(irregular!)*
8. poner *(irregular!)*

   —entendido
   —traducido
   —escrito
   —puesto

Give a Spanish equivalent.

9. *I have said*
10. *Has Juan eaten?*
11. *They have already told it* (masculine) *to me.*

   —he dicho
   —¿Ha comido Juan?
   —Me lo han dicho ya (*or* Ya me lo han dicho).

III. THE PAST PERFECT INDICATIVE[7]

HABER, IMPERFECT[8]		PAST PARTICIPLE
había		
habías		
había		hablado
habíamos	+	comido
habíais		vivido
habían		

The past perfect indicative, also called the pluperfect, is formed with the imperfect tense of the auxiliary **haber** plus the past participle of the main verb.

Nunca **había visto** una cosa así.	*I had never seen such a thing.*
Ellos **habían salido** cuando yo llegué.	*They had left when I arrived.*

1. The past perfect expresses an action that was completed before something else (mentioned or just implied) took place.
2. The tense is used similarly in Spanish and English.[9]

E. Ejercicio de sustitución

1. Yo no había leído esa revista.

Nosotros	Nosotros no habíamos leído esa revista.
José María	José María no había leído esa revista.
Tú	Tú no habías leído esa revista.
Ustedes	Ustedes no habían leído esa revista.
Ella	Ella no había leído esa revista.

2. El locutor ya había dado la noticia.
   Tú, Los periódicos, Yo, Nosotros, La estación

3. Ya habían visto esas fotografías.
   (yo, nosotros, él, tú, usted)

---

[7]El pretérito pluscuamperfecto.
[8]El (préterito) imperfecto.
[9]A second past perfect, composed of the preterit tense of **haber** (hube, hubiste, hubo, hubimos, hubisteis, hubieron) + the past participle, is not employed today in the spoken language and only rarely appears in the written language.

F. Ejercicio para completar

Use su imaginación y complete las siguientes oraciones usando el pretérito pluscuamperfecto.

Modelo: Cuando llegué a mi casa vi que . . .
    Cuando llegué a mi casa vi que el perro había roto unos zapatos.

1. Cuando me levanté esta mañana yo estaba muy cansado(-a) porque . . .
2. Fui a la esquina a tomar el autobús y allí me dijeron que . . .
3. Cuando por fin llegué a la universidad . . .
4. Cuando terminaron las clases y salí de la universidad . . .
5. Llamé a mi amigo(-a) porque . . .
6. Cuando llegué al edificio donde vive . . .

G. Preguntas

1. ¿Habían estudiado ustedes español antes?
2. ¿Había estudiado usted francés antes de esta clase?
3. ¿Qué había oído usted sobre las clases de español?
4. ¿Había entrado el profesor cuando usted llegó a clase hoy?
5. ¿Qué otras personas habían llegado?
6. ¿Había empezado la clase cuando usted llegó?

TESTING ∽ the past perfect indicative

Give a Spanish equivalent.

1. *I had spoken.*
2. *Juan had written.*
3. *we had put*
4. *Had María eaten?*
5. *What had you (**tú**-form) done?*
6. *When had they had so much work?*

7. *They had left when I arrived.*

8. *Had you (**usted**-form) heard the news when I called?*

—Había hablado.
—Juan había escrito.
—habíamos puesto
—¿Había comido María?
—¿Qué habías hecho?
—¿Cuándo habían tenido tanto trabajo?
—Habían salido (*or* Se habían ido) cuando llegué.
—¿Había oído la(s) noticia(s) cuando llamé?

∽ PART THREE

IV. DESCRIPTIVE ADJECTIVES: PLACEMENT AND SPECIAL MEANINGS

1. Descriptive adjectives normally follow the noun they modify. In some cases, the adjectives may precede the noun for stylistic purposes, but their meaning remains the same.

sus ojos **tristes** → sus **tristes** ojos *(poetic)*	*her sad eyes*
el accidente **horrible** → el **horrible** accidente *(dramatic)*	*the horrible accident*

2. Other adjectives have different meanings depending on whether they precede or follow the noun they modify.

un gran hombre	*a great man*
un hombre grande	*a big man*
mi viejo amigo	*my old* (longstanding) *friend*
mi amigo viejo	*my old* (elderly) *friend*
la antigua capital	*the former capital*
la capital antigua	*the ancient* (old) *capital*
los diferentes países	*the various countries*
los países diferentes	*the different countries*
un nuevo coche	*a new car* (another one)
un coche nuevo	*a new car* (brand new)
la pobre mujer	*the unfortunate woman*
la mujer pobre	*the indigent woman*

3. The adjective **grande** becomes **gran** before any singular noun.
4. The plural form for both **gran** and **grande** is **grandes**.

unos **grandes** hombres	*some great men*
unos hombres **grandes**	*some big men*

5. When these adjectives are modified, they are placed after the noun. The meanings of **grande** and **viejo** are determined by context. The basic meanings of the other adjectives are maintained.

un hombre **muy grande**	*a very* $\begin{Bmatrix} great \\ big \end{Bmatrix}$ *man*
una familia **muy pobre**	*a very poor family*

H. Ejercicio de lectura

Lea las siguientes oraciones poniendo el adjetivo antes o después del nombre subrayado, según la idea que aparece entre paréntesis.

Modelo: Durante su viaje, ellos visitaron ciudades en Guatemala. diferente (varias).
   Durante su viaje, ellos visitaron diferentes ciudades en Guatemala.

1. Ellos fueron a ver a un médico. grande (famoso, importante)
2. Entre esos muebles, prefieren el sofá. antiguo (tiene muchos años)
3. Me han dicho que es una familia. pobre (sin dinero)
4. Su padre le compró un auto. nuevo (el último modelo)
5. Esa iglesia era la catedral. antigua (ya no es la catedral)
6. Ya estamos en el apartamento. nuevo (otro apartamento)
7. Le dieron la mala noticia a la señora. pobre (no es feliz)
8. Ayer vio a su amigo Felipe. viejo (se conocen desde hace años)
9. Yo prefiero unos platos. diferente (no son iguales)
10. Cuando abrí la puerta, vi a un hombre. grande (alto, fuerte)

I. Ejercicio para completar

Complete la segunda oración basándose en la información de la primera oración. Use el nombre subrayado y el adjetivo apropiado.

Modelos: Esa <u>mujer</u> no es feliz. Es . . .
Es una pobre mujer.
Estas <u>familias</u> no tienen dinero. Son . . .
Son unas familias pobres.

1. Esa <u>mujer</u> es inteligente, trabajadora y ayuda a muchas personas. Es . . .
2. Es un <u>niño</u> alto y muy fuerte. Es . . .
3. Antes ese edificio era el <u>correo</u>. Era . . .
4. Esos <u>supermercados</u> no son iguales. Son . . .
5. Aquel <u>hombre</u> tiene 85 años. Es . . .
6. Fue mi <u>profesora</u> de inglés en la escuela secundaria. Es . . .
7. Llegaron los <u>autos</u> de este año. Son . . .
8. Compró unos <u>muebles</u> del siglo XVIII. Son . . .

Las ruinas del Convento de Santa Clara en Antigua, Guatemala. Las ruinas, que fueron el resultado del terremoto de 1773, muestran el esplendor que caracterizó a esta ciudad, antigua capital de Guatemala.

The ruins of Santa Clara Convent in Antigua, Guatemala. The ruins, which were the result of an earthquake in 1773, recall the splendor that once characterized this city, the former capital of Guatemala.

TESTING ✺ placement and special meanings of some descriptive adjectives

Give a Spanish equivalent.

1. *ancient history*   —historia antigua
2. *a very poor child* (masculine)   —un niño muy pobre
3. *an unfortunate child* (masculine)   —un pobre niño

4. Before **mujer, grande** becomes _____.   —gran
5. Before **hombres, grande** becomes _____.   —grandes

Give a Spanish equivalent.

6. *a great man*   —un gran hombre
7. *a big man*   —un hombre grande
8. *a very great man*   —un hombre muy grande
9. *various stations*   —diferentes estaciones
10. *different stations*   —estaciones diferentes

CONVERSACIÓN EN LA CLASE

Situaciones

1. Usted trabaja con la Cruz Roja. Un terremoto ha destruido parte de la ciudad y usted les cuenta a unos amigos todas las cosas que ha hecho la Cruz Roja para ayudar a las víctimas.
2. Hay una epidemia en la ciudad. Usted y otros médicos del Hospital General están en una reunión hablando sobre las cosas que han hecho para combatir la epidemia y decidir qué otras cosas deben hacer.
3. Usted es un locutor y da las noticias de un huracán que ha destruido un pequeño pueblo de la costa.
4. Usted y un amigo están hablando sobre las cosas que han hecho últimamente.

Recuerdos

1. Piense en las últimas 24 horas. Diga todas las cosas que usted ha hecho en ese tiempo. Pregúnteles a otros compañeros qué han hecho ellos.
2. Dígales a sus compañeros todas las cosas que usted había aprendido cuando tenía doce años.

La más alta de las pirámides mayas, las cuales servían de templos, en Tikal, al norte de Guatemala. Los mayas vivieron en esta región hasta el año 900 aproximadamente.

The tallest of the Mayan pyramids, which served as temples, at Tikal in northern Guatemala. The Mayans resided in this region until approximately 900 A.D.

Vocabulario

Nouns

assistance

la Cruz Roja	*Red Cross*
la donación	*donation*
la medicina	*medicine*
la sangre	*blood*

calamity

el daño	*damage*
la muerte	*death*
la pérdida	*loss*

communications

la estación	*station*
la noticia	*news*
el periódico	*newspaper*
la revista	*magazine*

(natural) disasters

el alud	*mudslide, avalanche*
la epidemia	*epidemic*
el fuego	*fire*
el huracán	*hurricane*
la inundación	*flood*
el temblor	*tremor*
el terremoto	*earthquake*

people

el bombero	*fireman*
el locutor	*announcer*

places

el continente	*continent*
el correo	*post office*
la parte	*part*
el supermercado	*supermarket*

Verbs

atreverse	*to dare*
causar	*to cause*
cubrir	*to cover*
decidirse (a)	*to decide*
destruir	*to destroy*
repetir (i)	*to repeat*
reportar	*to report*
romper	*to break*
sufrir	*to suffer, to experience*

Adjectives

antigua	*former*
diferente	*various*
espantoso	*frightful*
gran	*great*
pobre	*unfortunate, poor*

Adverbs

totalmente	*totally*

Expressions

¡Dios mío!	*Good Lord! My God!*

Muchos hoteles importantes se encuentran en la Avenida de Mayo, la cual llega hasta la Casa Rosada (la residencia del presidente) en Buenos Aires, Argentina.

Many important hotels line the Avenida de Mayo, which leads to the Casa Rosada (the residence of the president) in Buenos Aires, Argentina.

Lección 24

The present perfect subjunctive • More uses of the infinitive

Conjunctions: y → e, o → u

Communication Objectives

Vocabulary: You will learn words related to hotel accommodations and travel arrangements.

Conversation: You will be able to ask for a room at a hotel, and to make and cancel reservations.

DIÁLOGO ∽ En un hotel

SR. RODRÍGUEZ SANTOS	¿Dice usted que no tenemos reservación[1]?
	Pero si yo les escribí hace unas tres semanas y ustedes me contestaron confirmando mi reservación para hoy.
EMPLEADO	Un momento, por favor. Déjeme volver a revisar. [Pasan unos minutos.] Lo siento mucho, Sr. Rodríguez, pero no tenemos ninguna reservación a nombre suyo.
SR. RODRÍGUEZ SANTOS	¿Cómo es posible que esto suceda en un hotel como éste? Yo nunca cancelé mi reservación.
EMPLEADO	Sentimos mucho que esto haya sucedido. Vamos a tratar de conseguirle una habitación en otro hotel.
SRA. DE RODRÍGUEZ SANTOS	Rodolfo, ¿por qué no miras entre tus documentos? Quizás hayas puesto allí la confirmación.
SR. RODRÍGUEZ SANTOS	[Después de mirar entre unos papeles.] Aquí está.
EMPLEADO	Déjeme verla, por favor. Efectivamente, usted tiene razón. Yo no sé cómo pedirle excusas.
SR. RODRÍGUEZ SANTOS	Las excusas me las puede dar después. Lo que yo quiero en este momento es una habitación.
EMPLEADO	Señor Rodríguez, fíjese que mandaron la carta al señor Rodrigo[2] Santos. Es probable que hayan hecho la reservación bajo este nombre. Déjeme buscarla. Aquí está. Una habitación doble para hoy a nombre del señor Santos.
SR. RODRÍGUEZ SANTOS	Yo se lo había dicho.
EMPLEADO	Firme esta tarjeta, por favor. [A otro empleado.] Acompañe a los señores Rodríguez a su habitación.
OTRO EMPLEADO	Por aquí, por favor. El ascensor[3] está a la derecha. En seguida les suben su equipaje.

Glosses (right margin):

- **volver a revisar** *check again*
- **suceda** *happens*
- **cancelé** *canceled*
- **haya sucedido** *has happened*
- **tratar** *try*
- **efectivamente** *of course*
- **lo que** *what*
- **fíjese** *notice*
- **firme** *sign*
- **acompañe** *take (literally, accompany)*
- **ascensor** *elevator*
- **en seguida** *immediately*
- **suben** *bring up*[4]

---

[1]The word **reserva** is also used.
[2]A Spanish first name.
[3]**El elevador** is also used.
[4]**Subir** also means *to go up.*

PREGUNTAS SOBRE EL DIÁLOGO

1. ¿Hay una reservación en el hotel a nombre del señor Rodríguez Santos?
2. ¿Por qué creía el señor Rodríguez que tenía una reservación?
3. ¿Quién canceló la reservación?
4. ¿Qué va a tratar de conseguir el empleado?
5. ¿Qué encuentra el señor Rodríguez entre sus documentos?
6. ¿A nombre de quién habían hecho la reservación?
7. ¿Qué clase de habitación quería el señor Rodríguez?
8. ¿Qué van a hacer con el equipaje del señor Rodríguez?

ORACIONES Y PALABRAS

Aquí no tenemos su **carta**.
    telegrama[5], cable[6], cancelación, mensaje, cuenta, llave[7]

We don't have your letter here.
    telegram, cablegram, cancelation, message, bill, key

Va a tratar de **conseguir** una habitación.
    arreglar, limpiar

He'll try to get a room.
    fix, clean

En seguida le **suben** su equipaje.
    bajan

They'll bring up your luggage immediately.
    bring down[8]

Insistió en reservar una habitación sencilla.
Quedó, Tardó

He insisted on reserving a single room.
    agreed upon, delayed in

La habitación está **sucia**.
    limpia

The room is dirty.
    clean

PREGUNTAS GENERALES

1. ¿Qué hace usted si necesita una reservación en un hotel?
2. Además de los hoteles, ¿en qué otros lugares es necesario hacer reservaciones?
3. ¿Qué debe hacer una persona que tiene una reservación y no va a usarla?
4. ¿Por qué es importante hacer reservaciones cuando uno viaja?
5. ¿Cree usted que vale la pena gastar mucho dinero en hoteles? ¿Por qué?
6. ¿Quién le da en su casa los mensajes que han dejado para usted?
7. ¿Quién limpia y arregla su casa? ¿Y quién cocina?
8. ¿Cuándo manda usted un telegrama? ¿Y un cable?

---

[5]**El telegrama**, masculine.
[6]**El cable**, masculine.
[7]**La llave**, feminine.
[8]**Bajar** also means *to go down*.

GRAMMAR, EXERCISES, AND TESTING

∾ PART ONE

I. THE PRESENT PERFECT SUBJUNCTIVE[9]

HABER, PRESENT SUBJUNCTIVE		PAST PARTICIPLE
haya		
hayas		
haya		hablado
hayamos	+	comido
hayáis		vivido
hayan		

1. This tense is formed by the present subjunctive of the auxiliary **haber** plus the past participle of the main verb.

Siento que esto **haya sucedido.**	*I'm sorry this has happened.*
Me alegro (de) que ellos no **hayan cancelado** sus reservaciones.	*I'm glad they haven't cancelled their reservations.*
Es difícil que **haya revisado** todas las tareas.	*It's unlikely that he has reviewed all the homework.*
Ojalá que **haya nevado** en las montañas.	*I hope it has snowed in the mountains.*
Quizás no **hayan recibido** el mensaje.	*Perhaps they have not received the message.*

2. Subordinate clauses requiring the subjunctive use the present perfect subjunctive if the action in the subordinate clause occurred prior to:
   a. the time indicated by the verb in the main clause.
   b. the time implied by the speaker in using expressions such as **ojalá, quizá(-s),** or **tal vez.**

A. Ejercicio de sustitución

Sustituya el sujeto de la oración subordinada con el apunte y haga los cambios que sean necesarios.

1. Espera que hayan encontrado los documentos.

   (tú)   Espera que hayas encontrado los documentos.

   (ella)   Espera que haya encontrado los documentos.

   (nosotros) Espera que hayamos encontrado los documentos.

   (yo)   Espera que haya encontrado los documentos.

2. Es probable que el empleado haya recibido el mensaje.

   tú, la doctora, ellos, nosotros, ustedes

3. Me alegro de que hayas pagado la cuenta.

   (él, yo, nosotros, ustedes, ella)

---

[9]**Pretérito perfecto de subjuntivo.**

B. Presente de subjuntivo → pretérito perfecto de subjuntivo

Cambie el verbo de la oración subordinada al pretérito perfecto de subjuntivo.

Modelo: Espero que él llegue hoy.
Espero que él haya llegado hoy.

1. Siento que no encontremos su telegrama.

   Dudo que escriba el mensaje.
   No creo que hagan la reservación.
   Esperan que encuentres esa nota.

   Siento que no hayamos encontrado su telegrama.

   Dudo que haya escrito el mensaje.
   No creo que hayan hecho la reservación.
   Esperan que hayas encontrado esa nota.

2. Dudan que la gente maneje menos.
   Es difícil que compren más gasolina.
   Esperamos que pidan donaciones.
   Me alegro de que estés a cargo del programa.

3. No creo que suban el equipaje.
   Sienten que cancelemos el viaje.
   Es probable que reporten una epidemia.
   Espero que no le des esa noticia.

C. Oraciones para completar

Complete las oraciones de los siguientes párrafos usando el pretérito perfecto de subjuntivo.

Modelo: Cuando llegue a mí habitación, espero que . . . Ahora bien, es probable que . . .
Cuando llegue a mi habitación, espero que la hayan arreglado. Ahora bien, es probable que no hayan tenido tiempo.

1. Cuando llegue a mi casa hoy, espero que . . .   Sin embargo, dudo que . . .   Ahora bien, es posible que . . .
2. Después del terremoto no creemos que . . .   Ahora sentimos que . . .   Esperamos que . . .
3. Siento que ese equipo . . .   Es probable que . . .   Me alegro de que . . .

"El Panamá", un hotel grande y moderno de la ciudad de Panamá, Panamá.

"El Panama," a large, modern hotel in Panama City, Panama.

TESTING 〜 the present perfect subjunctive

1. The helping verb used in this tense is a form of the infinitive _____.

—haber

Give the present perfect subjunctive form indicated by the cue.

2. **contestar, ellos**-form
3. **decir, nosotros**-form
4. **firmar, él**-form
5. **poner, yo**-form

—hayan contestado
—hayamos dicho
—haya firmado
—haya puesto

Give a Spanish equivalent.

6. *I doubt he has checked the documents.*

—Dudo que haya revisado los documentos.

7. *It's probable that they have confirmed the reservation.*

—Es probable que hayan confirmado la reservación.

8. *I'm glad she's received the message.*

—Me alegro (de) que haya recibido el mensaje.

〜 PART TWO

II. MORE USES OF THE INFINITIVE

In Spanish, when an infinitive is the subject of a sentence or the object of a preposition, it corresponds to an English noun ending in *-ing*. When it functions as a dependent infinitive, its equivalent in English is an infinitive.

THE INFINITIVE AS THE SUBJECT OF A SENTENCE

(El) **ganar** es importante.	*Winning is important.*
(El) **nadar** es su deporte favorito.	*Swimming is his favorite sport.*
Me gusta **esquiar.**	*I like to ski* (literally, *skiing pleases me*).

1. Infinitives used as nouns are always masculine.
2. When an infinitive introduces a sentence, a definite article may precede it; in conversation, however, the definite article is rarely used.

THE INFINITIVE AS THE OBJECT OF A PREPOSITION

Al ver Cuando vio	a su novio, corrió hacia él.	*Upon seeing* *When she saw* her boyfriend, she ran toward him.
Esperó **sin llamarme.**		*He waited without calling me.*
Después de hacer las reservaciones, ellos salieron.		*After making the reservations, they left.*

1. **Al** + infinitive is the equivalent of **cuando** + verb.
2. With other prepositions, no article is used.

DEPENDENT INFINITIVES

Many verbs may be immediately followed by an infinitive: **necesito trabajar, quieren comer.** Other verbs require a preposition (**a, de, en**) to introduce the infinitive.

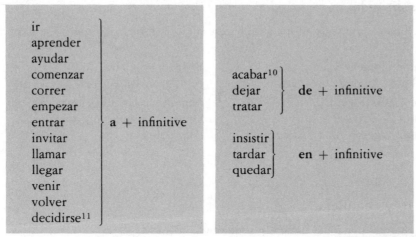

ir aprender ayudar comenzar correr empezar entrar } **a** + infinitive invitar llamar llegar venir volver decidirse[11]	acabar[10] dejar } **de** + infinitive tratar insistir tardar } **en** + infinitive quedar

1. Verbs of motion require the preposition **a** to introduce an infinitive. No other general rules can be formulated to describe which verbs require specific prepositions before a dependent infinitive. The requirements of each verb must be learned separately.
2. **Acabar de** + infinitive is the equivalent of *to have just* + past participle.

> **Acaban de llegar.** *They have just arrived.*

3. **Dejar de** + infinitive is the equivalent of *to stop* + gerund.

> **Él dejó de correr.** *He stopped running.*

D. Ejercicio de transformación

Repita las siguientes oraciones usando la construcción **al** + infinitivo en vez de **cuando** + verbo.

Modelo: Cuando lo supo, me mandó un telegrama.
> **Al saberlo, me mandó un telegrama.**

1. Cuando revisó los papeles, encontró el número de teléfono.
   Cuando vio al empleado, le habló.
   Cuando reciben los mensajes, lo llaman.
   Cuando oí sus consejos, decidí seguirlos.
   Cuando termines la tarea, me llamas.

   Al revisar los papeles, encontró el número de teléfono.
   Al ver al empleado, le habló.
   Al recibir los mensajes, lo llaman.
   Al oír sus consejos, decidí seguirlos.
   Al terminar la tarea, me llamas.

---

[10]Literally, *to finish.*
[11]When **decidir** is used non-reflexively, no **a** is needed: **Ellos decidieron mandar los documentos.**

2. Cuando me lo dio, se fue.
Cuando viajamos, aprendemos mucho.
Cuando me vio, me presentó a su hermana.

3. Cuando llegaron, ya era tarde.
Cuando se murió el jefe, cerraron el negocio.
Cuando entró, le dieron la noticia.

E. Respuestas dirigidas

Conteste las siguientes preguntas afirmativamente usando la forma correcta de **acabar de** + infinitivo.

Modelo: ¿Mandaste el telegrama?
Sí, acabo de mandarlo.

1. ¿Confirmaste la reservación?
2. ¿Recibió usted el mensaje?
3. Y ellos, ¿consiguieron una habitación mejor?
4. ¿Limpiaron la habitación?
5. ¿Subieron ustedes el equipaje?
6. ¿Pagó él la cuenta?

F. Oraciones para completar

Complete las siguientes oraciones usando un infinitivo.

Modelos: El señor Rodríguez quiere . . .
El señor Rodríguez quiere ver al administrador del hotel.
Él insiste . . .
Él insiste en salir a las tres.

1. Mi padrino volvió . . .
2. Los vendedores necesitaban . . .
3. Alicia vino . . .
4. Nosotros vamos . . .
5. Ustedes tardaron . . .
6. Nosotros quedamos . . .
7. Traté . . .
8. Ellos empezaron . . .

G. Preguntas

1. ¿Qué trató de hacer usted ayer?
2. ¿Qué empezó a hacer usted esta mañana?
3. ¿Qué dejó de hacer usted esta mañana?
4. ¿Qué acaba de hacer usted?
5. ¿En qué insisten los alumnos?
6. ¿En qué quedaron ustedes?
7. ¿Qué ha aprendido a decir usted en español?
8. ¿Cuándo empezó usted a hablar español?

TESTING ∿ uses of the infinitive

1. The only article that may be used with an infinitive is _____.
2. Another way to express **cuando me vio** is _____ _____.
3. To introduce a dependent infinitive, verbs of motion are followed by the preposition _____.
4. Other verbs may require no preposition, or they may require the preposition _____, _____, or _____.

Give a Spanish equivalent.

5. *Running is good.*
6. *Ana, call me before eating.*
7. *He delayed in setting the table.*
8. *Miss Contreras, don't try to answer without thinking.*

—el

—al verme

—a

—a, de, en

—(El) correr es bueno.
—Ana, llámame antes de comer.
—Tardó en poner la mesa.
—Señorita Contreras, no trate de contestar sin pensar.

∿ PART THREE

III. CONJUNCTIONS: y → e, o → u

Ellos hablan inglés y español.	→	Ellos hablan español e inglés.
Estudio historia y economía.	→	Estudio economía e historia.
¿Perdieron ocho o siete pesos?	→	¿Perdieron siete u ocho pesos?
¿Los viste hoy o ayer?	→	¿Los viste ayer u hoy?

1. The conjunction y changes to e when it precedes a word beginning with i or hi.
2. The conjunction o changes to u when it precedes a word beginning with o or ho.

H. Ejercicio de transformación

Repita las siguientes oraciones cambiando el orden de las palabras unidas por la conjunción y.

Modelo: Isabel y Alicia firmaron los documentos.
   Alicia e Isabel firmaron los documentos.

1. Necesitamos empleados que sepan inglés y español.
   Debes ir y hablar en seguida.
   Fue una conversación interesante y larga.

Necesitamos empleados que sepan español e inglés.
Debes hablar e ir en seguida.
Fue una conversación larga e interesante.

2. Los españoles construyeron muchas iglesias y plazas.

Buscan personas independientes y trabajadoras.

Es un chico inteligente y simpático.

3. En esa época tuvieron muchas inundaciones y epidemias.

La compañía despidió a muchos inspectores y pilotos.

Mis padres hablaban italiano y francés.

Repita las siguientes oraciones cambiando el orden de las palabras unidas por la conjunción **o**.

Modelo: ¿Buscan hombres o niños?

¿Buscan niños u hombres?

1. ¿Escribió ocho o dieciocho en la pizarra?

El testigo de esta tarde, ¿es hombre o mujer?

Lo voy a ver hoy o mañana.

¿Escribió dieciocho u ocho en la pizarra?

El testigo de esta tarde, ¿es mujer u hombre?

Lo voy a ver mañana u hoy.

2. ¿Son horas o minutos?

¿Extraían oro o plata de esa mina?

¿Vienen en octubre o noviembre?

3. ¿Trajeron ochocientos o novecientos pesos?

¿Son hoteles o clínicas?

¿Dijo octavo o séptimo?

Unos turistas conversan frente a un hotel de Oaxaca, México.

Tourists talking in front of a hotel in Oaxaca, Mexico.

I. Lectura

1. Lea el siguiente párrafo llenando los espacios en blanco con **y** o **e.**

Este año yo estudio geografía, física, español _____ historia. El año pasado yo trabajaba por las mañanas _____ iba a la universidad por las tardes. Este año, estoy en otro departamento _____ necesitan que trabaje por las tardes. Yo estoy muy contento(-a) en esa compañía _____ espero continuar allí cuando termine mis estudios porque es un trabajo agradable _____ interesante.

2. Lea el siguiente párrafo llenando los espacios en blanco con **o** o **u.**

Yo esquío con mis amigos, especialmente con Alfredo _____ Roberto. Monte Bello es el mejor lugar para esquiar y sólo queda a unos setenta _____ ochenta kilómetros de aquí. Nosotros empezamos a esquiar en diciembre _____ enero. Siempre pasamos los fines de semana en Monte Bello _____ otros lugares que quedan más cerca.

TESTING ◯ the conjunctions y and o and their variants

1. Before a word beginning with **i** or **hi,** the conjunction **y** changes to _____.
2. Before a word beginning with **o** or **ho,** the conjunction **o** changes to _____.

—e

—u

Give a Spanish equivalent.

3. *He wants a bicycle and a motorcycle.*

4. *They study German and English.*
5. *She rests one or two hours.*
6. *I lost seventy or eighty dollars.*
7. *We need pilots and inspectors.*

8. *Did he buy eighty or eight hundred?*

—Quiere una bicicleta y una moto (*or* motocicleta).
—Estudian alemán e inglés.
—Descansa una o dos horas.
—Perdí setenta u ochenta dólares.
—Necesitamos pilotos e inspectores.
—¿Compró ochenta u ochocientos(-as)?

CONVERSACIÓN EN LA CLASE

Situaciones

1. Usted es el administrador de un hotel y hoy llega una convención muy importante al hotel. Diga qué cosas espera usted que sus empleados hayan hecho.
2. Haga el papel de un(-a) señor(-a) que llega a un hotel donde no encuentran su reservación. Uno(-a) de sus compañeros(-as) es el (la) empleado(-a) del hotel.
3. Usted llega a un hotel sin reservación. Trate de conseguir una habitación para esa noche.

4. Usted no está contento(-a) con la habitación que le han dado en el hotel. Hable con el administrador y explíquele por qué no le gusta la habitación. El administrador debe tratar de buscar una solución.

Cuando yo era pequeño(-a)

Diga todas las cosas que usted trataba de hacer y no podía hacer cuando era pequeño.

La salud (*Health*)

A usted le interesa mucho su salud. Diga todas las cosas que usted dejó de hacer y también todas las cosas que empezó a hacer para mantener su salud.

Vocabulario

Nouns

communications

el cable	*cablegram*
el mensaje	*message*
el telegrama	*telegram*

hotel

el ascensor	*elevator*
la cancelación	*cancellation*
la confirmación	*confirmation*
la cuenta	*bill*
la habitación doble	*double room*
la habitación sencilla	*single room*
la llave	*key*
la reservación	*reservation*

Verbs

acabar	*to finish, to end*
acompañar	*to accompany, to take*
arreglar	*to fix*
bajar	*to come down, to go down*
cancelar	*to cancel*
confirmar	*to confirm*
fijarse	*to notice*
firmar	*to sign*
insistir (en)	*to insist*
limpiar	*to clean*

reservar	*to reserve*
revisar	*to check*
subir	*to bring up, to go up*
suceder	*to happen*
tardar (en)	*to delay*
tratar (de)	*to try*

Adjectives

limpio	*clean*
sucio	*dirty*

Adverbs

efectivamente	*of course*

Connectors

bajo	*under*
e	*and*
u	*or*

Expressions

acabar + de + inf.	*to have just + present participle*
en seguida	*immediately*
pedir excusas	*to apologize*
quedar en + inf.	*to agree on + present participle*
volver + a + inf.	*verb + again*

Una joven panameña con su pollera y los tradicionales trembleques.

A Panamanian girl wearing a Pollera and the traditional templeque *headdress.*

Lección 25

The past perfect subjunctive
Sequence of tenses when the subjunctive is required
in a subordinate clause
Concurrent and future actions • Previous actions
Exclamatory **qué**
Interrogative **qué** and **cuál(es)** + **ser** • More
about relative pronouns

Communication Objectives

Vocabulary: You will learn words related to festivals
and holidays, as well as words to describe how people
look and feel.

Conversation: You will be able to talk about how you
and other people celebrate various festivals and
holidays.

DIÁLOGO ∽ Los carnavales[1] de Panamá

PILAR   ¡Cuánto sentimos que no hubieran venido para los Carnavales! Los estuvimos esperando hasta el último momento.

          hubieran   *had*

MERCEDES   A nosotros nos hubiera encantado venir, pero tuvimos que posponer el viaje porque Felipe tuvo que asistir a una reunión.

          asistir a   *to attend*

FELIPE   Además hay que dejar todo organizado en la casa antes de hacer un viaje así.

MERCEDES   Y también sacar cuentas. El costo de la vida ha aumentado tanto . . .

          sacar cuentas   *to figure (everything) out*
          vida   *life, living*

ALBERTO   Es cierto. No sé hasta dónde vamos a llegar con esta inflación.

MERCEDES   Pero bueno, cambiemos de tema[2]. ¿Qué tal quedaron los Carnavales?

          tema   *subject, theme*

PILAR   Mejor que nunca. El desfile de polleras[3] fue un espectáculo inolvidable. Algunas eran verdaderas obras de arte.

          desfile   *parade*

ALBERTO   Y las fiestas fueron maravillosas. Yo creo que casi no dormimos durante esos cuatro días.

FELIPE   Entonces deben estar cansadísimos.

ALBERTO   ¡Qué va! Ya estamos listos para el Carnavalito[4].

MERCEDES   Lo que me decían mis hermanos. Ustedes nunca se cansan.

          se cansan   *get tired*

ALBERTO   Hay tiempo para descansar durante la Cuaresma. Además, uno tiene que olvidarse un poco de las preocupaciones[5].

          Cuaresma   *Lent*
          olvidarse de   *to forget*

---

[1]**El Carnaval**, singular. A four-day period of revelry and merrymaking, Saturday through Tuesday before Lent. It coincides with the Mardi Gras holidays of New Orleans and Rio de Janeiro.

[2]**Cambiemos el tema** may also be used.

[3]**La pollera** is the national costume of the Panamanian woman. The dress is richly embroidered and requires about ten yards of material. It is worn with gold jewelry and shimmering hair ornaments called **tembleques**.

[4]**Carnavalito** means *little carnival*. These festivities take place the first weekend of Lent.

[5]When the verb **olvidar** is used reflexively, the preposition **de** must precede the direct object: **Uno tiene que olvidar las preocupaciones. Uno tiene que olvidarse de las preocupaciones.**

PREGUNTAS SOBRE EL DIÁLOGO

1. ¿Quiénes no pudieron ir a los Carnavales de Panamá?
2. ¿Hasta cuándo los estuvieron esperando?
3. ¿Por qué tuvieron que posponer el viaje?
4. ¿Qué otras cosas tuvieron que hacer antes del viaje?
5. ¿Qué ha pasado con el costo de la vida?
6. ¿Cómo quedaron los Carnavales?
7. ¿Qué son las polleras en Panamá?
8. ¿Descansaron Alberto y Pilar durante los Carnavales?
9. ¿Qué otra fiesta tienen ahora?
10. ¿Cuándo piensan descansar?

ORACIONES Y PALABRAS

¿Qué tal **el desfile?**
    el premio, el conjunto,
    la orquesta, la carroza, la banda
Deben estar **cansados.**
    agotados, pálidos,
    nerviosos, deprimidos
Tuvimos que **posponer** la fecha del viaje.
    adelantar
Hay tiempo para descansar durante
la Cuaresma.
la Navidad[6], la Pascua[6], los días de fiesta

How was the parade?
    prize, musical group,
    orchestra, float, band
They must be tired.
    exhausted, pale,
    nervous, depressed
We had to postpone the date of the trip.
    advance
There's time to rest during
Lent.
Christmas, Passover,[7] *the holidays*

PREGUNTAS GENERALES

1. ¿Cree usted que a veces es necesario olvidarse de las preocupaciones? ¿Por qué?
2. ¿Qué hace usted para olvidarse de las preocupaciones?
3. ¿Cuál es su conjunto favorito?
4. ¿Cuál es el desfile de carrozas más famoso de este país?
5. ¿Qué opina usted de los programas de televisión que dan premios?
6. ¿Qué hace usted durante los días de fiesta?
7. ¿Cómo se siente usted después que termina el período de exámenes?
8. Y usted, ¿cómo se siente después de un viaje muy largo?
9. ¿En qué ocasiones se siente usted nervioso(-a)?
10. ¿Qué le dice usted a un amigo que se siente deprimido?

---

[6]**Navidades** and **Pascuas** are also used.
[7]It is also used to mean Easter, Epiphany, and Pentecost.

GRAMMAR, EXERCISES, AND TESTING

∾ PART ONE

I. THE PAST PERFECT SUBJUNCTIVE[8]

HABER, PAST SUBJUNCTIVE		PAST PARTICIPLE
hubiera		
hubieras		
hubiera		hablado
hubiéramos	+	comido
hubierais		vivido
hubieran		

The past perfect subjunctive is formed by the past subjunctive of the auxiliary **haber** plus the past participle of the main verb.[9]

Esperaba que él **hubiera venido** antes.	*She was hoping that he would have come before.*
Sentí que no **hubieran visto** el desfile.	*I was sorry that you had not seen the parade.*
Era natural que **hubieran pospuesto** el viaje.	*It was natural that they had postponed the trip.*
Ojalá que **hubieran traído** otro conjunto.	*If they had only brought another group.*

Subordinate clauses requiring the subjunctive use the past perfect subjunctive:
a. if the verb in the main clause is in a past tense, and the action in the subordinate clause occurred prior to the time indicated by the verb in the main clause;
b. if the speaker's attitude towards a past event conveys doubt about the outcome, denial, or the like.

II. SEQUENCE OF TENSES WHEN THE SUBJUNCTIVE IS REQUIRED IN A SUBORDINATE CLAUSE

Sequence of tenses refers to which of the four tenses of the subjunctive is normally used after the main clause. The specific tense is determined by the relationship of the verbs in the main clause and the subordinate clause. This relationship may be either:
a. concurrent with or future in time to the action of the verb in the main clause;
b. previous to the time of the action of the verb in the main clause.

---

[8]El pretérito pluscuamperfecto de subjuntivo.
[9]The alternate form of the past subjunctive of **haber** (hubiese, hubieses, hubiese, hubiésemos, hubieseis, hubiesen) may also be used.

The sequence of tenses applies to the indicative mood as well as to the subjunctive mood.

$$\left.\begin{array}{l}\textbf{Sé} \\ \textbf{Sabía}\end{array}\right\} que \left\{\begin{array}{l}\textbf{trabaja} \\ \textbf{trabajaba}\end{array}\right\} allí. \text{ (concurrent actions)}$$

$$\textbf{Sé} que \left\{\begin{array}{l}\textbf{trabaja} \\ \textbf{va a trabajar}\end{array}\right\} más tarde. \text{ (future action in the subordinate clause)}$$

$$\left.\begin{array}{l}\textbf{Sé} que \left\{\begin{array}{l}\textbf{ha trabajado} \\ \textbf{trabajó} \\ \textbf{trabajaba}\end{array}\right\} allí. \\ \textbf{Sabía} que \textbf{había trabajado} allí.\end{array}\right\} \text{previous actions}$$

III. CONCURRENT AND FUTURE ACTIONS

PRESENT SUBJUNCTIVE

MAIN CLAUSE   SUBORDINATE CLAUSE

Present Future[10] Present perfect Command	Present subjunctive

Espero que **estés** contenta ahora.	*I hope that you're happy now.*
Queremos que **vayan** al desfile mañana.	*We want you to go to the parade tomorrow.*
Le **voy a pedir** que **posponga** el viaje.	*I'm going to ask him to postpone the trip.*
Yo le **he dicho** que **pida** una entrevista.	*I have told him to ask for an interview.*
Dile que no se **preocupe** tanto.	*Tell him not to worry so much.*

If the main verb is in the present, future, present perfect, or is a command, a subjunctive verb in the subordinate clause will be in the present subjunctive if its action is concurrent with or future in time to the action of the main verb.

PAST SUBJUNCTIVE

MAIN CLAUSE   SUBORDINATE CLAUSE

Preterit Imperfect Conditional[11]	Imperfect subjunctive

Me **alegré** de que **vieran** las carrozas.	*I was happy they saw the floats.*
Queríamos que **adelantaran** el viaje.	*We wanted them to advance the trip.*

If the main verb is in the preterit, imperfect, or conditional, a subjunctive verb in the subordinate clause will be in the past subjunctive if its action is concurrent with or future in time to the action of the main verb.

---

[10]The future tense, equivalent to English *will* + verb, will be discussed in Lesson 27. Until then, the construction **ir a** + infinitive (present tense in form, but future in meaning) is used in the examples and exercises.

[11]Examples and explanations of the use of the conditional will be discussed in Lessons 29 and 30.

IV. PREVIOUS ACTIONS

PRESENT PERFECT SUBJUNCTIVE

MAIN CLAUSE	SUBORDINATE CLAUSE
Present Future Command	Present perfect subjunctive

Espero que **hayas estado** contenta. *I hope you've been happy.*

Vamos a necesitar una persona que **haya** *We're going to need a person who has*
visto esas obras de arte. *seen those works of art.*

Alégrese (de) que **hayan pospuesto** la huelga. *Be glad they have postponed the strike.*

If the main verb is in the present or future, or is a command, a subjunctive verb in the subordinate clause will be in the present perfect subjunctive if its action occurred prior to the action of the main verb.[12]

PAST PERFECT SUBJUNCTIVE

MAIN CLAUSE	SUBORDINATE CLAUSE
Preterit Imperfect Conditional	Past perfect subjunctive

Sentí que no **hubieran venido**. *I was sorry you didn't come.*

Esperaba que **hubieras descansado** un poco. *I was hoping you had rested a little.*

If the main verb is in the preterit, imperfect, or conditional, a subjunctive verb in the subordinate clause will be in the past perfect subjunctive if its action occurred prior to the action of the main verb.

A. Ejercicio de sustitución

1. Sentí que ellos no hubieran venido.

   tú   Sentí que tú no hubieras
                       venido.

   él   Sentí que él no hubiera
                       venido.

   ustedes   Sentí que ustedes no
                       hubieran venido.

nosotros   Sentí que nosotros no
                hubiéramos venido.

los alumnos Sentí que los alumnos no
                hubieran venido.

---

[12]In some cases, Spanish speakers interchange the present perfect subjunctive and the imperfect subjunctive.

Espero que { hayas estado / estuvieras } contenta.

In this book, only the present perfect subjunctive will be used.

2. Era imposible que hubiera visto las carrozas.

(tú, él, nosotros, yo, ellos)

3. Ojalá no hubiéramos alquilado el apartamento.

(ellos, ella, ustedes, yo, tú)

B. Pretérito imperfecto de subjuntivo → pretérito pluscuamperfecto de subjuntivo

Repita la oración cambiando la oración subordinada al pretérito pluscuamperfecto de subjuntivo.

Modelo: Quería que vinieran.
Quería que hubieran venido.

1. No esperaba que los precios subieran tanto.
Era imposible que nos llamara.
Quería que oyeras esa orquesta.
Dudaba que yo regateara.
Era difícil que ganáramos el partido.

No esperaba que los precios hubieran subido tanto.
Era imposible que nos hubiera llamado.
Quería que hubieras oído esa orquesta.
Dudaba que yo hubiera regateado.
Era difícil que hubiéramos ganado el partido.

2. Se alegró de que compráramos los platos.
Quería que nadaran en la piscina.
Era imposible que pescaran tan tarde.
Esperaba que les trajera un regalo.
Sentí que estuvieras enferma.

3. Esperaban que les escribiéramos.
Sentí que pospusieran el viaje.
No nos gustó que dijera esas cosas.
Valió la pena que volviéramos temprano.
Me alegré de que hicieras el trabajo.

C. Construcción de oraciones

Construya oraciones de acuerdo con cada situación usando las palabras que están en las dos columnas.

1. Usted ha organizado la fiesta de fin de curso para el próximo sábado. Diga las cosas que usted quiere que sucedan. Empiece sus oraciones con **ojalá**.

Modelo: música   ser moderna
Ojalá que la música sea moderna.

la orquesta	tocar bien
muchas personas	venir
nadie	llegar tarde
mi hermano	invitar a sus amigos

2. El día después de la fiesta usted está pensando sobre las cosas que usted espera que hayan ocurrido. Empiece sus oraciones con **Espero que.**

Modelo: todos   bailar mucho
Espero que todos hayan bailado mucho.

todo el mundo	divertirse
la comida	estar buena
el costo	no ser alto
la escuela	ganar dinero

3. Su amigo Juan estuvo en los Carnavales de Panamá. Diga las cosas que él quería que sucedieran. Empiece sus oraciones con **Él quería.**

Modelo: ustedes   ver el desfile
         Él quería que ustedes vieran el desfile.

María	ganar el premio
ustedes	oír los conjuntos
tú	comprar una pollera
nosotros	olvidarse de las preocupaciones

4. Usted llegó ayer al aeropuerto de Panamá y sus amigos no estaban allí. Diga las cosas que usted esperaba que hubieran sucedido. Empiece sus oraciones con **esperaba que.**

Modelo: el avión   aterrizar a tiempo
         Yo esperaba que el avión hubiera aterrizado a tiempo.

el vuelo	ser mejor
mi equipaje	llegar en mi vuelo
mis amigos	recibir mi telegrama
ellos	estar en el aeropuerto

TESTING ∽ past perfect subjunctive, sequence of tenses

Give the past perfect subjunctive forms indicated by the cue.

1. subir, **ella**-form
2. empezar, **tú**-form
3. ver, **ellos**-form
4. decir, **yo**-form
5. querer, **nosotros**-form

—hubiera subido
—hubieras empezado
—hubieran visto
—hubiera dicho
—hubiéramos querido

Give a Spanish equivalent.

6. *He was sorry they had taken that flight.*

—Sintió (*or* sentía) que hubieran tomado ese vuelo.

7. *It was impossible for him to postpone the trip.*

—Era imposible que pospusiera el viaje.

8. *He's glad the witness has spoken before.*

—Se alegra (de) que el (*or* la) testigo haya hablado antes.

9. *I doubt she'll give me the money.*

—Dudo que me dé el dinero.

10. *We doubted that they had seen the parade.*

—Dudábamos (*or* dudamos) que hubieran visto el desfile.

V. EXCLAMATORY QUÉ

¡Qué día!	*What a day!*
¡Qué premios!	*What prizes!*
¡Qué orquesta $\left\{ \begin{matrix} tan \\ más \end{matrix} \right\}$ buena!	
¡Qué buena orquesta!	*What a good orchestra!*
¡Qué aburrida estoy!	*How bored I am!*
¡Qué sencillos son!	*How simple they are!*

1. ¡Qué! + noun is equivalent to English *what* (+ *a*) + noun.
2. Spanish has three formulas equivalent to English *what* (+ *a*) + adjective + noun:
   a. ¡qué! + noun + **tan** + adjective.
   b. ¡qué! + noun + **más** + adjective.
   c. ¡qué! + adjective + noun.
3. ¡Qué! + adjective is equivalent to *how* + adjective.

VI. INTERROGATIVE QUÉ AND CUÁL(ES) + SER

Where English asks *what* or *which is,* Spanish asks **¿qué?** + **ser** in some contexts, **¿cuál(es)** + **ser** in other contexts.

¿Qué es la pollera?	*What is a pollera?*
Es el traje típico de la mujer panameña.	*It is the typical dress of the Panamanian woman.*
¿Qué es un chofer?	*What is a driver?*
Es la persona que maneja un coche o un autobús.	*It's a person who drives a car or a bus.*
¿Cuál es su orquesta favorita?	*What (which) is your favorite orchestra?*
La orquesta de Roberto Cuervo.	*Roberto Cuervo's orchestra.*
¿Cuáles son las polleras?	*Which ones are the polleras?*
Las primeras que vimos.	*The first ones we saw.*

1. ¿Qué? + **ser** asks for a definition or an explanation.
2. ¿Cuál(-es)? + **ser** asks *what?* in the sense *which one(s)?*

D. Ejercicio de sustitución

1. ¿Tu tío? ¡Qué simpático es!
   ¿La señora Peña?
   ¿Sus primas?
   ¿Los empleados?

   ¿La señora Peña? ¡Qué simpática es!
   ¿Sus primas? ¡Qué simpáticas son!
   ¿Los empleados? ¡Qué simpáticos son!

2. ¿Alicia? ¡Qué cansada está!
   ¿Los ingenieros? ¿Las secretarias?
   ¿José María? ¿La doctora?

3. ¿Los Carnavales? ¡Qué buenos quedaron!
   ¿La fiesta? ¿El baile? ¿Las reuniones?
   ¿Los desfiles?

E. Ejercicio de transformación

Repita cada una de las siguientes oraciones añadiendo el apunte precedido por **tan.** Repítala de nuevo sustituyendo **tan** por **más.**

Modelo: ¡Qué día! (frío)
        ¡Qué día tan frío!
        ¡Qué día más frío.

1. ¡Qué vendedores! (ocupado)

   ¡Qué examen! (difícil)

   ¡Qué fiestas! (divertido)

¡Qué vendedores tan ocupados!
¡Qué vendedores más ocupados!
¡Qué examen tan difícil!
¡Qué examen más difícil!
¡Qué fiestas tan divertidas!
¡Qué fiestas más divertidas!

2. ¡Qué desfile! (largo)
   ¡Qué viaje! (aburrido)
   ¡Qué entradas! (caro)

3. ¡Qué excursión! (interesante)
   ¡Qué hotel! (viejo)
   ¡Qué conjuntos! (bueno)

F. Ejercicio para completar

Complete las siguientes preguntas usando **qué** o **cuál(es)** para que correspondan a las respuestas que se ofrecen.

1. ¿_____ es la paella? Es un plato típico de Valencia.
2. ¿_____ es la paella? Es ese plato.
3. ¿_____ son los asientos nuestros? Son aquéllos.
4. ¿_____ es el postre? Es el último plato de la comida.
5. ¿_____ es la capital de Colombia? Es Bogotá.
6. ¿_____ es un piloto? Es la persona que maneja los aviones.

G. Preguntas y respuestas

Usted quiere saber las siguientes cosas. Haga las preguntas adecuadas usando **qué** or **cuál(es)** + **ser.** Sus compañeros deben contestar sus preguntas.

Modelos: la definición de la palabra "cine"
        Estudiante 1: **¿Qué es un "cine"?**
        Estudiante 2: **Es el lugar donde vemos películas.**

        la película favorita de su compañero(-a)
        Estudiante 1: **¿Cuál es tu película favorita?**
        Estudiante 2: **Mi película favorita es Casablanca.**

1. la definición de la palabra "Carnaval"
2. el premio que le van a dar a la pollera más linda
3. el nombre de la orquesta que tocó durante el desfile
4. la definición de la palabra "Navidad"
5. el mensaje que llegó hoy
6. la definición de la expresión "Cruz Roja"
7. la definición de "habitación doble"
8. el número de "la habitación doble"

TESTING ∾ exclamatory qué; interrogative qué and cuál(es)

1. When asking for a definition or an explanation, Spanish uses _____ + ser.
2. Where English asks *which one(s),* Spanish asks _____ + ser.

—¿qué?

—¿cuál(es)?

Give a Spanish equivalent.

3. *What a parade!*
4. *What a good dog!* (three constructions)

—¡Qué desfile!
—¡Qué perro tan bueno!, ¡Qué perro más bueno!, ¡Qué buen perro!

5. *Pepe refused to help? How selfish!*

—¿Pepe no quiso ayudar? ¡Qué egoísta!

6. *What is a hotel?*
7. *What is his favorite hotel?*
8. *What are the days of the week?*

—¿Qué es un hotel?
—¿Cuál es su hotel favorito?
—¿Cuáles son los días de la semana?

La iglesia gótica de la derecha y los rascacielos al fondo muestran la variedad arquitectónica de la ciudad de Panamá.

The Gothic church on the right and the skyscrapers in the background demonstrate the architectural diversity of Panama City.

PART THREE

VII. MORE ABOUT RELATIVE PRONOUNS

> El novio de María, **el cual** estudia
> contabilidad, trabaja en ese banco.
> La señora de Pedro, **la cual**
> llamó ayer, está en México.
>
> *María's boyfriend, who studies
> accounting, works in that bank.
> Pedro's wife, who called
> yesterday, is in Mexico.*

1. The pronouns **el cual, la cual, los cuales, las cuales** are more specific than **que** or **quien(es)** and are used in case of ambiguity to clarify the antecedent (the noun they refer to).

2. When the antecedent is introduced by the prepositions **a, de, con** and **en**, the pronouns **el cual, la cual, los cuales, las cuales** may be replaced by **el que, la que, los que,** or **las que**.

   El primo de Ana, al $\begin{Bmatrix} \text{cual} \\ \text{que} \end{Bmatrix}$ conocimos
   ayer, es el nuevo administrador.

   *Ana's cousin, whom we met yesterday, is the
   new manager.*

   Las notas de los estudiantes, de $\begin{Bmatrix} \text{las cuales} \\ \text{las que} \end{Bmatrix}$
   te hablé, están en la oficina.

   *The students' grades, about which I spoke to
   you, are in the office.*

3. When referring to a general idea, action, or situation rather than to a specific masculine or feminine word, the neuter form **lo que** or **lo cual** is used.

   Me dieron la información, $\begin{Bmatrix} \text{lo cual} \\ \text{lo que} \end{Bmatrix}$
   me ayudó.

   They gave me the information, which helped me.

   If the relative pronoun referred specifically to the information, **la cual** or **la que** is used:

   Me dieron la información, $\begin{Bmatrix} \text{la cual} \\ \text{la que} \end{Bmatrix}$ me ayudó.

H. Ejercicio para completar

Complete las siguientes oraciones usando **el cual, la cual, los cuales** o **las cuales** para ser más específicos. El antecedente es el primer nombre de cada oración.

Modelo: El sofá de la sala, _____ es muy grande, costó mucho.
   El sofá de la sala, el cual es muy grande, costó mucho.

1. La hermana de Julio, _____ es amiga mía, quiere organizar una excursión.
2. Los hijos de Alicia, _____ estaban enfermos, ya salieron del hospital.
3. Las habitaciones del hotel, _____ no han limpiado todavía, son bastante pequeñas.
4. El padre de Amelia, _____ es el administrador, confirmó nuestras reservaciones.
5. Las lecciones del curso, _____ son muy interesantes, ya están en el laboratorio.
6. Las cintas del programa, de _____ te hablé ayer, no han llegado.

Complete las siguientes oraciones usando **lo cual** o **lo que** para expresar su opinión o una reacción personal.

Modelo: Hay muchos problemas en el mundo, . . .
   Hay muchos problemas en el mundo, lo cual (o lo que) me preocupa bastante.

1. Debemos estudiar español, . . .
2. No hay suficiente amor entre la gente, . . .
3. Mi amigo Pedro está muy pálido, . . .
4. Las costumbres cambian con los años, . . .
5. Todas las personas sienten muchas presiones todos los días, . . .
6. Todo el mundo quiere tener más comodidades en su casa, . . .

TESTING ∽ more about relative pronouns

1. The relative pronouns used instead of **quien** when an antecedent needs to be clarified are _____ _____ and _____ _____.

—el cual, la cual

2. The relative pronouns used instead of **quienes** when an antecedent needs to be clarified are _____ _____ and _____ _____.

—los cuales, las cuales

3. When referring to a general idea, situation, or action, Spanish uses _____ _____ or _____ _____.

—lo cual, lo que

Give a Spanish equivalent.

4. *Pedro's mother-in-law, who lives in Mexico, came yesterday.*

—La suegra de Pedro, la cual vive en México, vino ayer.

5. *They visited their grandparents, which was an excellent idea.*

—Visitaron a sus abuelos, lo cual (*or* lo que) fue una idea excelente.

6. *Mrs. Montalvo's brother, who called this morning, wants to see her.*

—El hermano de la señora (de) Montalvo, el cual llamó esta mañana, quiere verla (*or* la quiere ver).

CONVERSACIÓN EN LA CLASE

En el consultorio del psicólogo

Un(-a) estudiante va a hacer el papel de psicólogo(-a) y otro(-a) estudiante el papel de paciente. El(La) paciente debe decir cómo se siente (nervioso, deprimido, agotado) y el (la) psicólogo(-a) debe hacerle preguntas y aconsejarlo(la).

Situaciones

1. Piense que usted estuvo en una de las siguientes situaciones.
   a) un amigo le pidió su coche
   b) un(-a) compañero(-a) lo invitó a una fiesta y usted no quería ir
   c) su novio(-a) quiere posponer la fecha de la boda

Dé más información sobre la situación y dígale a uno(-a) de sus compañeros lo que usted hizo. Su compañero(-a) no va a estar de acuerdo con lo que usted hizo y le va a decir lo que él (ella) hubiera hecho.

2. Usted asistió a una fiesta o a una reunión muy importante. Cuénteles a sus compañeros cómo quedó. Sus compañeros le van a hacer preguntas para tratar de saber más detalles sobre este evento.

Orquestas y conjuntos

A usted le gusta mucho una orquesta (o un conjunto). Trate de convencer *(convince)* a su compañero(-a) de que la orquesta que a usted le gusta es la mejor de todas. Su compañero(-a) prefiere otra orquesta y va a tratar de convencerlo de que la orquesta que a él le gusta es la mejor de todas.

--- *Vocabulario* ---

Nouns

clothes

la pollera	*national dress of Panamanian women*

festivals

la banda	*band*
el carnaval	*carnival*
la carroza	*float*
el conjunto	*musical group*
el desfile	*parade*
la obra de arte	*work of art*
la orquesta	*orchestra*
el premio	*prize*

holidays

la Cuaresma	*Lent*
el día de fiesta	*holiday*
la(s) Navidad(es)	*Christmas*
la(s) Pascua(s)	*Passover, Easter*

life

el costo	*cost*
la inflación	*inflation*
la vida	*life*

Verbs

adelantar	*to advance*
asistir (a)	*to attend*
aumentar	*to increase*
cansarse	*to get tired*
organizar (c)	*to organize*
posponer	*to postpone*

Adjectives

agotado	*exhausted*
deprimido	*depressed*
inolvidable	*unforgettable*
nervioso	*nervous*
pálido	*pale*

Adverbs

casi	*almost*

Expressions

cambiar de tema[13]	*to change the subject*
sacar cuentas	*to figure out*

---

[13]El **tema**, masculine.

LECTURA ∽ Los deportes en España e Hispanoamérica

Al hablar sobre los deportes en España e Hispanoamérica es preciso mencionar en primer lugar el fútbol, el deporte más popular en todos los países, excepto en el área del Caribe, donde el béisbol es el más popular.

Desde pequeños, los niños aprenden a jugar al fútbol o al béisbol, según el país, y lo practican en los parques, en las escuelas o en cualquier otro lugar donde haya suficiente espacio para hacerlo. Algunos han llegado a ser jugadores famosos y a formar parte de equipos excelentes, como los que han participado en el Campeonato Mundial de Fútbol, más conocido por el Mundial. Este campeonato se efectuó por primera vez en 1930 y se ha repetido cada cuatro años, excepto durante la Segunda Guerra Mundial. De los doce campeonatos mundiales, tres han sido ganados por países hispanoamericanos (Argentina en 1978 y Uruguay en 1930 y 1950), tres por Brasil, y los seis restantes por países europeos.

En béisbol, muchos jugadores de la República Dominicana, Puerto Rico, Venezuela, México y Cuba, han jugado o juegan en las Grandes Ligas. Muchos de ellos son considerados verdaderas estrellas del deporte, como el puertorriqueño Roberto Clemente, jardinero de los Piratas de Pittsburg, que murió en un accidente aéreo en 1972 cuando llevaba auxilios desde Puerto Rico a los damnificados del terremoto de Nicaragua. Recientemente, el lanzador mexicano Fernando Valenzuela ha causado sensación en el mundo del béisbol. Fue el Novato del Año en 1981, recibió el

han llegado a ser *have become*

estrellas *stars*
jardinero *outfielder*

damnificados *victims*
lanzador *pitcher*
novato *rookie*

435

Un jugador argentino de fútbol (*arriba*) trata de quitarle el control del balón a un miembro del equipo del Uruguay. El fútbol es el deporte más popular de casi todos países hispanos.

An Argentine soccer player (top) *attempts to take away control of the ball from a member of the Uruguayan team. Soccer is the most popular sport in almost all Hispanic countries.*

Premio Cy Young como el mejor lanzador, y en los últimos años ha atraído más aficionados a los estadios que ningún otro jugador.

Otro deporte muy popular es el boxeo. A nivel profesional, muchos hispanos han obtenido el título de Campeón Mundial, como el panameño Roberto Durán y el nicaragüense Alexis Argüello. El chicano Carlos Palomino, muy conocido después de retirarse del cuadrilátero por los comerciales que ha hecho para la televisión norteamericana, se ha distinguido por ser el único campeón mundial que tiene un título universitario.

Un deporte que normalmente no asociamos con los países de habla española es el esquí. Sin embargo, hay muchos aficionados a este deporte en España, Chile y la Argentina.

Las primeras personas que esquiaron en los Andes fueron los ingenieros europeos que inspeccionaban los rieles del ferrocarril que sigue un antiguo camino inca desde Santiago de Chile a Mendoza, centro de la industria del vino en la Argentina. Es probable que los ingenieros esquiaran por primera vez a principios de este siglo en Juncal, una estación de tren que está en Chile a unos 2.900 metros sobre el nivel del mar, muy cerca de la frontera argentina. Hoy en día, junto a la estación de Juncal, hay un magnífico hotel, el Gran Hotel Portillo, y una de las mejores pistas de esquí del mundo.

Al otro lado de los Andes, en las orillas del lago Nahuel Huapí y a unos 1.300 kilómetros al sur de Portillo, está Bariloche, el centro de esquí más importante de la Argentina. Allí, en medio de paisajes

aficionados *fans*

nivel *level*

cuadrilátero *ring*

de habla española *Spanish-speaking*

rieles del ferrocarril *railroad tracks*

a principios *at the beginning*

frontera *border*

pistas *slopes*

orillas *banks*

espectaculares, los aficionados a este deporte pueden subir a los cerros en modernas telesillas y bajar por excelentes pistas de esquí. Pero Bariloche no es sólo un lugar de recreo durante el invierno. En verano, muchas personas visitan esta hermosa ciudad para descansar, pescar, practicar alpinismo y poder pasar unos días en contacto con la naturaleza.

    En los países de habla española las personas también practican otros deportes como el tenis, el golf, la caza, la natación, el ciclismo y el trote, conocido en España como *footing*. Pero además de estos deportes existen otros que son originarios de los países hispanos: la pelota vasca o jai-alai y el pato.

    El lugar donde juegan jai-alai es el frontón. Jai-alai, que quiere decir "fiesta alegre" en vasco, era el nombre del primer frontón cubierto que existió en San Sebastián, un centro popular de veraneo al norte de España. El frontón es rectangular y tiene tres paredes: una a lo largo y otras dos en los extremos. El otro lado a lo largo de la cancha está abierto y es para el público. Los jugadores de jai-alai, llamados pelotaris, reciben la pelota en una cesta larga y curva que

cerros *hills*
telesillas *ski lifts*

a lo largo *lengthwise*

cesta *basket*

El trote es uno de los muchos deportes que se practican en el Parque de Chapultepec de la ciudad de México.

Jogging is one of the many sports that is practiced in Chapultepec Park in Mexico City.

tiene un guante de cuero en un extremo. Después de recibirla, lanzan la pelota a gran velocidad contra la pared del frente, donde rebota para ser recibida y lanzada de nuevo por el pelotari contrario. La pelota con la cual juegan el jai-alai es muy dura. Esto, unido a la gran velocidad que alcanza la pelota, hace que el jai-alai sea uno de los deportes más peligrosos del mundo.

lanzan *throw*

dura *hard*

El jai-alai era tan popular en el País Vasco a fines del siglo pasado, que más personas asistían a los partidos de jai-alai que a las corridas de toros. Hoy en día juegan al jai-alai en España, en Hispanoamérica y en algunas ciudades de los Estados Unidos. Gran parte del público que asiste a los partidos de jai-alai le apuesta a su equipo favorito, lo que le da más interés al partido.

apuesta *bets*

El pato, una especie de basquetbol a caballo, es un deporte que muy pocas personas juegan hoy en día. Cada equipo tiene cuatro jugadores y éstos deben ser excelentes jinetes. La pelota que usan tiene varias asas para que los jugadores puedan tomarla con una mano y lanzarla a un aro con una red. Si la pelota pasa por el aro, el equipo gana un tanto.

asas *handles*
aro *ring* **red** *net*
tanto *point*
pato *duck*

Originalmente, los gauchos jugaban al pato usando un pato vivo que metían dentro de un saco de cuero con asas. Hace unos cuarenta años, en la Argentina crearon reglas para el juego y diseñaron la pelota que usan ahora. Poco después, declararon al pato el deporte nacional argentino.

Al hablar sobre los deportes en el mundo hay que reconocer que España e Hispanoamérica han creado nuevos deportes y que también han obtenido muchos triunfos a nivel internacional.

PREGUNTAS

1. ¿Qué países hispanoamericanos han ganado el Campeonato Mundial de Fútbol?
2. ¿Quién era Roberto Clemente?
3. ¿Quién fue el mejor lanzador y el novato del año en 1981?
4. ¿Quién es el único campeón mundial de boxeo que tiene un título universitario?
5. ¿En qué países de habla española hay muchos aficionados al esquí?
6. ¿Quiénes esquiaron por primera vez en los Andes?
7. ¿Qué es Bariloche y dónde está?
8. ¿Qué dos deportes son originarios de los países de habla española?
9. ¿Qué es un frontón?
10. ¿Por qué es peligroso el jai-alai?
11. ¿Qué hace gran parte del público en los partidos de jai-alai?
12. ¿Qué es el pato?
13. ¿Cómo juegan al pato?
14. ¿Por qué le dieron el nombre de pato?

El pato, dibujo de F. Molina Campos.

El pato, *a drawing by F. Molina Campos.*

READING AND WRITING SUPPLEMENT

Cognates: Spanish -*oso* or -*o*, English -*ous*

The following list of Spanish equivalents for selected English adjectives ending in -*ous* shows how easy it is to recognize many cognates, yet also warns one against trying to make up Spanish equivalents for English words without first consulting a dictionary.

SPANISH	ENGLISH	SPANISH	ENGLISH
-oso	*-ous*	**-o**	*-ous*
famoso	*famous*	estupendo	*stupendous*
montañoso	*mountainous*	monótono	*monotonous*
vigoroso	*vigorous*	ridículo	*ridiculous*
religioso	*religious*	obvio	*obvious*

Do you recognize the English cognates of these words?

ingenioso	continuo
ambiguo	nervioso

TESTING

A. The present perfect

Complete each sentence by using the present-perfect tense of the verb in parentheses.

1. (recibir) Nosotros no _____ _____ la carta.   —hemos recibido
2. (leer) Juan _____ _____ esa revista.   —ha leído
3. (entender) Alicia no _____ _____ el problema.   —ha entendido
4. (ver) Laura, ¿_____ _____ a Jorge?   —has visto
5. (decir) Ellos no _____ _____ nada.   —han dicho
6. (terminar) Yo no _____ _____ todavía.   —he terminado

B. The past perfect

Complete each sentence by using the past-perfect tense of the verb in parentheses.

1. (competir) Tú y yo _____ _____ el año pasado.   —habíamos competido
2. (levantarse) Tú no _____ _____ _____ todavía.   —te habías levantado
3. (salir) Ellos _____ _____ antes.   —habían salido
4. (irse) ¿Quiénes _____ _____ _____ cuando ustedes vinieron?   —se habían ido
5. (ver) Él no _____ _____ la cancha nueva.   —había visto
6. (reportar) Los bomberos ya _____ _____ el fuego.   —habían reportado

C. Placement, special meanings, and spelling of certain descriptive adjectives

Supply the missing Spanish equivalents to the English words in parentheses.

1. *(former employees)* Los _____ _____ visitaron al director.   —antiguos empleados
2. *(ancient history)* El año pasado estudiamos _____ _____.   —historia antigua
3. *(brand new watch)* Su padre le trajo un _____ _____.   —reloj nuevo
4. *(new statues)* El museo consiguió unas _____ _____ para su colección.   —nuevas estatuas
5. *(old, longstanding friends)* Mis _____ _____ vinieron a visitarme.   —viejos amigos

6. *(a very old gentleman)* El profesor de química es
_____ _____ _____ _____.   —un señor muy viejo
7. *(various books)* Los _____ _____ que leímos nos
ayudaron a entender sus ideas.   —diferentes libros
8. *(different dishes)* Cada región tiene _____ _____.   —platos diferentes

D. Present perfect subjunctive

Provide the correct form of the verb in parentheses.

1. (suceder) Sentimos mucho que esto _____ _____.   —haya sucedido
2. (enseñar) Espero que su jefe le _____ _____ el
cable.   —haya enseñado
3. (recibir) No creo que ellos _____ _____ el tele-
grama.   —hayan recibido
4. (hacer) Es imposible que tú _____ _____ todo
esto.   —hayas hecho
5. (revisar) Dudo que nosotros _____ _____ todos
los papeles.   —hayamos revisado
6. (tardar) Es una lástima que yo _____ _____ tanto
en venir.   —haya tardado
7. (arreglar) Me alegro de que ellos _____ _____ el
cuarto.   —hayan arreglado
8. (pedir) Espera que nosotros le _____ _____ ex-
cusas.   —hayamos pedido

E. Prepositions and infinitives

Complete the following sentences by using a preposition if needed.

1. Estamos tratando _____ ganar más.   —de
2. Insistió _____ hablar con el senador.   —en
3. Fueron _____ ver la exhibición.   —a
4. Queremos _____ ir esta tarde.   — —
5. Quedó _____ vernos en el cine.   —en
6. Los heridos empezaron _____ gritar.   —a
7. Van _____ reservar una habitación doble.   —a
8. No dejen _____ ver esa exhibición.   —de

F. Infinitives

Complete the following sentences by using the Spanish word suggested by the English word in parentheses.

1. *(doing)* (_____) _____ ejercicios es muy importante. —(El) hacer
2. *(Upon seeing him)* _____ _____, fue a pedirle una entrevista. —Al verlo
3. *(reading)* Se fue sin _____ el mensaje. —leer
4. *(calling him)* Después de _____, decidió ofrecerle el puesto. —llamarlo
5. *(Upon leaving)* _____ _____, vio a los campesinos. —Al salir *or* al irse

G. Conjunctions

Provide the correct form of the conjunction, **y** or **e**.

1. Mi hermano habla portugués _____ italiano. —e
2. Ella es mala _____ egoísta. —y
3. Ellos estudian geografía _____ historia. —e

Provide the correct form of the conjunction, **o** or **u**.

1. Necesitan diez _____ once maletines. —u
2. ¿Quién habla, el empleado _____ el piloto? —o
3. ¿Son mujeres _____ hombres? —u

H. Past perfect subjunctive

Provide the correct form of the verb in parentheses.

1. (ver) Sentimos que tú no _____ _____ el desfile. —hubieras visto
2. (adelantar) Era natural que los Fernández _____ _____ el viaje. —hubieran adelantado
3. (ganar) No creían que yo _____ _____ el premio. —hubiera ganado
4. (ser) Esperaba que el sueldo _____ _____ más alto. —hubiera sido
5. (decir) No creía que Juan _____ _____ esas cosas. —hubiera dicho
6. (mandar) Era imposible que ellos _____ _____ los documentos. —hubieran manado
7. (pensar) Esperaba que nosotros _____ _____ en pagar el hotel. —hubiéramos pensado

I. Sequence of tenses

Provide the correct form of the verb in parentheses.

1. (salir) Dudo que José María _____ esta noche.   —salga
2. (cerrar) Quería que ellos _____ las fábricas tres días después.   —cerraran
3. (llegar) Dudo que ese telegrama _____ anoche.   —haya llegado
4. (venir) Me alegro de que Alicia _____ _____ a los Carnavales la semana pasada.   —haya venido
5. (hablar) Le voy a pedir que _____ con su jefe.   —hable
6. (descansar) Esperaba que ustedes _____ _____ antes de llamarme.   —hubieran descansado

J. Exclamatory *qué*

Add the adjective in parenthesis to the sentence, using all three possible constructions.

1. (bonito) ¡Qué día!   —¡Qué bonito día!, ¡Qué día tan bonito!, ¡Qué día más bonito!

2. (bueno) ¡Qué secretaria!   —¡Qué buena secretaria!, ¡Qué secretaria tan buena!, ¡Qué secretaria más buena!

K. Interrogative *qué* and *cuál(es)*

Complete the following questions with ¿**qué**? or ¿**cuál(es)**? to elicit the answer given.

1. ¿_____ es un profesor? Es una persona que trabaja en una escuela o en una universidad.   —Qué
2. ¿_____ es la habitación más cara? Ésa es la más cara.   —Cuál
3. ¿_____ son las carrozas que ganaron los premios? Ésas.   —Cuáles
4. ¿_____ es una tarea? Es el trabajo que hacen los alumnos para la clase en su casa o en la universidad.   —Qué

L. Relative pronouns

Complete the following sentences with **el (la, lo) cual** or **los (las) cuales.**

1. El cuñado de Alicia, _____ _____ es muy simpático, nos va a llevar a la finca.   —el cual

2. Ella va a mandar un telegrama, _____ _____ me parece una buena idea.   —lo cual (*or* lo que)

3. Los empleados del hotel, _____ _____ querían más sueldo, hablaron con el administrador.   —los cuales

4. La hija de los señores Martínez, _____ _____ estudia en el extranjero, va a llegar mañana.   —la cual

5. Estuvimos en los Carnavales de Panamá, _____ _____ fueron muy divertidos.   —los cuales

6. Las hermanas de Pedro, _____ _____ bailan muy bien, iban en una carroza.   —las cuales

El tráfico que hay en la ciudad de México, igual que en otras metrópolis, es una de las causas de la contaminación del aire.

Traffic, such as this in Mexico City, as in all metropolises, is one of the causes of air pollution.

Lección 26

The passive voice: **ser** + past participle
A resultant condition: **estar** + past participle
Se + verb
Se + indirect object + a verb in the third-person singular or plural

Communication Objectives

Vocabulary: You will learn words related to the environment, ecology, and pollution.

Conversation: You will be able to talk about the environment, and to discuss the causes of pollution and what can be done to control it.

DIÁLOGO ✧ La contaminación del aire[1]

ALFREDO	El problema de la contaminación del aire es una cosa muy seria. Algunos científicos piensan que si sigue así, pueden desaparecer los seres humanos.
GUILLERMO	Y no se encuentra ninguna solución. Cada vez se venden más automóviles, la gente maneja más, y el aire está peor.
ALFREDO	Es cierto. Uno de estos días no vamos a poder respirar.
GUILLERMO	Además las industrias contaminan los ríos, las costas y los lagos. Hay derrames de petróleo en el mar . . .
CARMEN	Bueno, pero en muchos países están estudiando el asunto. En algunos lugares se controlan las emisiones de los autos, y se dice que van a prohibir el tránsito en ciertas zonas. Algunos quieren hasta racionar la gasolina y otros combustibles.
FELIPE	Ésas son medidas demasiado drásticas. Primero deben dirigirse al público y pedirle su cooperación. Si esto no funciona, entonces que racionen la gasolina.
ALFREDO	¡Ay, qué ingenuo eres! ¿Tú crees que la gente va a hacer algo sin que se lo exijan? Tienen que aprender a las malas.
GUILLERMO	Y mientras tanto, se han exterminado más de 150 especies de animales. . . . Muchos hablan de la ecología, pero no hacen nada.
CARMEN	Quizás la crisis energética[2] nos haga ahorrar combustible.
GUILLERMO	O encontrar nuevos combustibles. Ésta puede ser la solución.

científicos *scientists*
desaparecer *disappear*

se venden *are sold*

respirar *breathe*

derrames de petróleo *oil spills*

asunto *issue, matter*

racionar *to ration*

medidas *measures*
dirigirse *address*

ingenuo *naïve*
exijan *being forced*
a las malas *the hard way*
mientras tanto *in the meantime*

crisis energética *energy crisis*
ahorrar *save*

---

[1]The Spanish word **polución** and the English word *smog* are also used in some areas.
[2]**La crisis de la energía** may also be used.

PREGUNTAS SOBRE EL DIÁLOGO

1. ¿De qué problema serio habla Alfredo?
2. ¿Quiénes piensan que los seres humanos pueden desaparecer?
3. ¿Por qué está peor el aire?
4. ¿Qué contaminan las industrias?
5. ¿Qué se controla en algunos lugares?
6. ¿Qué otras medidas se piensan tomar?
7. ¿Qué piensa Felipe de estas medidas?
8. Según Felipe, ¿qué deben hacer primero?
9. ¿Qué piensa Alfredo de la idea de Felipe?
10. ¿Qué dice Guillermo de la ecología?
11. Según Carmen, ¿qué efectos puede tener la crisis energética?
12. Según Guillermo, ¿cuál puede ser la solución?

ORACIONES Y PALABRAS

Van a desaparecer **los seres humanos.** — *Human beings are going to disappear.*
    los árboles[3], los bosques — *Trees, Woods,*
    las plantas — *Plants*
Se caen las **hojas.** — *The leaves fall (or drop).*
    flores[4] — *flowers*
No se encuentra **ninguna solución.** — *No solution is found.*
    ninguna radioactividad, — *radioactivity,*
    ningún remedio — *remedy*
Las fábricas contaminan **el aire.** — *Factories contaminate the air.*
    la atmósfera — *atmosphere*
La solución puede ser la energía **nuclear.** — *The solution could be nuclear energy.*
    solar — *solar*

PREGUNTAS GENERALES

1. ¿Quién debe ser responsable por la ecología?
2. ¿Es la ecología un problema serio? ¿Por qué?
3. ¿Dónde hay derrames de petróleo en este país?
4. ¿Por qué son peligrosos los derrames de petróleo?
5. ¿Qué les sucede a los árboles cuando el aire está muy contaminado?
6. ¿En qué ciudades de este país es peligrosa la contaminación del aire?
7. ¿Qué cree usted que debe hacer el gobierno para controlar la contaminación?
8. ¿Qué cree usted que va a pasar si no controlamos la contaminación?
9. ¿Por qué son importantes los bosques?
10. ¿Qué clase de combustible o energía cree usted que debemos usar? ¿Por qué?

---

[3]**El árbol,** singular.
[4]**La flor,** singular.

GRAMMAR, EXERCISES, AND TESTING

∾ PART ONE

I. *THE PASSIVE VOICE:* SER + *PAST PARTICIPLE*

In passive constructions, the subject of the sentence is acted upon by an agent. The construction consists of a form of the verb **ser** plus a past participle used as an adjective.

El *Quijote* **fue escrito** por Cervantes.	The Quixote *was written by Cervantes.*
Esa novela **fue escrita** por Hemingway.	*That novel was written by Hemingway.*
Los edificios **fueron destruidos** por el terremoto.	*The buildings were destroyed by the earthquake.*
Esas fábricas **fueron construidas** hace unos años.	*Those factories were built a few years ago.*

1. The tense of the construction is indicated by the form of the verb **ser.**
2. The past participle used as an adjective agrees in gender and number with the subject.
3. An agent may be expressed or implied.
4. The preposition **por** regularly introduces the agent.
5. The Spanish passive voice is rarely used in the spoken language; its usage is limited mainly to newspapers and formal writing.

II. *A RESULTANT CONDITION:* ESTAR + *PAST PARTICIPLE*

Spanish uses an appropriate form and tense of **estar** + a past participle to designate a condition resulting from a previous act.

Ella cierra las ventanas.	Las ventanas **están cerradas.**	*The windows are shut.*
Él abrió la puerta.	La puerta $\left\{\begin{array}{l}\text{estaba}\\\text{estuvo}\end{array}\right\}$ abierta.	*The door was open.*

1. The past participle is used as an adjective.
2. **Estar** is used as the main verb.
3. No agent is either specified or implied.[5]

A. Ejercicio de sustitución

1. El centro fue destruido por el terremoto.

La fábrica	La fábrica fue destruida por el terremoto.
El pueblo	El pueblo fue destruido por el terremoto.
Los hoteles	Los hoteles fueron destruidos por el terremoto.
Las tiendas	Las tiendas fueron destruidas por el terremoto.

---

[5]If an agent is implied, the passive voice must be used (**La puerta fue abierta por el viento.** *The door was opened by the wind.*), except in cases when an agent is needed to maintain the resultant condition (**El banco estaba rodeado por la policía.** *The bank was surrounded by the police.*).

2. El accidente fue reportado por el policía.
   Las medidas, El asunto, Los derrames, La solución, Los problemas

3. Las calles fueron cubiertas por el agua.
   El parque, Los jardines, La planta baja, Los coches, La plaza

B. Voz activa → voz pasiva

Modelos: La compañía paga el alquiler.
El alquiler es pagado por la compañía.
Guillermo vendió el auto.
El auto fue vendido por Guillermo.

1. El señor Sosa construyó ese puente.

   Ese puente fue construido por el señor Sosa.

   El senador explicó las ideas del gobierno.

   Las ideas del gobierno fueron explicadas por el senador.

   La secretaria abre las cartas.

   Las cartas son abiertas por la secretaria.

   María preparó toda la comida.

   Toda la comida fue preparada por María.

2. Los estudiantes leyeron los poemas.
   Las industrias contaminan el aire.
   El gobierno racionó la gasolina.
   El huracán destruyó esos edificios.

3. Ellos controlan los negocios.
   La ciudad construyó los estadios.
   La Cruz Roja pidió más donaciones.
   Esa fábrica contamina el río.

C. *Estar* + participio pasivo

Construya oraciones usando **estar** + participio pasivo para mostrar el resultado de las acciones en las siguientes situaciones.

Modelo: Pedro sale del hotel con su equipaje.
Pedro pagó la cuenta.
La cuenta está pagada.

1. Una oficina después de la salida de los empleados un viernes por la tarde.

   La secretaria escribió las cartas.   Los empleados ordenaron los papeles.
   Julia programó la computadora.   Pedro cerró la oficina.

2. Un lugar donde no controlaron la contaminación en el año 2100.

   Contaminaron los ríos.   Exterminaron más de 200 especies de animales.
   Destruyeron los bosques.   Casi todas las personas murieron.

D. Preguntas

Use un participio pasivo en sus respuestas.

1. ¿Cuándo fue terminado ese edificio?
2. En este momento, ¿cómo están las ventanas de la clase?
3. ¿Cómo está la puerta?
4. ¿Por quién fue escrito el *Quijote*?
5. ¿Quién construyó el primer avión?
6. ¿Cuándo fue destruida la ciudad de Managua?
7. ¿Quién ganó el campeonato de béisbol el año pasado?
8. ¿Qué película ganó el Oscar el año pasado?

TESTING ∽ the passive voice versus resultant conditions

1. The verb used with a past participle for the passive voice is _____.

—ser

2. The preposition which normally introduces the agent is _____.

—por

3. The verb used with a past participle to express a resultant condition is _____.

—estar

Give a Spanish equivalent.

4. *The sentence was written by Marta.*

—La oración fue escrita por Marta.

5. *The doors and windows were open.*

—Las puertas y las ventanas estaban (*or* estuvieron) abiertas.

6. *The doors were opened by his father.*

—Las puertas fueron abiertas por su padre.

7. *The house is sold.*

—La casa está vendida.

8. *Who said it* (feminine) *was closed?*

—¿Quién dijo que estaba (*or* estuvo) cerrada?

Caracas, Venezuela, con sus numerosos rascacielos, autopistas y excelentes comunicaciones, es una de las ciudades más modernas del mundo.

Caracas, Venezuela, with its numerous skyscrapers, highways, and excellent communications, is one of the world's most modern cities.

PART TWO

III. SE + VERB

Both Spanish and English may use a third-person plural verb form when the subject who performs the action is not important to the speaker.

Aquí **venden** bicicletas.	*They sell bicycles here.*
Allí **ayudan** a los pobres.	*They help the poor there.*

In these instances Spanish may use a construction with **se** + verb, while English uses a passive construction.

SE + A VERB IN THE THIRD-PERSON SINGULAR OR PLURAL

Se habla español.	*Spanish is spoken.*
Se hablan lenguas extranjeras.	*Foreign languages are spoken.*
Se vendió un apartamento.	*An apartment was sold.*
Se venden flores aquí.	*Flowers are sold here.*

1. The performer of the action is generally not expressed.
2. The grammatical subject is generally inanimate and follows the verb.
3. The verb is used in the third-person plural or singular agreeing with the subject and is preceded by the pronoun **se**.

SE + A VERB IN THE THIRD-PERSON SINGULAR ONLY

Aquí **se ayuda** a los extranjeros.	*One helps foreigners here.* *We help foreigners here.* *Foreigners are helped here.*
Se dice que el gobierno va a racionar la gasolina.	*It is said that the government is going to ration gas.* *They say that the government is going to ration gas.*

The construction **se** + third-person singular has a variety of English equivalents. This construction is used:
a. when the verb is followed by a sentence introduced by **que**.
b. when the direct object refers to a specific person or persons. This human direct object must be introduced by the personal **a**. When using pronouns instead of the direct object nouns, the forms **le, les** are normally used instead of **lo, los, la, las**.

Se ayuda al niño.	Se **le** ayuda.
Se ayuda a las niñas.	Se **les** ayuda.

E. Tercera persona plural → *se* + tercera persona

Modelo: Venden gasolina.
   Se vende gasolina.

1. Alquilan una habitación.   Se alquila una habitación.
   Abren las puertas a las cinco.   Se abren las puertas a las cinco.
   Contaminan el aire.   Se contamina el aire.
   Encuentran soluciones.   Se encuentran soluciones.

2. Hablan español.   3. Extraen mucho cobre.
   Pintan autos y camiones.   Venden bicicletas.
   Prohíben cocinar cerca del bosque.   Racionan la gasolina.
   Ahorran mucho dinero.   Controlan las emisiones de los autos.

F. Forma plural del verbo → *se* + tercera persona singular

Modelos: Ayudan a los enfermos.
      Se ayuda a los enfermos.
      Dicen que van a prohibir el tránsito.
      Se dice que van a prohibir el tránsito.

1. Dicen que hay radioactividad.   Se dice que hay radioactividad.
   Traen a los heridos.   Se trae a los heridos.
   Creen que ella va a ser la   Se cree que ella va a ser la nueva
   nueva ministra.   ministra.

2. Escuchan a esos locutores.   3. Piensan que el costo de la vida va a subir.
   Dicen que compraron más aviones.   Ayudaban a los niños.
   Dicen que van a racionar la   Aquí les dan ropa a los pobres.
   gasolina.

G. Preguntas

Conteste las siguientes preguntas con el pronombre **se** + verbo.

1. ¿A qué hora se abre la tienda?   5. ¿A quiénes ayudan en el hospital?
2. ¿A qué hora se cierra?   6. ¿Y dónde ayudan a los pobres?
3. ¿Qué venden en la tienda?   7. ¿Qué se dice de la contaminación del aire?
4. ¿Se venden o se alquilan esas bicicletas? 8. ¿Y qué se dice del precio de la gasolina?

TESTING ∾ se + verb

Give a Spanish equivalent.

1. *Trees sold here.*

2. *The river is being polluted.*
3. *English is spoken there.*

4. *Motorcycles for rent.*
5. *One helps the ill.*
6. *They were helped.*
7. *They say the government will fall.*

8. *It is said that no one can breathe there.*

—Se venden árboles aquí. (*or* Aquí se venden árboles.)
—Se contamina el río.
—Se habla inglés allí. (*or* Allí se habla inglés.)
—Se alquilan motocicletas.
—Se ayuda a los enfermos.
—Se les ayudó. (*or* ayudaba)
—Se dice que el gobierno va a caer. (*or* cae)
—Se dice que nadie puede respirar allí.

∾ PART THREE

IV. *SE + INDIRECT OBJECT + A VERB IN THE THIRD-PERSON SINGULAR OR PLURAL*

Se me olvidó la dirección.	*I forgot the address.*
Se le olvidaron los boletos a Carlos.	*Carlos forgot the tickets.*
Se me cayó.	*It fell* { (from my grasp). (in spite of me). (against my will).
Se le cayeron.	*They fell.*

1. The subject is generally inanimate. When expressed, it ordinarily follows the verb.
2. The verb is always in the third person. It agrees in number with the subject.
3. The indirect object is placed between **se** and the verb. It identifies the person to whom the action occurs.
4. This construction shifts responsibility for the action from the person to the thing.

H. Ejercicio de transformación

Cambie las siguientes oraciones de acuerdo con el modelo.

Modelos: Olvidé la dirección.
   Se me olvidó la dirección.
   Olvidé los números.
   Se me olvidaron los números.

1. Perdió el dinero.   Se le perdió el dinero.
   Rompieron los vasos.   Se les rompieron los vasos.
   Olvidaste los ejercicios. Se te olvidaron los ejercicios.

2. Olvidamos las entradas.   3. Perdimos la receta.
   Perdí el pasaporte.   Rompieron los zapatos.
   Rompiste las copas.   Paró el automóvil.

I. Preguntas

1. ¿Qué se le olvidó a usted?
2. ¿Qué se me olvidó a mí?
3. ¿Se me olvidan a mí las fechas?
4. ¿Qué rompieron los alumnos?
5. ¿Qué se le rompió a usted ayer?
6. ¿Cuándo se le perdió el dinero a su amigo?
7. ¿Qué se le perdió a usted el domingo pasado?
8. ¿A quién se le cayó este lápiz?

J. Situaciones

Construya oraciones usando **se** + pronombre + verbo de acuerdo con las siguientes situaciones:

Modelo: Roberto va a pagar la cuenta en el restaurante y no encuentra el dinero.
   Se le olvidó (o perdió) el dinero.

1. Usted oye un ruido en la cocina. Cuando entra ve a su hermano que está recogiendo unos platos rotos.
2. Usted debe entregar su tarea y no la encuentra en ningún lugar.
3. Unos amigos venían a su casa y le iban a traer unos discos a usted. Cuando llegaron no tenían los discos.
4. Su sobrino está comiendo y lo (la) llama a usted. Cuando usted llega, la comida está sobre el niño y el perro.

TESTING ∽ se + indirect object + third-person verb

Give a Spanish equivalent.

1. *He forgot the wine.*
2. *Their cups broke.*
3. *We dropped the glass.*
4. *I lost the address.*
5. *Did Carlos María forget the passport?*

6. *Did you (**tú**-form) lose the money?*

—Se le olvidó el vino.
—Se les rompieron las tazas.
—Se nos cayó el vaso.
—Se me perdió la dirección.
—¿Se le olvidó a Carlos María el pasaporte?
—¿Se te perdió el dinero?

La calle Florida de Buenos Aires está reservada para peatones y por lo tanto funciona como un centro comercial al aire libre.

Florida Street in Buenos Aires is reserved for pedestrians and thus functions as an open-air mall.

CONVERSACIÓN EN LA CLASE

La ecología

Un amigo y usted están hablando sobre la ecología. Usted cree que deben existir medidas drásticas para controlar la contaminación. Su amigo no está de acuerdo con usted.

La contaminación del aire

Usted es el gobernador (o gobernadora) de un estado. Usted no quiere que haya contaminación del aire en ese estado. Explique las cosas que usted va a hacer.

Los combustibles

Usted cree que los seres humanos deben buscar otras formas de energía para el futuro. Explíqueles a sus compañeros qué se va a usar en el futuro.

Mi amigo(-a) . . .

Usted tiene un(-a) amigo(-a) muy distraído(-a) (*absent minded*) a quien siempre le pasan cosas. Dígales a sus compañeros las cosas que le pasan usando la construcción **se** + **le** + verbo.

El bosque

Usted pasó unos días en el campo y visitó un bosque muy bonito donde no había contaminación. Explíqueles a sus amigos las cosas que hizo durante esos días.

Vocabulario

Nouns

animals

el animal	animal
la especie	species

energy

el combustible	fuel
la energía nuclear	nuclear energy
la energía solar	solar energy
el petróleo	oil

environment

la atmósfera	atmosphere
la contaminación	contamination
el derrame	spill
la ecología	ecology
la emisión	emission
la medida	measure
el tránsito	traffic, transit

industry

la fábrica	factory
la industria	industry

nature

el árbol	tree
el bosque	woods
la flor	flower
la hoja	leaf
la planta	plant

people

el científico	scientist

el público	public
el ser humano	human being

problems

el asunto	matter, issue
la cooperación	cooperation
la crisis	crisis
crisis energética	energy crisis
la radioactividad	radioactivity
el remedio	remedy
la solución	solution

Verbs

ahorrar	to save
caer(se)	to fall (down), to drop
contaminar	to contaminate
controlar	to control
desaparecer (zc)	to disappear
dirigirse (j)	to address
exterminar	to exterminate
racionar	to ration
respirar	to breathe

Adjectives

drástico	drastic
ingenuo	naive

Expressions

a las malas	the hard way
mientras tanto	in the meantime

La calle del Cristo en el Viejo San Juan, donde se han restaurado muchos de los edificios coloniales.

Cristo Street in Old San Juan, where many of the colonial-style buildings have been restored.

Lección 27

The future tense • Verbs using an altered stem in the future tense
Use of the future tense • Adverbs • Adverbs ending in **-mente**
Comparison of adverbs • The superlative of adverbs
Adverbs expressing a limited superlative • The absolute superlative

Communication Objectives

Vocabulary: You will learn words related to historical preservation and urban living, as well as words associated with personal grooming.

Conversation: You will be able to express your thoughts on people's appearances, urban life styles, and the restoration of colonial buildings.

DIÁLOGO ∾ El Viejo San Juan[1]

SILVIO	Esta tarde visitaremos el Viejo San Juan. Es la parte más antigua de la ciudad.	**visitaremos** *we will visit*
MARGARITA	Cuando veas las murallas, las calles estrechas y los edificios antiguos, te va a parecer que estás en la época colonial.	**murallas** *city walls* **estrechas** *narrow*
SILVIO	Y para que no cambie, no permiten construir edificios modernos en el Viejo San Juan. Todos deben ser de estilo colonial.	
CHELA	Tengo entendido que han restaurado muchos edificios últimamente. ¿Es cierto?	**tengo entendido** *I understand* **restaurado** *restored*
SILVIO	Sí, nosotros nos sentimos muy orgullosos del Viejo San Juan. A mí me gusta más que cualquier otra parte de la ciudad.	**orgullosos** *proud*
MARGARITA	Mañana Silvio te llevará a otros lugares para que los conozcas. El sábado iremos a la playa con nuestros vecinos.	**llevará** *will take* **iremos** *we'll go* **vecinos** *neighbors*
SILVIO	Y también visitaremos otras ciudades y el campo. Queremos que conozcas bien a nuestro Borinquen[2].	
MARGARITA	¿Trajiste tu traje de baño[3], Chela?	**traje de baño** *bathing suit*
CHELA	Por supuesto. Yo sabía que iban a la playa a menudo.	**por supuesto** *of course* **a menudo** *often*
SILVIO	Te van a encantar las playas. Cuando yo vivía en Nueva York, las extrañaba mucho.	**extrañaba** *missed*
CHELA	¿Cuánto tiempo viviste allá?	
SILVIO	Alrededor de un año. Yo no resistía ese frío. Además la vida es muy dura allá.	**dura** *hard, difficult*
CHELA	En parte tienes razón, pero uno se acostumbra. Mira, mis padres están contentos en Nueva York.	**se acostumbra** *gets used*
SILVIO	Pero extrañan a Puerto Rico.	
CHELA	Sí, es verdad. La vida aquí es muy agradable.	

---

[1]Old section of San Juan, the capital of Puerto Rico. It was once enclosed by city walls and the forts of El Morro and San Cristóbal. Since 1955, the Institute of Puerto Rican Culture has been in charge of conserving its colonial style and has restored several important buildings.

[2]Indian name for Puerto Rico.

[3]In some areas of the Caribbean, the word **trusa** is used.

PREGUNTAS SOBRE EL DIÁLOGO

1. ¿Qué es el Viejo San Juan?
2. ¿Cómo son los edificios y las calles del Viejo San Juan?
3. ¿Por qué no se pueden construir edificios modernos allí?
4. ¿Qué han hecho en el Viejo San Juan últimamente?
5. ¿Qué es Borinquen?
6. ¿Adónde llevarán a Chela el sábado?
7. ¿Por qué puso Chela el traje de baño en su maleta?
8. ¿Por qué no le gustó Nueva York a Silvio?
9. ¿Cómo se sienten los padres de Chela en Nueva York?
10. ¿Qué opina Chela de la vida en Puerto Rico?

ORACIONES Y PALABRAS

Nos sentimos **muy** orgullosos del Viejo San Juan.	*We feel very proud of Old San Juan.*
sumamente	*extremely*
Puse **el traje de baño** en el maletín.	*I put the bathing suit in the bag.*
el jabón, el peine,	*soap, the comb,*
el cepillo de dientes,	*toothbrush,*
el lápiz de labios,	*lipstick,*
el lápiz de cejas,	*eyebrow pencil,*
el polvo, la toalla,	*powder, towel,*
las sandalias, las gafas de sol	*sandals, sunglasses*
Iban a la playa **a menudo.**	*They went to the beach often.*
con frecuencia,	*frequently,*
de vez en cuando	*from time to time*

PREGUNTAS GENERALES

1. ¿Le gustan a usted las ciudades antiguas? ¿Por qué?
2. ¿Qué ciudades antiguas hay en este país?
3. ¿Qué cree usted que debe hacerse con las partes más viejas de las ciudades?
4. ¿Cómo es la vida en las grandes ciudades?
5. En general, ¿cómo son las relaciones entre los vecinos en las grandes ciudades? ¿Y en los pueblos?
6. ¿Cree usted que ha habido un cambio en estas relaciones en los últimos años?
7. ¿Qué prefiere usted, vivir en una ciudad grande o en el campo? ¿Por qué?
8. ¿Prefiere usted las casas modernas o las casas antiguas? ¿Por qué?
9. ¿Cuáles son las playas más famosas de este país?
10. ¿Qué cosas lleva usted a la playa?

GRAMMAR, EXERCISES, AND TESTING

ᦣ PART ONE

I. THE FUTURE TENSE

VERB FORMS

-ar	-er	-ir
hablaré	comeré	viviré
hablarás	comerás	vivirás
hablará	comerá	vivirá
hablaremos	comeremos	viviremos
hablaréis	comeréis	viviréis
hablarán	comerán	vivirán

STEM	THEME VOWEL SLOT	PERSON MARKER	STEM	THEME VOWEL SLOT	PERSON MARKER	STEM	THEME VOWEL SLOT	PERSON MARKER
hablar	é	—	comer	é	—	vivir	é	—
hablar	á	s	comer	á	s	vivir	á	s
hablar	á	—	comer	á	—	vivir	á	—
hablar	e	mos	comer	e	mos	vivir	e	mos
hablar	é	is	comer	é	is	vivir	é	is
hablar	á	n	comer	á	n	vivir	á	n

1. All but eleven -er and -ir verbs use the infinitive as the stem for the future tense.
2. The theme vowel and the person marker are the same as those used in the present indicative of the verb **haber: he, has, ha, hemos, habéis, han.** All verbs use these endings in the future.
3. All verb forms but the first-person plural stress the final syllable.

II. VERBS USING AN ALTERED STEM IN THE FUTURE TENSE

These verbs and their derivatives form the future tense by attaching the regular future endings to an altered form of the infinitive.

-ER VERBS THAT DROP THE THEME VOWEL

INFINITIVE	ALTERED STEM	ENDINGS
haber	habr-	
poder	podr-	-é, -ás, -á, -emos, -éis, -án
querer	querr-	
saber	sabr-	

The four -er verbs above alter their infinitives by dropping the theme vowel **e.**

THEME VOWEL → d

INFINITIVE	ALTERED STEM	ENDINGS
poner	pondr-	
tener	tendr-	
valer	valdr-	-é, -ás, -á, -emos, -éis, -án
salir	saldr-	
venir	vendr-	

The five **-er** and **-ir** verbs above alter their infinitives by replacing the theme vowels **e** and **i** by a **d**.

SPECIAL FORMS

INFINITIVE	ALTERED STEM	ENDINGS
decir	dir-	-é, -ás, -á, -emos, -éis, -án
hacer	har-	

These two verbs use a special form.

III. USE OF THE FUTURE TENSE

Iremos a la playa mañana.	*We'll go to the beach tomorrow.*
Vamos a ir a la playa mañana.	*We're going to go to the beach tomorrow.*
Vamos a la playa mañana.	*We're going to the beach tomorrow.*

1. Spanish, like English, has a choice of three formulas to express the future.
2. The future tense corresponds to the English formula *will* (or *shall*) + verb.
3. In Spanish, the future tense may also be used to express probability in the present.

   ¿Quién es esa señora?   *Who is that lady?*
   Será la secretaria.   *She's probably the secretary.*

4. When "willingness" is implied, Spanish uses the present tense, not the future.

   ¿Quieres café?   *Will you have coffee?*

A. Ejercicio de sustitución

1. Yo iré a la playa mañana.

Nosotros	Nosotros iremos a la playa mañana.
Luisa	Luisa irá a la playa mañana.
Mis amigos	Mis amigos irán a la playa mañana.
Tú	Tú irás a la playa mañana.

2. Ellos se sentirán muy felices.
   Tú, nosotros, Usted, Yo, Ella

3. Él vendrá a Puerto Rico el verano próximo.
   Tú, Ellos, Nosotros, Yo, Ella

4. Sabré la contestación esta noche.
   (él, tú, ellos, nosotros, usted)

B. Ejercicio de transformación

Cambie las siguientes oraciones usando el futuro de probabilidad.

Modelos: Es probable que sea la secretaria.
   Será la secretaria.
   Creo que se siente muy feliz.
   Se sentirá muy feliz.

1. Creo que son las tres.   Serán las tres.
   Me parece que está en la sección   Estará en la sección antigua.
   antigua.
   Creo que viven cerca.   Vivirán cerca.
   Es probable que sepan la fecha.   Sabrán la fecha.

2. Es probable que encuentren una solución.   3. Es probable que esté enfermo.
   Creemos que es el médico.   Creo que la quiere mucho.
   Me parece que se quedan un año.   Me parece que hay mucho ruido.
   Es probable que lo sepan.   Creo que tienen hambre.

C. Respuestas dirigidas

Conteste afirmativamente usando el futuro del verbo.

Modelo: ¿Vas a salir el martes?
   Sí, saldré el martes.

1. ¿Vas a tener vacaciones el mes próximo?   4. ¿Van ustedes a hacer ejercicio en la playa?
2. ¿Vas a venir a la playa?   5. ¿Van ellos a hacer café?
3. ¿Puedes traer a tus hermanas?   6. ¿Ponen las tazas sobre la mesa?

D. Situaciones

Algunos de sus compañeros le van a hacer preguntas para saber más sobre las siguientes situaciones. Conteste sus preguntas usando el futuro.

1. Usted piensa ir de vacaciones a Puerto Rico.
   ¿Cuándo vas a salir?   ¿En qué línea aérea vas a ir?   ¿Cuántos días vas a pasar en Puerto Rico?   ¿Qué lugares vas a visitar?   ¿Qué ropa vas a poner en la maleta?
2. Usted está en un pueblo de la costa sur de Puerto Rico. Un huracán ha destruido parte del pueblo y usted habla por teléfono con un amigo.
   ¿Cuándo van a arreglar la carretera?   ¿Adónde van a llevar a los heridos?   ¿Qué va a hacer la Cruz Roja?   ¿Y el gobierno? ¿Y tú?

E. Preguntas

Conteste las siguientes preguntas usando el tiempo futuro.

1. ¿Adónde irán ustedes mañana?   4. ¿Qué equipo va a ganar el campeonato
2. ¿Qué van a hacer esta noche?   de béisbol este año?
3. ¿Qué va a suceder si sigue la contamina-   5. ¿Quién es ese señor?
   ción del aire?   6. ¿Qué hora es?

7. ¿A qué hora van a salir esta noche?
8. ¿Quiénes van a hacer el trabajo
9. ¿Quiénes van a venir a la reunión?
10. ¿Qué van a decir cuando lleguen?

TESTING ∽ the future tense; verbs using an altered stem in the future

Give the indicated future-tense form.

1. **conocer, yo**-form
2. **construir, él**-form
3. **dejar, nosotros**-form
4. **saber, yo**-form
5. **tener, usted**-form
6. **hacer, nosotros**-form
7. **decir, tú**-form

—conoceré
—construirá
—dejaremos
—sabré
—tendrá
—haremos
—dirás

Give a Spanish equivalent using the future tense.

8. *I will go.*
9. *They will feel better.*
10. *She's probably his cousin.*
11. *The neighbors will do the work.*
12. *When will they come?*

—Iré.
—Se sentirán mejor.
—Será su prima.
—Los vecinos harán el trabajo.
—¿Cuándo vendrán?

Give a Spanish equivalent.

13. *Shall I open the door?*
14. *Shall we shut the suitcase?*

—¿Abro la puerta?
—¿Cerramos la maleta?

∽ PART TWO

IV. ADVERBS

Adverbs are words expressing time, place, manner, degree, affirmation, or negation. They modify adjectives, verbs, or adverbs and are invariable in form. Here are some examples of adverbs.

TIME	PLACE	DEGREE	MANNER	AFFIRMATION	NEGATION
hoy	aquí	más	bien	sí	no
mañana	allí	menos	mal	claro	ni
ayer	arriba	tan	así		tampoco

V. ADVERBS ENDING IN -MENTE

Many adverbs in Spanish are derived from adjectives by the addition of the suffix **-mente.**

Realmente, no entendí nada.	*Really, I didn't understand anything.*
Me contestó **amablemente.**	*She answered me kindly.*
Lo explicó **perfectamente.**	*He explained it perfectly.*
Siempre maneja **rápidamente**[4].	*He always drives fast.*
Puedes hacerlo { **fácilmente.** / **con facilidad.**	*You can do it { easily. / with ease.*
Habló **clara y perfectamente.**	*He spoke clearly, and perfectly.*

1. Adjectives with the singular endings **-o** and **-a** attach the suffix **-mente** to the feminine form.
2. Adjectives which end in a consonant or the vowel **-e** attach the suffix **-mente** directly.
3. Adjectives with a written accent mark retain it when forming adverbs in **-mente.** The suffix receives a secondary stress when the adverb is pronounced.
4. An alternate expression involves the formula **con** + noun.
5. When two or more adverbs in a series would end in **-mente,** the suffix is used only on the last one.

F. Adjetivo → adverbio

Complete cada oración con el adverbio derivado del adjetivo entre paréntesis.

Modelo: (fácil) Entendí la lección . . .
　　　　Entendí la lección fácilmente.

1. (alegre) María cantaba . . .
2. (amable) El senador los recibió . . .
3. (triste) Ellos hablaban . . .
4. (diario) Irán a la playa . . .
5. (perfecto) El profesor lo explicó . . .

6. (justo) Ellos compartirán el trabajo . . .
7. (rápido) Hicieron los ejercicios . . .
8. (independiente) Ellos programan las computadoras . . .

G. Ejercicio de expansión

Añada el adverbio en paréntesis a cada oración y haga los cambios necesarios.

Modelo: Habla fácilmente. (claramente)
　　　　Habla fácil y claramente.

1. Hicieron la tarea rápidamente. (puntualmente)
2. Lo explicó todo claramente. (fácilmente)
3. Restauraron los edificios responsablemente. (perfectamente)

4. Viajarán cómodamente. (felizmente)
5. Siempre contestaba débilmente. (tristemente)
6. Celebran las fiestas tradicionalmente. (sencillamente)

---

[4]**Rápido** may also be used.

H. Ejercicio para completar

1. Tradicionalmente en este país . . .
2. Normalmente la gente joven . . .
3. Generalmente mi familia . . .
4. Con frecuencia mis amigos . . .
5. Diariamente nosotros . . .
6. Realmente yo creo que . . .

TESTING ✺ adverbs

1. The Spanish suffix (equivalent of English -ly) used to form adverbs is _____.
2. Another way of expressing **lo hizo con facilidad** is **lo hizo** _____.
3. The adverb derived from the adjective **difícil** is _____.
4. The adverb derived from the adjective **perfecto** is _____.

Give a Spanish equivalent.

5. *Really, you (**tú**-form) shouldn't do that.*
6. *He'll do the work rapidly.*
7. *Traditionally, this has been the most important building.*
8. *They answered clearly and perfectly.*

—-mente

—fácilmente

—difícilmente

—perfectamente

—Realmente, no debes hacer eso.
—Hará el trabajo rápidamente.
—Tradicionalmente, éste ha sido el edificio más importante.
—Contestaron clara y perfectamente.

Un campo de caña de azúcar, uno de los productos más importantes de Puerto Rico.

A field of sugarcane, one of the most important products of Puerto Rico.

VI. COMPARISON OF ADVERBS

Adverbs use the same formula as adjectives to express comparisons of equality and inequality.

Roberto maneja **tan bien como** yo.	*Roberto drives as well as I (do).*
Llegó **más tarde que** usted.	*He arrived later than you (did).*
Cecilia corre **menos rápido que** Alfredo.	*Cecilia runs less rapidly than Alfredo.*
Ana canta bien, pero Alicia canta **mejor**.	*Ana sings well, but Alicia sings better.*

1. The formula **tan** + adverb + **como** expresses a comparison of equality.
2. The formula **más** + adverb + **que** expresses a comparison of inequality.
3. The formula **menos** + adverb + **que** is also used to express a comparison of inequality, though less commonly.
4. The adverbs **bien, mal, mucho,** and **poco** have special forms for comparisons of inequality: **mejor, peor, más,** and **menos.**

VII. THE SUPERLATIVE OF ADVERBS

Ellos son los chicos que estudian {	**más.** **menos.**	*They are the boys that study the* {	*most.* *least.*
¿Quién canta {	**mejor?** **peor?**	*Who sings* {	*better (the best)?* *worse (the worst)?*

1. The four special forms **más, menos, mejor,** and **peor** are also used as superlatives. The context will usually show whether the form should be interpreted as a comparative or superlative.
2. These adverb forms immediately follow the verb; no definite article intervenes to introduce them.

VIII. ADVERBS EXPRESSING A LIMITED SUPERLATIVE

Llegó **lo más pronto** {	**posible.** **que pudo.**	*He arrived* {	*as soon as possible.* *as soon as he could.*
Lo hicimos **lo peor** {	**posible.** **que pudimos.**	*We did it* {	*the worst way possible.* *as badly as we could.*

1. Spanish adverbs have a superlative meaning when they appear in a formula with **lo** and an expression of possibility.

2. The basic variations of the formula are as follows:

$$\text{lo} + \left\{ \begin{array}{l} \textbf{más} \\ \textbf{menos} \end{array} \right\} + \textbf{adverb} + \textbf{posible}$$

$$\text{lo} + \left\{ \begin{array}{l} \textbf{mejor} \\ \textbf{peor} \end{array} \right\} + \textbf{posible}$$

3. Further variations are achieved by replacing **posible** with a subordinate clause having a form of the verb **poder**.

4. The subject of the subordinate clause is identical to the subject of the main clause.

IX. THE ABSOLUTE SUPERLATIVE

Many Spanish adjectives also function as adverbs. As adverbs, they have the masculine singular adjective form and are invariable. Their absolute superlative may be expressed by attaching the suffix **-ísimo** or by modifying them with another adverb like **muy**.

Llegaron $\left\{ \begin{array}{l} \textbf{muy tarde.} \\ \textbf{tardísimo.} \end{array} \right.$		*They arrived very late.*
María estudia $\left\{ \begin{array}{l} \textbf{muy poco.} \\ \textbf{poquísimo.} \end{array} \right.$		*María studies very little.*
Salieron $\left\{ \begin{array}{l} \textbf{extremadamente temprano.} \\ \textbf{tempranísimo.} \end{array} \right.$		*They left extremely early.*
Trabajan **muchísimo.**		*They work very much.*

1. The suffix **-ísimo** is invariable.

2. **Muy** and **sumamente** are typical modifiers.

3. A few special forms and restrictions exist. The absolute superlative of **mucho** is **muchísimo**, never **mucho** modified by **muy**. The absolute superlative of **bien** is **muy bien**.

I. Ejercicio de transformación

Combine las dos oraciones de cada grupo en una oración comparativa apropiada.

Modelos: Juan habla bien. Yo también.
Juan habla tan bien como yo.
Ellos manejan rápido. Yo no manejo tan rápido.
Ellos manejan más rápido que yo.

1. Ana canta bien. Alicia también.   Ana canta tan bien como Alicia.
Juana estudia mucho. Yo estudio poco.   Juana estudia más que yo.
Tú caminas despacio. Él camina más   Tú caminas menos despacio que él.
despacio.

2. Los chicos esquiaron muy mal. Ellos esquiaron muy mal también.
   Ella llegará muy tarde. Nosotros no llegaremos tan tarde.
   Mi compañero habla muy bien. Yo no hablo tan bien.

3. Pedro escribe a máquina muy mal. Tú escribes bien.
   Mi padre se despierta muy temprano. Nosotros no nos despertamos tan temprano.
   Los niños dormían mucho. Yo dormía poco.

J. Situaciones

1. Usted pasó unos días en la casa de sus primos en Puerto Rico. Conteste las siguientes preguntas usando el superlativo absoluto del adverbio terminado en **-ísimo.**
   ¿Te divertiste mucho en Puerto Rico?   ¿Se acostaban tarde tus primos?   ¿Te levantabas temprano?   ¿Gastaste poco?   ¿Pasaron muy rápido los días?

2. Usted debe hacer ciertos trabajos. Conteste las siguientes preguntas usando la formula **lo +** adverbio **+ posible.**
   ¿Harás el trabajo rápido?   Lo harás bien, ¿verdad?   ¿Vas a empezar temprano?

K. Preguntas

1. ¿Cómo hablan español los alumnos?
2. ¿Quién habla tan bien como usted?
3. ¿Quién habla mejor que los alumnos?
4. ¿Quién lee más que usted?
5. ¿Quién lee mejor que él (ella)?
6. ¿Quiénes trabajan menos que usted? ¿Y quiénes trabajan más?
7. ¿Maneja usted más rápido que su amigo?
8. ¿Quién maneja más despacio que usted?

El Morro, la fortaleza que defendía la entrada de la bahía de San Juan, fue construida en el siglo XVI y es una importante atracción turística hoy en día.

El Morro, the fortress guarding San Juan's harbor entrance, was constructed in the 16th century and is a major tourist attraction today.

TESTING ∾ adverbs

1. The formula which expresses the comparison of equality for adverbs is _____ + adverb + _____.
2. The form for comparisons of inequality for **bien** is _____.
3. The form for comparisons of inequality for **mal** is _____.
4. Another way of expressing **comió muy poco** is **comió** _____.
5. Another adverb which can be used instead of **muy** is _____.
6. Two Spanish equivalents of *he did it the best he could* are **lo hizo** _____ _____ _____ and **lo hizo** _____ _____ _____ _____.

Give the Spanish equivalent.

7. *They arrived earlier than Chela.*

8. *My neighbor cooks as well as she.*

—tan, como

—mejor

—peor

—poquísimo

—sumamente

—lo mejor posible, lo mejor que pudo

—Llegaron más temprano que Chela.

—Mi vecino(a) cocina tan bien como ella.

CONVERSACIÓN EN LA CLASE

Situaciones

1. Usted está en el Viejo San Juan (o en la parte antigua de otra ciudad) con un(-a) amigo(-a). Hablen sobre esa parte de la ciudad y las medidas que se han tomado para mantenerla.
2. Usted necesita comparar algunos artículos de tocador *(toiletries)* y va a una tienda. Hable con el vendedor o vendedora y explíquele lo que quiere, pregunte precios, etc. antes de decidirse a comprar algo.
3. Uno(-a) de sus compañeros y usted van a comparar la vida en Nueva York y la vida en San Juan. Hablen sobre las ventajas *(advantages)* y las desventajas de cada ciudad.

La vida en el año 2100

Explíqueles a sus compañeros cómo cree usted que vivirá la gente y cómo estará el mundo en el año 2100.

Misterios

Últimamente han pasado algunas cosas raras en su casa (ruidos a media noche, algunos objetos han desparecido, etc.) Usted y unos amigos están hablando sobre esto. Cada uno debe tratar de darle una explicación usando el futuro (será alguien que quiere hacer bromas).

En las zonas modernas de San Juan hay muchos edificios nuevos de apartamentos y de oficinas que contrastan con la arquitectura colonial de la parte antigua.

In the modern areas of San Juan are many new apartment and office complexes, contrasting with the colonial architecture in the old section.

Vocabulario

Nouns

beach accessories

las gafas de sol	*sunglasses*
la sandalia	*sandal*
la toalla	*towel*
el traje de baño	*bathing suit*

cities

el estilo colonial	*colonial style*
la muralla	*city wall*

make-up

el lápiz de cejas	*eyebrow pencil*
el lápiz de labios	*lipstick*
el polvo	*powder*

people

el vecino	*neighbor*

toiletries

el cepillo de dientes	*toothbrush*
el jabón	*soap*
el peine	*comb*

Verbs

acostumbrarse	*to get used*
extrañar	*to miss*
resistir	*to bear, to resist*
restaurar	*to restore*

Adjectives

duro	*hard*
estrecho	*narrow*
orgulloso	*proud*

Adverbs

extremadamente	*extremely*
realmente	*really*
sumamente	*extremely*
últimamente	*lately*

Expressions

por supuesto	*of course*
tener entendido	*to understand*

time expressions

a menudo	*often*
con frecuencia	*frequently*
de vez en cuando	*from time to time*

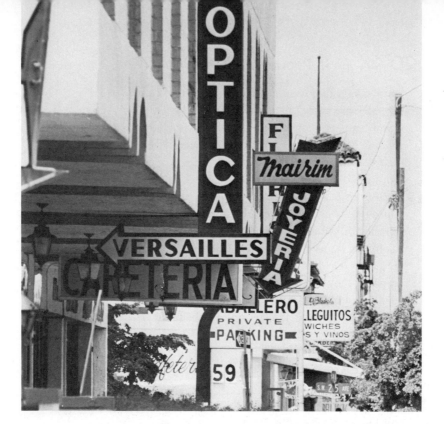

La calle Ocho del Suroeste de Miami, el centro de la Pequeña Habana.
Eighth Street Southwest in Miami, the center of Little Havana.

Lección 28

The future perfect tense • **Por** and **para**
Uses of **por**
Uses of **para** • **Por** and **para** contrasted
Special expressions with **por** • Nominalization
The neuter article **lo**

Communication Objectives

Vocabulary: You will learn words related to different kinds of stores, holidays, and foods.

Conversation: You will be able to talk about various foods and holidays, especially in regard to the Cuban community in the Miami area.

DIÁLOGO ∽ En la Pequeña Habana[1]

JOSEFINA	Bueno, ya estamos en la Pequeña Habana.
LAURA	Por eso sólo oigo hablar español.
JOSEFINA	Caminemos por esta calle. Ya habrás visto que algunas tiendas tienen letreros que dicen: "Se habla inglés".
LAURA	No, no los he visto.
JOSEFINA	Hace unos cuantos años, para ver un letrero así tenías que ir a España o a Hispanoamérica.
LAURA	Por cierto, Josefina, me han dicho que la comida cubana es riquísima[2] y que no es picante.
JOSEFINA	Sí, y aquí en Miami hay muchos restaurantes que la preparan muy bien. Mañana mi hermano nos va a llevar a uno que es muy bueno. Para esta noche, mamá va a preparar la cena típica cubana de Nochebuena[3].
LAURA	Ya se me hace la boca agua.
JOSEFINA	Frijoles negros, lechón asado[4], arroz blanco[5], yuca con mojo[6], y turrones[7].
LAURA	Y por supuesto que no faltará[8] el café. Me gustó tanto el de anoche que me tomé tres tacitas[9] y después me desvelé.
JOSEFINA	Ya te acostumbrarás. Yo me tomo por lo menos tres al día.

habrás visto   *you probably have seen*
letreros   *signs*

picante   *spicy, hot*

frijoles   *beans*
yuca con mojo   *yucca with garlic sauce*
turrones   *nougats*

me desvelé   *I couldn't fall asleep*
por lo menos   *at least*

---

[1]Section in the southwestern part of Miami where a high concentration of Cubans settled in the 1960's.
[2]When referring to food; rico means *delicious,* not rich or highly caloric. Its basic meaning is *rich* or *wealthy.*
[3]Nochebuena (December 24) is a traditional religious holiday when families gather with their relatives to celebrate the birth of Christ. The meal in each Spanish-speaking country varies according to local traditions.
[4]Cerdo is the usual word for *pork* in the Hispanic world. Cubans normally use the expression lechón asado when referring to *roast pork.*
[5]The adjective blanco is used with arroz to distinguish it from arroz amarillo, rice colored with saffron or some other ingredient.
[6]A starchy root served in garlic sauce.
[7]El turrón, masculine. A confection of sugar paste made usually with almonds and/or other nuts.
[8]*There will be.* (Literally, *there will not be lacking.*)
[9]Una tacita = una taza pequeña *demitasse.* The ending ita expresses smallness in size. Cuban coffee is strong black coffee similar to *caffè espresso* or Turkish coffee.

PREGUNTAS SOBRE EL DIÁLOGO

1. ¿Qué es la Pequeña Habana?
2. ¿Qué dicen los letreros de algunas tiendas?
3. ¿Qué le han dicho a Laura de la comida cubana?
4. ¿Dónde preparan muy bien la comida cubana?
5. ¿Adónde van a ir las chicas al día siguiente?
6. ¿Con quién irán?
7. ¿Qué va a preparar la mamá de Josefina para la comida?
8. ¿Cuál es la cena típica cubana de Nochebuena?
9. ¿Cómo es el café cubano?
10. ¿Por qué no durmió bien Laura?

ORACIONES Y PALABRAS

Celebran **la Nochebuena**.	*They celebrate Christmas Eve.*
el Año Nuevo, el Día de Gracias	*New Year's Day, Thanksgiving*
Allí hay **un letrero**.	*There is a sign over there.*
un paquete,	*package,*
una tarjeta de identificación[10],	*ID card,*
una tarjeta de crédito	*credit card*
Después **me desvelé**.	*Later I couldn't fall asleep.*
me arrodillé, me paré[11],	*knelt down, stood up,*
tuve pesadillas	*had nightmares*
Hay muchas **tiendas** cubanas.	*There are many Cuban stores.*
farmacias,	*pharmacies,*
tintorerías,	*dry cleaners,*
lavanderías,	*laundries,*
panaderías	*bakeries*
La comida es muy **rica**.	*The food is very good.*
dulce, salada	*sweet, salty*

PREGUNTAS GENERALES

1. ¿Qué es la Nochebuena?
2. ¿Tiene usted una tarjeta de identificación? ¿Cuál es?
3. ¿Cree usted que es una buena idea tener tarjetas de crédito? ¿Por qué?
4. ¿Qué hace usted cuando se desvela?
5. Después de la cena, ¿toma usted una taza o una tacita de café?
6. ¿Qué pesadillas ha tenido usted últimamente?
7. ¿Cómo se siente usted después de tener una pesadilla?
8. ¿Qué hace usted cuando tiene que mandar un paquete a otra ciudad?
9. ¿Cuándo se le hace a usted la boca agua?
10. ¿Cuál es la cena típica de este país?

---

[10]Also, **tarjeta de identidad**.

[11]In some countries, the expression **ponerse de pie** is used instead of **pararse**.

GRAMMAR, EXERCISES, AND TESTING

∿ PART ONE

I. THE FUTURE PERFECT TENSE[12]

HABER, FUTURE TENSE		PAST PARTICIPLE
habré		
habrás		
habrá		hablado
habremos	+	comido
habréis		vivido
habrán		

This tense is formed by the future tense of the auxiliary **haber** plus the past participle of the main verb.

Habré dormido un poco para entonces.   *I will have slept a little by then.*

Habrán registrado las maletas, ¿verdad?   *They must have searched* ⎫
   They probably have searched ⎬ *the suitcases, right?*

Habrá cambiado las entradas.   *He will have* ⎫
   He has probably ⎬ *changed the tickets.*

1. The future perfect tense is used:
   a. to present a future action as having occurred before another future action (mentioned or merely implied). It corresponds to the English future perfect.
   b. to express probability. Used this way it corresponds to the English present perfect + *probably.*
2. The context tells whether a verb in the future perfect is future in meaning or expresses probability.

A. Ejercicio de sustitución

1. Yo habré preparado el equipaje para entonces.

Su tía	Su tía habrá preparado el equipaje para entonces.
Tú	Tú habrás preparado el equipaje para entonces.
Mi novia	Mi novia habrá preparado el equipaje para entonces.
Nosotros	Nosotros habremos preparado el equipaje para entonces.

2. Él la habrá recogido a esa hora.
   Alfredo y yo, Usted, Tú, José Antonio, Ellos

3. Habrán salido a ver las murallas.
   (usted, tú, nosotros, ellas, él)

---

[12]El futuro perfecto.

LECCIÓN 28

B. Ejercicio de transformación

Cambie las siguientes oraciones al futuro perfecto.

Modelo: Es probable que hayan llegado ya.
Habrán llegado ya.

1. Es probable que la situación haya
mejorado con el nuevo programa.
Creo que ya recogieron a los heridos.
Creo que se han acostumbrado a la vida
de Nueva York.

La situación habrá mejorado con el nuevo
programa.
Habrán recogido a los heridos.
Se habrán acostumbrado a la vida de
Nueva York.

2. Creo que ella fue a la farmacia.
Es probable que hayan probado el turrón.
Creo que le gustó el café.

3. Es probable que hayan leído los letreros.
Creo que hicieron esas obras.
Pienso que fueron a verla.

C. Ejercicio para completar

Use su imaginación y complete las siguientes oraciones usando el futuro perfecto.

1. Usted y su familia regresan a los Estados Unidos después de pasar unas vacaciones en el
extranjero.
A las nueve el avión ya . . .
Un poco después nosotros . . .
A las once yo . . .
2. Usted está pensando en las cosas que habrán pasado cuando usted tenga sesenta años.
La contaminación del aire . . .
Las mujeres . . .
Mi esposo(-a) y yo . . .

TESTING ✍ the future perfect

Give the indicated future-perfect form.

1. **volver, ellas**-form
2. **encontrar, yo**-form
3. **desvelarse, él**-form
4. **resistir, nosotros**-form
5. **abrir, tú**-form

—habrán vuelto
—habré encontrado
—se habrá desvelado
—habremos resistido
—habrás abierto

Give a Spanish equivalent.

6. *They will have left by then.*
7. *He has probably changed the date.*
8. *The earthquake will have destroyed the buildings.*

—Habrán salido para entonces.
—Habrá cambiado la fecha.
—El terremoto habrá destruido
los edificios.

PART TWO

II. POR *AND* PARA

In Spanish, there are times when only **por** or only **para** can be used, but in other instances the speaker has a choice depending on the meaning (s)he wishes to express. Relying only on the English equivalents is insufficient because both **por** and **para** are sometimes expressed with the same English word.

III. USES OF POR

1. To indicate exchange or substitution.

Yo quiero cambiar esta blusa **por** ésa.	*I want to exchange this blouse for that one.*
José vendió la moto **por** $1.000.	*José sold his motorcycle for $1,000.*
Alicia va a trabajar **por** mí.	*Alicia is going to work for (instead of) me.*

2. To express units or rate.

Nuestros atletas corren 12 kilómetros **por** hora.	*Our athletes run 12 kilometers per hour.*
Ellos pidieron el diez **por** ciento.	*They asked for ten per cent.*
Aquí se vende la carne **por** kilo.	*Meat is sold here by the kilo.*

IV. USES OF PARA

To express judgement.

Para él, el mejor restaurante es ése.	*According to him, the best restaurant is that one.*

V. POR *AND* PARA *CONTRASTED*

1. To express movement and destination.

por	**para**
a. passing through an area	a. direction toward a destination
Caminan **por** el parque.	Caminan **para** el parque.
They walk through the park.	*They walk towards the park.*
Corremos **por** la playa.	Corremos **para** la playa.
We run along the beach.	*We run towards the beach.*
b. imprecise location	
No está **por** allá.	No va **para** allá.
He's not around there.	*He's not going there.*

c. means of transportation

Lo mandamos **por** avión.
We sent it by plane.

Lo mandamos **para** el avión.
We sent it to the plane.

2. To express time.

por

a. approximate time

Siempre vienen **por** enero.
They always come around January.
Llegó **por** la mañana.
He arrived in (during) the morning.

b. time during which an action takes place

Estuvo con nosotros **por** tres meses.
She was with us for three months.
Se quedaron **por** un año.
They stayed for a year.

para

a. deadline

Téngalo listo **para** mañana.
Have it ready for tomorrow.
Mande su solicitud **para** el martes.
Send your application by Tuesday.

3. With actions.

por

a. cause or reason why something is done

Compro los discos **por** él.
He bought the records because of him.
Lo hice **por** los pobres.
I did it for (on behalf of) the poor.

b. followed by a noun to express the object of an errand

Fueron **por** gasolina.
They went for gas.
Fue **por** el médico.
He went to get the doctor.

para

a. for whom something is intended or done

Compró el disco **para** él.
He bought the records for him.
Lo hice **para** los pobres.
I did it for the poor. (to give it to them)

b. followed by an infinitive to indicate intention or purpose

Fueron **para** comprar gasolina.
They went to buy (in order to buy) gas.
Fue **para** ver al médico.
He went to see the doctor.

4. With the passive voice.

to express the agent

La reservación fue hecha **por** el Sr. Castillo.
The reservation was made by Mr. Castillo.
La fiesta fue organizada **por** Ana.
The party was organized by Ana.

to express for whom it was done

La reservación fue hecha **para** el Sr. Castillo.
The reservation was made for Mr. Castillo.
La fiesta fue organizada **para** Ana.
The party was organized for Ana.

5. With skills, qualities or characteristics.

por	**para**
the cause or reason	what deviates from the general standard
Es fuerte **por** su tamaño.	Es fuerte **para** su tamaño.
He is strong because of his size.	*He is strong for his size.*

VI. *SPECIAL EXPRESSIONS WITH* POR

Por also occurs in a number of fixed expressions. The following expressions have appeared earlier.

por cierto	*by the way*	**por fin**	*finally, at last*
por ejemplo	*for example*	**por lo menos**	*at least*
por eso	*that's why*	**por poco**	*almost*
por favor	*please*	**por supuesto**	*of course*

D. Respuestas dirigidas

1. Conteste las siguientes preguntas usando **para** más el apunte.

Modelo: (calle) ¿Adónde van esos señores?
Van para la calle.

(tintorería) ¿Adónde vas?
(finca) ¿Adónde va el ingeniero?
(Cruz Roja) ¿Adónde va usted?

(supermercado) ¿Adónde va tu prima?
(oficina) ¿Adónde van ellos?
(laboratorio) ¿Adónde van ustedes?

2. Conteste las siguientes preguntas usando **por** más el apunte.

Modelo: (parque) ¿Dónde estuvieron esta mañana?
Estuvimos por el parque.

(piscina) ¿Dónde estuvieron ellos por la tarde?
(bosque) ¿Por dónde estuvieron caminando tus amigos?
(calle Florida) ¿Dónde hiciste las compras?

(campo) ¿Dónde corrían los atletas?
(Viejo San Juan) ¿Dónde estuviste esta mañana?
(calle) ¿Dónde caminaban por las noches?

3. Conteste las siguientes preguntas usando **por** más el apunte.

Modelo: (tren) ¿Cómo viajaron ellos?
Viajaron por tren.

(avión) ¿Cómo fueron ustedes a Puerto Rico?
(tren) ¿Cómo viajan tus padrinos?
(camión) ¿Cómo mandan los paquetes?

(teléfono) ¿Cómo te dieron la noticia?
(carretera) ¿Cómo fueron a Panamá?
(autobús) ¿Cómo viajaron tus amigos?

E. Ejercicio de transformación

Combine las dos oraciones en una nueva usando la preposición **por.**

Modelo: Yo le di cinco pesos. Usted me dio el paquete.

      Yo le di cinco pesos por el paquete.

1. Le dio un dólar. Ella le dio el lápiz de labios.

    Le dio un dólar por el lápiz de labios.

   Te ofrezco seis dólares. Tú me das las sandalias.

    Te ofrezco seis dólares por las sandalias.

   Pagaron trescientos dólares. Les dieron los boletos.

    Pagaron trescientos dólares por los boletos.

2. Nos dio cinco pesos. Le dimos las gafas de sol.

   Pagaron cincuenta mil dólares. Les dieron el apartamento.

   Me dio diez dólares. Le di el maletín.

3. Te ofrezco quince pesos. Me das las pulseras.

   Le doy ocho dólares. Me da la entrada.

   Nos dan ochenta pesetas. Les damos las legumbres.

F. Ejercicio para completar

Complete el siguiente párrafo usando **por** o **para.**

El mes pasado estuvimos en Miami _por_ tres semanas. El día que salimos _para_ Miami, estaba lloviendo muchísimo y el avión salió con media hora de atraso _por_ el tiempo. Nuestros primos nos estaban esperando en el aeropuerto y de allí seguimos _para_ su casa. Yo quería ir a la Pequeña Habana _para_ ver las tiendas y los restaurantes cubanos. El novio de mi prima es cubano y _para_ él no hay nada como la comida cubana. Un día nos llevó a un restaurante _para_ probarla. A todos nos gustó mucho y después de almorzar, caminamos _por_ la Pequeña Habana. En una de las tiendas compré un disco de música cubana _por_ tres dólares. Pasamos unos días muy agradables en Miami. Esperamos que nuestros primos puedan venir a visitarnos a Nueva York _para_ llevarlos a todos los lugares interesantes que hay en esta gran ciudad.

G. Preguntas

Conteste las siguientes preguntas usando **por** o **para** según convenga.

1. ¿Cuándo empieza el invierno en Miami?
2. ¿Cómo fue usted a Miami?
3. ¿Cuánto pagó usted por el boleto?
4. ¿Cuánto tiempo se quedó usted allí?
5. ¿Qué opina usted de las playas de Miami?
6. ¿Para qué fue usted a Miami?
7. ¿Cuánto le pidieron por el hotel?
8. ¿Para qué fecha había hecho usted la reservación?
9. ¿En qué partes de la ciudad caminaban ustedes?
10. ¿Cuándo piensa regresar a Miami?

TESTING ∾ por and para

Give a Spanish equivalent using **por** or **para**.

1. *He left through the hall.*
2. *He left for the hall.*
3. *Pepe will ski for him.* (in his place)

4. *They went by train.*
5. *He brought the package for Cecilia.* (so she may have it)
6. *She went to the dry cleaners to pick up her dress.*

7. *According to her, that orchestra is the best.*

8. *I want the reservation for Wednesday.* (definite time)
9. *He is thin for his size.*
10. *I arrived late because of the rain.*

—Salió por el pasillo.
—Salió para el pasillo.
—Pepe esquiará (*or* va a esquiar) por él.
—Fueron por tren.

—Trajo el paquete para Cecilia.
—Fue a la tintorería para recoger su vestido.
—Para ella, esa orquesta es la mejor.
—Quiero la reservación para el miércoles.
—Es delgado para su tamaño.
—Llegué tarde por la lluvia.

Jugadores de dominó en la Pequeña Habana, Miami. Debido a la gran popularidad de este juego entre cubanos, se ha establecido un parque para los jugadores.

Domino players in Little Havana, Miami. Due to the great popularity of this game among Cubans living there, a Domino Park was established for the players.

VII. NOMINALIZATION

Both Spanish and English often use descriptive adjectives as nouns. While English frequently uses the word *one* or *ones* after the adjective, Spanish simply drops the noun and nominalizes the adjective.

SIMPLE ADJECTIVES

La blusa verde es preciosa.	**La verde** es preciosa.	*The green (one) is beautiful.*
Los maletines viejos son míos.	**Los viejos** son míos.	*The old ones are mine.*
Ese señor alto es el policía.	**Ese alto** es el policía.	*That tall one is the policeman.*
Él compró otro coche nuevo.	Él compró **otro nuevo.**	*He bought another new one.*
Vamos a un restaurante muy bueno.	Vamos a **uno** muy bueno.	*We're going to a very good one.*

1. The descriptive adjective is nominalized by dropping the noun to which it refers.
2. A demonstrative adjective or some other limiting adjective may be used in place of the article.
3. The indefinite article **un** becomes **uno** before a nominalized adjective.

ADJECTIVE PHRASES AND CLAUSES

Es el señor del traje azul.	Es **el del traje azul.**	*He is the one in the blue suit.*
La señora que vio el accidente llamó.	**La que vio el accidente** llamó.	*The one who saw the accident called.*
Esas llantas que compré están allí.	**Esas que compré** están allí.	*Those (ones) I bought are there.*
Prefiero la motocicleta de Juan.	Prefiero **la de Juan.**	*I prefer John's.*
El primer señor que vino lo compró.	**El primero que vino** lo compró.	*The first one who came bought it.*

1. Descriptive **de** phrases and **que** clauses may be nominalized by dropping the noun to which they refer.
2. The words **primer** and **tercer** become **primero** and **tercero** before nominalized **de** phrases and **que** clauses.

VIII. THE NEUTER ARTICLE LO

Adjectives, phrases, and clauses introduced by the neuter article **lo** also function as nouns. Their equivalents in English vary according to the context.

Lo malo es que no van a venir.	*The bad thing is that they aren't going to come.*
Ahora viene **lo interesante**.	*Now comes the interesting part.*
No comprendo **lo que dijo** usted.	*I don't understand what you said.*
Lo de la fábrica me procupa.	*The business about the factory worries me.*

1. The neuter article **lo** is invariable.
2. Three formulas are used with the neuter article:
   a. **lo** + masculine singular adjective.
   b. **lo** + phrase introduced by **de**.
   c. **lo** + clause introduced by **que**.
3. **Lo que** may be translated *what* in the sense *that which*.
4. A masculine singular adjective is used to modify a **lo** construction.

Lo de las maletas en el aeropuerto es **serio**.	*The business about the suitcases at the airport is serious.*

H. Sustantivación[13]

Conteste las siguientes preguntas afirmativamente sustantivando el adjetivo o la frase que comienza con **de** o **que**.

Modelo: ¿Ustedes van al café de la esquina?
   Sí, vamos al de la esquina.

1. ¿Prefieres la salsa picante?
2. ¿Fue Pedro el primer estudiante que entró?
3. ¿Ustedes van a usar la maleta de Josefina?
4. ¿Quiere usted un vino español?
5. ¿Te pusiste el traje azul?
6. ¿Compró María el abrigo de cuero?

I. Ejercicio de transformación

Elimine el artículo y el nombre modificado de cada oración y reemplácelos con **lo**.

Modelos: No oí las cosas que dijo.
   No oí lo que dijo.
   Después hacemos los ejercicios más difíciles.
   Después hacemos lo más difícil.

1. Ella va a comprar los cuadernos que necesitamos.
2. No vieron el trabajo que hiciste.
3. El problema de la llegada es serio.
4. Los regalos que trajo son carísimos.
5. La región peligrosa queda más allá.
6. Ahora vienen las preguntas más fáciles.

---

[13]*Nominalization.*

J. Preguntas

Conteste las siguientes preguntas con un adjetivo sustantivado o una frase sustantivada[14].

Modelo: ¿Qué libro prefieres?

Prefiero el rojo; Prefiero el de Juan; Prefiero el que está en la mesa, etc.

1. ¿Qué auto va a comprar?
2. ¿A qué hotel fuiste?
3. ¿Quién es la señora Martínez?
4. ¿Qué revistas compraste?
5. ¿Qué traje te vas a poner?
6. ¿Cuál es la casa de los Pérez?

TESTING ✺ nominalization

Nominalize the following sentences by omitting the noun.

1. El tercer asiento es de él.
2. Los platos que acaban de pintar son ésos.

3. El caldo de pollo es mejor.

Give a Spanish equivalent.

4. *The pretty one is my sister-in-law.*
5. *He bought another one* (i.e., another **vaso de cerveza**).
6. *Doña Cecilia was the one who called last night.*

7. *He is the first one of all.*
8. *the good and the bad thing*
9. *what* (in the sense *that which*)
10. *This book? No, I want David's.*

—El tercero es de él.
—Los que acaban de pintar son ésos.
—El de pollo es mejor.

—La bonita es mi cuñada.

—Compró otro.
—Doña Cecilia fue (*or* era) la que llamó anoche.
—Es el primero de todos.
—lo bueno y lo malo
—lo que
—¿Este libro? No, quiero el de David.

---

[14]*Answer the following questions with a nominalized adjective, phrase, or clause.*

Maurice Ferré, alcalde de Miami, fue el primer alcalde puertorriqueño de una ciudad de más de un millón de habitantes en los Estados Unidos.

Maurice Ferré, mayor of Miami, was the first Puerto Rican mayor of a city with more than one million people in the United States.

CONVERSACIÓN EN LA CLASE

Situaciones

1. Usted está en un restaurante y la comida que le han servido está muy salada y fría. Llame al camarero, explíquele lo que pasa y pídale que le traiga otro plato.
2. Usted ha comprado varias cosas en una tienda y cuando va a pagar no encuentra ni su dinero ni su tarjeta de crédito. Explíquele al empleado su situación.

Comidas de otros países

Explíqueles a sus compañeros cómo es alguna comida típica de otro país.

Las tarjetas de crédito

Usted y otro compañero van a hablar sobre las ventajas y las desventajas de las tarjetas de crédito.

Resoluciones para el Año Nuevo

Haga una lista de las resoluciones que usted va a tomar para el año próximo. Compare su lista con la de otros compañeros.

Vocabulario

Nouns

businesses

la farmacia	*pharmacy*
la lavandería	*laundry*
la panadería	*bakery (bread)*
la tintorería	*dry cleaner*

documents

la tarjeta de crédito	*credit card*
la tarjeta de identificación	*ID card*

foods

el frijol	*bean*
el lechón	*pork*
el mojo	*garlic sauce*
el turrón	*nougat*
la yuca	*yucca*

holidays

el Año Nuevo	*New Year*
el día de fiesta	*holiday*
el Día de Gracias	*Thanksgiving*
la Nochebuena	*Christmas Eve*

shopping

el letrero	*sign*
el paquete	*package*

Verbs

arrodillarse	*to kneel down*
desvelarse	*to keep awake*
faltar	*to lack, to be missing*
pararse	*to stand up*

Adjectives

dulce	*sweet*
picante	*spicy, hot*
rico	*rich, delicious*
salado	*salty*

Expressions

por lo menos	*at least*
tener pesadillas	*to have nightmares*

Recapitulación y ampliación XI

LECTURA ∽ La inmigración hispana

En los Estados Unidos existe un gran número de personas de habla española que se han concentrado principalmente en estas zonas: el suroeste del país[1], el área metropolitana de Nueva York, Chicago y Milwaukee y algunas ciudades de la Florida. Estos grupos, formados por miembros de todos los pueblos de habla española, tienen ciertas características que los distinguen entre sí, pero al mismo tiempo están unidos por la herencia española de la lengua y la cultura.

herencia *heritage*

La inmigración de estos grupos ha traído como consecuencia una convivencia de culturas—la hispánica y la anglosajona—que dan características propias a las zonas donde se han establecido. Al mismo tiempo, esta emigración, ya sea por motivos políticos o económicos, deja sentir sus efectos en los pueblos hispanos, que se enfrentan al problema de la "fuga de cerebros". Muchos de los profesionales hispanos vienen a este país con la esperanza de una mejor remuneración económica, más libertad política, o mayores facilidades para realizar trabajos científicos e investigaciones. Esta "fuga de cerebros" afecta indiscutiblemente a los países que entrenaron a estas personas, ya que no pueden utilizar sus conocimientos en un momento en que la tecnología y la ciencia tienen cada vez más importancia.

fuga de cerebros *brain drain*
esperanza *hope*

Los profesionales y técnicos que llegan a los Estados Unidos en-

---

[1]The **lectura** of **Recapitulación XII** is particularly concerned with the Spanish-speaking minority of this area.

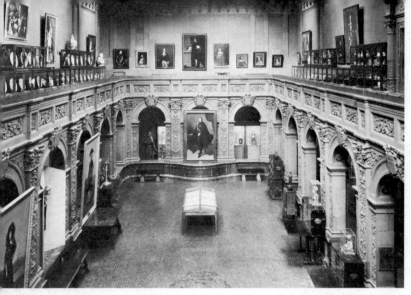

El salón principal de la Sociedad Hispánica de América en Nueva York, fundada en 1904 como museo gratis y biblioteca, donde se presenta la cultura del pueblo hispano.

The main courtyard of the Hispanic Society of America in New York, founded in 1904 as a free museum and library, presenting the culture of the Hispanic people.

cuentran que si hablan inglés, existen buenas oportunidades para conseguir trabajo. Si no hablan inglés, estas oportunidades disminuyen notablemente. En cambio, los que llegan sin ningún entrenamiento específico que la sociedad pueda utilizar, no tardan en darse cuenta que sus oportunidades económicas son muy limitadas. Muchas veces dejan una vida de pobreza en sus respectivos países para seguir viviendo en la pobreza en un país extranjero.

en cambio *on the other hand*

pobreza *poverty*

El prejuicio racial es otro problema que encuentran muchos de estos inmigrantes. La conquista y colonización en Hispanoamérica se caracterizó, entre otras cosas, por la mezcla de razas: blanca, india y negra. Este mestizaje se observa en la mayoría de los pueblos de Hispanoamérica, y los que tienen sangre india o negra se han encontrado con mayores dificultades para progresar.

mezcla *mixture*
mestizaje *interbreeding*

Para poder entrar en los Estados Unidos, los hispanos están sujetos a un sistema de cuotas, además de los requisitos que deben llenar para obtener una visa. En cambio, los puertorriqueños, que son ciudadanos norteamericanos desde 1917, no necesitan ningún permiso especial. Esto explica el gran número que se ha establecido en el área metropolitana de Nueva York donde viven cerca de un millón de puertorriqueños.

requisitos *provisions*

Aunque siempre hubo migración de puertorriqueños a los Estados Unidos, las grandes olas migratorias ocurrieron a partir de 1950. El motivo que los impulsaba a dejar a Puerto Rico era básicamente el desempleo. Unos años después, con el notable desarrollo económico de Puerto Rico esto cambió, y el número de puertorriqueños que regresaba a la isla era mayor que el número que la abandonaba. Sin embargo, la recesión que comenzó alrededor de 1980 ha dejado sentir sus efectos en Puerto Rico al igual que en el resto del mundo.

Según las estadísticas oficiales, el número de puertorriqueños que ha emigrado en los últimos años es superior al número que ha regresado, y de acuerdo con una publicación del Banco Popular de Puerto Rico este "migrante está mejor preparado profesional y técnicamente", y se dirige a los estados del sur más bien que hacia los del noreste, como sucedía en el pasado.

En la Florida, los cubanos constituyen la colonia de habla española más numerosa. El motivo de esta emigración ha sido básicamente político y la gran ola migratoria cubana comenzó a partir de 1959, después que Fidel Castro ocupó el poder. Actualmente hay más de un millón de cubanos que han abandonado su patria, de los cuales alrededor de 800.000 se han establecido en los Estados Unidos. Muchos vinieron a través del "Puente Aéreo", también conocido con el nombre de "Vuelos de la Libertad". Por medio de este programa, los ciudadanos de origen cubano residentes en los Estados Unidos podían reclamar a sus familiares en Cuba. Los nombres de estos familiares eran incluidos en una lista de espera, y cuando llegaba su turno, muchas veces después de varios años, se dirigían a este país en dos vuelos diarios costeados por el gobierno de los Estados Unidos.

reclamar claim

Miami es el centro de la colonia de cubanos expatriados. Su llegada ocurrió en el momento en que muchas de las familias que vivían en el centro de la ciudad comenzaban a mudarse hacia las afueras, fenómeno que ha sucedido en casi todas las ciudades de los

Roberto C. Goizueta, nacido en La Habana, es el Presidente de la Junta Directiva de la Coca-Cola.

Roberto C. Goizueta, a native of Havana, is Chairman of the Board of the Coca-Cola Company.

El mexicano Fernando Valenzuela, sensacional lanzador de los Dodgers de Los Ángeles, ha dejado su huella en las Grandes Ligas de los Estados Unidos.

The Mexican Fernando Valenzuela, the sensational pitcher of the Los Angeles Dodgers, has made his mark in major league baseball in the United States.

Estados Unidos. Al mismo tiempo, el área de Miami estaba experimentando una recesión económica y la llegada de los refugiados cubanos, en su mayoría de la clase media, creó un nuevo mercado y, como consecuencia, nuevos empleos para satisfacer las necesidades de la comunidad, resolviendo así un grave problema económico.

En 1980 ocurrió otra gran ola migratoria. En ese año unos 10.000 cubanos se asilaron en la Embajada del Perú en La Habana y, como consecuencia, el gobierno de Fidel Castro permitió la salida de unas 115.000 personas. Muchos cubanos residentes en los Estados Unidos compraron o alquilaron yates y barcos pequeños para ir a buscar a sus familiares al Mariel, puerto situado en la costa norte de Cuba. Este grupo de embarcaciones, conocido con el nombre de "flotilla de la libertad", recogió a las personas que querían salir y a otras que el gobierno cubano quería que salieran.

Hoy en día hay unos 450.000 cubanos en Miami y la "cubanización" de algunas zonas de esta ciudad ha sido completa. En la "Pequeña Habana" casi todos los cafés, restaurantes, tiendas, farmacias y mercados tienen nombres en español y se recibe la impresión de estar en un país hispano.

Hace unos años, las inmigraciones que llegaban a los Estados Unidos trataban de olvidar gran parte de su propia cultura y poco a poco iban asimilándose a la nueva sociedad americana. Últimamente el movimiento ha cambiado. Estas minorías tratan por todos los medios de mantener su propia cultura y su propia identidad en el mosaico demográfico de los Estados Unidos.

barcos *boats*

embarcaciones *small crafts*

PREGUNTAS

1. ¿En qué zonas de los Estados Unidos se han concentrado las personas de habla española?
2. ¿Qué une a estos grupos?
3. ¿Qué se observa en las zonas donde se han establecido estos grupos?
4. ¿Qué es la "fuga de cerebros"?
5. ¿Qué efecto produce la "fuga de cerebros" en las naciones hispanas?
6. ¿Qué profesionales o técnicos extranjeros encuentran buenas oportunidades de trabajo en los Estados Unidos?
7. ¿Qué encuentran los que llegan sin ningún entrenamiento específico?
8. ¿Cuál fue una de las características de la conquista y colonización de Hispanoamérica?
9. ¿Por qué pueden entrar los puertorriqueños en los Estados Unidos sin ningún problema?
10. ¿Cuál es el motivo principal de la migración puertorriqueña?
11. ¿Qué cambios económicos han ocurrido en los últimos años en Puerto Rico?
12. ¿Cómo ha afectado estos cambios a la migración puertorriqueña?
13. ¿Cuál es la colonia hispana más numerosa en la Florida?
14. ¿Qué eran los "Vuelos de la Libertad? ¿Y la "flotilla de la libertad"?
15. ¿En qué zona de Miami ha habido una gran "cubanización"?
16. ¿Cuántos cubanos hay en el área de Miami?
17. ¿Qué hacían las inmigraciones que llegaban a los Estados Unidos hace unos años?
18. ¿Qué cambio ha ocurrido en las inmigraciones de los últimos años?

READING AND WRITING SUPPLEMENT

Spanish -ería, English shop or store

The Spanish ending **-ería** identifies the place where something is made or sold.

SPANISH	ENGLISH
librería	*bookstore*
mueblería	*furniture store* or *shop*
papelería	*stationery store*
pastelería	*pastry shop*

Although the Spanish word **cafetería** originally meant a place where coffee or other drinks were sold, today it means the same as its English cognate *cafeteria.* Can you identify the following words?

barbería	lechería
carnicería	panadería
carpintería	zapatería

TESTING

A. The passive voice

Complete each sentence by using the passive voice in the past tense of the verb in parentheses.

1. (escribir) Ese libro _____ _____ por Cervantes.   —fue escrito
2. (preparar) Las comidas _____ _____ por los alumnos.   —fueron preparadas
3. (contaminar) Los lagos _____ _____ por las industrias.   —fueron contaminados
4. (destruir) La ciudad _____ _____ por el terremoto.   —fue destruida
5. (hacer) El vestido _____ _____ por ella.   —fue hecho

B. Resultant conditions

Complete each sentence by using the appropriate formula of the verb in parentheses, indicating a resultant condition.

1. (pintar) Benjamín pintó la cocina. Ahora la cocina _____ _____.   —está pintada
2. (confirmar) El hotel confirmó las habitaciones. Ahora las habitaciones _____ _____.   —están confirmadas
3. (abrir) Ella abrió la ventana anoche. Esta mañana la ventana _____ _____.   —estaba abierta
4. (cerrar) Cerraron la fábrica hace dos meses. Ahora la fábrica _____ _____.   —está cerrada
5. (preparar) Mi mamá preparó los postres. Ahora los postres _____ _____.   —están preparados

C. Se + a verb in the third person

Complete each sentence by using the correct form of the verb in parentheses.

PRESENTE DE INDICATIVO

1. (vender) Se _____ periódicos.   —venden
2. (alquilar) Se _____ una habitación.   —alquila
3. (decir) Se _____ que va a haber un huracán.   —dice
4. (ayudar) Aquí se _____ a los niños.   —ayuda

PRETÉRITO

1. (caer) Se me _____ el tenedor.   —cayó
2. (perder) Se le _____ las direcciones.   —perdieron
3. (abrir) Se _____ las puertas a las tres.   —abrieron
4. (romper) Se nos _____ el reloj.   —rompió
5. (ayudar) Aquí se les _____ mucho.   —ayudó

D. The future tense

Provide the correct future-tense form of the verb in parentheses.

1. (llevar) Nosotros te _____ a ver las murallas.   —llevaremos
2. (conocer) Tú _____ bien a nuestro Borinquen.   —conocerás
3. (traer) Yo _____ las toallas.   —traeré
4. (poder) Ustedes no _____ encontrar ningún
   trabajo que valga la pena.   —podrán
5. (venir) Alicia _____ a vernos.   —vendrá
6. (acostumbrarse) Estoy segura que tú _____
   _____ a la vida de este país.   —te acostumbrarás
7. (celebrar) Nosotros _____ el Año Nuevo.   —celebraremos
8. (tener) Tú _____ que mandar el cheque mañana.   —tendrás
9. (decir) Ella _____ que no vio nada.   —dirá
10. (hacer) Nosotros _____ todo el trabajo.   —haremos

E. The future perfect

Provide the correct future-perfect form of the verb in parentheses.

1. (resistir) Ellos no _____ _____ ese clima.   —habrán resistido
2. (preparar) Yo _____ _____ la comida para en-
   tonces.   —habré preparado
3. (ponerse) Tú _____ _____ _____ muy con-
   tenta con las noticias.   —te habrás puesto
4. (tomar) Ellos _____ _____ todo el café.   —habrán tomado
5. (extrañar) Tú _____ _____ mucho a Puerto
   Rico.   —habrás extrañado
6. (pagar) Ya ellos _____ _____ la cuenta.   —habrán pagado
7. (sentirse) Ellos _____ _____ _____ muy
   tristes.   —se habrán sentido
8. (recibir) Nosotros _____ _____ el dinero para
   entonces.   —habremos recibido

F. Adverbs in -*mente*

Supply the adverbs suggested by the words in parentheses, attaching the suffix **-mente** except where the suffix is inappropriate.

1. (fácil) Lo hizo _____.   —fácilmente
2. (alegre) Cuando lo vi, cantaba _____.   —alegremente
3. (claro/perfecto) El profesor explica todo _____ y
   _____.   —clara, perfectamente
4. (ingenuo) Siempre hablaban _____.   —ingenuamente

G. Adverbs: comparisons of equality

Complete each sentence using the comparison of equality of the adverb in parentheses.

1. (bien) Juan habla _____ _____ _____ Alicia.   —tan bien como
2. (mal) Ellos cantan _____ _____ _____ yo.   —tan mal como
3. (despacio) Tú manejas _____ _____ _____ mi
   padre.   —tan despacio como
4. (lejos) Tu hermano vive _____ _____ _____ el
   mío.   —tan lejos como

H. Adverbs: comparisons of inequality

Complete each sentence using the comparison of inequality of the adverb in parentheses.

1. (bien) Ella escribe _____ _____ yo.   —mejor que
2. (mal) Teresa lee _____ _____ tú.   —peor que
3. (mucho) Alfredo trabaja _____.   —más
4. (poco) Ellos ganan _____.   —menos

I. Adverbs: the absolute superlative

Complete the second sentence of each group with an alternate form of the absolute superlative.

1. Ellos estudian muy poco. Ellos estudian _____.   —poquísimo
2. No empezamos antes porque llegamos sumamente
   tarde. No empezamos antes porque llegamos
   _____.   —tardísimo
3. Tu novio maneja muy rápido. Tu novio maneja
   _____.   —rapidísimo

J. *Por* and *para*

Complete the following sentences using **por** or **para** according to the speaker's meaning suggested by the context and occasional English cues.

1. *(through)* Salió _____ el patio. —por
2. _____ lo menos, nos pagó parte de lo que nos debía. —Por
3. *(for him to have)* La tarjeta de crédito es _____ el señor Acevedo Díaz. —para
4. *(in exchange for)* Le di cuatro pesos _____ el disco. —por
5. Voy a salir esta tarde _____ comprar las sandalias que me gustaron. —para
6. *(for his sake)* Lo hizo _____ su hermano. —por
7. *(general area)* Queremos que caminen _____ allá. —por
8. _____ el profesor, esa novela es la más importante de todas. —Para
9. Ellos fueron _____ avión. —por
10. ¡ _____ poco pierden el partido! —Por
11. *(toward)* Cuando los vi, iban _____ el hotel. —para
12. *(as a substitute)* Puedo ir con ustedes porque Alicia va a trabajar _____ mí. —por
13. _____ fin llegaron los pasajeros. —Por
14. Me dio diez pesos _____ arreglar la guitarra. —para *or* por

K. Nominalization

Complete the following answers by nominalizing the adjective, phrase, or clause.

1. ¿Te gusta el automóvil rojo? Sí, me gusta _____ _____. —el rojo
2. ¿Vas a llevarle los platos pequeños? Sí, voy a llevarle _____ _____. —los pequeños
3. ¿Compraste las pastillas que te recetó? Sí, compré _____ _____ _____ _____. —las que me recetó
4. ¿Hiciste el primer ejercicio? Sí, hice _____ _____. —el primero
5. ¿Seguiste la receta de Cecilia? Sí, seguí _____ _____ _____. —la de Cecilia

La Plaza de la Raza, un centro méxico-americano en Los Ángeles. El nuevo edificio Rubén Salazar en la plaza ofrece muchas exhibiciones culturales.

The Plaza de la Raza, a Mexican-American center in Los Angeles. The new Ruben Salazar Building at the plaza offers many cultural exhibitions.

Lección 29

The conditional tense • Use of the conditional tense
The conditional perfect • Softened requests and statements

Communication Objectives

Vocabulary: You will learn words related to history, society, and people's viewpoints.

Conversation: You will be able to talk about minorities and ethnic groups, particularly the Hispanic people and their influence on culture in the United States.

DIÁLOGO ✋ Una entrevista televisada

ENTREVISTADOR	Héctor, ¿les quisieras explicar a nuestros televidentes algo sobre la fundación de Los Ángeles[1]?	**televidentes** *T.V. viewers*
REPORTERA	Con mucho gusto. En 1781 llegó aquí un grupo de familias mexicanas y se establecieron en lo que es hoy el centro de Los Ángeles.	**se establecieron** *settled*
ENTREVISTADOR	¿Y por qué fundarían la ciudad tan lejos del puerto de San Pedro[2]?	**fundarían** *would they found*
REPORTERA	Aquí estaban cerca de un río. Además, tendrían más tiempo para prepararse en caso de un ataque o de una guerra.	**guerra** *war*
ENTREVISTADOR	Ya existían las misiones[3] cuando llegaron estas familias, ¿verdad?	
REPORTERA	Sí, y en parte fundaron a Los Ángeles por las misiones. Pensaban que este nuevo pueblo podría ayudarlas.	
ENTREVISTADOR	Y ahora, para que nuestros televidentes puedan apreciar mejor la influencia mexicana, vamos a la calle Olvera[4]. Además, sería una lástima que nuestros visitantes no vieran esta parte de Los Ángeles.	

         *   *   *

	[El entrevistador y la reportera están ahora en la calle Olvera.]	
REPORTERA	Como ven, nosotros nos sentimos muy orgullosos de todo lo que nuestra cultura ha contribuido al desarrollo de esta ciudad.	
ENTREVISTADOR	Sí, y hace falta que más gente se dé cuenta de esto y también de los problemas del Barrio[5]. . .	**hace falta** *it's needed* **se dé cuenta** *realize*

---

[1]The first Mexican settlers arrived in 1781. Present-day Los Angeles was officially named **El Pueblo de Nuestra Señora la Reina de Los Ángeles de Porciúncula.** It was formerly called **El Pueblo;** today many refer to the city as "**L.A.**"

[2]Port city 20 miles south of Los Angeles.

[3]The founding of missions, forts, and towns were the three basic means of settling used by Spain in California. Fray Junípero Serra founded the first mission in San Diego in 1769. The San Gabriel Mission, about eight miles from downtown Los Angeles, was founded in 1771.

[4]A quaint street near the city's Union Station, lined with shops, restaurants, and contiguous stalls specializing in Mexican food and wares. The old buildings, the cobblestone pavement winding its way to the old Plaza, and the festive mood of the crowds on the sidewalks recall the colorful Mexican heritage of early Los Angeles.

[5]Although **barrio** means neighborhood, in this case it refers to the Mexican-American sections in and around the city of Los Angeles. Spanish-speaking neighborhoods in other American cities are often also called **el Barrio.**

REPORTERA	Que son los mismos problemas que existen
	en los barrios de otras ciudades.
ENTREVISTADOR	Ahora bien, yo he oído decir que la situación
	en el Barrio ha mejorado.
REPORTER A	Sí, ha mejorado algo, gracias al interés de
	muchos, especialmente de la juventud chicana[6], juventud *youth*
	pero todavía hay mucho que resolver.
ENTREVISTADOR	¿Y qué crees que deben hacer los hispanos?
REPORTERA	Debemos mantener nuestra cultura. Además,
	tenemos que trabajar para que nos conozcan
	mejor y no haya discriminación.

PREGUNTAS SOBRE EL DIÁLOGO

1. ¿Quiénes fundaron la ciudad de Los Ángeles?
2. ¿Cuándo la fundaron?
3. ¿Qué fundaron primero, las misiones o Los Ángeles?
4. ¿Qué es la calle Olvera?
5. ¿Qué es el Barrio?
6. ¿Qué cultura ha contribuido al desarrollo de Los Ángeles?
7. ¿Por qué ha mejorado algo la situación en el Barrio?
8. Según la reportera, ¿qué deben hacer los hispanos?

ORACIONES Y PALABRAS

Son los mismos **problemas** de otros barrios.

They are the same problems of other neighborhoods.

     prejuicios, impuestos

     prejudices, taxes

Deben prepararse para la **guerra.**

They should be prepared for war.

     paz

     peace

Han mejorado gracias al interés de la **juventud.**

They have improved thanks to the interest of the youth.

minoría, mayoría

minority, majority

Debemos mantener nuestra **cultura.**

We must maintain our culture.

     literatura, lengua

     literature, language

---

[6]The expression **chicano** is used to refer to people of Mexican descent in the United States. The younger generation prefer this term to the expression Mexican-American because **chicano** reflects an attitude of identity, pride, and solidarity.

1. ¿Por qué deben sentirse orgullosas de su cultura las minorías?
2. ¿Cree usted que las costumbres hispanas son muy diferentes de las costumbres típicas de este país? ¿Por qué?
3. ¿Ha mejorado la situación de las minorías en este país últimamente?
4. ¿Cómo cree usted que pueden desaparecer los prejuicios raciales?
5. ¿Cuáles son los problemas del Barrio?
6. ¿Qué lenguas habla usted?
7. ¿Cree usted que es importante saber español en este país? ¿Por qué?
8. ¿Es justo que unas personas tengan menos derechos que otras? ¿Por qué?
9. ¿Qué opina usted de las guerras?
10. ¿Qué podemos hacer para que haya paz en el mundo?

GRAMMAR, EXERCISES, AND TESTING

✺ PART ONE

I. THE CONDITIONAL TENSE[7]

VERB FORMS	STEM	THEME VOWEL SLOT	PERSON MARKER
hablaría	hablar	ía	—
hablarías	hablar	ía	s
hablaría	hablar	ía	—
hablaríamos	hablar	ía	mos
hablaríais	hablar	ía	is
hablarían	hablar	ía	n

1. The conditional tense is formed by attaching the vowel combination ía to the same stem used in the future tense.
2. Both the conditional and the imperfect have the vowel combination ía + the person markers. The difference between the two forms is in the stem: **comía, comería; vivía, viviría.**

---

[7]**El condicional,** formerly called **el potencial simple.**

II. USE OF THE CONDITIONAL TENSE

El reportero me dijo que lo **prepararían.**	*The reporter told me that they would prepare it.*
No **sabría** qué hacer en ese caso.	*I wouldn't know what to do in such a case.*
¿A quién **preferiría** usted?	*Whom would you prefer?*
Serían las tres cuando sucedió.	*It was probably three when it happened.*

1. The conditional tense often corresponds to the English formula *would* or *should* + verb.[8]
2. The conditional is also used to express:
   a. an action that is or was future to some other past action, expressed in a past tense or merely implied.
   b. probability in the past.

A. Ejercicio de sustitución

1. Los televidentes apreciarían más el programa.

El grupo	El grupo apreciaría más el programa.
Nosotros	Nosotros apreciaríamos más el programa.
Yo	Yo apreciaría más el programa.
Las minorías	Las minorías apreciarían más el programa.
Tú	Tú apreciarías más el programa.

2. Podrían mantener esas costumbres.
   (yo, ustedes, tú, usted, nosotros)

3. Tú te acostumbrarías en seguida.
   Yo, Él, Usted, Ellos, Tú y yo

B. Ejercicio de transformación

Cambie las siguientes oraciones usando el condicional.

Modelo: Probablemente eran las tres.
   Serían las tres.

1. Creo que la fundaron en este lugar.
   Era probable que se sintieran muy orgullosos.
   Hay que resolver muchos problemas.
   Creo que es una lástima.

   La fundarían en este lugar.
   Se sentirían muy orgullosos.

   Habría que resolver muchos problemas.
   Sería una lástima.

---

[8]The Spanish tense that corresponds to English *would* meaning *used to* is the imperfect (see page 196). The Spanish verb that corresponds to English *should* meaning *ought to* is **deber** (see pages 47 and 248).

2. Probablemente se dieron cuenta del problema.
Creo que mejoraron la situación.
Fundaron el pueblo en esa época.
Era probable que no lo encontraran.

3. Así contribuíamos al desarrollo de nuestra cultura.
Probablemente no oyó al policía.
Era probable que lo hicieran.
Probablemente no lo apreciaron.

C. Ejercicio de transformación

En vez del presente, use el pretérito en la oración principal y el condicional en la oración subordinada.

Modelo: Dicen que la situación estará mejor.
Dijeron que la situación estaría mejor.

1. Creen que podrán acabar con los prejuicios.
Dice que contribuirá al festival.
Piensan que será música mexicana.
Creemos que ellos mantendrán sus costumbres.

Creyeron que podrían acabar con los prejuicios.
Dijo que contribuiría al festival.
Pensaron que sería música mexicana.
Creímos que ellos mantendrían sus costumbres.

2. Dicen que así evitarán las enfermedades.
Creo que tendrás más tiempo.
Dicen que los podrán hacer.
Piensa que la situación mejorará.

3. Cree que llegará a tiempo.
Suponen que no les hará falta.
Pienso que cantarán canciones viejas.
Dicen que visitarán la calle Olvera.

D. Situaciones

Construya oraciones diciendo lo que usted y sus amigos harían en las siguientes situaciones.

Modelo: Usted está de vacaciones en Los Ángeles.
Yo visitaría la calle Olvera, Yo iría a ver una misión, etc.

1. Usted y sus amigos ven un accidente muy serio.
2. Usted acaba de ganar un premio muy importante en un programa de televisión.
3. Usted y un amigo llegan de un viaje y se han perdido sus maletas.
4. Usted va por una carretera de noche y se da cuenta que su automóvil casi no tiene gasolina.
5. Usted tiene fiebre y se siente muy mal.
6. Usted ve que una persona está tratando de entrar en casa de su vecina.

TESTING ✷ the conditional tense

Give the indicated conditional form of the verb shown.

1. **evitar, yo**-form
2. **defenderse, tú**-form
3. **hacer, nosotros**-form
4. **contribuir, ellos**-form
5. **conocer, usted**-form
6. **mantener, tú**-form

—evitaría
—te defenderías
—haríamos
—contribuirían
—conocería
—mantendrías

Give a Spanish equivalent.

7. *It was probably six when he came.*

8. *He told us that we would be able to organize meetings.*
9. *They would maintain their customs.*
10. *There were probably many problems.*

—Serían las seis cuando llegó (*or* vino).
—Nos dijo que podríamos organizar reuniones.
—Mantendrían sus costumbres.
—Habría muchos problemas.

La alegre música mexicana anima una fiesta celebrada en Los Ángeles.

Cheerful Mexican music enlivens a fiesta celebrated in Los Angeles.

↭ PART TWO

III. THE CONDITIONAL PERFECT[9]

HABER, CONDITIONAL TENSE		PAST PARTICIPLE
habría habrías habría habríamos habríais habrían	+	hablado comido vivido

This tense is formed by the conditional tense of the auxiliary **haber** plus the past participle of the main verb.

Habría sido peor.	*It would have been worse.*
Yo no lo **habría** comprado.	*I wouldn't have bought it.*
Ellos **habrían** mandado la carta para esa fecha.	*They* { *would have* / *had probably* } *sent the letter by that date.*

1. The conditional perfect often corresponds to the English formula *would* or *should* + present perfect.
2. The conditional perfect may also be used to express probability in the past. Context determines which meaning is intended.

E. Ejercicio de sustitución

1. Yo habría resuelto ese problema.

Mis compañeros	Mis compañeros habrían resuelto ese problema.
Tú	Tú habrías resuelto ese problema.
José y yo	José y yo habríamos resuelto ese problema.
Ustedes	Ustedes habrían resuelto ese problema.
La juventud chicana	La juventud chicana habría resuelto ese problema.

2. Habrían evitado esos ataques.
   (yo, nosotros, ellos, tú, usted)

3. Se habría sentido muy orgulloso.
   (tú, ellas, él, yo, nosotras)

---

[9]**El condicional perfecto,** formerly called **el potencial perfecto.**

F. Condicional → condicional perfecto

Modelo: Los televidentes lo comprarían.
Los televidentes lo habrían comprado.

1. Mantendrían su cultura.
Tendríamos menos problemas en el
Barrio.
Fundarían la ciudad cerca del puerto.

   Contribuiríamos más al desarrollo del
país.

   Habrían mantenido su cultura.
Habríamos tenido menos problemas en el
Barrio.
Habrían fundado la ciudad cerca del
puerto.
Habríamos contribuido más al desarrollo
del país.

2. Así terminaría la guerra.
Lo sabrías en seguida.
Habría otros impuestos.
Morirían de hambre.

3. Entenderían mejor los problemas.
Dormiríamos en ese hotel.
Diría la verdad.
Se establecerían más cerca.

G. Situaciones

Usted no está de acuerdo con lo que hicieron ciertas personas. Diga lo que usted habría hecho.

Modelo: **Sus amigos fueron a la playa.**
Yo habría ido a las montañas. o Yo me habría quedado en la casa.

1. Sus amigos alquilaron un apartamento.
2. Josefina preparó una comida muy ligera.
3. El entrevistador habló demasiado.
4. El reportero explicó la fundación de la ciudad.

5. Mis amigos pidieron lechón asado y frijoles.
6. Juan puso el letrero en el techo.

TESTING ∽ the conditional perfect

Give the indicated conditional perfect form.

1. **aprender, ellos**-form
2. **romper, nosotras**-form
2. **poner, tú**-form
4. **usar, yo**-form
5. **decir, usted**-form

—habrían aprendido
—habríamos roto
—habrías puesto
—habría usado
—habría dicho

Give a Spanish equivalent.

6. WE (masculine) *would have prepared him.*

7. *It would have been better.*
8. *He had probably read it* (feminine).

—Nosotros lo habríamos
preparado.
—Habría sido mejor.
—La habría leído.

IV. SOFTENED REQUESTS AND STATEMENTS

¿Podrías	explicarnos este problema?	*Would*	you explain this problem to us?	
¿Pudieras		*Could*		
¿Hablarías con él?		*Would you talk to him?*		
Habría	sido mejor terminar la guerra.	*It*	*would*	*have been better to end the war.*
Hubiera			*might*	

1. For softened requests and statements, Spanish may use:
   a. the conditional tense.
   b. the past subjunctive.
   c. their corresponding compound tenses.
2. The subjunctive forms soften the request or statement even more than does the conditional.
3. With **deber, poder,** and **querer,** the past subjunctive or the conditional may be used.
4. With other verbs, the conditional is the tense normally used.
5. When compound tenses are used, either the subjunctive or the conditional may be used.

H. Presente → condicional

Modelo: ¿Puede traer la maleta?
   ¿Podría traer la maleta?

1. Yo no hablo con ese grupo.
   Es mejor no decirles nada.
   ¿Tienes tiempo para prepararlo?
   Ellos deben evitar esos ataques.

   Yo no hablaría con ese grupo.
   Sería mejor no decirles nada.
   ¿Tendrías tiempo para prepararlo?
   Ellos deberían evitar esos ataques.

2. ¿Me hace el favor de llamarla?
   Quiero más agua.
   Deben prepararse mejor.
   ¿Puedes ayudarme?

3. Podemos dártelo.
   ¿Quieres aprenderlo de memoria?
   Debemos salir temprano.
   Tengo que explicárselos.

I. Presente → imperfecto de subjuntivo

Modelo: Quiero ver ese traje de baño.
   Quisiera ver ese traje de baño.

1. Nos podemos reunir allí.
   Deben oír esa música.
   ¿Puede subirnos el sueldo?
   Quiero pedirles un favor.

   Nos pudiéramos reunir allí.
   Debieran oír esa música.
   ¿Pudiera subirnos el sueldo?
   Quisiera pedirles un favor.

2. Puedes hablar con tu jefe.
   Queremos más ayuda.
   Debes conocerlo.
   Podemos dárselo más tarde.

3. Quiero presentarte a mi madre.
   ¿Pueden venir esta noche?
   Debemos pedírselo.
   ¿Qué quieres saber?

J. Preguntas

Conteste las siguientes preguntas usando el condicional o el imperfecto de subjuntivo.

1. ¿Qué podemos hacer para aprender español?
2. ¿Qué quiere usted que hagan los alumnos?
3. ¿Qué deben hacer las minorías para mejorar su situación?
4. ¿Qué quiere comprar usted?
5. ¿Adónde le interesa ir esta tarde?
6. ¿Qué quiere regalarle a su mejor amigo(-a)?

TESTING ✛ softened requests and statements

Soften the following sentences.

1. ¿La llama usted?
2. ¿Puede venir? (*two ways*)
3. Yo no voy a esa tienda.

Give a Spanish equivalent.

4. *Could you* (**usted**-form) *measure the kitchen?*
5. *I would like to buy that belt.*

6. *They should cancel the trip.*

7. *Could I eat lunch now?*

8. *Yes, it would have been worse.*

—¿La llamaría usted?
—¿Podría venir? ¿Pudiera venir?
—Yo no iría a esa tienda.

—¿Podría (*or* pudiera) medir la cocina?
—Querría (*or* quisiera *or* me gustaría) comprar ese cinturón.
—Deberían (*or* debieran) cancelar el viaje.
—¿Podría (*or* pudiera) almorzar ahora?
—Sí, habría (*or* hubiera) sido peor.

Gabriel García Márquez, el conocido escritor colombiano que vive en México desde hace años, ganó el Premio Nobel de Literatura en 1982.

Gabriel García Márquez, the well-known Colombian writer who has been living in Mexico for several years, won the Nobel Prize for Literature in 1982.

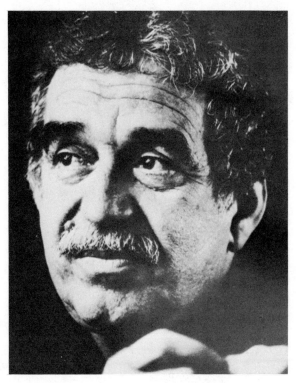

CONVERSACIÓN EN LA CLASE

La fundación de una ciudad

Piense en una ciudad y explíqueles a sus compañeros cómo y cuándo se fundó.

Las minorías

Compare la situación de las minorías hace veinte años y ahora. Diga si la situación ha mejorado o no, y cómo cree usted que será en el futuro.

Los problemas de mi ciudad o pueblo

Explique cuáles son los problemas de su ciudad o pueblo y cómo los resolvería usted. Otros compañeros deben explicar cómo los resolverían ellos.

Los impuestos

Piense que usted puede decidir los impuestos que deben pagar las personas, las compañías, etc. ¿Qué haría usted?

El fin de las guerras

Dé varias soluciones para no tener más guerras en el futuro.

Vocabulario

Nouns

city

el desarrollo	development
la fundación	founding
el impuesto	tax

culture

la influencia	influence
la lengua	language, tongue
la literatura	literature

people

el entrevistador	interviewer
el grupo	group
la juventud	youth
la mayoría	majority
la minoría	minority
la reportera	reporter
el/la televidente	T.V. viewer

places

el barrio	neighborhood, Spanish-speaking sector of a city
la misión	mission
el puerto	port

viewpoints

la discriminación	discrimination
el interés	interest
el prejuicio	prejudice

war

el ataque	attack
la guerra	war
la paz	peace

Verbs

apreciar	to appreciate
contribuir	to contribute
establecer (zc)	to settle
fundar	to found, to establish
mejorar	to improve
resolver (ue)	to solve

Adjectives

televisado	televised

Expressions

darse cuenta (de)	to realize
en caso de	in case of
en parte	partly
hacer falta	to need

Estatua de Maimónides en el Barrio Judío de Córdoba, España. Este notable intelectual, filósofo y médico nació en Córdoba en 1135.

Statue of Maimónides in the Jewish quarter of Cordoba, Spain. This noted scholar, philosopher, and physician was born in Cordoba in 1135.

Lección 30

If clauses • **Pero** and **sino** • Spanish past participles where English uses present participles

Communication Objectives

Vocabulary: You will learn words related to traditions and customs, as well as words for modern technology.

Conversation: You will be able to talk about the Sephardim, their expulsion from Spain, and how they have kept their identity in contemporary society.

ARTÍCULO ∽ Los sefarditas

sefarditas *Sephardim*

Sefarad significa España en hebreo, y éste es el origen de la palabra sefardita, o sea judío español.

hebreo *Hebrew*

Los sefarditas, también conocidos con el nombre de sefardíes, se establecieron en España en la época de los romanos[1] y permanecieron allí hasta que fueron expulsados por los Reyes Católicos[2] en 1492. Durante esos siglos, los sefarditas llegaron a ser uno de los grupos más cultos que había en España.

permanecieron *stayed*
llegaron a ser *became*

Cuando los sefarditas abandonaron España en 1492, se dirigieron a diferentes países, pero la mayoría fue a Grecia y a Turquía donde sus descendientes han conservado muchas de sus costumbres y tradiciones. Además, algunos sefarditas han mantenido un español arcaico, con palabras de otras lenguas, que se conoce con el nombre de judeo-español o *judesmo*. Esta lengua está basada en el español que se hablaba en España en el siglo XV y tiene algunos sonidos que ya no existen en el español contemporáneo. Si los sefarditas no hubieran salido de España, habrían hablado el español de hoy en día, pero como estaban en otros países, el español que ellos hablaban no evolucionó como el que se hablaba en España. Este español antiguo era el que los sefarditas usaban en sus ceremonias religiosas, y esto, unido a su deseo de mantener su identidad y sus raíces, hizo que siguieran hablando la lengua que los unía. Debido a esta lealtad del sefardita por el español, es posible oír, en esta época de las computadoras y los viajes espaciales, los sonidos del español del siglo XV.

sonidos *sounds*

En los últimos años ha disminuido notablemente el número de personas que hablan judeo-español y muchos temen que dentro de una o dos generaciones va a desaparecer. En cambio, otros creen que todavía hay esperanzas y que si se hiciera un esfuerzo y se siguiera el ejemplo de los sefarditas de otras épocas, se podría mantener viva esta lengua.

temen *are afraid*

---

[1] The Roman domination lasted from 218 B.C. to 409 A.C.
[2] Ferdinand and Isabella, under whose reign Spain emerged as a modern nation.

PREGUNTAS SOBRE EL ARTÍCULO

1. ¿Qué quiere decir la palabra Sefarad?
2. ¿Quiénes son los sefarditas?
3. ¿Cuándo se establecieron los sefarditas en España?
4. ¿Hasta cuándo permanecieron allí?
5. ¿Adónde fueron cuando se fueron de España?
6. ¿Qué lengua han mantenido algunos sefarditas?
7. ¿Por qué han mantenido esta lengua durante tanto tiempo?
8. ¿Por qué es muy interesante esta lengua?
9. ¿Qué ha disminuido en los últimos años?
10. ¿Qué temen algunos que va a pasar con el judeo-español?

ORACIONES Y PALABRAS

Estamos en la época de **las computadoras.**	*We are in the age of computers.*
la eléctrónica,	*electronics,*
los astronautas,	*astronauts,*
los satélites,	*satellites,*
los cohetes,	*rockets,*
los aviones supersónicos	*supersonic planes*
Todavía hay **esperanza.**	*There is still hope.*
envidia, justicia,	*envy, justice,*
injusticia	*injustice*
Sus **descendientes**[3] se fueron del país.	*Their descendants left the country.*
antepasados[4]	*ancestors*

PREGUNTAS GENERALES

1. ¿Qué opina usted de los aviones supersónicos? ¿Y de los viajes espaciales?
2. ¿Cree usted que los gobiernos deben gastar mucho dinero en viajes espaciales? ¿Por qué?
3. ¿Le gustaría a usted ser astronauta? ¿Por qué?
4. ¿Cree usted que es peligroso ser astronauta? ¿Por qué?
5. ¿Para qué se usan hoy en día los satélites?
6. ¿Por qué es importante la electrónica?
7. ¿Ha tratado usted de saber algo sobre sus antepasados? ¿Por qué?
8. ¿Cree usted que es importante mantener las costumbres y tradiciones? ¿Por qué?

---

[3]**El descendiente**, masculine.
[4]Normally used in the plural form.

GRAMMAR, EXERCISES, AND TESTING

∽ PART ONE

I. IF *CLAUSES*

Condition (*if* clause)	Result
present	present or future
Si yo **consigo** el dinero, *If I get the money,*	**pago** (o **pagaré**) la cuenta. *I'll pay the bill.*
imperfect subjuntive	conditional
Si yo **consiguiera** el dinero, *If I were to get the money,*	**pagaría** la cuenta. *I would pay the bill.*
past perfect subjunctive	conditional perfect
Si yo **hubiera conseguido** el dinero, *If I had gotten the money,*	**habría pagado** la cuenta. *I would have paid the bill.*

1. Spanish uses the indicative in both clauses to express that if a condition is met, the result will be achieved.
2. To express a condition that is unlikely to happen.
    a. the verb in the *if* clause is in the imperfect subjunctive.
    b. the verb in the main clause is in the conditional or the imperfect subjunctive.[5]
    The same formula is used to express a condition contrary to fact in the present:

    > Si Carlos **estuviera** aquí ahora,   *If Carlos were here now* (but he isn't),
    > le **daría** el dinero.   *I would give him the money.*

3. To express a condition which is contrary to fact in the past.
    a. the verb in the *if* clause is in the past perfect subjunctive.
    b. the verb in the main clause is in the conditional perfect or the past perfect subjunctive.[6]
4. The *if* clause may follow the main clause.

    > Yo pagaría la cuenta **si tuviera dinero.**   *I would pay the bill if I had the money.*

A. Presente de indicativo → imperfecto de subjuntivo

Use el imperfecto de subjuntivo en vez del presente de indicativo en la oración subordinada, y haga los cambios que sean necesarios.

Modelo: Si salimos ahora, llegamos a tiempo.
    Si saliéramos ahora, llegaríamos a tiempo.

---

[5]In this text, only the conditional will be used.
[6]In this text, only the conditional perfect will be used.

1. Si cancelo la habitación, te llamo.
   Si compran las legumbres ahora,
   consiguen mejores precios.
   Van a ver restaurantes mexicanos si van
   a la calle Olvera.
   Si hablan español, los entenderé.

   Si cancelara la habitación, te llamaría.
   Si compraran las legumbres ahora,
   conseguirían mejores precios.
   Verían restaurantes mexicanos si fueran a la
   calle Olvera.
   Si hablaran español, los entendería.

2. Si lo hacen bien, vale la pena.
   Podemos entrar si vemos al director.
   Si doblamos a la izquierda, nos perdemos.
   Si haces el esfuerzo, puedes terminar.

3. Si estudias electrónica, podrás conseguir
   un puesto.
   Si mantienen su propia lengua, se sentirán
   orgullosos.
   Si conseguimos entradas, vamos al teatro.

B. Respuestas dirigidas

Uno de sus compañeros va a decir que él u otras personas no hicieron ciertas cosas y entonces
no pasaron otras cosas. Contéstele usando **pero** + una oración condicional para expresar que
si se hubieran hecho, sí habrían pasado las otras cosas.

Modelo: Yo no fui a la fiesta y no vi a Laura.
        Pero si hubieras ido a la fiesta, habrías visto a Laura.

1. Yo no estudié y no salí bien en el examen.
2. El equipo no practicó bastante y no ganó
   la competencia.
3. Ellos no repitieron los proverbios y no los
   aprendieron.

4. Él no me pidió excusas y yo no lo perdoné.
5. Yo no me sentía bien y no competí ese día.
6. Ellos no siguieron el ejemplo de sus
   padres y no hablaron español.

C. Ejercicio para completar

1. Si yo fuera a España . . .
2. Si mi novio (-a) hablara español . . .
3. Si no hubiera guerras . . .
4. Si yo fuera a un viaje espacial . . .

5. Si nosotros viviéramos en un satélite . . .
6. Si ustedes hubieran nacido en México . . .
7. Si no tuviéramos que pagar impuestos . . .
8. Si yo fuera un(-a) astronauta . . .

D. Preguntas

1. ¿Qué haría usted si tuviera mucho tiempo
   libre?
2. ¿Qué harían ustedes si yo terminara la
   clase ahora?
3. Si alguien le diera el boleto, ¿qué país visitaría usted?

4. ¿Qué ciudades habría visitado usted en las
   vacaciones si hubiera podido?
5. ¿Qué película vería usted si fuera al cine
   esta noche?
6. ¿Que haría usted si fuera el(la) presidente
   (-a) de este país?

Una bella pared de la sinagoga del Tránsito, construida en el siglo XIV por Samuel Leví, en Toledo, España.

A beautiful wall of the synagogue El Transito, built in the 14th century by Samuel Levi, in Toledo, Spain.

TESTING ∽ if clauses

To express a condition that is unlikely to happen, give the correct tense form of the verbs shown.

1. Si ustedes *(venir)*, yo *(preparar)* la cena.
2. Si ellos *(llegar)* esta tarde, nosotros *(poder)* ir al aeropuerto.

—vinieran, prepararía

—llegaran, podríamos

To express a condition contrary to fact in the past, give the correct tense of the verb shown.

3. Si ellos *(llamar)*, yo te lo *(decir)*.

—hubieran llamado, habría dicho

4. Si nuestro equipo *(ir)* a las Olimpiadas, *(ganar)*.

—hubiera ido, habría ganado

Give a Spanish equivalent

5. *If you* (**tú**-form) *see her, give her the message.*
6. *If he were here, we could invite him.*

—Si la ves, dale el mensaje.
—Si estuviera aquí, lo podríamos invitar (*or* podríamos invitarlo).

7. *If we had gone to the parade, we would have seen the floats*
8. *If I had known the answer, I would have answered.*

—Si hubiéramos ido al desfile, habríamos visto las carrozas.
—Si hubiera sabido la respuesta, habría contestado.

PART TWO

II. PERO AND SINO

Me duele mucho la cabeza, **pero** no tengo fiebre.	*I have a bad headache, but I don't have a fever.*
Juan no llamó anoche, **pero** sé que quería hablar contigo.	*Juan didn't call last night, but I know he wants to talk to you.*
Ella no viene los martes, **sino** los viernes.	*She doesn't come on Tuesdays, but on Fridays.*
Ella no viene los martes, **sino** que viene los miércoles.	*She doesn't come on Tuesdays, but she comes on Wednesdays.*
No quiere comer, **sino** dormir.	*He doesn't want to eat, but sleep.*

1. The statement preceding **pero** may be affirmative or negative.
2. The statement preceding **sino** must be negative.
3. Sino is equivalent to *on the contrary* or *but instead.*
4. If a conjugated verb is used with **sino**, the word **que** must be used between **sino** and the verb.
5. An infinitive after **sino** does not require **que.**

E. Ejercicio para completar

Lea las siguientes oraciones y complételas usando **pero, sino o sino que.**

1. Ella quería ir al ballet, _____ fue al cine.
2. Él no alquiló la casa, _____ la compró.
3. Ellos no usan la energía del sol, _____ usan la energía nuclear.
4. Ellos no quieren salir, _____ descansar.
5. El campeonato es el jueves, _____ nosotros no vamos a estar aquí.
6. Ellos no visitaron la plaza, _____ la catedral.

F. Ejercicio de transformación

Combine la primera oración con el apunte y haga una nueva oración usando **pero, sino o sino que.**

Modelo: Juan trabaja con ellos. no gana mucho
Juan trabaja con ellos, pero no gana mucho.

1. No están tristes. cansados
No quiere descansar. salir
Él no es el jefe. gana un buen sueldo

No están tristes, sino cansados.
No quiere descansar, sino salir.
Él no es el jefe, pero gana un buen sueldo.

2. A mí no me gusta el coche rojo. el azul
Es inteligente. no estudia
No es portuguesa. española

3. Ellos compraron éste. prefieren aquél
Consuelo no llega el martes. el miércoles
No bajaron los precios. los subieron

TESTING ∿ pero, sino, sino que

1. A negative or an affirmative statement may precede _____.
2. Only a negative statement may precede _____ and _____ _____.

Give a Spanish equivalent.

3. *The bicycle didn't stop but went on.*

4. *They are not hungry but thirsty.*
5. *He is very selfish but hardworking.*

6. *His motorcycle isn't black but red.*

—pero

—sino, sino que

—La bicicleta no paró, sino que siguió.
—No tienen hambre, sino sed.
—Es muy egoísta, pero trabajador.
—Su motocicleta no es negra, sino roja.

∿ PART THREE

III. *SPANISH PAST PARTICIPLES USED WHERE ENGLISH USES PRESENT PARTICIPLES*

Ellos están	parados. sentados. acostados.	They are	standing. sitting (seated). lying down.

La estatua del niño **arrodillado** es muy antigua.   *The statue of the kneeling child is very old.*

To express a position which is being maintained, Spanish uses a past participle. In the same context, English would use a present participle.

G. Ejercicio de transformación

Cambie las siguientes oraciones usando el presente de indicativo del verbo **estar** y el participio pasivo del verbo que aparece en la oración.

Modelo: Las señoras se sentaron.
       Las señoras están sentadas.

1. Ya los niños se acostaron.
   Mis amigas se arrodillaron en la iglesia.
   Alfredo se acostó hace dos horas.

   Ya los niños están acostados.
   Mis amigas están arrodilladas en la iglesia.
   Alfredo está acostado hace dos horas.

2. Ya me acosté.
   ¿Quién se arrodilló?
   Hace poco que nos acostamos.

3. María se paró frente a la puerta.
   Ya se sentaron alrededor de la mesa.
   ¿Por qué no te paraste aquí?

H. Preguntas

Conteste las siguientes preguntas usando participios pasivos.

1. ¿Quién es el alumno que está sentado allí?
2. ¿Quién está parado a su lado?
3. ¿Dónde está el profesor?
4. ¿Hay alguien arrodillado en la clase?
5. ¿Cómo están sus compañeros, acostados? ¿Y el profesor?
6. Y en la iglesia, ¿cómo están las personas?

TESTING ∽ Spanish past participles used where English uses present participles

Give a Spanish equivalent.

1. *They (feminine) are sitting in the living room.*
2. *She is standing behind the policeman.*
3. *She is lying next to the pool.*
4. *I (masculine) was standing at the corner.*
5. *He was kneeling in front of the statue.*

—Están sentadas en la sala.
—Está parada detrás del policía.
—Está acostada al lado de la piscina.
—Estaba parado en la esquina.
—Estaba arrodillado frente a la estatua.

En 1654, 23 sefarditas se establecieron en Nueva Amsterdam, donde construyeron una sinagoga llamada Shearith Israel. La actual sinagoga Shearith de la ciudad de Nueva York fue construida en 1897.

In 1654, 23 Sephardim settled in New Amsterdam, where they formed a synagogue called Shearith Israel. The current Shearith Synagogue in New York City was built in 1897.

Interior de la sinagoga del Tránsito en Toledo, España.

Interior of the synagogue El Transito in Toledo, Spain.

CONVERSACIÓN EN LA CLASE

La energía nuclear

Un(-a) estudiante debe presentar las ventajas o aspectos positivos de la energía atómica. Otro estudiante debe presentar las desventajas o aspectos negativos.

Los viajes espaciales

Un(-a) estudiante debe presentar los aspectos positivos de los viajes espaciales y su importancia. Otro estudiante debe explicar los aspectos negativos.

Las colonias en el espacio

Piense que usted acaba de regresar de una colonia en el espacio. Explique cómo es la vida allí y conteste las preguntas de sus compañeros.

Los juegos electrónicos

Explique cuál es su juego favorito, cómo se juega y por qué le gusta.

Las películas de ciencia-ficción

Dígales a sus compañeros qué opina usted de esta clase de películas y por qué le gustan o no le gustan.

La justicia en nuestra sociedad

Un(-a) estudiante debe defender nuestro sistema y otro(-a) debe estar en contra.

Vocabulario

Nouns

emotions

la envidia	*envy*
la esperanza	*hope*

languages

el hebreo	*Hebrew*
el judeo-español	*language spoken by the Sephardim*
el sonido	*sound*

law

la injusticia	*injustice*
la justicia	*justice*

people

los antepasados	*ancestors*
el/la astronauta	*astronaut*
el descendiente	*descendant*
el judío	*Jew*
el/la sefardita	*Sephardim*

roots

la ceremonia	*ceremony*
la identidad	*identity*
la lealtad	*loyalty*
el origen	*origin*
la raíz	*root*

space travel

el avión supersónico	*supersonic plane*
el cohete	*rocket*
el satélite	*satellite*
el viaje espacial	*space travel*

Verbs

abandonar	*to abandon*
basar	*to base*
conservar	*to keep, to conserve*
disminuir	*to diminish*
evolucionar	*to evolve*
expulsar	*to expel*
permanecer	*to stay*
significar	*to mean*
temer	*to be afraid*

Adjectives

arcaico	*archaic*
católico	*Catholic*
culto	*cultured, enlightened*
religioso	*religious*
romano	*Roman*

Expressions

debido a	*due to*
en cambio	*on the other hand*
llegar a ser	*to become*
o sea	*that is*

Connectors

sino (que)	*but*

Recapitulación y ampliación XII

LECTURA ∽ Los chicanos

La minoría más numerosa de habla española de los Estados Unidos
está constituida por los chicanos, cuyo número se calcula en unos
diez millones. Sus centros principales son las ciudades del suroeste,
aunque también hay un gran número de chicanos en las zonas rurales
de esta región. Sin embargo, en los últimos años, según los censos
de 1970 y 1980, muchos han abandonado estas zonas y se han
establecido en el centro y el este de los Estados Unidos, especialmente en las grandes ciudades como Chicago y Washington. El
deseo de una vida mejor los lleva a otros lugares, con la esperanza
de encontrar allí más y mejores oportunidades económicas.

A diferencia de las otras minorías de habla española que han
llegado a este país recientemente, la historia de los chicanos ha
estado siempre unida al suroeste de los Estados Unidos, ya que se
cree que una parte de esta región era el lugar de origen de los
aztecas. Más tarde, españoles y mexicanos conquistaron estas tierras,
que pasaron a formar parte del Virreinato de la Nueva España hasta   **pasar a formar**   *to become*
el siglo XIX, en que los mexicanos obtuvieron la independencia y
el Virreinato se convirtió en una nueva nación: México. Como se
puede ver, el chicano ha formado parte integral de la cultura de esta
región y sus raíces son anteriores a la llegada de los europeos al
continente americano.

La primera ciudad que fundaron españoles y mexicanos en el
suroeste fue Santa Fe de Nuevo México en 1609, once años antes
del desembarco de los peregrinos del Mayflower. A partir de ese   **peregrinos**   *pilgrims*

518

Una oficina bilingüe de abogados en Sante Fe, Nuevo México, ofrece sus servicios a la numerosa población chicana de esa comunidad.

A bilingual law center in Sante Fe, New Mexico, offers its services to the large Chicano population in the community.

momento, muchas otras fueron surgiendo en los estados de Nuevo México y Colorado. En el siglo XVIII, con la fundación de las misiones en los estados de Arizona, Tejas y California, se llegó a consolidar en la extensa región del suroeste, una cultura que era diferente de la cultura del este de los Estados Unidos, y donde la influencia mexicana se dejaba sentir en la arquitectura, las artes, la economía y las leyes. Aún hoy en día, la repartición de las aguas y los derechos de propiedad de las minas están basados en los sistemas de aquella época.

repartición   *distribution*

Como consecuencia de la guerra entre los Estados Unidos y México, toda la región que constituye hoy en día el suroeste de los Estados Unidos pasó a poder de este país a través del tratado de Guadalupe Hidalgo en 1848. Los mexicanos que decidieron quedarse en esta región adquirieron la ciudadanía norteamericana, pero su situación había cambiado radicalmente: eran los vencidos y no los vencedores. Sus descendientes creen que no se les ha reconocido todas las contribuciones que han hecho al desarrollo económico y cultural del suroeste, y piensan que la sociedad los ha marginado por muchos años.

marginado   *pushed aside*

Los carteles en esta zona comercial de San Francisco muestran la gran influencia de la cultura mexicana en California.

The signs in this shopping area in San Francisco show the strong influence of Mexican culture in California.

Otra guerra, esta vez la Segunda Guerra Mundial, vino a influir en el problema chicano, pues una de sus consecuencias fue que muchos soldados chicanos conocieron otros lugares dentro y fuera de los Estados Unidos. En sus viajes vieron diferentes ciudades, costumbres y problemas, y así pudieron comparar todo esto con las condiciones en que muchos de ellos vivían en el Barrio.

Unos años después, la minoría negra de los Estados Unidos, a través de la violencia o la resistencia pasiva, demostró que hacían falta cambios sociales y económicos que les ofrecieran a las minorías las mismas oportunidades que tenían otras clases sociales.

Algunos grupos chicanos, que habían estado consciente durante mucho tiempo de estos problemas, crearon diferentes organizaciones para defender sus derechos. Una de estas organizaciones activistas es La Raza Unida que ha tenido gran importancia en el suroeste y cuya influencia ha llegado a otras partes del país. Además, los chicanos se han dado cuenta que si se unen pueden obtener el poder político necesario para defender mejor sus derechos. Hoy en día hay chicanos que son concejales o miembros de las juntas directivas de las escuelas, y en 1980, Henry Cisneros, uno de los concejales de San Antonio, en Tejas, fue elegido alcalde de esa ciudad, con un 62% de los votos.

El problema chicano se complica más debido a que muchos mexicanos que no pueden encontrar trabajo en su propio país, se concentran en las ciudades fronterizas con la esperanza de poder entrar en los Estados Unidos y obtener un trabajo que les permita vivir decentemente. Algunos de ellos reciben el permiso oficial, con el cual pueden trabajar en este país; otros no logran obtenerlo. Entre este último grupo hay muchos que de un modo u otro cruzan la frontera sin tener los documentos necesarios, y tratan de vivir con parientes o amigos ya establecidos en la zona, que los ayudan a buscar trabajo. Desgraciadamente, la gran mayoría de los que cruzan la frontera de esta forma no tienen entrenamiento especial. Como además carecen de la documentación necesaria para poder trabajar, muchos patronos se aprovechan de esta situación y les ofrecen sueldos inferiores a los que establece la ley. Ellos, movidos por la necesidad, se ven obligados a aceptarlos. Al mismo tiempo, la automatización, tan extendida en nuestra sociedad, disminuye cada vez más los trabajos que este grupo puede realizar.

Hay quienes opinan que el chicano debe aculturarse y asimilarse a la sociedad americana. Hay otros que están en contra de esto y opinan que el chicano debe mantener su propia personalidad, su individualidad, y no dejar que una sociedad lo amolde a su imagen y semejanza. Estas dos tendencias tan opuestas tienen algo en común: el deseo de eliminar la pobreza y mejorar la situación económica, política y social del chicano. Por su parte, los chicanos no quieren perder su cultura. Luchan por mantener su identidad y quieren que la sociedad los acepte tal como ellos son.

El méxico-americano Henry Cisneros fue elegido alcalde de San Antonio, Tejas, en 1980.

The Mexican-American Henry Cisneros was elected mayor of San Antonio, Texas, in 1980.

Poco a poco, nuestra sociedad va comprendiendo los problemas de las diferentes minorías y ofreciendo más oportunidades de mejoramiento a sus miembros. En el caso específico de los chicanos, muchos piensan que el paso es demasiado lento y que ya han esperado bastante el cumplimiento de promesas que no han llegado a realizarse. Otros dicen que en los últimos años se ha notado una mejoría en la situación del chicano y que por medio de la educación bilingüe, de candidatos chicanos que conozcan las necesidades de esta minoría, de estudios chicanos en las universidades y otros medios semejantes, es de esperar que los problemas se resuelvan favorablemente y que el chicano no sea un ciudadano de segunda categoría, sino que ocupe el puesto que merece en una sociedad a la cual tanto ha ayudado.

PREGUNTAS

1. ¿Cuál es la minoría de habla española más numerosa de los Estados Unidos?
2. ¿Cuáles son sus centros principales?
3. ¿Qué se ha notado en los últimos años en la población de habla española de las zonas rurales?
4. ¿Qué diferencia básica existe entre los chicanos y otras minorías de habla española?
5. ¿Cuál fue la primera ciudad que fundaron españoles y mexicanos en el suroeste?
6. ¿En qué año la fundaron?
7. ¿Qué otras fundaciones ocurrieron en el siglo XVIII?
8. ¿Qué contraste hay entre la cultura del suroeste y la del este de los Estados Unidos?
9. ¿Qué fue el tratado de Guadalupe Hidalgo?
10. ¿Qué consecuencias tuvo esto para los mexicanos del suroeste?
11. ¿Qué importancia tuvo la Segunda Guerra Mundial en el problema chicano?
12. ¿Qué ha demostrado la minoría negra de los Estados Unidos?
13. ¿Qué es La Raza Unida?
14. ¿Qué hacen muchos mexicanos que no pueden encontrar trabajo en su país?
15. ¿Cómo se aprovechan algunos patronos de la situación de los que no tienen documentos para estar en los Estados Unidos?
16. ¿Cuáles son las opiniones que existen acerca del problema chicano?
17. ¿Qué elemento común tienen estas dos tendencias?
18. ¿Ha mejorado la actitud de la sociedad hacia las minorías?
19. ¿Qué medios pueden usarse para mejorar la situación del chicano?
20. ¿Qué otros medios cree usted que pueden emplearse para mejorar su situación?

READING AND WRITING SUPPLEMENT

Spanish *-ero,* English *-er, -boy, -man, -maker*

Spanish uses the ending **-ero** to designate a person who performs the task indicated by the basic noun to which it is attached. Some nouns may undergo minor modifications. These words usually correspond to English words ending in *-er, -boy, -man,* or *-maker.*

mina	**minero**	*mine*	*miner*
vaca	**vaquero**	*cow*	*cowboy*
leche	**lechero**	*milk*	*milkman*
zapato	**zapatero**	*shoe*	*shoemaker*

Can you tell what these words mean?

barbero	marinero	carpintero	portero
carnicero	peluquero	obrero	torero

Un anuncio del Centro Mexicano del Libro, una institución no lucrativa que tiene librerías de publicaciones en español en Los Ángeles y la ciudad de Nueva York.

An advertisement for the Centro Mexicano del Libro, a non-profit foundation that has Spanish-language bookstores in Los Angeles and New York City.

TESTING

A. The conditional

Use a conditional form of the verb in parentheses.

1. (organizar) Yo _____ ese festival.
2. (oír) Estoy segura que tú _____ esas canciones.
3. (hacer) Ellos los _____ para que vinieras.
4. (poder) Así los niños _____ verlo.
5. (ir) Seguramente los choferes _____ muy rápido.
6. (dar) El empleado se lo _____ al jefe.
7. (mantener) Nosotros _____ nuestras costumbres.
8. (estar) Tú _____ a cargo de la cafetería.

—organizaría
—oirías
—harían
—podrían
—irían
—daría
—mantendríamos
—estarías

B. The conditional perfect

Use a conditional perfect form of the verb in parentheses.

1. (resolver) Yo creo que ellos _____ _____ la situación.
2. (mejorar) Esas pastillas le _____ _____ el dolor de garganta.
3. (descansar) Yo _____ _____ más, pero no tenía tiempo.
4. (dejar) ¿Tú _____ _____ el puesto?
5. (ir) Con un programa así, nosotros _____ _____ a la Luna antes.
6. (hacer) ¿Qué _____ _____ ustedes con todo ese dinero?
7. (esperar) Tú los _____ _____ más tiempo.
8. (levantarse) Yo no _____ _____ _____ tan temprano.

—habrían resuelto
—habrían mejorado
—habría descansado
—habrías dejado
—habríamos ido
—habrían hecho
—habrías esperado
—me habría levantado

C. Softened requests

Choose an appropriate verb form to express the following sentences in a softer manner.

1. Él puede hacerlo.
2. Yo quiero comprar ese abrigo.
3. Deben usar energía nuclear.
4. ¿Puede usar tu auto?
5. Yo los expulso.

—podría *or* pudiera
—querría *or* quisiera
—deberían *or* debieran
—podría *or* pudiera
—expulsaría

D. *If* clauses

Complete the following sentences by using the correct tense of the verb in parentheses.

1. (esperar) Si él viniera dentro de unos minutos, nosotros lo _____.   —esperaríamos
2. (hablar) Si ellos _____ español, yo los podría entender.   —hablaran
3. (hacer) Si tú _____ _____ eso, no habrías tenido tanto trabajo.   —hubieras hecho
4. (desear) Yo los llevo si _____ comer allí.   —desean
5. (ver) Si fuera más corta, yo _____ esa película.   —vería
6. (ayudar) Si nos hubieran escuchado, nosotros los _____ _____.   —habríamos ayudado
7. (manejar) No habrían chocado si _____ _____ más despacio.   —hubieran manejado
8. (querer) Si tú _____, yo se lo pido.   —quieres
9. (estar) Si hubiéramos ayudado a las minorías, la situación no _____ como está.   —estaría

E. Spanish past participles as equivalents for English present participles

Complete the following sentences by using the Spanish word suggested by the English equivalent in parentheses.

1. *(sitting)* A Juan no le gustó que su novia estuviera _____ al lado de Felipe.   —sentada
2. *(standing)* ¿Por qué están _____ los alumnos frente a la oficina del profesor.   —parados
3. *(kneeling)* Yo estaba _____ para recoger los papeles.   —arrodillado(-a)
4. *(lying down)* María Elena vino muy cansada y estaba _____ cuando llamé.   —acostada

๑ Verb Tables

I. REGULAR VERBS

	-ar	-er	-ir
Infinitive (*Infinitivo*)	hablar	comer	vivir
Present participle (*Gerundio*)	hablando	comiendo	viviendo
Past participle (*Participio pasivo*)	hablado	comido	vivido

Simple tenses

INDICATIVE MOOD (MODO INDICATIVO)

Present (*Presente*)	hablo	como	vivo
	hablas	comes	vives
	habla	come	vive
	hablamos	comemos	vivimos
	habláis	coméis	vivís
	hablan	comen	viven
Imperfect (*Pretérito imperfecto*)	hablaba	comía	vivía
	hablabas	comías	vivías
	hablaba	comía	vivía
	hablábamos	comíamos	vivíamos
	hablabais	comíais	vivíais
	hablaban	comían	vivían

	-ar	**-er**	**-ir**
Preterit	hablé	comí	viví
(Pretérito perfecto simple)	hablaste	comiste	viviste
	habló	comió	vivió
	hablamos	comimos	vivimos
	hablasteis	comisteis	vivisteis
	hablaron	comieron	vivieron
Future	hablaré	comeré	viviré
(Futuro)	hablarás	comerás	vivirás
	hablará	comerá	vivirá
	hablaremos	comeremos	viviremos
	hablaréis	comeréis	viviréis
	hablarán	comerán	vivirán
Conditional	hablaría	comería	viviría
(Condicional)	hablarías	comerías	vivirías
	hablaría	comería	viviría
	hablaríamos	comeríamos	viviríamos
	hablaríais	comeríais	viviríais
	hablarían	comerían	vivirían

IMPERATIVE MOOD[1] (MODO IMPERATIVO)

Affirmative	tú	habla	come	vive
	vosotoros	hablad	comed	vivid

SUBJUNCTIVE MOOD (MODO SUBJUNTIVO)

Present	hable	coma	viva
(Presente)	hables	comas	vivas
	hable	coma	viva
	hablemos	comamos	vivamos
	habléis	comáis	viváis
	hablen	coman	vivan
Past (-ra)	hablara	comiera	viviera
(Pretérito imperfecto)	hablaras	comieras	vivieras
	hablara	comiera	viviera
	habláramos	comiéramos	viviéramos
	hablarais	comierais	vivierais
	hablaran	comieran	vivieran
Past (-se)	hablase	comiese	viviese
(Pretérito imperfecto)	hablases	comieses	vivieses
	hablase	comiese	viviese
	hablásemos	comiésemos	viviésemos
	hablaseis	comieseis	vivieseis
	hablasen	comiesen	viviesen

---

[1]For the negative **tú** and **vosotros** command forms, and for both affirmative and negative **usted** and **ustedes** command forms, see the corresponding subjunctive verb forms.

Compound tenses

INDICATIVE MOOD (MODO INDICATIVO)

		-ar	-er	-ir
Present perfect (*Pretérito perfecto compuesto*)	he has ha hemos habéis han	hablado	comido	vivido
Past perfect[2] (*Pretérito pluscuamperfecto*)	había habías había habíamos habíais habían	hablado	comido	vivido
Future perfect (*Futuro perfecto*)	habré habrás habrá habremos habréis habrán	hablado	comido	vivido
Conditional perfect (*Condicional perfecto*)	habría habrías habría habríamos habríais habrían	hablado	comido	vivido

SUBJUNCTIVE MOOD (MODO SUBJUNTIVO)

		-ar	-er	-ir
Present perfect (*Pretérito perfecto*)	haya hayas haya hayamos hayáis hayan	hablado	comido	vivido

---

[2]The second past perfect, rarely used today, is:

	-ar	-er	-ir
hube hubiste hubo hubimos hubisteis hubieron	hablado	comido	vivido

		-ar	-er	-ir
Past perfect (**-ra**) (*Pretérito pluscuamperfecto*)	hubiera hubieras hubiera hubiéramos hubierais hubieran	hablado	comido	vivido
Past perfect (**-se**) (*Pretérito pluscuamperfecto*)	hubiese hubieses hubiese hubiésemos hubieseis hubiesen	hablado	comido	vivido

II. STEM-CHANGING VERBS

A. Stressed **e** changes to **ie** and stressed **o** changes to **ue** throughout the singular and in the third-person plural of the present indicative and in the present subjunctive of some **-ar**, **-er**, and **-ir** verbs.

1. Stressed e → ie

pensar	perder	sentir

PRESENT INDICATIVE

pienso	pierdo	siento
piensas	pierdes	sientes
piensa	pierde	siente
pensamos	perdemos	sentimos
pensáis	perdéis	sentís
piensan	pierden	sienten

PRESENT SUBJUNCTIVE

piense	pierda	sienta
pienses	pierdas	sientas
piense	pierda	sienta
pensemos	perdamos	sintamos
penséis	perdáis	sintáis
piensen	pierdan	sientan

Other verbs whose stem vowel **e** *changes to* **ie** *are:* atravesar, calentar, cerrar, comenzar, defender, despertar, divertirse, empezar, entender, nevar, preferir, querer, recomendar, sentar, sugerir.

2. Stressed o → ue

	contar	volver	morir

PRESENT INDICATIVE

	cuento	vuelvo	muero
	cuentas	vuelves	mueres
	cuenta	vuelve	muere
	contamos	volvemos	morimos
	contáis	volvéis	morís
	cuentan	vuelven	mueren

PRESENT SUBJUNCTIVE

	cuente	vuelva	muera
	cuentes	vuelvas	mueras
	cuente	vuelva	muera
	contemos	volvamos	muramos
	contéis	volváis	muráis
	cuenten	vuelvan	mueran

Other verbs whose stem vowel o *changes to* ue *are:* acostar, almorzar, contar, costar, doler, dormir, encontrar, llover, poder, probar, recordar, resolver.

Jugar *is the only verb that changes* u *to* ue.

B. Unstressed e changes to i and unstressed o changes to u in the third-person singular and plural of the preterit; in the present participle; in the first and second persons plural of the present subjunctive; and throughout the two versions of the past subjunctive.[3]

1. Unstressed e → i

sentir

PRETERIT	PRESENT SUBJUNCTIVE	PAST SUBJUNCTIVE		
sentí	sienta	sintiera		sintiese
sentiste	sientas	sintieras		sintieses
sintió	sienta	sintiera	*or*	sintiese
sentimos	sintamos	sintiéramos		sintiésemos
sentisteis	sintáis	sintierais		sintieseis
sintieron	sientan	sintieran		sintiesen

PRESENT PARTICIPLE

sintiendo

Other **-ir** *verbs whose stem vowel* e *changes to* i *are:* divertirse, preferir.

---

[3]These verbs belong in the preceding section **A** as well because of their other stem change, stressed e to ie and stressed o to ue in the present indicative and present subjunctive.

2. Unstressed o → u

morir

PRETERIT	PRESENT SUBJUNCTIVE	PAST SUBJUNCTIVE	
morí	muera	muriera	muriese
moriste	mueras	murieras	murieses
murió	muera	muriera	muriese
morimos	muramos	muriéramos *or*	muriésemos
moristeis	muráis	murierais	murieseis
murieron	mueran	murieran	muriesen

PRESENT PARTICIPLE

muriendo

Another **-ir** *verb whose stem vowel* **o** *changes to* **u** *is* dormir.

C. The change **e → i** occurs throughout the singular and in the third-person plural of the present indicative, in the third-person singular and plural of the preterit, in the present participle, and throughout the present and past subjunctive of some **-ir** verbs.

e → i

pedir

PRESENT INDICATIVE	PRETERIT
pido	pedí
pides	pediste
pide	pidió
pedimos	pedimos
pedís	pedisteis
piden	pidieron

PRESENT SUBJUNCTIVE	PAST SUBJUNCTIVE	
pida	pidiera	pidiese
pidas	pidieras	pidieses
pida	pidiera	pidiese
pidamos	pidiéramos *or*	pidiésemos
pidáis	pidierais	pidieseis
pidan	pidieran	pidiesen

PRESENT PARTICIPLE

pidiendo

Other **-ir** *verbs whose stem vowel* **e** *changes to* **i** *are:* competir, conseguir, despedir, medir, repetir, seguir, vestir.

III. ORTHOGRAPHIC-CHANGING VERBS

A. Verbs ending in **-car**: **c → qu** before **e**
The change **c → qu** occurs in the first-person singular preterit and throughout the present subjunctive.

chocar

Preterit	choqué, chocaste, chocó, chocamos, chocasteis, chocaron
Present subjunctive	choque, choques, choque, choquemos, choquéis, choquen

B. Verbs ending in **-gar**: **g → gu** before **e**
The change **g → gu** occurs in the first-person singular preterit and throughout the present subjunctive.

llegar

Preterit	llegué, llegaste, llegó, llegamos, llegasteis, llegaron
Present subjunctive	llegue, llegues, llegue, lleguemos, lleguéis, lleguen

C. Verbs ending in **-zar**: **z → c** before **e**
The change **z → c** occurs in the first-person singular preterit and throughout the present subjunctive.

comenzar

Preterit	comencé, comenzaste, comenzó, comenzamos, comenzasteis, comenzaron
Present subjunctive	comience, comiences, comience, comencemos, comencéis, comiencen

D. Verbs ending in **-ger** and **-gir**: **g → j** before **a** and **o**
The change **g → j** occurs in the first-person singular of the present indicative and throughout the present subjunctive.

recoger

Present indicative	recojo, recoges, recoge, recogemos, recogéis, recogen
Present subjunctive	recoja, recojas, recoja, recojamos, recojáis, recojan

E. Verbs ending in **-guir**: **gu → g** before **a** and **o**
The change **gu → g** occurs in the first-person singular of the present indicative and throughout the present subjunctive.

seguir

Present indicative	sigo, sigues, sigue, seguimos, seguís, siguen
Present subjunctive	siga, sigas, siga, sigamos, sigáis, sigan

F. Verbs ending in **e** + **er**: unstressed **i** → **y**
The change **i** → **y** occurs in the third-person singular and plural of the preterit, the present participle, and throughout the past subjunctive.

leer

Preterit	leí, leíste, leyó, leímos, leísteis, leyeron
Past subjunctive	leyera, leyeras, leyera, leyéramos, leyerais, leyeran
Present participle	leyendo

G. Verbs ending in a consonant + **cer** or **cir**: **c** → **z** before **a** and **o**
The change **c** → **z** occurs in the first-person singular of the present indicative and throughout the present subjunctive.

torcer   *to twist, to turn*

Present indicative	tuerzo, tuerces, tuerce, torcemos, torcéis, tuercen
Present subjunctive	tuerza, tuerzas, tuerza, torzamos, torzáis, tuerzan

IV. IRREGULAR VERBS

A. Verbs ending in a vowel + **cer** or **cir**: **c** → **zc** before **a** and **o**
The letters **zc** occur in the first-person singular of the present indicative and throughout the present subjunctive.

conocer

Present indicative	conozco, conoces, conoce, conocemos, conocéis, conocen
Present subjunctive	conozca, conozcas, conozca, conozcamos, conozcáis, conozcan

B. Verbs ending in **-uir** (except **-guir**): insert **y** before **a** and **o**[4]
The letter **y** is inserted in all singular forms and in the third-person plural of the present indicative and throughout the present subjunctive.

construir

Present indicative	construyo, construyes, construye, construimos, construís, construyen
Present subjunctive	construya, construyas, construya, construyamos, construyáis, construyan

C. Other irregular verbs[5]

andar   *to walk, to go*

Preterit	anduve, anduviste, anduvo, anduvimos, anduvisteis, anduvieron
Past subjunctive	anduviera, anduvieras, anduviera, anduviéramos, anduvierais, anduvieran

---

[4] These verbs also have an orthographic change: unstressed i changes to y in the third-person singular and plural of the preterit (construyó, construyeron), throughout the past subjunctive (construyera, construyeras, etc.), and in the present participle (construyendo).
[5] Only the tenses in which irregularities occur are shown.

caer *to fall*

Present indicative	caigo, caes, cae, caemos, caéis, caen
Preterit	caí, caíste, cayó, caímos, caísteis, cayeron
Present subjunctive	caiga, caigas, caiga, caigamos, caigáis, caigan
Past subjunctive	cayera, cayeras, cayera, cayéramos, cayerais, cayeran
Present participle	cayendo

dar *to give*

Present indicative	doy, das, da, damos, dais, dan
Preterit	di, diste, dio, dimos, disteis, dieron
Present subjunctive	dé, des, dé, demos, deis, den
Past subjunctive	diera, dieras, diera, diéramos, dierais, dieran

decir *to say, to tell*[6]

Present indicative	digo, dices, dice, decimos, decís, dicen
Preterit	dije, dijiste, dijo, dijimos, dijisteis, dijeron
Present subjunctive	diga, digas, diga, digamos, digáis, digan
Past subjunctive	dijera, dijeras, dijera, dijéramos, dijerais, dijeran
Future	diré, dirás, dirá, diremos, diréis, dirán
Conditional	diría, dirías, diría, diríamos, diríais, dirían
Affirmative **tú** *command*	di
Present participle	diciendo
Past participle	dicho

estar *to be*

Present indicative	estoy, estás, está, estamos, estáis, están
Preterit	estuve, estuviste, estuvo, estuvimos, estuvisteis, estuvieron
Present subjunctive	esté, estés, esté, estemos, estéis, estén
Past subjunctive	estuviera, estuvieras, estuviera, estuviéramos, estuvierais, estuvieran

---

[6]Compounds of **decir** (**contradecir, predecir**) have the same irregularities.

haber   *to have* (auxiliary)

Present indicative	he, has, ha, hemos, habéis, han
Preterit	hube, hubiste, hubo, hubimos, hubisteis, hubieron
Present subjunctive	haya, hayas, haya, hayamos, hayáis, hayan
Past subjunctive	hubiera, hubieras, hubiera, hubiéramos, hubierais, hubieran
Future	habré, habrás, habrá, habremos, habréis, habrán
Conditional	habría, habrías, habría, habríamos, habríais, habrían

hacer   *to do, to make*

Present indicative	hago, haces, hace, hacemos, hacéis, hacen
Preterit	hice, hiciste, hizo, hicimos, hicisteis, hicieron
Present subjunctive	haga, hagas, haga, hagamos, hagáis, hagan
Past subjunctive	hiciera, hicieras, hiciera, hiciéramos, hicierais, hicieran
Future	haré, harás, hará, haremos, haréis, harán
Conditional	haría, harías, haría, haríamos, haríais, harían
Affirmative **tú** *command*	haz
Past participle	hecho

ir   *to go*

Present indicative	voy, vas, va, vamos, vais, van
Imperfect	iba, ibas, iba, íbamos, ibais, iban
Preterit	fui, fuiste, fue, fuimos, fuisteis, fueron
Present subjunctive	vaya, vayas, vaya, vayamos, vayáis, vayan
Past subjunctive	fuera, fueras, fuera, fuéramos, fuerais, fueran
Affirmative **tú** *command*	ve
Present participle	yendo

oír   *to hear*

Present indicative	oigo, oyes, oye, oímos, oís, oyen
Preterit	oí, oíste, oyó, oímos, oísteis, oyeron
Present subjunctive	oiga, oigas, oiga, oigamos, oigáis, oigan
Past subjunctive	oyera, oyeras, oyera, oyéramos, oyerais, oyeran
Affirmative **tú** *command*	oye
Present participle	oyendo

poder   *to be able to, can, may*

Present indicative	puedo, puedes, puede, podemos, podéis, pueden
Preterit	pude, pudiste, pudo, pudimos, pudisteis, pudieron
Present subjunctive	pueda, puedas, pueda, podamos, podáis, puedan
Past subjunctive	pudiera, pudieras, pudiera, pudiéramos, pudierais, pudieran
Future	podré, podrás, podrá, podremos, podréis, podrán
Conditional	podría, podrías, podría, podríamos, podríais, podrían
Present participle	pudiendo

poner   *to put*[7]

Present indicative	pongo, pones, pone, ponemos, ponéis, ponen
Preterit	puse, pusiste, puso, pusimos, pusisteis, pusieron
Present subjunctive	ponga, pongas, ponga, pongamos, pongáis, pongan
Past subjunctive	pusiera, pusieras, pusiera, pusiéramos, pusierais, pusieran
Future	pondré, pondrás, pondrá, pondremos, pondréis, pondrán
Conditional	pondría, pondrías, pondría, pondríamos, pondríais, pondrían
Affirmative **tú** *command*	pon
Past participle	puesto

querer   *to want*

Present indicative	quiero, quieres, quiere, queremos, queréis, quieren
Preterit	quise, quisiste, quiso, quisimos, quisisteis, quisieron
Present subjunctive	quiera, quieras, quiera, queramos, queráis, quieran
Past subjunctive	quisiera, quisieras, quisiera, quisiéramos, quisierais, quisieran
Future	querré, querrás, querrá, querremos, querréis, querrán
Conditional	querría, querrías, querría, querríamos, querríais, querrían
Affirmative **tú** *command*	quiere

saber   *to know*

Present indicative	sé, sabes, sabe, sabemos, sabéis, saben
Preterit	supe, supiste, supo, supimos, supisteis, supieron
Present subjunctive	sepa, sepas, sepa, sepamos, sepáis, sepan
Past subjunctive	supiera, supieras, supiera, supiéramos, supierais, supieran
Future	sabré, sabrás, sabrá, sabremos, sabréis, sabrán
Conditional	sabría, sabrías, sabría, sabríamos, sabríais, sabrían

---

[7]Compounds of **poner** (**componer, disponer, proponer**) have the same irregularities.

salir   *to go (come) out, to leave*

Present indicative	salgo, sales, sale, salimos, salís, salen
Present subjunctive	salga, salgas, salga, salgamos, salgáis, salgan
Future	saldré, saldrás, saldrá, saldremos, saldréis, saldrán
Conditional	saldría, saldrías, saldría, saldríamos, saldríais, saldrían
Affirmative **tú** *command*	sal

ser   *to be*

Present indicative	soy, eres, es, somos, sois, son
Imperfect	era, eras, era, éramos, erais, eran
Preterit	fui, fuiste, fue, fuimos, fuisteis, fueron
Present subjunctive	sea, seas, sea, seamos, seáis, sean
Past subjunctive	fuera, fueras, fuera, fuéramos, fuerais, fueran
Affirmative **tú** *command*	sé

tener   *to have*[8]

Present indicative	tengo, tienes, tiene, tenemos, tenéis, tienen
Preterit	tuve, tuviste, tuvo, tuvimos, tuvisteis, tuvieron
Present subjunctive	tenga, tengas, tenga, tengamos, tengáis, tengan
Past subjunctive	tuviera, tuvieras, tuviera, tuviéramos, tuvierais, tuvieran
Future	tendré, tendrás, tendrá, tendremos, tendréis, tendrán
Conditional	tendría, tendrías, tendría, tendríamos, tendríais, tendrían
Affirmative **tú** *command*	ten

traducir   *to translate*[9]

Present indicative	traduzco, traduces, traduce, traducimos, traducís, traducen
Preterit	traduje, tradujiste, tradujo, tradujimos, tradujisteis, tradujeron
Present subjunctive	traduzca, traduzcas, traduzca, traduzcamos, traduzcais, traduzcan
Past subjunctive	tradujera, tradujeras, tradujera, tradujéramos, tradujerais, tradujeran

---

[8]Compounds of **tener** (**contener, retener**) have the same irregularities.
[9]Verbs ending in **-ducir**, besides changing c → **zc** before **a** and **o**, change c → **j** throughout the preterit and the past subjunctive.

traer   *to bring*

Present indicative	traigo, traes, trae, traemos, traéis, traen
Preterit	traje, trajiste, trajo, trajimos, trajisteis, trajeron
Present subjunctive	traiga, traigas, traiga, traigamos, traigáis, traigan
Past subjunctive	trajera, trajeras, trajera, trajéramos, trajerais, trajeran
Present participle	trayendo

valer   *to be worth*

Present indicative	valgo, vales, vale, valemos, valéis, valen
Present subjunctive	valga, valgas, valga, valgamos, valgáis, valgan
Future	valdré, valdrás, valdrá, valdremos, valdréis, valdrán
Conditional	valdría, valdrías, valdría, valdríamos, valdríais, valdrían
Affirmative **tú** *command*	val *or* vale

venir   *to come* [10]

Present indicative	vengo, vienes, viene, venimos, venís, vienen
Preterit	vine, viniste, vino, vinimos, vinisteis, vinieron
Present subjunctive	venga, vengas, venga, vengamos, vengáis, vengan
Past subjunctive	viniera, vinieras, viniera, viniéramos, vinierais, vinieran
Future	vendré, vendrás, vendrá, vendremos, vendréis, vendrán
Conditional	vendría, vendrías, vendría, vendríamos, vendríais, vendrían
Affirmative **tú** *command*	ven
Present participle	viniendo

ver   *to see*

Present indicative	veo, ves, ve, vemos, veis, ven
Imperfect	veía, veías, veía, veíamos, veíais, veían
Present subjunctive	vea, veas, vea, veamos, veáis, vean
Past participle	visto

---

[10]Compounds of **venir** (**intervenir**) have the same irregularities.

Vocabulary

This vocabulary includes all the active words presented in the grammar lessons and all the passive words presented in the chapters of **recapitulación y ampliación**, except for proper nouns spelled the same in Spanish and English, diminutives with a literal meaning, and certain words encountered only in the pronunciation exercises or bilingual picture captions.

Numbers indicate the lesson in which each word first appears. Roman numbers refer to the chapters of **recapitulación y ampliación,** and indicate that the word is passive vocabulary, not available for use in exercises. Arabic numbers refer to the grammar lessons and indicate that the word becomes active vocabulary at that point. (Words mentioned in footnotes, used in drill instructions, or cited as examples in grammar explanations but not appearing in a dialog, article, or letter are tagged *inactive.*) If a Roman number is followed by an Arabic number, it means that the word is first passive, then becomes active. Words introduced in the minidialogs, the sections of **oraciones y palabras,** or the list of useful expressions in the **Lección preliminar** are marked with the abbreviation *L.P.*; they are regarded as passive vocabulary until they are reintroduced in a grammar lesson.

The following abbreviations are used:

adj	adjective	*m*	masculine
adv	adverb	*pp*	past participle
aux	auxiliary	*pl*	plural
f	feminine	*pron*	pronoun
inf	infinitive	*sing*	singular
L.P.	Preliminary Lesson	*v*	verb

a to, *L.P.*, 4; at, 3; for, from, 7
abajo downstairs, 10
abandonar to abandon, to leave, IV, 30
abierto open, opened, 23
el abogado lawyer, 7
la abreviatura abbreviation, V
el abrigo overcoat, 21
abril *m* April, 11
abrir to open, *L.P.*, 3
la abuela grandmother, 11
el abuelo grandfather, 11
aburrido bored, boring, 4
acabar to finish, to complete, to end, 24; acabar de + *inf* to have just + past participle, 24
el accidente accident, I, 8
la acción action, II
el aceite oil, 18; aceite de oliva olive oil, 18
aceptar to accept, XII
la acera sidewalk, 21
acercarse (qu) to approach, IX
acompañado accompanied, VII
acompañar to accompany, IV, 24
acondicionado: aire acondicionado air conditioning, 16
aconsejar to advise, 22
el acontecimiento event, happening, VII
acostar (ue) to put to bed, 14; acostarse to lie down, to go to bed, 14
acostumbrarse to become accustomed, to get used to, 27
la actitud attitude, XII
activamente actively, VIII
la actividad activity, II
el/la activista activist, XII
actualidad; en la actualidad at the present time, IV, 20
actualmente at the present time, XI
acuerdo: estar de acuerdo to agree, VIII; de acuerdo con according to, XI
aculturarse to adapt to a new culture, XII
la acusación accusation, IX
adaptar to adapt, IV
adecuado adequate, VI
adelantar to advance, 25
adelanto: de adelanto early, 9; advancement, V
además besides, 4; además de in addition to, II

adicional additional, IV
adiós good-bye, *L.P.*, 10
adjetivo adjective, 23 (*inactive*)
la administración de empresas business administration, 20
el administrador administrator, manager, 20
la admiración admiration, V
admirar to admire, VI
adónde where (to), 5
adorar to adore, to worship, VII
adornar to adorn, to decorate, 18
adquirir (ie) to acquire, XII
la aduana customs, 9
el adverbio adverb, 27 (*inactive*)
la adversidad adversity, IX
aéreo *adj* air, aerial, XI
el aeropuerto airport, 9
afeitar(se) to shave, 14
el aficionado fan, X
la afirmación affirmation, 16 (*inactive*)
afirmativo affirmative, 16 (*inactive*)
africano African, III
las afueras outskirts, 12
la agencia de viajes travel agency, 9
el agente agent, 26 (*inactive*)
la agonía agony, suffering, VIII
agosto August, 11
agotado exhausted, 25
agradable pleasant, 4
la agricultura agriculture, IV
el agua *f* water, 3
el águila *f* eagle, IV, 17
ahí there, VI
la ahijada goddaughter, 11
el ahijado godson, 11
ahora now 4; ahora mismo right now, 5
ahorrar to save, 26
el aire air, I, 16; aire acondicionado air conditioning, 16
el ajedrez chess, 19
el ají green pepper, 18 (*inactive*)
el ajo garlic, 18
al (contraction of a + el) to the, 5; al lado de next to, 10
el alcalde mayor, XII
alcanzar (c) to achieve, to attain, V
la alcoba bedroom, 16 (*inactive*)
alegrarse (de) to be glad, 14
alegre happy, glad, 13
alegría happiness, joy, 13

alemán German, 1
alérgico allergic, 17
el alfabeto alphabet, I
algo something, 3; anything, 16
alguien somebody, someone, anyone, 16
algún any, some, 9
alguno (-a, -os, -as) any, *L.P.*, 16; some, several, III, 16
el alma *f* soul, VIII
el almacén department store, 21
almorzar (ue, c) to have lunch, 6
el almuerzo lunch, 3
aló hello, 7
la alpaca alpaca, VII
el alpinismo mountain climbing, X
alquilar to rent, 16
el alquiler rent, 16
alrededor (de) around, 12
alto tall, 4; loud, 7; high, IV, 12; de alto in height, VII
la altura elevation, height, V
el alud avalanche, mudslide, 23
el alumno student, 2
allá there, V
allí there, 1
amable nice, kind, 9
amado loved, VIII
amar to love, VIII
amarillo yellow, 4
ambiguo ambiguous, X
la ambulancia ambulance, 8
la América Central Central America, III
la América del Sur South America, III
el americano American, 4 (*inactive*)
el amigo friend, 2
la amistad friendship, IV
amoldar to mold, XII
el amor love, 13
la ampliación expansion, extension, I
amplio large, VI
ancho wide, 12
Andalucía Andalusia, II
el anglosajón Anglo-Saxon, XI
el anillo ring, 21
el animal animal, VII, 26; animal de carga beast of burden, VII
anoche last night, 8
ante before, IX; ante todo above all, VIII
anteanoche night before last, 8
anteayer day before yesterday, 8
el antecedente antecedent, 20 (*inactive*)

antenoche night before last, 8 (*inactive*)

los antepasados ancestors, 30

anterior before, earlier, IV

antes (de) before; IV, 12; antes (de) que before, 20

el antibiótico antibiotic, 17

antiguo ancient, old, 10; former, 23

la antropología anthropology, 10

antropólogo anthropologist, VI

anunciar to advertise, 16

anuncio ad, 16

añadir to add, 18

el año year, 6; Año Nuevo New Year, 28; año que viene next year, 6; tener—año(s) to be—year(s) old, 6

el apartamento apartment, 16

aplaudir to applaud, 5

apostar (ue) to bet, X

apreciar to appreciate, VIII, 29

aprender to learn, 13

aprovecharse (de) to take advantage (of), X

el apunte cue, 19 (*inactive*)

aquel that, 8

aquél that (one), 8

aquella that, 8

aquello that, 8

aquellos (-as) those, 8

aquéllos (-as) those, 8

aquí here, 2; por aquí this way, 9

árabe Arab, II

el árbol tree, 26

arcaico archaic, 30

archivar to file, 22

el archivo file, 22

el área *f* area, 17

Argentina (la) Argentina, 4

argentino Argentinian, 4

árido arid, dry, II

el armario closet, wardrobe, 16

el aro ring, X

arqueólogo archeologist, IV

arquitecto architect, VII

la arquitectura architecture, I

arreglar to tidy, to fix, 24

arriba upstairs, 10

arrodillarse to kneel down, 28

arrojar to throw, V; to hurl, IX

el arroz rice, 3

el arte *f* art, III, 25

la artesanía handicraft, 21

articular to articulate, V

el artículo article, 17 (*inactive*)

el/la artista artist, II

el asa *f* handle, X

asado roast, 3

la arveja pea, 18

asar to roast, 28

el ascensor elevator, 24

así so 5; this way, VI; así así so-so, 2

el asiento seat, 5

asilarse to seek refuge, XI

asimilar to assimilate, XI

asistir (a) to attend, 25

asombrado astonished, IV

el aspecto aspect, X

asociar to associate, X

la aspirina aspirin, 17

el astro star, IV

el/la astronauta astronaut, 30

la astronomía astronomy, IV

astronómico astronomical, IV

asturiano Asturian, from Asturias, II

el asunto matter, problem, 26

el ataque attack, 29

la atención attention, I

aterrizar (c) to land, 9

el/la atleta athlete, 19

la atmósfera atmosphere, 26

atraer to attract, III

atraso: de atraso late, 9

atravesar (ie) to cross, V

atreverse (a) to dare (to), 23

el aula *f* classroom, 17

aumentar to increase, to go up, IV, 25

aun even, VIII

aún still, XII

aunque although, IV, 9

el auto car, 8

el autobús bus, 4

la automatización automation, XII

el automóvil automobile, 8

la autopista freeway, 16

el autor author, III

la autoridad authority, VIII

avanzado advanced, IV

avanzar (c) to advance, VI

la avenida avenue, 16

el avión plane, 9; avión supersónico supersonic plane, 30

ayer yesterday, 8

ayudar to help, 9

la azafata stewardess, 9

el azafrán saffron, 18

el/la azteca Aztec, IV

el/la azúcar sugar, 18

azul blue, 4

el bachiller high school graduate, I; título de bachiller high school diploma, I

el bachillerato high school curriculum, I, 11

la bahía bay, 15

bailar to dance, 5

el baile dance, 5

bajar to bring down, to come down, 24

bajo *adj* short, 4; under, in, 24; low, 7

el ballet ballet, 5

el baloncesto basketball, 19 (*inactive*)

la balsa raft, V

el banco bank, 12

la banda band, 25

bañar(se) to bathe, to take a bath, 14

el baño bathroom, 16

el baqueano scout in the pampas, IX

la barata sale, 21 (*inactive*)

barato inexpensive, 8

la barba beard, 14

bárbaro barberian, III

la barbería barbershop, XI

el barbero barber, XII

el barco boat, ship, XI

la barrera barrier, VI

el barrio neighborhood, Spanish-speaking sector of a city, 29

basado based, III

basar to base, 30

la base base, X

básicamente basically, XI

básico basic, XII

el basquetbol basketball, 19

bastante rather, *L.P.*, 5; a great deal, quite a bit, 9

la batalla battle, VIII

el bate bat, 19

bautizar to baptise, 11

el bautizo christening, 11

beber to drink, 3

la bebida drink, II

el béisbol baseball, III, 19

beneficioso beneficial, VI

besar to kiss, VIII

el beso kiss, 11

la biblioteca library, 1

la bicicleta bicycle, 8

bien well, fine, *L.P.*, 2; very, 3

el bigote moustache, 14

bilingüe bilingual, XII

la biología biology, 2

el bisté beefsteak, 3

blanco white, 3

la blusa blouse, 21

la boca mouth, 17

la boda wedding, 11

el boleto ticket, 5

la bolsa purse, 21 (*inactive*)

el **club** club, III, 15; **club nocturno** nightclub, III, 15
el **cobre** copper, 12
la **cocina** kitchen, 16
cocinado cooked, 18
cocinar to cook, 18; **cocinar a fuego lento** to simmer, 18
el **coche** car, 8
el **cohete** rocket, 30
la **cola** line, tail, 5; **hacer cola** to stand in line, 5
colaborar to collaborate, VIII
la **colección** collection, II, 10
colectivo collective, VI
el **colegio** school, I
colombiano Colombian, 4
la **colonia** colony, XI
colonial colonial, VI, 27
la **colonización** colonization, XI
el **color** color, 19
colorido color, IX
la **columna** column, 12
combinar to combine, 15
el **collar** necklace, 21
el **combustible** fuel, 26
la **comedia** comedy, III
el **comedor** dining room, 16
comenzar (ie, c) to begin, XI
comer to eat, 1 (*inactive*), 3
el **comercial** commercial, X
cómico comical, III
la **comida** dinner, food, 3
comienzo beginning, IX
como such as, III; as, 7; **como resultado** as a result, VIII
cómo how, *L.P.*, 2; **cómo no** of course, 3
la **cómoda** dresser, 16
la **comodidad** comfort, 15
cómodo comfortable, 8
el **compañero (de clase)** classmate, 2
la **compañía** company, 7
la **comparación** comparison, IX
comparar to compare, IX
comparativo comparative, 27 (*inactive*)
compartir to share, 20
la **competencia** competence, VIII
competente competent IX
competir (i) to compete, 19
completamente completely, 4
completar to complete, 18 (*inactive*)
completo complete, IX; **por completo** completely, VIII
complicado complex, 13
complicar (qu) to complicate, XII
la **compra** purchase, 11
comprar to buy, 1

comprender to understand, VI; to comprise, to comprehend, VII
la **computación** computer science, 20
la **computadora** computer, 22
común common, III, 21
la **comunicación** communication, III
comunicarse to communicate, VII
la **comunidad** community, XI
el **comunismo** communism, VI
el/la **comunista** communist, VII
con with, 2; **con tal (de) que** provided that, 20
conceder to bestow, to concede, VIII
el **concejal** councilman, XII
concentrar to concentrate, XI
el **concierto** concert, I, 5
la **condición** condition, XII
condicional conditional, 29 (*inactive*)
conectar to connect, 15
la **confirmación** confirmation, 24
confirmar to confirm, 24
el **conflicto** conflict, IX
el **conjunto** musical group, 25
conmigo with me, 13
conocer (zc) to know, to be acquainted with, 5
conocido (well) known, VII
el **conocimiento** knowledge, IV, 20
la **conquista** conquest, IV
conquistado conquered, VIII
el **conquistador** conqueror, V
conquistar to conquer, VIII
consciente aware, conscious, XII
la **consecuencia** consequence, IV
conseguir (i) to get, to obtain, 13
el **consejero** adviser, IV
conservar to conserve, to keep, 30
la **consideración** consideration, IX
considerado considered, X
considerar to consider, IV
consolidarse to consolidate, XII
conspicuo conspicuous, IX
constantemente constantly, IV
constituir to constitute, XI
la **construcción** construction, IV
construir (y) to construct, to build, 9
la **consulta** doctor's office, 17 (*inactive*)
el **consultorio** doctor's office, 17
la **contabilidad** accounting, 22

el **contacto** contact, VII
la **contaminación** contamination, pollution, 26; **contaminación del aire** smog, air pollution, 26
contaminar to contaminate, 26
contar (ue) to count, to tell, 6; **contar con** to count on, 6
contemporáneo contemporary, III, 20
contentarse to be content, VIII
contento happy, 4
contestar to answer, *L.P.*, 7
contigo with you (*familiar sing*), 13
el **continente** continent, VI, 23
continuamente continuously, VI
continuar to continue, VII, 22
continuo continuous, X
contra against, VIII; **en contra de** against, VIII
contrario opposite, X; **al contrario** on the contrary, 20
contradecir (g, i) to contradict, 7 (*inactive*)
el **contraste** contrast, II
la **contribución** contribution, XII
contribuir (y) to contribute, 29
controlar to control, 26
convencer to convince, 25 (*inactive*)
conveniente convenient, VII
la **conversación** conversation, 2
convertir (ie, i) (en) to change (into), to transform, VI; **convertirse en** to become, XII
la **convivencia** coexistence, XI
la **cooperación** cooperation, IV, 26
cooperar to cooperate, IV
la **copa** glass, goblet, 3
la **corbata** tie, 21
la **cordillera** mountain range, V
correcto correct, IX
corredor runner, racer, VII
el **correo** mail, communication, VII; post office, 23
correr to run, VII, 19
corresponder to correspond, 25 (*inactive*)
correspondiente corresponding, 16 (*inactive*)
la **corrida** bullfight, III, 15
cortado cut up, 18
cortar to cut, 18; **cortar en pedazos pequeños** to dice, 18
la **corte** court, V
corto short, 4
la **cosa** thing, II, 6

la **costa** coast, II, 15
costar (ue) to cost, 21
costear to pay the cost, XI
el **costo** cost, 25
la **costumbre** custom, habit, 13
cotidiano daily, VIII
el **creador** Creator, God, VI
crear to create, IV; to establish, VI
crecer (zc) to rise, VI; to grow, XI
la **creencia** belief, VI
creer to believe, to think, 3; **creer que sí** to think so, 19
la **crema** cream, 2 (*inactive*)
la **crisis** crisis, 25; **crisis energética** energy crisis, 25
cruel cruel, III
la **cruz** cross, VIII, 23; **Cruz Roja** Red Cross, 23
cruzar (c) to cross, 10
el **cuaderno** notebook, 1
la **cuadra** block, 16
cuadrado square, IX
el **cuadrilátero** ring, X
cuál which, which one(s), what, 2
cualquier any, 14
cuando when, I, 7
cuándo when, 2
cuanto: en cuanto as soon as, in so far as, 20
cuánto how much, 2; *pl* how many, 2
cuarenta forty, 2
la **Cuaresma** Lent, 25
el **cuarto** bedroom, 16; quarter, 4; fourth, 10
cuatro four, 2
cuatrocientos four hundred, 10
cubanización Cubanization, XI
cubano Cuban, 4
cubierto *pp* covered, V, 23; *noun* silverware, 18
cubrir to cover, IV, 23
la **cuchara** tablespoon, 18
la **cucharada** tablespoonful, 18
la **cucharadita** teaspoonful, 18
la **cucharita** teaspoon, 18
el **cuchillo** knife, 18
el **cuello** neck, 17
la **cuenta** account, 22; bill, 24; **cuenta corriente** checking account, 22; **cuenta de ahorros** savings account, 22; **darse cuenta (de)** to realize, to become aware of, 29; **sacar cuentas** to figure out, 25
el **cuento** short story, VIII
el **cuero** leather, VIII, 21
el **cuerpo** body, 17

cuidado care, 9; **con cuidado** carefully, 9; **tener cuidado** to be careful, 6
cuidar to take care of, 20
cultivar to cultivate, II
el **culto** cult, VII; *adj* cultured, enlightened, IX, 30
la **cultura** culture, III, 12
cultural cultural, VIII
la **cumbia** type of music, III
el/los **cumpleaños** birthday, 11
cumplimiento fulfillment, XII
la **cuñada** sister-in-law, 11
el **cuñado** brother-in-law, 11
la **cuota** quota, XI
la **curiosidad** curiosity, VI
el **curso** course, 2
curvo curved, X
cuyo whose, XII
el **champaña** champagne, II
la **chaqueta** jacket, 25
la **charla** talk, II
el **chasqui** Quechuan runner, VII
el **cheque** check, 2
el/la **chibcha** Indian of Colombia, 12
la **chica** girl, 1
el **chicano** Chicano, Mexican-American, X
el **chico** boy, 1; *pl* boys, boys and girls, 1
el **chile** green pepper, 18 (*inactive*)
el **chileno** Chilean, 4
el **chino** Chinese, 1
el **chisme** piece of gossip, VII
chocar (qu) to collide, 8
el **chocolate** chocolate, 3
el **chofer** driver, 8

los **damnificados** victims, X
el **daño** damage, harm, 23
dar to give, 5; **darse cuenta (de)** to realize, to become aware (of), XI, 29
de of, from, 2; than, 15
deber duty, 20; *verb* ought to, should, 3; **debido a** because of, due to, VI, 30
débil weak, 17
decentemente decently, XII
decidir (se) to decide, VI, 23
décimo tenth, 10
decir (g, i) to say, to tell, 5 (*inactive*), 7
decisivo decisive, XI
declarar to declare, X
decorar to decorate, IV
dedicar (qu) to dedicate, IV
el **dedo** finger, toe, 17
defender (ie) to defend, XII
la **definición** definition, VIII

definitivamente definitively, X
definitivo definitive, VII
dejar to leave, 7; to let, to allow, 22; **dejar de** + *inf* to stop + present participle, 24; **no dejar de** not to fail to, not to forget to, 19
del (contraction of **de** + **el**) of the, 2
delegar to delegate, IV
delgado thin, 4
delicioso delicious, 3
el/la **delincuente** criminal, IX
el **delito** crime, IX
demasiado too much, 16; excessively, XII; *pl* too many, 16
demográfico demographic, XI
demostrar (ue) to show, IV
el/la **dentista** dentist, VII
dentro (de) inside, 10
el **departamento** department, I, 22
depender to depend, IX
el **deporte** sport, III, 15
depravado depraved, IX
deprimido depressed, 25
la **derecha** right, 16; **a la derecha** on the right, 16
el **derecho** law, I; right, 20; *adv* straight ahead, 16
derivado derivative, derived, 27 (*inactive*)
derrame spill, 26
desagradable unpleasant, 4
desagradecido ungrateful, X
desaparecer (zc) to disappear, 26
la **desaparición** disappearance, IX
desarrollar to develop, IX
desarrollo development, 29
el **desayuno** breakfast, 3
descansar to rest, 2
el **descanso** rest, 15
el/la **descendiente** descendant, VII, 30
desconocido unknown, VI
describir to describe, IX
la **descripción** description, IX
descrito *pp* described, 23 (*inactive*)
el **descubrimiento** discovery, IV
descubrir to discover, IV
desde from, since, 15; **desde luego** of course, VII
la **desdicha** misfortune, IX
desear to wish, to want, 3
el **desembarco** landing, XII
el **desempleo** unemployment, IV
el **deseo** desire, IX
desesperado desperate, VIII
el **desfile** parade, 25

desgraciadamente unfortunately, XII
desgraciado unfortunate, IX
el desierto desert, VIII
designado designated, IX
designar to designate, IX
despacio slow(ly), 8
despedir (i) to say good-bye, to fire, to dismiss, 7
despejado clear, not cloudy, 15
despertar (ie) to awaken, to wake up, 14
después (de) after, later, 5
destacarse to stand out, VIII
el destierro exile, X
el destino destination, VII; destiny, fate, XII
destruir (y) to destroy, IV, 23
desvelarse to keep awake, 28
detrás (de) behind, 10
el día day, L.P., 2; día de fiesta holiday, 25; día libre day off, 10; hoy en día nowadays, IV, 12; Día de Gracias Thanksgiving, 27
el diálogo dialog, I
diario daily, III, 15
dibujar to draw, 10
el dibujo drawing, 10
diciembre m December, 11
dicho pp said, 23
dichoso fortunate, VIII
diecinueve nineteen, 2
dieciocho eighteen, 2
dieciséis sixteen, 2
diecisiete seventeen, 2
el diente tooth, 14; diente de ajo clove of garlic, 18; lavarse los dientes to brush one's teeth, 14
diez ten, 2
la diferencia difference, III, 18; a diferencia de unlike, XII
diferente different, I, 4; various, 23
difícil difficult, 13
la dificultad difficulty, II
¡diga! hello, 7 (inactive)
el dinero money, 7
el dios god, IV; ¡Dios mío! Good Lord! My God! 23
la diosa goddess, IV
la dirección address, direction, 11
directamente directly, IV
directivo: junta directiva executive board, XII
directo direct, IX
el director director, I
dirigir (j) to direct, IX; dirigirse (a) to go, VII; to address, to appeal (to), 26

el disco record, 5
la discoteca discotheque, 6
la discrepancia discrepancy, VIII
la discriminación discrimination, 29
la discusión discussion, I
discutir to argue, to discuss, III
diseñar to design, X
disfrutar (de) to enjoy, 15
disminuir (y) to diminish, XI, 30
la distancia distance, VII
distinguir to distinguish, IX
distintivo distinctive, IX
la diversión entertainment, III, 15
divertirse (ie, i) to have a good time, 14
dividido divided, I
dividir to divide, II
división division, III
divorciado divorced, IX
doblado dubbed, III
el doblaje dubbing, III
doblar to turn, 16
doce twelve, 2
el doctor doctor, 1
la documentación documentation, XII
el documento document, 22
el dólar dollar, 11
doler (ue) to hurt, to ache, 17
el dolor ache, pain, 13; dolor de cabeza headache, 17; dolor de garganta sore throat, 17; tener dolor to have a pain, 17
la dominación domination, III
dominar to dominate, IV; to handle perfectly, XI
el domingo Sunday, 11
dominicana Dominican, X
el dominio control, knowledge, XI
don title of respect, L.P.
la donación contribution, donation, 23
donde where, 1; wherever, 20
dónde where, 1
doña title of respect, L.P.
Dorado: El Dorado The Golden One, V
dormir (ue, u) to sleep, 6; dormirse to fall asleep, 14
dormitorio dormitory, 2; bedroom, 16 (inactive)
dos two, 2
doscientos two hundred, 10
el drama drama, I
dramático dramatic, III
drástico drastic, 26
la droga drug, 9
la duda doubt, VI
dudar to doubt, 19

dulce sweet, 28
durante during, 9
duro hard, X, 27

e and, 24
la ecología ecology, 26
la economía economics, 2
económico economic, economical, financial, IX
el ecuador equator, V
la edad age, III; Edad Media Middle Ages, IX
el edificio building, 1
la educación education, I, 20
educativo educational, VIII
efectivamente, of course, 24
efecto effect, XI
efectuar to carry out, X
eficiente efficient, VII
egoísta selfish, 7
el ejecutivo executive, 20
el ejemplo example, V, 18; por ejemplo for example, 18
el ejercicio exercise, 2
el ejército army, IX
el the, L.P., 1
él he, 1
la electricidad electricity, IV
el/la electricista electrician, VI
elegir (i, j) to elect, XII
el elevador elevator, 24 (inactive)
el elemento element, XII
eliminar to eliminate, to delete, IV
ella she, 1
ellos (-as) they, 1; them, 5
la emancipación emancipation, liberation, 20 (inactive)
la embajada embassy, XI
el embajador ambassador, 20
la embarcación small craft, XI
embargo: sin embargo nevertheless, IV, 20
la emigración emigration, III
emigrar to emigrate, II
la emisión emission, 26
el emperador emperor, VI
empezar (ie) to start, to begin, 8
el empleado employee, 7
emplear to employ, XII
el empleo job, 7
el empuje thrust, IX
en in, on, at, L.P., 1
encajar to fit, VII
encantado delighted, 10
encantar to delight, to love, to enchant, 8
encerrar (ie) to enclose, IX
encontrar (ue) to find, IV, 13

el **encuentro** encounter, IV

energética *adj* energy, 26

la **energía** energy, 26

enero January, 11

el **enfermero** nurse, 17

enfermo ill, sick, 2

enfrentarse to face, XI

enfrente (de) across from, in front (of), 5

enorme enormous, 12

la **ensalada** salad, 3

el **ensayo** essay, VIII

la **enseñanza** teachings, instruction, VI

enseñar to teach, VI, 21; to show, 21

entender (ie) to understand, 6

entendido: tener entendido to understand, 27

entonces then, 5

la **entrada** ticket, 5; arrival, IV; entrance, 9

entrar to enter, to go in, 3

entre between, among, 2

entrenado trained, 9

el **entrenamiento** training, XI

entrenar to train, VII

la **entrevista** interview, 22

el **entrevistador** interviewer, 29

la **envidia** envy, 30

enviar to send, VI

épico epic, VIII

la **epidemia** epidemic, 23

la **época** epoch, age, 14; time, 19

el **equipaje** luggage, 9

el **equipo** team, 19

equivalente equivalent, XI

la **erosión** erosion, III

erróneamente erroneously, wrongly, VII

el **error** error, VIII

esa that, III, 8

ésa that (one), 8

la **escalera** stairs, 16

el **escaparate** display window, 21

la **escena** scene, IX

escondido hidden, VII

escribir to write, *L.P.*, 3; **escribir a máquina** to type, 22

escrito *pp* written, 23

el **escritor** writer, VII

el **escritorio** desk, 2

escuchar to listen to, *L.P.*, 1

la **escuela** school, I; **escuela secundaria** high school, I, 11; **escuela normal para maestros** teacher's college, VIII

la **escultura** sculpture, I, 10

ese that, 1

ése that (one), 8

la **esmeralda** emerald, V

eso that, 8; **a eso de** about, around, 10; **por eso** that's why, 8

esos (-as) those, 8

ésos (-as) those, 8

el **espacio** space, X; **espacio en blanco** blank, 17 (*inactive*)

la **espalda** back, 17

espantoso frightful, 23

España Spain, I, 4

el **español** Spanish, *L.P.*, 1; Spaniard, 3

especial special, I

especialmente especially, III, 9

la **especie** type, kind, X; species, 26

específico specific, XI

espectacular spectacular, X

el **espectáculo** spectacle, show III, 15

la **esperanza** hope, XI, 30

esperar to wait (for), 10; to hope (for), 19

el **esplendor** splendor, VII

la **esposa** wife, 11

el **esposo** husband, 11

espumoso sparkling, II

el **esquí** ski, 19

el **esquiador** skier, 19

esquiar to ski, 19

la **esquina** corner, 4

esta this, 5 (*inactive*), 6

ésta this (one), 8

la **estabilidad** stability, IV

establecer (zc) to establish, XII

establecerse (zc) to settle, 29; to stipulate, XII

la **estación** station, VII, 23; **estación de las lluvias** rainy season, 15

estacionar to park, 10

el **estadio** stadium, 1

la **estadística** statistics, XI

el **estado** state, II, 4

los **Estados Unidos** United States, 4

la **estampilla** stamp, 11

estar to be, *L.P.*, 2; to look, to taste, 4; **estar a cargo** to be in charge, 22; **estar de acuerdo** to agree, VIII; **estar seguro** to be sure, 6

la **estatua** statue, 10

este *adj* this, 6

el **este** east, 15

éste this, 8

estilo style, VII, 27

esto this, III, 8

el **estómago** stomach, 17

estos (-as) these, 8

éstos (-as) these, III, 8

estrecho narrow, VIII, 27

la **estrella** star, X

estrellado starry, star-studded, VIII

el/la **estudiante** student, 1

estudiar to study, 1

el **estudio** study, I, 15

la **estufa** stove, 16

estupendo stupendous, great, X

Europa Europe, IV

europeo European, II

la **evidencia** evidence, IX

evidente evident, III, 22

la **evolución** evolution, III

el **examen** examination, 2

examinar to examine, IV, 17

la **excavación** excavation, IV

excelente excellent, 3

excepto except, III

la **excursión** tour, excursion, 4

la **excusa** excuse, pretext, VII; apology, 24

la **exhibición** exhibition, exhibit, 10

exigir (j) to require, to demand, 22

la **existencia** existence, VI

existir to exist, III, 12

éxito success, IX

la **expansión** expansion, 27 (*inactive*)

expatriado expatriate, XI

la **expedición** expedition, IV

la **experiencia** experience, 7

experimentar to experience, XI

el **experto** expert, V

la **explicación** explanation, VI

explicar (qu) to explain, 7

la **exploración** exploration, V

el **explorador** explorer, IV

explorar to explore, IV

explotar to exploit, 12

exportar to export, IV

expresar to express, VIII

la **expresión** expression, III

expulsar to expel, VII, 30

extender (ie) to stretch, to extend, VII

extendido widespread, extensive, XII

la **extensión** extension, IX

extenso extensive, VIII

el **exterior** exterior, outside, VII

exterminar to exterminate, 26

extinguir to extinguish, to erase, VIII

extraer to extract, 12

el **extranjero** foreign country, abroad, 9; foreign, V, 19

extrañar to miss, 27

extraordinario extraordinary, IV

extremadamente extremely, 27
extremo extreme, X

la fábrica factory, 26
fabuloso fabulous, VI
fácil easy, 13
la facilidad ease, 27 (*inactive*); con
facilidad easily, with facility,
27 (*inactive*)
facilitar to ease, to facilitate, IV
la facultad college, school, I, 20
la falda skirt, 21
falta: a falta de for lack of, VIII;
hacer falta to need, 29
faltar to lack, to be missing, 28
la familia family, 4
familiar relative, XI; *adj* familiar, 18 (*inactive*)
famoso famous, II, 10
fantástico fantastic, out of this
world, 10
la farmacia pharmacy, I, 28
el favor favor, V; por favor please,
L.P., 3
favorablemente favorably, XII
favorito favorite, III
febrero February, 11
la fecha date, 11
la felicidad happiness, 13
felicitar to congratulate, 11
feliz happy, 13
femenino feminine, 20
el fenómeno phenomenon, XI
feo ugly, 4
fértil fertile, II
el feudalismo feudalism, IX
la fiebre fever, 17
la fiesta party, 5; celebration, holiday, 25
la figura image, symbol, figure,
VIII
fijarse to notice, 24
fijo fixed, steadfast, 21
la filosofía philosophy, 2
el fin end, VIII; al fin at last, VII;
al fin y al cabo after all is said
and done, finally VII; en fin
oh, well, in short, VI; fin de
semana weekend, 6; por fin
finally, 10; a fines de at the
end of, X
el final final, I
finalmente finally, V
la finca farm, 6
fines: a fines de at the end of, X
fino fine, VII
firmar to sign, 24
la física physics, 2
el físico physicist, VI; physical,
VIII

la flexibilidad flexibility, IV
la flor flower, 26
la flotilla small fleet, XI
folclórico folkloric, 5
folklórico folkloric, 5
el fondo bottom, IX; en el fondo
down deep, IX
la forma form, III; de esta forma
in this way, XII; de todas formas anyway, IX
formal formal, I
formar to form, III
formidable formidable, I
la foto photo, 19
la fotocopia photocopy, 22
la fotocopiadora copying machine, 22
la fotografía photograph, 19
la fracción fraction, III
Francia France, VIII
el francés French, 1
la frase phrase, 28 (*inactive*)
la frecuencia frequency, VIII; con
frecuencia frequently, 27
freír (i) to fry, 18; freír ligeramente to sauté, 18
frenar to brake, to put on the
brakes, 8
frente front, X; al frente de at
the head of, VIII; enfrente de
across from, 5; frente a in
front of, 5
fresco fresh, VII; cool, 15
fríamente coldly, IX
el frijol bean, 28
frío cold, 3; tener frío to be
cold, 6
frito *pp* fried, 3
la frontera frontier, border, XII
fronterizo border, XII
el fuego fire, 18; cocinar a fuego
lento to simmer, 18
fuera outside, IX
fuerte heavy, strong, VI, 17
la fuga: fuga de cerebros brain
drain, XI
la función performance, 5
funcionar to work, to function,
8
la fundación founding, VIII, 29
fundar to found, to establish,
VII, 29
furioso furious, angered, VIII
el fútbol football, soccer, III, 19
el futuro future, IV

las gafas: gafas de sol *pl* sunglasses,
27
la galería gallery, 21
galopar to gallop, IX

el gallego Galician, II
gana: tener ganas de + *inf* to
feel like + present participle,
6
el ganado cattle, 6
ganar to win, to earn, 7
el garaje garage, 16
garantizar (c) to guarantee, X
la garganta throat, 17
gárgaras: hacer gárgaras to gargle, 17
la gasolina gas, 8
gastar to spend, 19
gauchesco *adj* gaucho, of the
gaucho, IX
el gaucho pampas cowboy, IX
el gazpacho a type of cold soup, II
la generación generation, 20
general general, I; en general
generally, I, 13
la generalidad generality, II
generalmente generally, III, 21
el género genre, VIII
la gente people, III, 14
la geografía geography, 2
geográfico geographic, IX
la geología geology, I
la gloria glory, IX
el gobernador governor, 20
el gobierno government, 20
gordo fat, 4
gozo joy, pleasure, VIII
la grabadora tape recorder, 1
gracias thanks, 1
el grado degree, V
la graduación graduation, 6 (*inactive*)
graduado graduate, 20
gradual gradual, IX
graduar to graduate, 20
la gramática grammar, III
gran great, VIII, 23
grande great, IV, 23; big, 8;
Grandes Ligas Major
Leagues, X
grave serious, grave, seriously
hurt, 8
Grecia Greece, VII
griego Greek, IV
la gripe flu, 17
gritar to scream, 8
el grupo group, team, 19
(*inactive*), 29
la guagua bus (in Cuba), 8
(*inactive*)
el guante glove, 21
el/los guardabarros fender, 8
la guerra war, IV, 29
el/la guía guide, 9
guiar to guide, VIII
la guitarra guitar, 5

el/la **guitarrista** guitarist, VI
gustar to like, to appeal to, to please, 8; **gustar más** to prefer, 10
gusto pleasure, 7; **mucho gusto** pleased to meet you, 7; **con mucho gusto** don't mention it, 7

La **Habana** Havana, 28
haber to have, 2 (*inactive*), 23
había there was, there were, 12
la **habilidad** ability, IX
la **habitación** room, 16; **habitación doble** double room, 24; **habitación sencilla** single room, 24
el **habitante** inhabitant, IV
habitar to live, IX
habla: de habla española Spanish-speaking, X
hablar to speak, 1; **hablar alto** to speak loud, 7; **hablar en serio** to be serious, 12; **hablar en broma** to be joking, 12
hace: hace + *time expression* + *preterit* ago, 15
hacer (g) to prepare, to make, 3; to do, 5; **hacer cola** to stand in line, 5; **hacer el papel** to play the part, 16; **hacer falta** to need, 29; **hacer valer** to assert, XII; **hacer gárgaras** to gargle, 17; **hacer calor** to be hot, 15; **hacer fresco** to be cool, 15; **hacer viento** to be windy, 15; **hacer otra cosa** to do something else, to do another thing, 6
hacia toward, VIII
hallar to find, to encounter, to meet, VIII
el **hambre** *f* hunger, 6; **tener hambre** to be hungry, 6
hasta until, *L.P.*, 10; even, 13; to, 15; **hasta la vista** so long, *L.P.*; **hasta luego** so long, *L.P.*; **hasta más tarde** until later, *L.P.*; **hasta que** until, IV, 20; up to, IV
hay there is, there are, 2; **hay que** + *inf* it's necessary + infinitive, 14
el **hebreo** Hebrew, 30
el **hecho** *noun* deed, tact, VII; *pp* made, 23
el **helado** ice cream, 3
el **hemisferio** hemisphere, 15
la **herencia** heritage, XI

herido wounded, hurt, 8
la **hermana** sister, 11
el **hermano** brother, 10; *pl* brothers, brothers and sisters, 10
hermosa beautiful, X
el **hierro** iron, 12
la **hija** daughter, 11
el **hijo** son, 11
el **himno** hymn, VIII
hispánico Hispanic, XI
hispano *adj* Hispanic, III, 20; Spanish-speaking person, 29; **hispano hablante** Spanish speaking, III, 15
Hispanoamérica Spanish America, I
hispanoamericano Spanish American, VIII
la **histeria** hysteria, VI
la **historia** history, 2; story, VII
el **historiador** historian, IV
histórico historic, VI
el **hogar** home, 20
la **hoja** knife blade, VII; leaf, 26
hola hi, hello, 5
el **hombre** man, 7; **hombre de negocios** businessman, 7
el **hombro** shoulder, 17
honrado honest, 7
la **hora** hour, time, 3; **a su hora** on time, on schedule, 9
el **horizonte** horizon, IX
el **horno** oven, 16
horrible horrible, I, 23
horror horror, 14; **divertirse un horror** to have a lot of fun, 14; **¡qué horror!** how horrible!, 8
el **hospital** hospital, clinic, 2
el **hotel** hotel, I, 5
hoy today, 2; **hoy en día** nowadays, III, 12
la **huella** track, IX
el **huerto** orchard, IX
el **huevo** egg, 3
humano human, VI
el **huracán** hurricane, 23

la **idea** idea, I, 21
el **idealismo** idealism, IV
la **identidad** identity, II, 30
la **iglesia** church, 12
la **ignorancia** ignorance, VIII
igual equal, 10; **me da igual** it's the same to me, 10; **igual que** the same as, IV
la **igualdad** equality, XII
ilógico illogical, IX
la **imagen** image, IX; likeness, XII
la **imaginación** imagination, VI
imitar to imitate, IX

el **impacto** impact, III
imperceptible imperceptible, IX
imperfecto imperfect, 21 (*inactive*)
el **imperialismo** imperialism, VII
el/la **imperialista** imperialist, VII
el **imperio** empire, VII
impersonal impersonal, 22 (*inactive*)
la **importancia** importance, VI
importante important, II, 10
importar to matter, 2; **no importa** it doesn't matter, 2
imposible impossible, VII, 22
el **impuesto** tax, X, 29
impulsar to impel, XI
el/la **inca** Inca, VII
incluir (y) to include, XI
incompleto incomplete, IX
indefinido indefinite, 21 (*inactive*)
la **independencia** independence, VIII
independiente independent, 7
el/la **indígena** indigenous, native, IV
el **indio** Indian, IV, 12
indirecto indirect, 17 (*inactive*)
indiscutiblemente unquestionably, XI
la **individualidad** individuality, XII
la **industria** industry, IV, 26
industrial industrial, II
inexplorado unexplored, V
la **infección** infection, 17
inferior lower, XII
el **infinitivo** infinitive, 21 (*inactive*)
infinito infinite, VIII
la **inflación** inflation, IV, 25
la **influencia** influence, III, 29
influir (y) to influence, VI
la **información** information, 7
informal informal, 18 (*inactive*)
el **informe** report, 22
la **ingeniería** engineering, I
ingeniero engineer, VII
ingenioso ingenious, witty, X
la **ingenuidad** ingenuousness, naïveté, without guile, IX
ingenuo naïve, 26
el **inglés** English, 1
el **ingrediente** ingredient, II
la **injusticia** injustice, 30
inmediatamente immediately, IX
la **inmigración** immigration, XI
el/la **inmigrante** immigrant, XI
inmortal immortal, IX
inolvidable unforgettable, 25
inspeccionar to inspect, X

el **inspector** inspector, I, 9
la **inspiración** inspiration, VIII
instigar to instigate, IV
institución institution, IV
el **instituto** institute, I
integral integral, XII
integrar to integrate, V
el/la **intelectual** intellectual, VIII
inteligente intelligent, 7
intercambiar to exchange, IV
el **interés** interest, III, 29
interesante interesting, 4
interesar to interest, 8
el **interior** interior, IV
internacional international, X
intérprete interpreter, IV
interrumpir to interrupt, XII
intervenir (g, ie) to intervene, 6 (*inactive*)
la **introducción** introduction, IV
introducir (zc) to introduce (something), VII
la **inundación** flood, VI, 23
inundar to inundate, IV
el **inventario** inventory, 22
la **investigación** investigation, research, XI
investigar to investigate, IV
el **invierno** winter, 15
invitar to invite, 6
ir to go, 5; **ir de compras** to go shopping, 21
la **ironía** irony, VII
irreal unreal, IX
irregular irregular, IX
irritado irritated, sore, 17
irse to go away, to leave, 14
la **isla** island, IV, 15
el **italiano** Italian, 1
la **izquierda** left, 16; **a la izquierda** (to the) left, 16

el **jabón** soap, 27
jamás not ever, never, 16
el **japonés** Japanese, 1
el **jardín** garden, yard, 16
el **jardinero** outfielder, X
el **jefe** boss, chief, 7; **jefe de ventas** sales manager, 7
el **jinete** rider, horseman, X
joven young, 3 (*inactive*), 4
el **judeo-español** language spoken by the Sephardim, 30
el **judío** Jew, 30
el **juego** game, 6
el **jueves** Thursday, 11
el **juez** judge, 20
el **jugador** player, 19
jugar (ue) to play, 19
el **jugo** juice, 3

julio July, 11
junio June, 11
la **junta** council, XII
juntos together, 5
la **justicia** justice, IX, 30
justo just, VI, 20
la **juventud** youth, 29

el **kilo** kilo (2.2 lbs.), 12
el **kilómetro** kilometer (.62 miles), 12

la *pron* her, you, it, 5; *article* the, *L.P.*, 1
la **labor:** **labores domésticas** housework, 20
el **laboratorio** laboratory, 1
el **lado** side, IX; **por este lado** this way, 9; **al otro lado** on the other side, X
el **ladrón** thief, IX
el **lago** lake, 6
la **lágrima** tear, V
la **laguna** lagoon, V
el **lamento** lament, IX
el **lanzador** pitcher, X
lanzar (c) to hurl, to throw, X
el **lápiz** pencil, 1; **lápiz de cejas** eyebrow pencil, 27; **lápiz de labios** lipstick, 27
largo long, 4; **de largo** in length, long, 12; **a lo largo** lengthwise, X
las *pron* them, you, 5; *article* the, 1
lástima: **es (una) lástima** it's a shame, 22
lateral lateral, VII
el **latín** Latin, III
Latinoamérica Latin America, 4
la **lavandería** laundry, 28
el **lavaplatos** dishwasher, 16
lavar to wash, 14
el **lazo** tie, bond, X
le (to) him, her, it, you (formal), 7
la **lealtad** loyalty, 30
la **lección** lesson, *L.P.*, 1
la **lectura** reading, I
la **leche** milk, 3
la **lechería** dairy, XI
el **lechero** milkman, XII
el **lechón** pork, 28
la **lechuga** lettuce, 3
leer to read, *L.P.*, 3
legal legal, IX
legislar to legislate, IV
la **legua** league, IX

la **legumbre** vegetable, 3
lejos (de) far (from), 10; **a lo lejos** in the distance, far away, VIII
la **lengua** language, tongue, II, 29
lento slow, XII
les (to) them, you, 7
la **letra** letter, *L.P.*
el **letrero** sign, 28
levantar to raise, 14; **levantarse** to get up, 14
la **ley** law, VI
la **leyenda** legend, IV
la **liberación** liberation, 20; **liberación femenina** women's lib, 20
la **libertad** liberty, II
la **libra** pound, 12
libre free, off, 10; **día libre** day off, 10
la **librería** bookstore, 1
el **libro** book, *L.P.*, 1
la **licencia** license, VIII
ligeramente lightly, 18; **freír ligeramente** to sauté, 18
ligero light, 3
limitado limited, XI
el **límite** limit, boundary, VIII
limpiar to clean, 24
lindo pretty, 19
la **liquidación** sale, 21 (*inactive*)
el **líquido** liquid, 18
lírico lyrical, VIII
la **lista** list, IV; **lista de espera** waiting list, XI
listo *adj* ready, smart, 4
literario literary, VIII
la **literatura** literature, VIII, 29
lo *pron* him, you, it, 5; *article* the, 28; **lo de** that business about, 28; **lo que** what, 16 (*inactive*), 24
local local, VII
la **localidad** locality, IX
loco crazy, VI
el **locutor** announcer, 23
lógico logical, VI
lograr to be successful, to succeed in, to attain, XII
Londres London, VIII
los *pron* them, you, 5; *article* the, *L.P.*, 1
la **lucha** fighting, VIII
luchar to fight, to struggle, XII
luego: **desde luego** of course, VIII
el **lugar** place, spot, area, II, 15
el **lujo** luxury, VII
la **luna** moon, IV
el **lunes** Monday, 11
la **luz** light, 8

la **llama** llama, VII
llamado called, named, II
llamar to call, 5; **llamarse** to be called, to be named, 14
la **llanta** tire, 8
el **llano** flat, plain, IX
la **llanura** plain, IX
la **llave** key, 24
la **llegada** arrival, V, 12
llegar to arrive, 4; **llegar a ser** to become, X, 30
llenar(se) to fill (out), 7
lleno full, VIII
llevar to take, 8; to take from, VII; to bring (back), 19; **llevar a cabo** to fulfill, to achieve, VII; to successfully undertake, VIII
llover (ue) to rain, II, 15
la **lluvia** rain, 15; **estación de las lluvias** rainy season, 15

machacar (qu) to crush, 18
la **madera** wood, 4
la **madre** mother, 1
la **madrina** godmother, 11
el **maestro** teacher, VIII
la **magia** magic, VI
magnífico great, 5
el **maíz** corn, III
mal ill, sick, 2; bad, evil, 3; **menos mal** good thing, lucky, 8
la **maleta** suitcase, 9
el **maletero** skycap, 9
el **maletín** attaché case, 9
malo bad, evil, 3; sick, 4; **lo malo** the bad part, 28; **a las malas** the hard way, 26
la **mamá** mother, mama, mom, 14
la **mancha** blot, blemish, X
mandar to send, 19; to order, to command, 22
el **mandato** command, 16 (*inactive*)
el **mando** command, VIII
manejar to drive, 8
la **manera** manner, VI
la **manifestación** manifestation, IX
la **mano** hand, 14
el **mantel** tablecloth, 18
mantener (g, ie) to maintain, to keep, III, 13
la **mantequilla** butter, 18
la **manzana** apple, 5 (*inactive*)
mañana tomorrow, *L.P.*, 2; morning, 4; **pasado mañana** day after tomorrow, 6
el **mapa** map, 2
la **máquina de escribir** typewriter, 22

el **mar** sea, 15; **Mar Caribe** Caribbean Sea, V
el **mariachi** Mexican musician, 15
maravilloso marvelous, 4
marcado marked, VII
la **margarina** margarine, 18
marginar to push aside, XII
el **marido** husband, 11 (*inactive*)
el **marinero** sailor, XII
el **marisco** seafood, II
el **martes** Tuesday, 11
el **marxismo** Marxism, VI
marzo March, 11
mas but, IX
más more, II, 7; **más adelante** later on, VIII
matar to kill, VII
las **matemáticas** mathematics, 2
la **materia** field, area, VII
el **materialismo** materialism, VI
el/la **materialista** materialist, VI
la **maternidad** maternity, II
máximo maximum, VII
el/la **maya** Maya (Indian of Mexico), IV, 15; *adj* Mayan, IV, 15
mayo May, 11
mayor older, bigger, 14; oldest, 15
la **mayoría** majority, III, 29
me me, 5; to me, 7; myself, *L.P.*, 14
media half, 4; stocking, 21; sock, 21
medios means XII
la **medicina** medicine, I, 23
el **médico** doctor, 2
la **medida** measure, 26
medieval medieval, II
medio half, middle, III; **en medio de** in the middle of, X
medios: por todos los medios by every means, XI
medir (i) to measure, 12
Méjico Mexico, 4
mejor better, 9; best, 15
el **mejoramiento** betterment, improvement, XII
mejorar to improve, to better, VIII, 29
la **mejoría** improvement, XII
la **memoria** memory, 5; **saber de memoria** to know by heart, 5
mencionar to mention, III
menor younger, smaller, 14; youngest, 15; **la menor idea** the slightest idea, VIII
menos fewer, less, III, 15; least, 15; **a menos que** unless, 20; **al menos** at least, VIII; **menos mal** good thing, lucky, 8; **por lo menos** at least, 21

el **mensaje** message, VII, 24
la **mente** mind, VI
la **mentira** lie, 11; minus, 4; **parecer mentira** to seem impossible, 11
el **menú** menu, 3
menudo: a menudo often, 27
el **mercado** market, marketplace, VII, 21
merecer (zc) to deserve, XII
el **mes** month, 6
la **mesa** table, 3; **mesa de noche** nightstand, 16
la **meseta** plateau, II
el **mestizaje** interbreeding, XI
la **meta** goal, aim, XII
el **metal** metal, VII
la **metalurgia** metallurgy, VI
meter to put into, X
el **método** method, VII; means, X
el **metro** subway, 8; meter, 12
metropolitano metropolitan, XI
mexicano Mexican, 4
México Mexico, 5
el **méxico-americano** Mexican-American, XII
la **mezcla** mixture, XI
mi(s) my, 4
mí me, 3
el **miedo** fright, 6; **tener miedo** to be afraid, 6
el **miembro** member, XI
mientras while, III, 11; whereas, VI; so long as, X; **mientras que** whereas, VI; **mientras tanto** in the meantime, meanwhile, 26
el **miércoles** Wednesday, 11
la **migración** migration, XI
el **migrante** migrant, XI
migratorio migratory, XI
mil one thousand, 10
el **milagro** miracle, VI
el **militarismo** militarism, VI
el/la **militarista** militarist, VI
la **milla** mile, 12
el **millón** million, I, 11
la **mina** mine, 12
el **minero** miner, 12
el **minidiálogo** minidialog, *L.P.*
el **ministerio** ministry, VIII; **Ministerio de Relaciones Exteriores** Ministry of Foreign Affairs, VIII
el **ministro** minister (political), 20
la **minoría** minority, XI, 29
el **minuto** minute, 6
mío (-a, -os, -as) mine, of mine, 12
mirar to look at, 4
el **misántropo** misanthrope, IX

la **misión** mission, III, 29
mismo same, 20; **ahora mismo** right now, 5; **a sí mismos** themselves, X
el **misterio** mystery, VI
misterioso mysterious, VI
la **mitad** half, V
el **mito** myth, V
la **moda** fashion, 21
el **modelo** model, 16
moderno modern, III, 10
modesto modest, humble, IX
modificado modified, 28 (*inactive*)
modo: de todos modos in any case, anyhow, 9
el **mojo** garlic sauce, 28
el **momento** moment, I, 14
el **monarca** monarch, V
monótono monotonous, X
la **montaña** mountain, 4
montañoso mountainous, X
montar to ride, 6
la **moral** moral, IX
morena brunette, 4
morir (ue) to die, 9 (*inactive*), 14
mortal mortal, 20 (*inactive*)
el **mosaico** mosaic, XI
mostrar (ue) to show, 7
motivo reason, VI; **con motivo de** because of, X
la **moto** motorcycle, 8
la **motocicleta** motorcycle, 8
el **motor** motor, 8
mover (ue) to move, IX
el **movimiento** movement, IV
la **muchacha** girl, 5
el **muchacho** boy, 5; *pl* boys, boys and girls, 7
mucho much, 6; *pl* many, 4
mudarse to move, XI
el **mueble** piece of furniture, 16
la **mueblería** furniture store or shop, 16
la **muerte** death, VII, 23
muerto dead, 23; *pp* died, 23
el/la **muisca** Indian of Colombia, 12
la **mujer** woman, 8; wife, 11 (*inactive*); **mujer policía** policewoman, 8
mundial *adj* world, V
el **mundo** world, IV, 15; **Nuevo Mundo** New World, III
la **muralla** wall (of a city), VII, 27
el **museo** museum, II, 10; **Museo de Antropología** Anthropological Museum, 10
la **música** music, I, 7
musical musical, III
muy very, *L.P.*, 2

nacer (zc) to be born, 11
la **nación** nation, XI
nacional national, IV
la **nacionalidad** nationality, II
el **nacionalismo** nationalism, VI
el/la **nacionalista** nationalist, VI
nada nothing, 16; **de nada** you're welcome, 1
nadar to swim, 15
nadie no one, nobody, 16
la **naranja** orange, II
la **nariz** nose, 17
narrar to narrate, IV
la **natación** swimming, 19
natural natural, I, 22
naturalmente naturally, 4
la **naturaleza** nature, X
la **Navidad** *or* **Navidades** *pl* Christmas, 25
necesario necessary, 12
la **necesidad** necessity, II, 15
necesitar to need, 1
la **negación** negation, 23 (*inactive*)
negar to deny, VI
negativo negative, 16 (*inactive*)
el **negocio** business, 7; **hombre de negocios** businessman, 7; **viaje de negocios** business trip, 23
negro black, 19
nervioso nervous, 25
nevar (ie) to snow, 15
ni neither, nor, 16
nicaragüense Nicaraguan, X
el **nido** nest, IX
la **nieta** granddaughter, 11
el **nieto** grandson, 11
la **nieve** snow, V, 19
ningún no, none, not any, 16
ninguno (-a, -os, -as) no, none, not any, 16
el **niño** child, 8
el **nivel** level, X
no no, not, 1; **no más que** only, nothing but, X
la **noche** evening, night, 4; **esta noche** tonight, 5
la **Nochebuena** Christmas Eve, 28
nocturno *adj* night, III
el **nombre** name, *L.P.*, 7
el **noreste** northeast, II
normal normal, VIII
normalmente normally, usually, X
el **noroeste** northwest, II
el **norte** north, II, 15
norteamericano American, 4
nos us, 5; ourselves, 14; (to, for, from) us, 7
nosotros (-as) we, 1
la **nota** note, grade, 2

notable notable, XI
notablemente noticeably, XII
el **notario** notary, 13
notar to notice, XII
la **noticia** news, VII, 23
el **novato** rookie, X
novecientos nine hundred, 10
la **novela** novel, VIII
noveno ninth, 10
noventa ninety, 10
la **novia** girlfriend, sweetheart, 11
noviembre November, 11
el **novio** boyfriend, fiancé, 11
nublado cloudy, 15
nuclear nuclear, 26
la **nuera** daughter-in-law, 11
nuestro (-a, -os, -as) our, 10
Nueva York New York, III
nueve nine, 2
nuevo new, 16; **de nuevo** again, 11; **Nuevo Mundo** New World, III; **Nuevo México** New Mexico, III
el **número** number, 9
numeroso numerous, IV, 15
nunca never, 16; (not) ever, 16

o or, 2; **o . . . o** either . . . or, 16; **o sea** that, 30
el **objeto** object, IV, 12
obligar (gu) to obligate, to force, XII
obligatorio obligatory, VII
la **obra** work, VIII, 25
el **obrero** worker, XII
observar to observe, to see, XI
el **observatorio** observatory, IV
obtener (g, ie) to obtain, to get, VII, 20
obvio obvious, 22
occidental occidental, V
el **océano** ocean, V
octavo eighth, III, 10
octubre October, 11
ocupado busy, 22
ocupar to occupy, XII; to seize, XI
ocurrir to happen, to occur, IV
ochenta eighty, 2
ocho eight, 2
ochocientos eight hundred, 10
el **odio** hate, VIII
el **oeste** west, III, 15
oficial official, I
la **oficina** office, 1
ofrecer (zc) to offer, 15
el **oído** (inner) ear, 17
¡oigo! hello, 7 (*inactive*)
oír to hear, to listen to, 7
ojalá I (we) wish, hope, 22

el **ojo** eye, 17
la **ola** wave, XI
las **olimpiadas** Olympic games, 19
   olímpico Olympic, VII
el/la **olmeca** Olmec, IV
   olvidar to forget, 15
el **olvido** oblivion, VIII
la **olla** pot, 18
   once eleven, 2
la **onza** ounce, 12
la **operación** operation, III
   opinar to think, 2
la **opinión** opinion, IV
la **oportunidad** opportunity, I, 20
el **optimismo** optimism, VI
   optimista optimist, VI
   opuesto opposite, XII
la **oración** sentence, 1
el **orador** orator, X
la **orden** order, 3
   ordenar to order, to command, IV, 22
la **oreja** ear, 14
la **organización** organization, VI
   organizado organized, VII
   organizar (c) organize, IV, 25
el **orgullo** pride, IX
   orgulloso proud, 27
   oriental eastern, V
el **oriente** Orient, VI
el **origen** origin, source, III, 30
la **originalidad** originality, VI
   originalmente originally, X
   originario native, X
la **orilla** bank, X
el **oro** gold, 4
la **orquesta** orchestra, 25
la **ortografía** orthography, I
   os (to) you (*familiar pl*), 5; (for, from) you, 7; yourself, yourselves, 14
   oscuro dark, VI
el **otoño** autumn, 15
   otro other, another, 6; **otra vez** again, 11; **de otro** someone else's, VIII

el/la **paciente** patient, 17 (*inactive*)
el **padre** father, 1; *pl* parents, fathers, 1
el **padrino** godfather, 11
la **paella** paella, 3
   pagar (gu) to pay, 7
la **página** page, *L.P.*
el **país** country, nation, II, 9
el **paisaje** landscape, 4
el **pájaro** bird, IX
la **palabra** word, *L.P.*, 1
   pálido pale, 25
la **pampa** pampa, IX

el **pan** bread, 3
la **panadería** bakery (bread), 28
   Panamá Panama, II
   panameño Panamanian, 4
el **panorama** panorama, II
el **pantalón** pants, 21; **pantalón vaquero** *or* **tejano**, 21 (*inactive*)
el **pañuelo** handkerchief, 21
la **papa** potato, 3; **papas fritas** French fries, 3
el **papá** dad, father, 14
el **papel** paper, 2; role, 20
la **papelería** stationery store, XI
el **paquete** package, 28
   para for, *L.P.*, 3; in order to, 5; to, 5; by, toward, according to, 28; **para que** so that, 20
   parar to stop, 8; **pararse** to stand up, 28
   parcialmente partially, III
   parecer (zc) to seem, 8; **parecer mentira** cannot believe, to seem impossible, 11
la **pared** wall, 12
el **paréntesis** parenthesis, 16 (*inactive*)
el **pariente** relative, XII
el **parque** park, 5
el **párrafo** paragraph, 28 (*inactive*)
la **parte** part, 23; **en parte** partly, VII, 29; **en todas partes** everywhere, XI; **por parte de** by, on the part of, VIII; **formar parte** to become, XII
   participar to participate, IV
   participio pasivo past participle, 23 (*inactive*)
   particular odd, IX
   partido game, X
   partir: a partir de starting from, XI
   pasado last, past, 8; **pasado mañana** day after tomorrow, 6; **semana pasada** last week, 8
el **pasajero** passenger, 8
el **pasaporte** passport, 9
   pasar to spend (time), 6; to happen, to pass, to go by, 8; to go through, X; **pasar un buen rato** to have a good time, 11
el **pasatiempo** entertainment, III
la **Pascua** Passover, Easter, 25
las **Pascuas** Christmas, 25
   pasear to take a walk, 3
el **pasillo** hallway, 2
la **pasión** passion, III
   pasivo passive, 23 (*inactive*)
el **paso** step, footstep, VIII; pace, XII
el **pasodoble** type of music, III
la **pastelería** pastry shop, XI

la **pastilla** pill, 17
el **pastor** shepherd, II
la **patilla** sideburn, 14
el **patín** skate, 19
   patinar to skate, 19
el **patio** patio, 2
el **pato** duck, X; Argentine sport, X
la **patria** native country, XI
el/la **patriota** patriot, VIII
el **patrón** boss, XII
la **paz** peace, 29
el **pedazo** piece, chunk, 18
   pedir (i) to ask for, to request, 7; **pedir excusas** to apologize, 24
   peinar(se) to comb (one's hair), 14
el **peine** comb, 27
   pelear to fight, IX
la **película** film, movie, 6
   peligroso dangerous, 8
el **pelo** hair, 14
la **pelota** ball, 19; **pelota de tenis** tennis ball, 19
el **pelotari** jai-alai player, IX
el **peluquero** barber, hairdresser, XII
la **pena** sorrow, IX; **valer la pena** to be worth the trouble, 19
la **península** peninsula, III
el **pensamiento** thought, X
   pensar (ie) to think, 6; **pensar + *inf*** to plan on, to intend, 6; **pensar en** to think of, XI
   peor worse, 14; worst, 15; **lo peor** the worst part, 28
el **pepino** cucumber, II
la **Pequeña Habana** Little Havana (in Miami), 28
   pequeño small, little, 8
   perder (ie) to lose, to waste, 6
la **pérdida** loss, 23
   perdido lost, VIII
   perdonar to pardon, to forgive, VIII, 27
   perdóneme excuse me, 1
la **peregrinación** pilgrimage, IV
el **peregrino** pilgrim, XII
   perezoso lazy, 7
la **perfección** perfection, V
   perfectamente perfectly, IX
   perfecto perfect, 23 (*inactive*)
el **periódico** newspaper, 23
el **período** period, IV
   permanecer (zc) to stay, 30
el **permiso** permission, VIII
   permitir to permit, to allow, VI, 22
   pero but, 2
el **perro** dog, 9

perseguir (i) to pursue, IX
la persona person, I, 7
el personaje character, IX
personal personal, IX; personnel, 22
la personalidad personality, identity, XII
pertenecer (zc) to belong, VIII
Perú (el) Peru, VII
peruano Peruvian, VII
la pesadilla nightmare, 28
pesar to weigh, 12; a pesar de in spite of, II, 8
la pesca fishing, 19
el pescado fish, 3
el pescador fisherman, 15
pescar (qu) to fish, 19
la peseta peseta (monetary unit of Spain), 11
el pesimismo pessimism, VI
el/la pesimista pessimist, IX
el peso peso, 11; weight, V
el petróleo oil, IV, 26
el pez fish, IX
el/la pianista pianist, VII
el piano piano, I, 5
picante spicy, hot, 28
el pico beak, IV
el pie foot, 12; ponerse de pie to stand up, 30 (inactive)
la piedra rock, stone, IV
la piel leather, 21 (inactive)
la pierna leg, 17
el piloto pilot, 9
la pimienta pepper, 18
el pimiento green pepper, 18; pimiento rojo pimiento, 18
pintar to paint, 10
el pintor painter, II
la pintura painting, I, 10
la pirámide pyramid, IV
el pirata pirate, X
la pisada footprint, IX
la piscina swimming pool, 16
el piso floor, 16
la pista slope, X
la pizarra blackboard, L.P., 2
la pizca pinch (of something), 18
el plan plan, 6
la planta plant, 26; planta baja ground floor, 16
la plata silver, money, 12
el platillo volador flying saucer, VI
el plato dish, 3
la playa beach, 5
la plaza square, plaza, II, 16
pleno: en pleno in the middle of, 15
la pluma pen, 1
el plural plural, V

la población population, V; town, city, IX
pobre poor, unfortunate, 23
la pobreza poverty, XI
poco little, 13; un poco a little, a bit, 17; poco a poco little by little, XI; por poco almost, 8; pocos a few, III, 16; poco después shortly after, X
poder (ue) to be able to, can, 6; power, XI
el poema poem, 13
la poesía poetry, VIII
el poeta poet, VIII
poéticamente poetically, IX
la poetisa poetess, VIII
el policía policeman, 8
la policía police force, 8
la política politics, III, 20
el polo polo, X
la polución pollution, 2 (inactive)
el polvo dust, V; powder, 27
la pollera national dress of Panama, 25
el pollo chicken, 3
poner (g) to put, 5; poner la mesa to set the table, 18; ponerse to put on, 14
popular popular, II, 13
por in, 4; for, 7; by, II, 28; through, 3; around, because, per, 28; por aquí this way, 9; por ciento per cent, V, 20; por cierto by the way, 10; por ejemplo for example, IV, 18; por eso that's why, 8; por favor please, L.P., 3; por fin finally, 10; por lo menos at least, 28; por lo visto apparently, VIII; por poco almost, 8; por qué why, 2; por supuesto of course, 27; por suerte luckily, 8; por todos los medios by all means, XI; por medio de by means of, XII
el porcentaje percentage, V
porque because, 2; ¿por qué? why?, 2
el portero doorman, XII
el portorriqueño Puerto Rican, 4
el portugués Portuguese, 1
el porvenir future, X
posible possible, VII, 22
posponer (g) to postpone, 23 (inactive), 25
pospuesto postponed, 23 (inactive), 25
la posta post, station, VII
posterior later, III
el postre dessert, 3

potencial conditional, 29 (inactive); potential, IV
practicar (qu) to practice, 1
práctico practical, IV
preceder to precede, II
el precio price, 16
precioso beautiful, precious, 15
preciso: es preciso it's necessary, X
precolombino pre-Columbian, V
predecir (g, i) to predict, 7 (inactive)
preferir (ie, i) to prefer, 6
la pregunta question, 1
preguntar to ask, 7; preguntar por to ask for or about, 7
el prejuicio prejudice, 29
preliminar preliminary, L.P., I
el premio prize, 25
la preocupación worry, preoccupation, 15
preocupar(se) to worry, 14
preparar to prepare, 10
la presencia presence, VIII
presentado presented, VII
presentar to present, to introduce, 7
el presente present, IV; present tense, 21 (inactive)
la presión stress, 15
prestar to lend, 13
el pretérito: pretérito imperfecto imperfect tense, 21 (inactive); pretérito perfecto present perfect tense, 23 (inactive); pretérito pluscuamperfecto past perfect tense, 23 (inactive)
la primavera spring, 15
primer(o) first, I, 10
el primo cousin, 11
principal main, 3
principalmente principally, XI
el principio beginning, VI, 22; al principio in the beginning, at first, 22; a principios at or to the beginning, X
la prisa: tener prisa to be in a hurry, 6
el prisionero prisoner, VII
la probabilidad probability, II
probable probable, 22
probado proved, IX
probar (ue) to try, 3
el problema problem, 9
el proceso process, VII
la producción production, V
producir (zc) to produce, III
el producto product, VI
el productor producer, V
la profesión profession, III

profesional professional, X
el profesor professor, teacher, 1
la profundidad: de profundidad deep, IV
el programa program, 6
programar to program, 22
progresar to progress, to make progress, VI
prohibir to prohibit, to forbid, 21
el prólogo prologue, VIII
el promedio average, VIII
la promesa promise, XII
prometer to promise, VI
el pronombre pronoun, 18 (*inactive*)
pronto soon, III, 10
la pronunciación pronunciation, III
pronunciado pronounced, IX
propicio propitious, opportune, VIII
la propiedad property, XII
propio own, XI
proponer (g) to propose, XII
el propósito intention, IV; a propósito by the way, 19
la prosa prose, VII
el proscrito exile, IX
proteger (j) to protect, VIII
protestar to complain, to protest, XII
el prototipo prototype, VIII
provenir (g, ie) to come, X
el proverbio proverb, 13
la provincia province, II
próximo next, 2
la prueba proof, VII; test, VIII
la publicación publication, XI
publicar (qu) to publish, VIII
público public, III, 26
el pueblo town, 13; people, 13
el puente bridge, 15; puente aéreo air lift, XI
la puerta door, 3; gate, 9
el puerto port, XI, 29
puertorriqueño Puerto Rican, 4
pues well, 5; since, III
el puesto *noun* position, 7; *pp* placed, put, 23
la pulgada inch, 12
la pulsera bracelet, 21
el punto dot, IV; spot, IX; punto de vista point of view, VIII
puntual punctual, 14
puro pure, VI

que that, 2; than, 14; que viene next, coming, 7

qué what, *L.P.*, 1; ¿por qué? why?, 2; ¡qué bueno! Oh, good!, 1; ¿qué hay? hello, 7 (*inactive*); ¿qué tal? how are you?, 7; qué va of course not, 10
el/la quechua Quechuan, Indian of South America, VII
quedar to be (located), 1; to remain, to be left, to have (something) left, 8; quedar asombrado to be astonished, IV; quedar en + *inf* to agree on + present participle, 24 quedarse to stay, to remain, 14
querer (ie) to want, to love, 6
querido beloved, XI; dear, 11
quien(es) (he) who, 18; those, VIII
quién(es) who, 2; de quién(es) whose, 4
el quilate carat, V
la química chemistry, 2
el químico chemist, VI
quince fifteen, 2
quinientos five hundred, 10
quinto fifth, 10
quitar to take away, IX; quitarse to take off, 14
quizá(s) perhaps, 19

la radioactividad radioactivity, 26
racial racial, XI
la ración ration, III
racionar to ration, 26
el radicalismo radicalism, VII
radicalmente radically, XII
el/la radio radio, I, 6
la raíz root, 29
rápido fast, rapid(ly), 8
la raqueta racket, 19
raro odd, 2; not common, IX; ¡qué raro! how odd!, 2
el rastreador one who tracks down or pursues, IX
el rato time, 11
la raya line, mark, IV
la raza race, XI
la razón reason, VI; tener razón to be right, 6; con razón no wonder, 21
real royal, VII
la realidad reality, V; en realidad really, actually, V, 20
realista realist, 12 (*inactive*)
la realización sale, 21
realizado undertaken, IV
realizar to realize, to undertake, XI; realizarse to become a reality, XII

realmente really, VI, 27
rebelar to rebel, VIII
rebotar to rebound, X
el recado message, 24 (*inactive*)
la recámara bedroom, 16 (*inactive*)
la recapitulación review, recapitulation, I
la recesión recession, XI
la receta recipe, 18; prescription, 17
recetar to prescribe, 17
recibir to receive, I, 7
el recibo receipt, 9
recientemente recently, IV
recitar to recite, VIII
reclamar to reclaim, XI
recoger (j) to pick up, 10
recomendar (ie) to recommend, X
reconocer (zc) to examine, IX; to recognize, VIII
recordar (ue) to remember, 11; to remind, IV
rectangular rectangular, X
la rectitud straightness, IX
la red net, X
reducir to reduce, I
reemplazar (c) to replace, 16 (*inactive*)
la referencia reference, 7
referirse (ie, i) to refer, VII
el refinamiento refinement, VII
reflejar to reflect, VI
el refrigerador refrigerator, 16
el refugiado refugee, XI
regalar to give (a gift), XII
el regalo present, IV, 11
regatear to bargain, 21
la región region, 3
registrar to search, 9
la regla rule, X
reglamentado regimented, regulated, VII
regresar to return, 10
regular so-so, I
el reino reign, kingdom, VIII
la relación relation, XI
relatar to relate, to narrate, IV
relativo relative, 18 (*inactive*)
el relato story, IX
el relieve relief, IX
religioso religious, IX
el reloj watch, clock, 2
el remedio remedy, 26
el remero rower, V
remontar to take up, IX
remoto remote, far, distant, VII
la remuneración remuneration, XI
reparar to repair, VI
la repartición distribution, XII

repetir (i) to repeat, *L.P.*, 23
reportar to report, 23
el reportero reporter, 29
el representante representative, VII
representar to represent, IV
república republic, 12
el republicano republican, 17 (*inactive*)
el requisito provision, XI
el rescate ransom, VII
la reserva reservation, 24 (*inactive*)
la reservación reservation, 24
reservado reserved, IX
reservar to reserve, 24
el/la residente resident, XI
la resistencia resistance, VIII
resistir to bear, to resist, to put up with, IX, 27
resolver (ue) to solve, VI, 29
respectivamente respectively, XI
respectivo respective, XI
el respeto respect, IX
respirar to breathe, 26
responsable responsible, 7
la respuesta answer, 2
restante remaining, X
el restaurante restaurant, 3
restaurar to restore, 27
el resto rest, remaining, VIII
resuelto *pp* solved, resolved, 28
el resultado result, consequence, VI
resumir to summarize, X
retirarse to go away, VI
retroceder to go back, X; retire, X
la reunión meeting, 6
reunir to meet, to gather, 22
revisar to review, to check, 24
la revista magazine, 23
la revolución revolution, IV
el rey king, 13
rico rich, delicious, 28
riel: riel de ferrocarril railroad track, X
ridículo ridiculous, X
el río river, 6
la riqueza wealth, VI
el robo theft, IX
rodeado *pp* surrounded, VII
rodear to surround, VI
rojo red, 8
el rollo roll of film, 19
el romano Roman, IV, 30
romper to break, VI
la ropa clothes, 21
el ritmo rhythm, III
roto *pp* broken, torn, 23
rubio blond, 4

la rueda wheel, VII
el ruido noise, 9
la ruina ruin, IV
rural rural, XII
el ruso Russian, 1
la rutina routine, 15

el sábado Saturday, 11
saber to know, 5; saber de memoria to know by heart, 5
sacar (qu) to take out, to get, 5; sacar fotos to take pictures, 19; sacar cuentas to figure out, 25
el saco sack, X
el sacrificio sacrifice, V
la sal salt, 12
la sala living room, 16; room, 10
salado salty, 28
la salida exit, 9
salir (g) to go out, to leave, 5; salir bien to come out well, to go well, 19
la salsa type of music, III; sauce, 18
el salto falls, VI
la salud health, 24 (*inactive*)
el/la salvaje savage, IX
la sandalia sandal, 27
la sangre blood, 23
el santo saint, 11; día del santo saint's day, 11
la sardana Catalonian typical dance, III
el satélite satellite, 30
la satisfacción satisfaction, IV
satisfacer to satisfy, XI
satisfecho *pp* satisfied, VI, 20
se yourself, *L.P.*, 14; (to) him, her, you, it, them, 9; himself, herself, itself, oneself, yourself, yourselves, themselves, 14; one, *L.P.*, 26
seco dry, 4
el secretario secretary, 7
el secreto secret, IX
secundario secondary, I, 11
la sed thirst, 6; tener sed to be thirsty, 6
el/la sefardita Jew expelled from Spain in 1492 or from Portugal in 1497, or a descendant, 30
seguida: en seguida immediately, 24
seguir (i) to go on, to continue, to follow, *L.P.*, 9; seguir derecho to go straight, 16; seguir cursos to take courses, 22
según according to, 4

segundo second, 11
seguridad security, 16
seguro sure, 6
seis six, 2
seiscientos six hundred, 10
el sello stamp, 11
la selva jungle, IV
el semáforo traffic light, 8
la semana week, 2; a la semana per week, 9; fin de semana weekend, 6; semana pasada last week, 8; semana próxima next week, 2
semejante similar, XII
semejanza sameness, likeness, XII
el senador senator, 20
sencillo easy, simple, 13
la sensibilidad sensitivity, VIII
sentarse (ie) to sit down, 17
sentido sense, VII
sentimiento thought, feeling, VIII
sentir (ie, i) to be sorry, 19; sentirse to feel, 17
señal *f* sign, IV
señalar to point out, IX
el señor *m* mister, gentleman, *L.P.*, 1; lord, VIII
la señora Mrs., *L.P.*, 1; wife, 11 (*inactive*)
la señorita miss, *L.P.*, 11
separar to separate, VIII
septiembre *m* September, 11
séptimo seventh, 11
ser to be, 4; *m* being, VI, 26; llegar a ser to become, IX
sereno serene, calm, VIII
la serie series, III
serio serious, IV, 12
la serpiente serpent, IV
la servilleta napkin, 18
servir (i) to serve, 7
sesenta sixty, 2
la sesión session, XII
setecientos seven hundred, 10
setenta seventy, 2
setiembre *m* September, 11
sétimo seventh, 11
sexto sixth, 11
sexual sexual, VIII
si if, 6
sí yes, 1; *reflexive pron* each other, XI
la sidra cider, II
siempre always, 3; siempre que provided that, as long as, every time, XI
siete seven, 2
el siglo century, 12
significar to mean, VII, 30

siguiente following, 16 (*inactive*), 21

simbolizar to symbolize, VII

la silla chair, 2

similar similar, III

simpático nice, charming, 7

simultáneo simultaneous, XI

sin without, 13; sin que without, 19; sin embargo nevertheless, IV, 20

singular singular, V

sino but, VIII, 30

el síntoma symptom, 17

el sistema system, IV, 16

la situación situation, 16 (*inactive*), 20

situar to place, to situate, XI

el soberano sovereign, king, VII

sobre on, about, 1; *noun m* envelope, 11

el sobrecargo steward, 9

social social, VIII

el socialismo socialism, VI

el/la socialista socialist, VI

la sociedad society, III

el sofá sofa, 16

el sol sun, 15

solar solar, 26

el soldado soldier, XII

la solicitud application, 7; solicitud de empleo job application, 7; solicitud de trabajo job application, 7

solo alone, 10

sólo only, 2; just, 4

la solución solution, 26

el sombrero sombrero, hat, 21

el sonido sound, 30

la sopa soup, 3

soplar to blow, 15

la sortija ring, 21 (*inactive*)

su(s) your, *L.P.*, his, 3; her, your, its, their, 10

subir to bring up, to go up, 24

el subjuntivo subjunctive, 19 (*inactive*)

subordinado subordinate, 20 (*inactive*)

el subtítulo subtitle, III

suceder to happen, 24

la sucesión succession, VII

el suceso happening, IV

la suegra mother-in-law, 11

el suegro father-in-law, 11

el sueldo salary, 7

el suelo terrain, IX

el sueño dream, X; tener sueño to be sleepy, 6

la suerte luck, 5; tener suerte to be lucky, 5; por suerte lucky, 8

el suéter sweater, 21

suficiente enough, VI, 16

el sufrimiento suffering, IX

sufrir to suffer, to experience, 23

sucio dirty, 24

el sujeto subject, 19 (*inactive*)

sumado *pp* totaled, XI

sumamente extremely, very, VII, 27

la superficie surface, 12

superior superior, I

el supermercado supermarket, 23

supersónico supersonic, 30

supuesto: por supuesto of course, 27

el sur south, southern, II, 15; América del Sur South America, III

surgir (j) to rise, to surge, VII

el suroeste southwest, III

la sustantivación nominalization, 28 (*inactive*)

sustantivado nominalized, 28 (*inactive*)

sustantivar to nominalize, 28 (*inactive*)

la sustitución substitution, 19 (*inactive*)

sustituir to substitute, 24 (*inactive*)

suyo (-a, -os, -as) your, his, her, its, their, of yours, of his, of hers, of its, of theirs, 12

tal: con tal (de) que provided that, 20; ¿qué tal? How are you?, 7; tal como the way, XII; tal vez perhaps, 19

la talla size, 21

tallada carved, IV

el taller shop, workshop, 8

el tamaño size, 12

también also, too, 5

tampoco neither, not either, 16

tan as, 14

tanto as much, so much, 14; tanto como as much as, 14; tantos so many, as many, 14

el tanque tank, 8

tapar to cover, 18

la taquilla ticket office, 5

tardar to delay, 24

la tarde afternoon, *L.P.*, 4; *adv* late, *L.P.*, 10

la tarea homework, task, 2

la tarjeta card, 9; tarjeta de identificación I D card, 28; tarjeta de crédito credit card, 28; tarjeta de turismo tourist card, 9

el taxi taxi, I, 8

la taza cup, 18

te you, 5; (to) you, 7; yourself, 14

el té tea, 3

el teatro theater, 5

la técnica technique, V

el técnico technician, XI; *adj* technical, I

la tecnología technology, VI

el techo ceiling, 12

Tejas Texas, XII

tejer to weave, VI

la telenovela soap opera, III

el teléfono telephone, I, 7

el telegrama telegram, 24

la telesilla ski lift, X

el/la televidente T.V. viewer, III, 29

televisado televised, 29

la televisión television, 6

el tembleque hair ornament, 25 (*inactive*)

el temblor earthquake, 23

temer to be afraid, 30

temido feared, IX

el templo temple, IV

temprano early, 10

la tendencia tendency, IX

el tenedor fork, 18

tener (g, ie) to have, *L.P.*, 6; tener——año(s) to be—— year(s) old, 6; tener calor to be hot, 6; tener cuidado to be careful, 6; tener frío to be cold, 6; tener ganas de + *inf* to feel like + present participle, 6; tener hambre to be hungry, 6; tener miedo to be afraid, 6; tener prisa to be in a hurry, 6; tener que + *inf* to have to + verb, 14; tener razón to be right, 6; tener sed to be thirsty, 6; tener sueño to be sleepy, 6; tener suerte to be lucky, 6

el tenis tennis, 19

tercer(o) third, 11

terminar to finish, to end, 2

la ternura tenderness, VIII

la terraza terrace, 16

el terremoto earthquake, 23

terrible terrible, 23

territorio territory, VIII

el tesoro wealth, treasure, VII

el/la testigo witness, 13

ti you, 5; (to) you, 7

la tía aunt, 11

tibio lukewarm, tepid, 17

el tiempo time, 2; weather, 15; a tiempo on time, 8

la **tienda** shop, store, 21
la **tierra** soil, earth, 12; land, ground, V
la **tintorería** dry cleaners, 28
el **tío** uncle, 11
típico typical, 3
el **tipo** type, IX
tiránico tyrannical, despotic, VIII
el **título** diploma, title, I
la **toalla** towel, 27
el **tocadiscos** record player, 6
tocar (qu) to touch, 5; to play (an instrument), 5; to knock, 14
todavía still, yet, VI, 21
todo (-a, -os, -as) all, III, 10; every, 16; **de todos modos** any how, 9; **todo el mundo** everybody, 9
la **tolerancia** tolerance, VIII
tomar to drink, to take, 3; **tomar helado** to eat ice cream, 3; **tomar sopa** to eat soup, 3
el **tomate** tomato, 3
la **tonelada** ton, 12
el **tono** tone, VIII
el **topógrafo** topographer, IX
el **toreo** bullfighting, III
el **torero** bullfighter, XII
el **total** total, VII; **en total** in total, III; all in all, VIII
totalmente totally, 23
trabajador *adj* hard working, 7; *m* worker, IV
trabajar to work, 1
el **trabajo** work, job, 7; ordeal, IV
tradicional traditional, 20
la **tradición** tradition, 13
la **traducción** translation, *L.P.*
traducir (zc) to translate, *L.P.*, 5
traer to carry, to bring, 5
el **tráfico** traffic, 8
el **traje** suit, 4; **traje pantalón** pants suit, 21 (*inactive*); **traje de baño** bathing suit, 27
trance: a todo trance at any cost, VIII
la **transformación** transformation, 24 (*inactive*)
el **tránsito** traffic, transit, 26
el **transporte** transport, transportation, VII
el **tratado** treaty, XII
tratar (de) to deal with, to treat, IX; to try, VI, 24
el **trato** treatment, IX
través: a través de by means of, VII; across, VIII

trece thirteen, 2
treinta thirty, 2
el **tren** train, 8
tres three, *L.P.*, 2
trescientos three hundred, 10
la **tribu** tribe, V
el **tribunal** tribunal, IX
triste sad, 13
la **tristeza** sadness, IX
el **triunfo** victory, X
trotar to jog, 19
el **trote** jogging, 19
la **tropa** troop, VII
el **trovador** troubadour, IX
la **trusa** bathing suit, 27 (*inactive*)
tu(s) your, 10
tú you (*familiar sing*), 1
el **túnel** tunnel, 12
el **turismo** tourism, 9; **tarjeta de turismo** tourist card, 9
el/la **turista** tourist, 9
turístico *adj* tourist, 15
turno turn, XI
Turquía Turkey, 30
el **turrón** nougat, 28
tuyo (-a, -os, -as) your, of yours, 12

u or, 24
últimamente lately, 27
último last, 5
un(a) a, an, 1; one, 2
único only, sole, V
unido joined, united, X
unir, to unite, to mix, 18
la **universidad** university, 1
universitario *adj* university, X
el **universo** universe, VI
uno one, *L.P.*, 2
unos (-as) some, 2
la **urbanización** development, 16
usar to use, III, 9
el **uso** use, VII
usted you (formal), *L.P.*, 1; **ustedes** *pl* you (formal or familiar), 1
utilizar (c) to use, to utilize, XI

va: qué va of course not, 10
la **vaca** cow, XII
la **vacación** vacation, 4; **estar de vacaciones** to be on vacation, 4
la **vainilla** vanilla, 18
valer (g) to be worth, VII, 19; **valer la pena** to be worth the trouble, 19

valiente valiant, VIII
el **valor** valor, courage, IX
el **valle** valley, 4
el **vaquero** cowboy, XII
variar to vary, 20 (*inactive*)
varios several, V, 16
vasallo vassal, VII
vasco Basque, II
vaso glass, tumbler, 18
veces: a veces at times, 9
vecino neighbor, 27
la **vegetación** vegetation, IV
veinte twenty, 2
veinticinco twenty-five, 2
veinticuatro twenty-four, 2
veintidós twenty-two, 2
veintinueve twenty-nine, 2
veintiocho twenty-eight, 2
veintiséis twenty-six, 2
veintisiete twenty-seven, 2
veintitrés twenty-three, 2
veintiuno twenty-one, 2
la **velocidad** speed, velocity, X
el **vencedor** winner, VII
vencer (z) to win, VI; to overcome, X
el **vencido** one who is conquered, XII
el **vendedor** salesman, 7
vender to sell, 5
venezolano Venezuelan, 4
venir (g, ie) to come, 6
la **venta** sale, 7; **jefe de ventas** sales manager, 7; **venta especial** sale, 21 (*inactive*)
la **ventana** window, 16
ver to see, 5
el **veraneo** summer, X
el **verano** summer, 15
veras: de veras really, 2
el **verbo** verb, 24 (*inactive*)
la **verdad** true, truth, 2
verdadero true, real, IV, 20
verde green, 4
versión version, VI
el **verso** verse, poem, line of a poem, VIII
el **vestido** dress, 21
vestir to dress, 14
vestirse (i) to get dressed, 14
la **veterinaria** veterinary, I
la **vez** time, 9; **a veces** sometimes, at times, 9; **de una vez** once and for all, VII; **de vez en cuando** now and then, from time to time, VII, 27; **en vez de** instead of, II; **otra vez** again, 11; **tal vez** perhaps, 19; **una vez** once, 16
viajar to travel, 11

el **viaje** trip, 4; **viaje de negocios**
  business trip, 23; **hacer un**
  viaje to take a trip, 25
el **viajero** traveler, IX
el **vicio** vice, VII
la **vicuña** vicuña, VII
la **vida** life, III, 25
la **vidriera** show window, 21 (*inactive*)
  viejo old, 4
el **viento** wind, 15
el **vientre** womb, belly, IX
el **viernes** Friday, 11
  vigoroso vigorous, X
el **vinagre** vinegar, 18
el **vino** wine, 3; **vino tinto** red
  wine, 3
la **violencia** violence, outbreak,
  riot, XII
el **violín** violin, 5
el/la **violinista** violinist, VII
  virreinal *adj* viceregal, VII
el **virreinato** viceroyalty, VII

el **virrey** viceroy, VII
la **visa** visa, 9
la **visita** visit, 10
el/la **visitante** visitor, 15
  visitar to visit, 4
la **vista** view, 15; **hasta la vista** so
  long, *L.P.*
  visto *pp* seen, 23
la **vitamina** vitamin, 17
la **vitrina** show window, 21 (*inactive*)
  vivir to live, 1 (*inactive*), 3
  vivo alive, X
el **vocabulario** vocabulary, 1 (*inactive*)
  volador: platillo volador flying
  saucer, VI
el **volante** steering wheel, 8
  volver (ue) to return, to come
  back, 6; **volver** + **a** + *inf* verb
  + again, 24
  vosotros (-as) you (*familiar pl*), 1
el **voto** vote, XII

la **voz** voice, III; **voz activa** active
  voice, 26 (*inactive*); **voz pasiva**
  passive voice, 26 (*inactive*)
el **vuelo** flight, 9
  vuelto *pp* returned, 23
  vuestro (-a, -os, -as) your, 10

  y and, *L.P.*, 1
  ya already, 4; **ya que** since, 3
la **yarda** yard, 12
el **yate** yacht, XI
el **yerno** son-in-law, 11
  yo, 1
la **yuca** yucca, 28
  Yucatán Yucatan, IV

la **zapatería** shoestore, shoe shop,
  XI
el **zapatero** shoemaker, XII
el **zapato** shoe, 14
la **zona** zone, area, 16

a un, una, 1
to abandon abandonar, 30
abroad en el extranjero, 9
accident el accidente, 8
to accompany acompañar, 24
according to según, 4
account la cuenta, 22
accounting la contabilidad, 22
actually en realidad, 20
ad el anuncio, 16
to add añadir, 18
address la dirección, 11; v dirigirse (j), 26
administrator el administrador, 20
to adorn adornar, 18
to advance adelantar, 25
to advertise anunciar, 16
to advise aconsejar, 22
afraid: to be afraid tener miedo, 6; temer, 30
afternoon la tarde, 4
again de nuevo, otra vez, 11; verb + again volver + a + inf, 24
age la época, 14
agency la agencia, 9; travel agency la agencia de viajes, 9
ago hace + time expression, 15
to agree on quedar en, 24
air el aire, 16; air conditioning el aire acondicionado, 16
all todo, 10
allergic alérgico, 17
to allow permitir, dejar, 22
almost por poco, 8; casi, 23
alone solo, 10
already ya, 4
also también, 5
although aunque, 9
always siempre, 3
ambassador el embajador, 20
ambulance la ambulancia, 8
American norteamericano, 4
among entre, 2
an un, una, 1
ancestors los antepasados, 30
ancient antiguo, 10
and y, 1; e, 24
animal el animal, 26
announcer el locutor, 23
another otro, 6; another time otra vez, de nuevo, 11
answer la respuesta, 2; v contestar, 7
antibiotic el antibiótico, 17

any unos, 1; algún, alguno, 9; any minute cualquier momento, 14
anyhow de todos modos, 8
anyone alguien, 16
anyway de todos modos, 18
apartment el apartamento, 16
to apologize pedir excusas, 24
to appeal to gustar, 8
to applaud apludir, 5
application la solicitud, 7
to appreciate apreciar, 29
April abril, 11
archaic arcaico, 30
área la zona, 16; el área f, 17
Argentine argentino, 4
arm el brazo, 17
armchair la butaca, 16
around a eso de, 10; alrededor (de), 12
arrival la llegada, 12
to arrive llegar, 4
art el arte, 25
as como, 7; tan, 14; as much tanto, 14; as many tantos, 14
to ask preguntar, 7; to ask for pedir (i), 7
aspirin la aspirina, 17
astronaut el/la astronauta, 30
at en, 1; a, 3; at least por lo menos, 28; at times a veces, 9
athlete el/la atleta, 19
atmosphere la atmósfera, 26
attaché case el maletín, 9
to attack el ataque, 29
to attend asistir (a), 25
August agosto, 11
aunt la tía, 11
autumn el otoño, 15
avalanche el alud, 23
avenue la avenida, 16

back la espalda, 17
bad mal, malo, 3
bakery la panadería, 28
ball la pelota, 19
band la banda, 25
bank el banco, 12
to baptise bautizar (c), 11
to bargain regatear, 21
to base basar, 30
baseball el béisbol, 19
basketball el básquetbol, 19
to bathe bañar(se), 14
bathing suit el traje de baño, 27
bathroom el baño, 16

bay la bahía, 15
to be estar, 2; ser, 4; to be afraid tener miedo, 6; temer, 30; to be born nacer, 11; to be careful tener cuidado, 6; to be cold tener frío, 6; to be hot tener calor, 6; to be hungry tener hambre, 6; to be in a hurry tener prisa, 6; to be (located) quedar, 1; to be in charge estar a cargo, 22; to be lucky tener suerte, 6; to be right tener razón, 6; to be sleepy tener sueño, 6; to be sorry sentir (ie, i), 19; to be thirsty tener sed, 6; to be XX years old tener XX años, 6
beach la playa, 5
beard la barba, 14
bean el frijol, 28
to bear resistir, 27
beautiful bello, 12; precioso, 15
because porque, 2
bed cama, 16; to put to bed acostar (ue), 14; to go to bed acostarse (ue), 14
bedroom cuarto, habitación, 16
beefsteak el bisté, 3
beer la cerveza, 3
before antes (de), 12; antes (de) que, 20
to begin empezar (ie), 8
beginning: at the beginning al principio, 22
behind detrás (de), 10
being el ser, 26
to believe creer, 3; cannot believe parecer mentira, 11
belt el cinturón, 21
besides además, 4
better mejor, más bueno, 15
between entre, 2
bicycle la bicicleta, 8
big grande, 8
bigger mayor, más grande, 15
bill la cuenta, 24
biology la biología, 2
birthday el cumpleaños, 11
black negro, 19
blackboard la pizarra, 2
block la cuadra, 16
blond rubio, 4
blood la sangre, 23
blouse la blusa, 21
to blow soplar, 15
blue azul, 4
body el cuerpo, 17

book el libro, 1
bookstore la librería, 1
boot la bota, 21
bored aburrido, 4
boring aburrido, 4
boss el jefe, 7
bottle la botella, 18
boy el chico, 1; el muchacho, 5
boyfriend el novio, 11
bracelet la pulsera, 21
brake: to put on the brakes frenar, 8
bread el pan, 3
to break romper, 23
breakfast el desayuno, 3
to breathe respirar, 26
breeze la brisa, 15
bridge el puente, 15
to bring traer, 5; to bring up subir, 24
broth el caldo, 18
brother el hermano, 10
brother-in-law el cuñado, 11
brunette morena, 4
to build construir (y), 9
building el edificio, 1
bullfight la corrida de toros, 15
bus el autobús, 4; el bus, 8
business el negocio, 7; business administration administración de empresas, 20
businessman el hombre de negocios, 7
busy ocupado, 22
but pero, 2; sino (que), 30
butter la mantequilla, 18
to buy comprar, 1
by por, 28; by the way a propósito, 19; por cierto, 18

cablegram el cable, 24
café el café, 5
cafeteria la cafetería, 1
calculator la calculadora, 22
to call llamar, 5
camera la cámara, 19
can poder (ue), 6; cannot believe parecer mentira, 11
to cancel cancelar, 24
cancellation la cancelación, 24
capital la capital, 12
car el auto(móvil), el carro, el coche, 8
card la tarjeta, 9; credit card la tarjeta de crédito, 28; I.D. card la tarjeta de identificación, 28; tourist card la tarjeta de turismo, 9; to play cards jugar a las cartas, 19
care: to take care (of) cuidar, 20

career la carrera, 11
carefully con cuidado, 9
carnival el carnaval, 25
to carry traer, 5
Castillian castellano, 4
cathedral la catedral, 12
Catholic católico, 30
cattle el ganado, 6
to cause causar, 23
ceiling el techo, 12
to celebrate celebrar, 11
cent: per cent por ciento, 20
center el centro, 12
century el siglo, 12
ceramics cerámica, 12
cereal el cereal, 3
ceremony la ceremonia, 30
certain cierto, 17
chair la silla, 2
chalk la tiza, 2
championship el campeonato, 19
change el cambio, 15; to change cambiar, 5; to change the subject cambiar de tema, 25
charge: to be in charge estar a cargo, 22
charming simpático, 7
check el cheque, 22; to check revisar, 24; checking account cuenta corriente, 22
chemistry la química, 2
chess el ajedrez, 19
chicken el pollo, 3; roast chicken pollo asado, 3
chief el jefe, 7
child el niño, 8
children los niños, 8
Chilean chileno, 4
Chinese chino, 1
chocolate el chocolate, 3
christening el bautizo, 11
Christmas la (las) Navidad(es), 25
Christmas Eve la Nochebuena, 28
church la iglesia, 12
city la ciudad, 3; city wall la muralla, 27
classmate compañero (de clase), 2
classroom la clase, 1; el aula, 17
to clean limpiar, 24
clean limpio, 24
clear claro, 12; to be clear estar despejado, 15
climate el clima, 15
clinic la clínica, 2
clock el reloj, 2
to close cerrar (ie), 10
closet el armario, 16

clothes la ropa, 21
cloudy: to be cloudy estar nublado, 15
club el club, 15; nightclub club nocturno, 15
coast la costa, 15
coat el abrigo, 21
coffee el café, 3
cold frío, 3; el catarro, 17; to be cold hacer frío, 15
collection la colección, 10
college la facultad, 20
to collide chocar (qu), 8
Colombian colombiano, 4
colonial colonial, 27
color el color, 19
column la columna, 12
comb el peine, 27; to comb peinar(se), 14
to combine combinar, 15
to come venir (g, ie), 6; to come back volver (ue), 6; to come down bajar, 24; to come out all right salir bien, 22
comedy la comedia, 7
comfort la comodidad, 15
comfortable cómodo, 8
common común, 21
company la compañía, 7
to compete competir (i), 19
completely completamente, 4
complex complicado, 13
computer la computadora, 22; computer science la computación, 20
concert el concierto, 5
confirmation la confirmación, 24
to congratulate felicitar, 11
to connect conectar, 15
to conserve conservar, 30
to contaminate contaminar, 26
contamination contaminación, 26
contemporary contemporáneo, 20
continent el continente, 23
to continue seguir (i), 9; continuar, 22
contrary: on the contrary al contrario, 20
to contribute contribuir, 29
to control controlar, 26
conversation la conversación, 2
to cook cocinar, 18
cooked cocinado, 18
cool: to be cool hacer fresco, 15
cooperation la cooperación, 26
copper el cobre, 12
copying: copying machine la (foto)copiadora, 22

corner la esquina, 4
cost el costo, 25; v costar (ue), 21
to count contar, 6; **to count on** contar con, 6
country el campo, 6; el país, 9
course el curso, 2; **of course** cómo no, 3; claro, 12; por supuesto, 27
court la cancha, 19
cousin el primo, 11
to cover cubrir, 23; tapar, 18
covered cubierto, 23
credit el crédito
cross la cruz, 23; v cruzar (c), 10
to crush machacar (qu), 18
Cuban cubano, 4
culture la cultura, 12
cultured culto, 30
cup la taza, 18
custom la costumbre, 13
customs (house) la aduana, 9
to cut cortar, 18; **cut-up** cortado, 18

dad el papá, 14
daily diario, 15
damage el daño, 23
dance el baile, 5; v bailar, 5
dangerous peligroso, 8
to dare atreverse, 23
date la fecha, 11
daughter la hija, 11
daughter-in-law la nuera, 11
day el día, 2; **day off** día libre, 10; **day after tomorrow** pasado mañana, 6
dear querido, 11
death la muerte, 23
December diciembre, 11
to decorate adornar, 18
to delay tardar (en), 24
delighted encantado, 10
to demand exigir (j), 22
department el departamento, 22
depressed deprimido, 25
descendant el/la descendiente, 30
desk el escritorio, 2
dessert el postre, 3
to destroy destruir (y), 23
development el desarrollo, 29; la urbanización, 16
dialog el diálogo, 1
to dice cortar en pedazos pequeños, 18
to die morir(se) (ue,u), 14
difference la diferencia, 18
different diferente, 4

difficult difícil, 13
dining room el comedor, 16
dinner la comida, 3; **to have dinner** cenar, 11
direction la dirección, 11
dirty sucio, 24
to disappear desaparecer (zc), 26
discotheque la discoteca, 6
discrimination la discriminación, 29
dish el plato, 3
dishwasher el lavaplatos, 16
to dismiss despedir (i), 7
to do hacer, 6; **to do something else** hacer otra cosa, 6
doctor el doctor, 1; el médico, 7
document el documento, 22
dog el perro, 9
dollar el dólar, 11
donation la donación, 23
door la puerta, 3
dormitory el dormitorio, 2
double doble, 24
doubt la duda, 19
downstairs abajo, 10
downtown el centro, 12
drastic drástico, 26
to draw dibujar, 10
drawing el dibujo, 10
dress el vestido, 21; v vestir, 14
dresser la cómoda, 16
to drink tomar, beber, 3
to drive manejar, 8
driver el chofer, 8
to drop caer, 26
drug la droga, 9
dry seco, 4
dry cleaners la tintorería, 28
due to debido a, 30
during durante, 9
duty el deber, 20

each cada, 16
eagle el águila f, 17
ear la oreja, 14; **inner ear** oído, 17
early de adelanto, 9; temprano, 10
to earn ganar, 7
earth la tierra, 12
earthquake el terremoto, el temblor, 23
east el este, 15
Easter Pascua, 25
easy fácil, sencillo, 13
to eat comer, 3
ecology la ecología, 26
economics la economía, 2
education la educación, 20

egg el huevo, 3
eight ocho, 2
eight hundred ochocientos, 10
eighteen dieciocho, 2
eighth octavo, 10
eighty ochenta, 2
eleven once, 2
embrace el abrazo, 11
emission la emisión, 26
employee el empleado, 7
to enchant encantar, 8
to end terminar, 2
English inglés, 1
to enjoy disfrutar (de), 15
enlightened culto, 30
enormous enorme, 12
enough bastante, 9; suficiente, 16
to enter entrar, 3
entertainment la diversión, 15
entrance la entrada, 9
envelope el sobre, 11
envy la envidia, 30
epidemic la epidemia, 23
epoch la época, 14
eraser el borrador, 2
especially especialmente, 9
to establish fundar, 29
even hasta, 13
evening la noche, 4
ever: (not) ever jamás, nunca, 16
every cada, 16
everybody todo el mundo, 9
evident evidente, 22
to evolve evolucionar, 30
examination el examen, 2
to examine examinar, 17
example el ejemplo, 18; **for example** por ejemplo, 18
excellent excelente, 3
to exchange cambiar, 5
excursion la excursión, 4
excuse: excuse me perdóneme, 1
executive el ejecutivo, 20
exercise el ejercicio, 2
exhausted agotado, 25
exhibit la exhibición, 10
to exist existir, 4
exit la salida, 9
to expel expulsar, 30
expensive caro, 8
experience la experiencia, 7; **to experience** sufrir, 23
to explain explicar (qu), 7
to exploit explotar, 6
to exterminate exterminar, 26
to extract extraer, 12
extremely sumamente, 27
eye el ojo, 17

face la cara, 14
factory la fábrica, 26
fail: not to fail no dejar de, 19
to fall (down) caer(se), 26
to fall asleep dormir(se), 14
family la familia, 4
famous famoso, 10
fantastic fantástico, 10
far (from) lejos (de), 10; in so far as en cuanto a, 20
farm la finca, 6
fashion la moda, 21
fast rápido, 8
fat gordo, 4
father el padre, 1; el papá, 14
father-in-law el suegro, 11
February febrero, 11
to feel sentirse (ie, i), 17
fender el guardabarros, 8
fever la fiebre, 17
few pocos
fewer menos, 16
fiancé el novio, 11
fiancée la novia, 11
fifth quinto, 10
to figure out (the cost) sacar cuentas, 25
file el archivo, 22; v archivar, 22
to fill (out) llenar, 7
finally por fin, 10
to find encontrar (ue), 13
fine bien, 2
finger el dedo, 17
finish terminar, 2; acabar, 24
to fire despedir (i), 7
fireman el bombero, 23
first primer(o), 10
fish el pescado, 3; v pescar (qu), 19
fisherman el pescador, 15
fishing la pesca, 19
five cinco, 2
five hundred quinientos, 10
to fix arreglar, 24
fixed fijo, 21
flight el vuelo, 9
float la carroza, 25
flood la inundación, 23
floor el piso, 16; ground floor planta baja, 16
flower la flor, 26
flu la gripe, 17
to follow seguir (i), 9
following siguiente, 21
food la comida, 3
foot el pie, 12
football el fútbol, 19
for para, 3; por, 7; for + time expression hace + time expression, 15

to forbid prohibir, 21
foreign extranjero, 19
to forget olvidar, 15; not to forget no dejar de, 19
fork el tenedor, 18
former antiguo, 23
forty cuarenta, 2
to found fundar, 29
founding la fundación, 29
four cuatro, 2
four hundred cuatrocientos, 10
fourteen catorce, 2
fourth cuarto, 10
freeway la autopista, 16
French francés, 1; French fries papas fritas, 3
frequently con frecuencia, 27
Friday viernes, 11
frightful espantoso, 23
from de, 2; desde, 15; from time to time de vez en cuando, 27
front: in front (of) enfrente (de); frente a, 5
to fry freír (i), 18
fuel el combustible, 26
to function funcionar, 8
furniture el mueble, 16; furniture store la mueblería, 16

gallery la galería, 21
game el juego, 6; el partido, 19
garage el garaje, 16
garden el jardín, 16
to gargle hacer gárgaras, 17
garlic el ajo, 18; clove of garlic diente de ajo, 18; garlic sauce mojo, 28
gas la gasolina, 8
gate la puerta, 9
general general, 13
generation la generación, 20
gentleman el señor, 1
geography la geografía, 2
German alemán, 1
to get sacar, 5; conseguir, 13; get dressed vestirse, 14; obtener, 20; get tired cansarse, 25; get up levantarse, 14; get used to acostumbrarse, 27
girl la chica, 1; la muchacha, 5
girlfriend la novia, 11
to give dar, 5
glad contento, 4; alegre, 13; to be glad alegrarse, 14
glass la copa, 3; el vaso, 18
glove el guante, 21
to go ir, 5; dirigirse (a), 30; go away irse, 14; go by pasar, 8; go down bajar, 24; go in

entrar, 3; go out salir, 5; go shopping ir de compras, 21; go straight ahead seguir derecho, 16; go to bed acostarse (ue), 14; go together ir juntos, 5; go up subir, 24
God Dios, 23
goddaughter la ahijada, 11
godfather el padrino, 11
godmother la madrina, 11
godson el ahijado, 11
gold el oro, 4
good bueno, 4; good thing menos mal, 8
good-bye adiós, 7; to say good-bye despedir (i), 7
government el gobierno, 20
governor el gobernador, 20
grade la nota, 2
graduate el graduado, 20; v graduar, 20
granddaughter la nieta, 11
grandfather el abuelo, 11
grandmother la abuela, 11
grandson el nieto, 11
grave grave, 8
great magnífico, 5; gran, 23
green verde, 4; green pepper pimiento verde, 18
group el grupo, 29
guide el/la guía, 9
guitar la guitarra, 5

habit la costumbre, 13
hair el pelo, 14
hallway el pasillo, 2
hand la mano, 14
handicraft la artesanía, 21
handkerchief el pañuelo, 21
to happen pasar, 8; suceder, 24
happiness la alegría, la felicidad, 13
happy contento, 4; alegre, feliz, 13
hard duro, 27; the hard way a las malas, 26; hard-working trabajador, 7
harm el daño, 23
hat el sombrero, 21
to have haber, 23; tener (g, ie), 6; have a good time pasar un buen rato, 11; have dinner cenar, 3; to have just + p.p. acabar de + infinitivo, 24; have lunch almorzar (ue), 6; to have to + verb tener que + infinitivo, 14
he él, 1
head la cabeza, 17
to hear oír, 7

to heat calentar (ie) 18
heating la calefacción, 16
Hebrew hebreo, 30
to help ayudar, 9
hello hola, 5; ¡aló!, 7
hemisphere el hemisferio, 15
her la, 5; su, 10; (of) her(s) suyo, 12; (to) her le, se, 7
here aquí, 2
hi hola, 5; ¿qué tal?, 7
high (de) alto, 12
high school (curriculum) el bachillerato, 11
highway la carretera, 16
him lo, 5; le, 7; se, 9
his su, 3; (of) his suyo, 12
Hispanic hispano, 20
history la historia, 2
holiday día de fiesta, 25
home el hogar, 20
homework la tarea, 2
honest honrado, 7
hope la esperanza, 30
to hope esperar, 19; I (we) hope (wish) ojalá, 22
horrible horrible, 23
horse el caballo, 6
hospital el hospital, 2; la clínica, 2
hot caliente, 3; picante, 28; to be hot hacer calor, 15
hotel el hotel, 5
hour la hora, 3
house la casa, 5
housework las labores domésticas, 20
how cómo, 2; how horrible qué horror, 8; how many cuántos, 2; how much cuánto, 2; how are you qué tal, 7
huge enorme, 12
human humano, 26
to hunt cazar (c), 19
hunting la caza, 19
hurricane el huracán, 23
hurt herido, 8; v doler (ue), 17
husband el esposo, 11

I yo, 1
ice cream el helado, 3
identity la identidad, 30
if si, 6
ill enfermo, 2; mal, 2
immediately en seguida, 24
important importante, 10
impossible imposible, 22; to seem impossible parecer mentira, 11
in en, 1; in order to para, 5; in front of enfrente, 5; in so far

as en cuanto a, 20; in spite of a pesar de, 8; in time a tiempo, 8; a su hora, 9
inch la pulgada, 12
to increase aumentar, 25
independent independiente, 7
industry la industria, 26
inexpensive barato, 8
infection la infección, 17
inflation la inflación, 25
information la información, 7
inside dentro (de), 10
to insist insistir (en), 24
inspector el inspector, 9
intelligent inteligente, 7
to intend pensar + infinitivo, 6
interest el interés, 29; v interesar, 8
interesting interesante, 4
interview la entrevista, 22
interviewer el entrevistador, 29
to introduce presentar, 7
inventory el inventario, 22
to invite invitar, 6
iron el hierro, 12
irritated irritado, 17
island la isla, 15
issue el asunto, 26
it la, lo, 5; (to) it le, 7; se, 9
Italian italiano, 1
its su, 10; suyo, 12

jacket la chaqueta, 21
January enero, 11
Japanese japonés, 1
Jew judío, 30
job el empleo, el trabajo, 7
to jog trotar, 19
jogging el trote, 19
joking: to be joking hablar en broma, 12
joy alegría, 13
judge el/la juez, 20
juice el jugo, 3
July julio, 11
June junio, 11
just justo, 20
justice la justicia, 30

to keep mantener (g, ie), 13; conservar, 30; to keep awake desvelarse, 28
kilo kilo (2.2 lbs.), 12
kilometer el kilómetro, 12
kind noun la clase, 7; adj amable, 9
king el rey, 13
kiss el beso, 11
kitchen la cocina, 16

to kneel down arrodillarse, 28
knife el cuchillo, 18
to knock (on the door) tocar a la puerta, llamar a la puerta, 14
to know conocer (zc), saber, 5; know by heart saber de memoria, 5
knowledge el conocimiento, 20

laboratory el laboratorio, 1
to lack faltar, 28
lady la señora, 1
lake el lago, 6
to land aterrizar (c), 9
landscape el paisaje, 4
language la lengua, 29
last último, 5; pasado, 8
late de atraso, 9; tarde, 10
lately últimamente, 27
later después, 5
laundry la lavandería, 28
lawyer el abogado, 7
lazy perezoso, 7
leaf la hoja, 26
to learn aprender, 13
leather el cuero, 21
to leave salir, 5; dejar, 7; abandonar, 30; irse, 14
left izquierda, 16
leg la pierna, 17
to lend prestar, 13
Lent Cuaresma, 25
less menos, 14
lesson la lección, 1
to let dejar, 22
letter la carta, 11
lettuce la lechuga, 3
library la biblioteca, 1
to lie down acostarse (ue), 14
life la vida, 25
light adj ligero, 3; noun la luz, 8; traffic light el semáforo, 8
lightly ligeramente, 18
like gustar, 8
line la cola, 5; stand in line hacer cola, 5
lipstick el lápiz de labios, 28
liquid líquido, 18
to listen escuchar, 1; oír, 7
literature la literatura, 29
little: a little pequeño, 8; un poco, 13
live vivir, 3
living room la sala, 16
long largo, 4; de largo, 12
look at mirar, 4; look for buscar, 5
to loose perder (ie), 6
loss la pérdida, 23
lot: a lot mucho, 6

loud: to speak loudly hablar alto, 7
to love querer (ie), 6; encantar, 8; *noun* el amor, 13
low bajo, 7
loyalty la lealtad, 30
luck la suerte, 5; good luck buena suerte, 5
luckily por suerte, 8
luggage el equipaje, 9
lukewarm tibio, 17
lunch el almuerzo, la comida, 3; to have lunch almorzar, 6

machine: copying machine la (foto) copiadora, 22
magazine la revista, 23
main principal, 3
to maintain mantener (ie), 13
majority la mayoría, 29
to make hacer, 3
man el hombre, 7
manager el administrador, 20; sales manager el jefe de ventas, 7
many muchos, 4; as many tantos, 14
map el mapa, 2
March marzo, 11
margarine la margarina, 18
marvelous maravilloso, 4
mathematics las matemáticas, 2
matter el asunto, 26; it doesn't matter no importa, 2
May mayo, 11
me mí, 3; me, 5; with me conmigo, 13
to mean significar, 30
meantime: in the meantime mientras tanto, 26
meanwhile mientras tanto, 26
measure la medida, 26; *v* medir, 12
meat la carne, 3
medicine la medicina, 23
to meet conocer, 6; reunirse, 22
meeting la reunión, 6
member: cabinet member el ministro, 20
to mention: don't mention it con mucho gusto, 7
menu el menú, 3
message el mensaje, 24
meter el metro, 12
Mexican mexicano, 4
Mexican musician el mariachi, 15
middle: in the middle of (a season) en pleno + (season), 15

mile la milla, 12
milk la leche, 3
million el millón, 11
mine la mina, 12; mío, 12; of mine mío, 12
miner el minero, 12
minister (political) el ministro, 20
minority la minoría, 29
minus menos, 4
minute el minuto, 6
to miss extrañar, 27; to be missing faltar, 28
mission la misión, 29
mister el señor, 1
to mix unir, 18
model el modelo, 16
modern moderno, 10
mom la mamá, 14
moment el momento, 14
Monday el lunes, 11
money el dinero, 7; la plata, 12
month el mes, 6
more más, 7
morning la mañana, 4
mother la madre, 1; la mamá, 14
mother-in-law la suegra, 11
motor el motor, 8
motorcycle la moto(cicleta), 8
mountain la montaña, 4
moustache el bigote, 14
mouth la boca, 17
movie la película, 6
Mrs. señora, 1
much mucho, 6; as much tanto, 14
mudslide el alud, 23
museum el museo, 10
music la música, 6
musical group el conjunto, 25
my mi, 4

naïve ingenuo, 26
name el nombre, 7
napkin la servilleta, 18
narrow estrecho, 27
naturally naturalmente, 4
near cerca (de), 10
necessary: it's necessary es necesario, 12; it's necessary + infinitive hay que + infinitivo, 14
necessity la necesidad, 15
neck el cuello, 17
necklace el collar, 21
need necesitar, 1; hacer falta, 29
neighbor el vecino, 27
neighborhood el barrio, 29
neither ni, tampoco, 16
nervous nervioso, 25

never jamás, nunca, 16
nevertheless sin embargo, 20
new nuevo, 16; New Year Año Nuevo, 28
news la noticia, 23
newspaper el periódico, 23
next próximo, 2; que viene, 6; next to al lado (de), 10
nice amable, 7
night la noche, 4; last night anoche, 8; night before last ante(a)noche, 8
nightmare la pesadilla, 28
nightstand la mesa de noche, 16
nine nueve, 2
nine hundred novecientos, 10
nineteen diecinueve, 2
ninety noventa, 2
ninth noveno, 10
no no, 1; ninguno, 16; no one nadie, 16; no wonder con razón, 21
nobody nadie, 16
noise el ruido, 9
none ninguno, 16
nor ni, 16
north el norte, 15
nose la nariz, 17
not no, 1; not any ninguno, 16; not either tampoco, 16; not to fail no dejar de, 19; not to forget no dejar de, 19
notary el notario, 13
note la nota, 2
notebook el cuaderno, 1
nothing nada, 16
to notice fijarse, 24
nougat el turrón, 28
November noviembre, 11
now ahora, 4; right now ahora mismo, 5; now and then de vez en cuando, 27
nowadays hoy en día, 12
nuclear nuclear, 26
number el número, 9
numerous numeroso, 15
nurse el enfermero, 17

object el objeto, 12
to obtain conseguir (i), 13; obtener, 20
obvious obvio, 22
October octubre, 11
odd: how odd! ¡qué raro!, 2
of de, 2; of the del (contraction of de + el), 2; of course cómo no, 3; claro, 12; por supuesto, 27; efectivamente, 24; of course not ¡qué va!, 10

to offer ofrecer (zc), 15
   office la oficina, 1; **doctor's office** el consultorio (del médico), 17; **post office** el correo, 23
often a menudo, 27
oil el aceite, 18; el petróleo, 26
old viejo, 4; antiguo, 10
older mayor, 15
oldest el mayor, 15
Olympic games Olimpiadas, 19
on sobre, 1; **on schedule** a su hora, 9
once una vez, 16
one uno, 2
one thousand mil, 11
onion la cebolla, 18
only sólo, 2
to open abrir, 3
   opportunity la oportunidad, 20
or o, 2; u, 24
orchestra la orquesta, 25
to order ordenar, 22; *noun* la orden, 3; **in order to** para, 5
to organize organizar (c), 25
origin el origen, 30
other otro, 6
ought to deber, 3
ounce la onza, 12
our nuestro, 10
out: **out of this world** fantástico, 10
outside fuera (de), 10
outskirts las afueras, 12
oven el horno, 16

package el paquete, 28
pain el dolor, 13
to paint pintar, 10
painting la pintura, 10
pale pálido, 25
Panamanian panameño, 4
pants los pantalones, 21
paper el papel, 2
parade el desfile, 25
parents los padres, 1
park el parque, 5; *v* estacionar, 10
part la parte, 23
partly en parte, 29
party la fiesta, 5
to pass pasar, 8
passenger el pasajero, 8
Passover la Pascua, 25
passport el pasaporte, 9
patio el patio, 2
to pay pagar, 7
pea la arveja, 18
peace la paz, 29

pen la pluma, 1
pencil el lápiz, 1
people el pueblo, 13
pepper la pimienta, 18; **green pepper** pimiento verde, 18
per cent por ciento, 20
performance la función, 5
perhaps quizá(s), tal vez, 19
to permit permitir, 22
person la persona, 7
personnel personal, 22
peso el peso, 11
pharmacy la farmacia, 28
philosophy la filosofía, 2
photocopy la fotocopia, 22
photograph la foto(grafía), 19
physics la física, 2
to pick up recoger (j), 10
piece el pedazo, 18; **piece of furniture** el mueble, 16
pill la pastilla, 17
pilot el piloto, 9
pimiento el pimiento rojo, 18
pinch la pizca, 18
place el lugar, 15
plan el plan, 6; *v* pensar + infinitive, 6
plane el avión, 9
plant la planta, 26
to play jugar (ue), 19; tocar, 5
plaza la plaza, 16
pleasant agradable, 4
please por favor, 3; *v* gustar, 8; **pleased to meet you** mucho gusto, 7
pleasure: **my pleasure** con mucho gusto, 7
poem el poema, 13
policeman el policía, 8; **police force** la policía, 8; **police woman** la (mujer) policía, 8
politics la política, 20
pollution la contaminación, 26
pool la piscina, 16
poor pobre, 23
pork el lechón, 28
port el puerto, 29
Portuguese portugués, 1
position el puesto, 7
possible posible, 22
post office el correo, 23
to postpone posponer, 25
pot la olla, 18
potato la papa, 3
pound la libra, 12
powder el polvo, 27
to practice practicar (q), 1
precious precioso, 15
to prefer preferir (ie, i), 6
prejudice el prejuicio, 29

preoccupation la preocupación, 25
to prepare hacer, 3; preparar, 10
to prescribe recetar, 17
prescription la receta, 17
present el regalo, 11; *v* presentar, 7
pretty bonito, 4; lindo, 19
price el precio, 16
prize el premio, 25
problem el problema, 9
professor el profesor, 1
program el programa, 6; *v* programar, 22
to prohibit prohibir, 21
proud orgulloso, 27
proverb el proverbio, 13
provided that con tal (de) que, 20
public el público, 26
Puerto Rican puertorriqueño, 4
punctual puntual, 14
purse la cartera, 21
to put poner, 5; **put on** ponerse, 14; **put to bed** acostar, 14

quarter cuarto, 4
question la pregunta, 1
quite a bit bastante, 9

radio el/la radio, 6
radioactivity la radioactividad, 26
to rain llover (ue), 15; **rainy season** la estación de las lluvias, 15
to raise levantar, 14
rapidly rápido, 8; rápidamente, 27
rather bastante, 5
to ration racionar, 26
to read leer, 3
ready listo, 4
real verdadero, 20
to realize darse cuenta (de), 29
really de veras, 2; en realidad, 20; realmente, 27
receipt el recibo, 9
to receive recibir, 7
recipe la receta, 18
record el disco, 5
record player el tocadiscos, 6
red rojo, 8
reference la referencia, 7
refrigerator el refrigerador, 16
regards recuerdos, 11
region la región, 3
religious religioso, 30
to remain quedarse, 14
remedy el remedio, 26

to **remember** recordar (ue), 11
to **rent** alquilar, 16
to **repeat** repetir, 23
report el informe, 22; *v* reportar, 23
reporter el reportero, 29
republic la república, 12
to **request** pedir (i), 7
reservation reservación, 24
to **reserve** reservar, 24
to **resist** resistir, 27
responsible responsable, 7
rest el descanso, 15; *v* descansar, 2
restaurant el restaurante, 3
to **restore** restaurar, 27
to **return** volver (ue), 6; regresar, 10
reunion la reunión, 6
rice el arroz, 3
rich rico, 28
to **ride** montar, 6
right derecho, 20; **to the right** a la derecha, 16; **right now** ahora mismo, 5; **that's right** es cierto, 4
ring el anillo, 21
river el río, 6
roast asado, 3
rocket el cohete, 30
role el papel, 20
roll el rollo, 19
Roman romano, 30
room la sala, 10; el cuarto, 16; **double room** habitación doble, 24; **single room** habitación sencilla, 24
root la raíz, 30
routine la rutina, 15
to **run** correr, 19
Russian ruso, 1

sad triste, 13
sadness la tristeza, 13
saffron el azafrán, 18
saint's day el santo, 11
salad la ensalada, 3
salary el sueldo, 7
sale la venta, 7; **sales manager** el jefe de ventas, 7; **sales receipt** el recibo de ventas, 9
salesman el vendedor, 7
salt la sal, 12
salty salado, 28
same mismo, 20
sandal la sandalia, 27
satellite el satélite, 30
satisfied satisfecho, 20; **to be satisfied** estar satisfecho, 20

Saturday el sábado, 11
sauce la salsa, 18
to **sauté** freír ligeramente, 18
to **save** ahorrar, 26
savings los ahorros, 22; **savings account** la cuenta de ahorros, 22
to **say** decir (i), 7; **say good-bye** despedir (i), 7
scarf la bufanda, 21
school el colegio, 11; la facultad, 20; **high school (curriculum)** el bachillerato, 11
schedule: on schedule a su hora, 9
scientist el científico, 26
to **scream** gritar, 8
sea el mar, 15
to **search** registrar, 9
season la estación, 15
seat el asiento, 5
second segundo, 10
secondary secundaria, 11
secretary el secretario, 7
security la seguridad, 16
to **see** ver, 5
to **seem** parecer, 8; **seem impossible** parecer mentira, 11
selfish egoísta, 7
to **sell** vender, 5
senator el senador, 20
to **send** mandar, 19
sentence la oración, 1
Sephardim el/la sefardita, 30
September se(p)tiembre, 11
serious grave, 8; serio, 26; **seriously hurt** grave, 8; **to be serious** hablar en serio, 12
to **serve** servir (i), 7
to **settle** establecer (zc), 29
seven siete, 2
seven hundred setecientos, 10
seventeen diecisiete, 2
seventh sé(p)timo, 10
seventy setenta, 2
several varios, 16; algunos, 16
shame: it's a shame es (una) lástima, 22
to **share** compartir, 20
to **shave** afeitar(se), 14
she ella, 1
shoe el zapato, 14
shop el taller, 8; la tienda, 21; **shopping center** el centro comercial, 21
shirt la camisa, 21
short bajo, corto, 4
should deber, 3
show el espectáculo, 15; *v* mostrar (ue), 7; enseñar, 21

sick enfermo, mal, 2
sideburn la patilla, 14
sidewalk la acera, 21
sign el letrero, 28
to **sign** firmar, 24
silver la plata, 12
silverware los cubiertos, 18
to **simmer** cocinar a fuego lento, 18
simple sencillo, 13
since ya que, 3; desde, 15
to **sing** cantar, 5
sister la hermana, 10
sister-in-law la cuñada, 11
to **sit down** sentarse (ie), 17
situation la situación, 20
six seis, 2
six hundred seiscientos, 10
sixteen dieciséis, 2
sixth sexto, 10
sixty sesenta, 2
size el tamaño, 12; la talla, 21
to **skate** patinar, 19
ski el esquí, 19; *v* esquiar, 19
skier el esquiador, 19
skirt la falda, 21
skycap el maletero, 9
sleep dormir (ue, u), 6
slow despacio, 8; **slowly** despacio, 8
small pequeño, 8
smaller menor, 15
smart listo, 4
snapshot la fotografía, 19
to **snow** nevar (ie), 15
snow la nieve, 19
so así, 5; **so-so** así -así, regular, 2; **so that** para que, 20
soap el jabón, 27
society la sociedad, 20
sock la media, 21
sofa el sofá, 16
soil la tierra, 12
solution la solución, 26
to **solve** resolver, 29
some unos, 1; algunos, 9
somebody alguien, 16
someone alguien, 16
something algo, 3; **something light** algo ligero, 3
sometimes a veces, 9; algunas veces, 16
son el hijo, 11
song la canción, 6
son-in-law el yerno, 11
soon pronto, 10; **as soon as** en cuanto, 20
sore irritado, 17
sorry: to be sorry sentir (ie, i), 19
sound el sonido, 30

soup la sopa, 3
source el origen, 30
south el sur, 15
Spain España, 4
Spanish español, 1
to speak hablar, 1; speak loudly
hablar alto, 7
to specialize especializarse, 21
species la especie, 26
to spend pasar (tiempo), 6; gastar,
19
spicy picante, 28
spill el derrame, 26
spite: in spite of a pesar de, 8
spoon la cuchara, 18
sport el deporte, 15
spring la primavera, 15
square la plaza, 16
stadium el estadio, 1
stairs la escalera, 16
stamp la estampilla, el sello, 11
to stand in line hacer cola, 5
to stand up pararse, 28
to start empezar (ie), 8
station la estación, 23
statue la estatua, 10
to stay permanecer (zc), 30; quedarse, 14
steering wheel el volante, 8
steward el sobrecargo, 9
stewardess la azafata, 9
still todavía, 21
stocking la media, 21
stomach el estómago, 17
to stop parar, 8
store la tienda, 21; department
store el almacén, 21
stove la estufa, 16
straight (ahead) derecho, 16
street la calle, 3
stress la presión, 15
strong fuerte, 17
student el/la estudiante, 1; el
alumno, 2
to study estudiar, 1
study el estudio, 15
style el estilo, 27
subject el tema, 25; to change
the subject cambiar de tema,
25
to suffer sufrir, 23
sugar el/la azúcar, 18
suit el traje, 4
suitcase la maleta, 9
summer el verano, 15
sun el sol, 15
Sunday el domingo, 11
sunglasses las gafas de sol, 27
supermarket el supermercado,
23

supersonic plane el avión supersónico, 30
sure seguro, 6; to be sure estar
seguro, 6
supper la cena, 3
surface la superficie, 12
sweater el suéter, 21
sweet dulce, 28
to swim nadar, 15
swimming la natación, 19
swimming pool la piscina, 16
symptom el síntoma, 17
system el sistema, 16; security
system sistema de seguridad,
16

table la mesa, 3
tablecloth el mantel, 18
tablespoon(ful) la cucharada,
18
to take tomar, 3; llevar, 8; to take
a bath bañarse, 14; to take a
walk pasear, 3; to take care
(of) cuidar, 20; to take
courses seguir cursos, 22; to
take off quitarse, 14; to take
out sacar, 5
tall alto, 4; de alto, 12
tank el tanque, 8
tape la cinta, 1
tape recorder la grabadora, 1
taxi el taxi, 8
tea el té, 2
to teach enseñar, 21
teacher el profesor, 1
team el equipo, 19
teaspoon(ful) la cucharadita, 18
telegram el telegrama, 24
telephone el teléfono, 7
televised televisado, 29
television la televisión, 6
to tell decir (i), contar, 7
ten diez, 2
tennis el tenis, 19
tenth décimo, 10
tepid tibio, 17
terrace la terraza, 16
terrible terrible, 23
thanks gracias, 1; thank you
gracias, 1; thank God gracias
a Dios, 11
Thanksgiving Día de (acción
de) Gracias, 28
that ese, 1; que, 2; eso, 8; so that
para que, 20; that's right es
cierto, 4; that's why por eso,
8; that is o sea, 30; that one
(over there) aquel, aquello, 8
the el, la, las, los, 1; to the al, 5

theater el teatro, 5; movie theater el cine, 5
their su, 10; (of) their(s) suyo,
12
them las, los, 5; (to) them les, 7;
se, 9
then entonces, 5
there allí, 1; there is (are) hay,
2
they ellos, 1
thin delgado, 4
thing: good thing menos mal, 8
to think creer, 3; opinar, 2; pensar
(ie), 6; to think so creer que
sí, 19
third tercer(o), 10
thirteen trece, 2
thirty treinta, 2
this este, esta, 6; éste, ésta, esto,
8; this way por este lado, 9
thousand mil, 11
three tres, 2
three hundred trescientos, 10
throat la garganta, 17
through por, 3
Thursday el jueves, 11
ticket el boleto, la entrada, 5;
ticket office, la taquilla, 5
tie la corbata, 21
time el tiempo, 2; la hora, 3; at
the present time en la actualidad, 20; at times a veces,
9; from time to time de vez
en cuando, 27; to have a good
time divertirse, 14; pasar un
buen rato, 11; on time a
tiempo, 8; a su hora, 9
tire la llanta, 8
tired cansado, 17
to a, 4; para, 5; hasta, 15; menos
(in telling time), 4
today hoy, 2
toe el dedo, 17
tomato el tomate, 3
tomorrow mañana, 2; day after
tomorrow pasado mañana,
6; until tomorrow hasta
mañana, 10
ton la tonelada, 12
tongue la lengua, 29
tonight esta noche, 5
too también, 5; too much
demasiado, 16
tooth el diente, 14
toothbrush el cepillo de dientes,
27
totally totalmente, 23
tour la excursión, 4
tourist el/la turista, 9; adj turístico, 15

tourist card la tarjeta de turismo, 9
towel la toalla, 27
town el pueblo, 13
tradition la tradición, 13
traditional tradicional, 20
traditionally tradicionalmente, 20
traffic el tráfico, 8; el tránsito, 26; traffic light el semáforo, 8
train el tren, 8
trained entrenado, 9
transit el tránsito, 26
to translate traducir (zc), 5
travel el viaje, 4; v viajar, 9; travel agency agencia de viajes, 9
tree el árbol, 26
trip el viaje, 4
trouble: to be worth the trouble valer la pena, 19
truck el camión, 8
true verdadero, 20
to try probar (ue), 3; tratar, 24
Tuesday el martes, 11
tumbler el vaso, 18
tunnel el túnel, 12
to turn doblar, 16
TV viewer el/la televidente, 29
twelve doce, 2
twenty veinte, 2
two dos, 2; two hundred doscientos, 10
type la clase, 7; v escribir a máquina, 22
typewriter la máquina de escribir, 22
typical típico, 3

ugly feo, 4
uncle el tío, 11
under bajo, 24
to understand entender (ie), 6; tener entendido, 27
unforgettable inolvidable, 25
unfortunate pobre, 23
to unite unir, 18
university la universidad, 1; university studies la carrera, 11
unless a menos que, 20
unpleasant desagradable, 4
until hasta, 10; hasta que, 20
upstairs arriba, 10
us nos, 5
to use usar, 9

vacation las vacaciones, 4
valley el valle, 4
vanilla la vainilla, 18
various diferentes, 23
vegetable la legumbre, 3
Venezuelan venezolano, 4
very muy, 2; bien, 3
view la vista, 15
vinegar el vinagre, 18
violin el violín, 5
visa la visa, 9
visitor el/la visitante, 15
vitamin la vitamina, 17

to wait for esperar, 10
waiter el camarero, 3
waitress la camarera, 3
to wake up despertar(se), 14
to walk caminar, 6
wall la pared, 12
to want desear, 3; querer (ie), 6
war la guerra, 29
wardrobe el armario, 16
to wash lavar(se), 14
to waste perder (ie), 6
watch el reloj, 2
water el agua f, 3
way: by the way por cierto, 10; a propósito, 19; this way por este lado, 9
we nosotros, 1
weak débil, 17
weather el tiempo, 15
wedding la boda, 11
Wednesday el miércoles, 11
week la semana, 2; weekend fin de semana, 6
welcome: you're welcome de nada, 1
well bien, 2; pues, 5
west el oeste, 15
what qué, 1; cuál, cuáles, 2
when cuándo, 2
where dónde, 1; adónde, 5
which cuál(-es), 2; which one(s) cuál(-es), 2
while mientras, 11
white blanco, 3
who quién(-es), 2
why por qué, 2
wide (de) ancho, 12
wife la esposa, 11
to win ganar, 7
window la ventana, 16; display window el escaparate, 21

windy: to be windy hacer viento, 15
wine el vino, 3; red wine el vino tinto, 3
winter el invierno, 15
to wish desear, 3; I (we) wish ojalá, 22
with con, 2; with me conmigo, 13; with you contigo, 13
without sin, 13; sin que, 20
witness el/la testigo, 13
wood la madera, 4
woman la mujer, 8; women's liberation la liberación femenina, 20
wonder: no wonder con razón, 21
woods el bosque, 26
word la palabra, 1
work el trabajo, 7; v trabajar, 1; funcionar, 8; work of art la obra de arte, 24
world el mundo, 15; out of this world fantástico, 10
worry la preocupación, 15; v preocuparse, 14
worse peor, 15
worst el peor, 15
worth: to be worth valer, 19; be worth the trouble valer la pena, 19
wounded herido, 8
to write escribir, 3

yard la yarda, 12; el jardín, 16
year el año, 6
yellow amarillo, 4
yes sí, 1
yesterday ayer, 8; day before yesterday anteayer, 8
yet todavía, 8
you tú, usted(-es), vosotros, 1; os, te, ti, 5; la, las, lo, los, 5; (to) you se, 9; le, les, 7
young joven, 4
younger menor, 15
youngest el menor, 15
your tu, su, vuestro, 10; (of) your(s) suyo, tuyo, vuestro, 12
youth la juventud, 29
yucca la yuca, 28

zero el cero, 2
zone la zona, 16

↶ Index

Illustration Acknowledgments

Stuart Cohen: 13, 19, 28, 41, 44, 51, 53, 57, 58, 78, 83, 99, 103, 130, 138, 153, 161, 166, 175, 212, 218, 235, 241, 254, 279, 299, 307, 322, 323, 324, 355, 356, 373, 384, 397, 445.

Courtesy Spanish National Tourist Office: 25, 59, 69, 74, 91, 108, 111, 516.

El Greco. *View of Toledo.* The Metropolitan Museum of Art, Bequest of Mrs. H. O. Havemeyer, 1929. The H. O. Havemeyer Collection: 64.

Courtesy Foto Mas: 67.

Courtesy Sol Hurok Enterprises: 80.

Stock, Boston: F. Siteman: 96.

Thomas F. Reese: 110.

Katherine A. Lambert: 115, 222, 293, 318, 379, 381, 418.

Beryl Goldberg: 131, 147, 180, 271, 274, 312, 377, 437.

Courtesy Puerto Rico Department of Tourism: 133, 249.

Mexican National Tourist Council: 168, 171, 263.

Bettye Lane: 182.

Courtesy Colombian Government Tourist Office: 191, 206, 233.

Botero, Fernando. *The Presidential Family.* 1967. Oil on canvas, 6'8 ⅛" × 6'5 ¼". Collection, The Museum of Modern Art, New York. Gift of Warren D. Benedek: 203.

Courtesy of American Museum of Natural History: 216, 229.

Courtesy Organization of American States: 257, 285, 394, 406, 408.

The Coming of Quetzalcóatl, José Clemente Orozco. Dartmouth College Photo Bureau: 270.

Courtesy United Nations: 313.

Walter R. Aguiar: 331, 339, 362, 391, 413, 455, 465, 470.

Kay Reese & Associates: Robert Rattner, 343, 366, 409.

Wide World Photos: 345, 359 (top & bottom), 436, 471, 483, 488, 505, 521.

Embroidered Burial Mantle. Peruvian, Paracas culture, probably from Paracas. Necropolis possibly 300–200 B.C. Polychromed wool yarns on wool cloth. H: 47½ in. L: 96½ in. 16.34, Ross Collection. Courtesy, Museum of Fine Arts, Boston: 372.

Monkmeyer Press Photo Service: 392, Freda Leinwand: 457, Mimi Forsyth: 519, Sam Falk: 520.

Courtesy Panama Government Tourist Office: 421, 431.

El Pato, original drawing by F. Molina Campos, reproduced from *Pampa Argentina,* año xx, no. 223, marzo 1946. Courtesy of the Hall of the Horsemen, The University of Texas at Austin: 439.

Courtesy Venezuelan Government Tourist Office: 450.

Courtesy American Airlines: Photo by Bob Takis: 468.

Len Kaufman: 480.

Courtesy of The Hispanic Society of America, New York: 486.

Courtesy Coca-Cola Company: 487.

Courtesy Plaza de la Raza: 494.

Courtesy El Pueblo de Los Angeles, Inc.: 500.

Victor Laredo: 507, 512.

Courtesy Shearith Israel: Photo by Charles Konarian: 515.

Courtesy Centro Mexicano del Libro: 523.